巨流

發展研究與
當代臺灣社會

Development
Studies

簡旭伸　王振寰——主編

and
Contemporary
Taiwan
Society

國家圖書館出版品預行編目（CIP）資料

發展研究與當代臺灣社會 / 簡旭伸，王振寰主編
. -- 初版 . -- 高雄市：巨流，2016.10
面； 公分

ISBN 978-957-732-528-0（平裝）

1. 區域研究 2. 國家發展 3. 臺灣社會 4. 文集

733.07   105016374

發展研究與
當代臺灣社會

主　　　編　簡旭伸、王振寰
責 任 編 輯　張如芷
封 面 設 計　Lucas

發 行 人　楊曉華
總 編 輯　蔡國彬

出　　　版　巨流圖書股份有限公司
　　　　　　80252 高雄市苓雅區五福一路 57 號 2 樓之 2
　　　　　　電話：07-2265267
　　　　　　傳眞：07-2264697
　　　　　　e-mail: chuliu@liwen.com.tw
　　　　　　網址：http://www.liwen.com.tw

編 輯 部　22445 新北市永和區秀朗路一段 41 號
　　　　　　電話：02-29229075
　　　　　　傳眞：02-29220464

郵 撥 帳 號　01002323 巨流圖書股份有限公司
購 書 專 線　07-2265267 轉 236

法 律 顧 問　林廷隆律師
　　　　　　電話：02-29658212

出 版 登 記 證　局版台業字第 1045 號

ISBN / 978-957-732-528-0（平裝）
初版一刷 · 2016 年 10 月

定價：650 元

目錄

導論
發展研究概述：理論發展與研究方法 [1]

王振寰、簡旭伸

一、前言

發展研究（development studies）顧名思義，關心的就是「發展」，從社會科學出生開始，發展此一概念主要關切的就是經濟發展。理論家所追求的是國富民強的理論和政策方針。早期的現代化理論，認爲相信科學和工業化，可以帶來人類的福祉。而非西方的後進國家要發展，就是學習西方、追趕西方（金耀基，1986）。最簡單可以量化的方式，就是觀察國民生產毛額的多寡，金額越多的國家就代表越發展和越先進。這個看法一直是當時學界的主流，立基於以國家爲分析單位，隱含的預設是國富了，人民自然也就富裕幸福了。但現今則被批評太過於強調經濟成長，忽略平等、種族、性別、城鄉差距等重要問題。因此，有諸多學者強調另類發展（alternative development），指涉不以經濟成長爲優先，發展需要考量人民參與、福祉、社區以及弱勢者的利益（Sen, 1999）。這樣的發展考量，重新定義發展的面向，從以國家爲主的經濟發展考量，轉移到個人、社區、參與以及平等爲主，且強調發展是要符合人民需要、與大自然和平相處，是一種由下而上的發展（Pieterse, 1998）。

不論是主流或是非主流的另類發展論述，現今都碰到更爲嚴峻的挑戰，那就是永續發展的問題。氣候的急速變遷，以及大自然的災害，是當今世界的重大困境，人類如何面對大自然，從災害中重建並建構永續的環境，對科學家或是政策制訂者，都是嚴峻的挑戰（Giddens, 2009）。社會科學家需要用更積極的態度來面對，像是德國社會學家貝克（Ulrich Beck）（1992,

---

1 本文部分內容刊登在《都市與計畫》，第九卷第 2 期。在此答謝《都市與計畫》編委會同意轉載。

2006）提出的反身性發展（reflexive development），正可提供我們思辯發展的方向。

　　本文首先介紹發展研究的歷史和不同學派的辯證；之後，提出進行發展研究時可能面臨的倫理問題與研究偏誤，以及基本研究設計注意事項。再來，討論發展研究的機構建制，包括首先有發展研究機構的英國，以及美國與臺灣等相關發展。最後，將簡介本書的內容及其在發展研究中的定位。

二、發展研究的理論發展

　　從西方啟蒙運動以來，就認為人定勝天，透過科學的知識可以征服大自然，以工程的力量可以將大自然改造為人所用、造福社會，達到富裕、福祉、自由和平等的境界。這樣的信仰，表現在十八、十九世紀社會科學知識的起源中，模仿自然科學的定律法則，尋求社會發展規律，以便了解並進而改造社會。社會科學的緣起，因此帶有相當強烈的富國強民色彩，特別是在經濟學領域，例如亞當・斯密（Adam Smith）的國富論，強調只要市場自由，就會使社會自然分工、各取所需，達到國家富裕、人民安康的地步。

　　經濟學推崇市場力量的理論觀點，在十九世紀的社會學和政治學有相當多的反省和批判。例如，馬克思（Karl Marx）的資本論認為資本主義的市場自由，只會讓資本家得到自由，卻會造成工人的不自由和被剝削；因此國家必須介入干預市場運作，才可能創造既富裕又平等的社會主義社會。社會學家韋伯（Max Weber）固然推崇理性主義造就西方資本主義，但他也批判現代性造成龐大的官僚體系，使得現代人成為沒有靈魂的組織人。然而，即使馬克思或韋伯對於現代性或現代資本主義有強烈的批判，他們對於現代性能帶來進步和發展的信仰，卻根植在其思想體系中。馬克思的資本論就是典型的代表。馬克思本人非常相信科學，因此他在資本論中，一直尋找資本運作的根本規律，並透過規律探討到達最高階段發展的社會主義社會的道路。韋伯也相同，他相信理性人是西方特有的，是造成「西方之成為現代西方」這樣高度經濟發展的根本原因。他因此探求理性主義的宗教起源，且用這假

設比較世界各文明，並解釋爲何資本主義只出現在西方而不在其他地區。

亞當・斯密、馬克思、韋伯各自代表了不同發展研究的理論傳統和根源，也就是強調市場、國家、和理性組織因素對於經濟發展的角色，他們的理論觀點影響了後來發展研究的取向，也使得後來的發展研究都承襲啟蒙運動以來的共同信念——對科學力量的信仰，其公式就是進步等於工業化，工業化等於成長，成長等於富裕，富裕等於自由。

這種對現代性的信仰，表現在二次戰後，歐美社會科學界對原先被殖民、但戰後政治獨立的發展中國家在經濟發展上的解釋（王振寰，2009a）。第一個重要觀點要屬現代化（modernization）理論。現代化理論的觀點主導了 1950 年代以來歐美社會科學對發展中國家社會經濟發展的看法，直到 1970 年代依賴理論（Dependency Theory）興起之後才受到挑戰。[2] 簡單來說，這個觀點非常強調「發展就是經濟發展」，並且認爲要發展就要學習西方的各種制度。這看法隱含西方優越主義的意識型態，也就是假定社會是二元演化的，是從低度發展的農業社會逐漸演化到以工業爲主的經濟模式。重要的是，現代化理論認爲發展中國家的低度發展，是由於內部社會文化因素所致，包括宗教信仰、儲蓄習慣、工作倫理、和缺乏個人主義的成就動機等。而落後地區的低度發展，因此需要克服某些內在的社會文化因素，才能邁向現代化。這個理論深深影響戰後美國、英國、世界銀行等國際單位對外援助的做法。

具強烈西方優越主義色彩的現代化理論，嚴重忽略西方社會是透過幾世紀的殖民主義，剝削和壓榨非西方社會，才得到富裕，並且造成原殖民地社會在發展上的困難。這項理論的看法，1960 年代之後受到來自拉丁美洲學者爲主所建構的依賴理論的挑戰，其觀點也主導 1970 年代的發展研究。依賴理論認爲：發展中國家的低度發展不是自然狀態，而是由於西方殖民主義和帝國主義造成的。而且持續參與資本主義的世界分工，更惡化其低

---

2 現代化理論的起源，有很大一部分與冷戰時期美國政府對於區域研究的支持有關。當時美國政府爲了有系統地掌握各國情勢以做爲國家安全政策參考之用，以大量經費支持和發展出以地理區域（非研究議題）爲劃分基準的「區域研究」（area study），這也是後來大量出版比較政治和政治發展書籍的起源，例如 Huntington（1968）。

度發展。也就是全球核心都會區在財力、人力、組織和政治上的強勢，使得後進衛星區的經濟成為供應都會區需求的附庸，沒有自己發展的動力，淪落為經濟上的依賴關係。換言之，已開發國家的發展與第三世界的低度發展是一體的兩面。進一步來說，他們認為這樣的依賴關係，強化了第三世界國內的階級壓迫，因為經濟的依賴關係，使得這些國家的領導者也越來越依賴先進國家的支持，以武力和經濟的投資來維護其政權和獨裁。因此，依賴理論認為只要持續在資本主義的世界分工體系內，第三世界很難脫離低度發展的狀態。不過，雖然依賴理論突顯現代化理論的問題，但是也未能提供有效的替代方案，導致脫離資本主義未必有利於其發展。這也是 1970 年代末期，卡多索（Cardoso, 1979）和伊凡斯（Evans, 1979）以依賴發展（dependent development）理論來修正依賴理論的原因，他們認為只要國家機器政策得宜，跨國公司投資對第三世界國家的工業化有正面的作用。

這樣的依賴發展理論，在東亞的發展經驗中，得到更多的支持。相對於拉丁美洲的低度發展，戰後的東亞，從日本到東亞四小龍的臺灣、南韓、新加坡和香港，都在經濟上發展快速。它們並非脫離資本主義，而是利用本身的秉賦條件，吸引外資，並以適宜的國家政策，帶動國內產業和促進經濟發展（王振寰，2003；Amsden, 1989; Wade, 1990）。由於在這些東亞國家的經濟發展過程中，政府政策具有帶動作用，因此被賦予一個「發展型國家」的封號。但一方面，發展型國家的特色，就是國家官僚具有決策自主性，而這個自主性是建立在威權政治體制的條件上；另方面，東亞各國威權體制的建立，與戰後美國支持的圍堵社會主義地緣政治有關（Onis, 1991），當 1980 年代全球開始走向新自由主義（Neoliberalism），美國不再支持威權體制，而國內的政治轉型邁向民主化之後，這樣的國家官僚自主決策的能力，也就逐漸消失。

隨著全球在 1980 年代開始進入新的階段，依賴理論主導的發展研究所強調的第三世界主義備受質疑，因為該理論並未提出替代方案，況且在 1980 年代之後，福利國家瓦解、東亞崛起、新自由主義興起，全球化的概念和政策逐漸影響國際組織和各國政策，發展研究進入一個「發展危機」時期（Booth, 1994）。具體而言，與下列的幾個趨勢有關。

首先，西方社會福特主義危機，使得強調市場自由的新自由主義如日中天，除了福利國家的各項政策飽受衝擊外，連帶也使得強調國家干預經濟的政策和做法，備受質疑（Jessop, 1994）。發展研究和政策在此背景下，也被認爲沒有必要，因爲市場本身就可以解決發展的問題。其次，1980 年代一連串的福特主義危機、拉丁美洲發展的失敗、社會主義政權的崩潰、加上東亞發展的成功，使得西方馬克思主義在學術上失去地位，馬克思主義的大論述也失去解釋力，取而代之的是虛無的後現代主義和後馬克思主義，但後者並未能找出替代新自由主義的市場優先方案。第三，相對於很多國際非政府組織（NGOs）的大力介入救災和人道救援，並產生實質的社會經濟影響，發展理論被質疑太抽象而無力處理現實的第三世界發展問題，也提不出新的對策（Booth, 1994）。

發展研究的危機，讓學者不得不審慎面對學科的危機，特別是當自己訓練的畢業生找不到工作，甚至因此被大學當局威脅系所將要關門時，如何將危機化爲轉機就是發展研究必須面對的情境。發展研究在 1990 年代重新出發，將危機化爲轉機，主要歸功於以下三個趨勢。

1. 世界銀行對發展的重新界定

過去世界銀行的對外援助，主要以市場的方法要求受援國建立市場。但 1990 年代之後，這樣的信仰逐漸受到挑戰，世界銀行開始對於政府帶動經濟發展的角色給予肯定。最經典的著作就是世界銀行在 1993 年出版的《東亞奇蹟》，首次肯定東亞經濟發展中政府的帶動角色。此外，兩個重要趨勢也帶動了世界銀行重新思考國際援助的方式。第一，長期對外援助的 NGOs 從事的社區工作，對當地社會的影響逐漸顯現。這些 NGOs 的工作，從扶貧、衛生、婦女、教育、和農業改良等工作，實際改善了第三世界很多地區的生活，而這些工作，讓世界銀行對於對外援助計畫產生不同的看法。第二個相關趨勢，則來自沈恩（Amartya Sen）對於發展、貧窮和飢荒的研究，包括對於發展的定義，需要考慮非物質層面的發展，像是個人能力的發展、福祉、幸福感等。他的研究後來引發世界銀行發展「人類發展

指數」（Human Development Index），將發展的定義從單純的經濟面向擴張到社會、文化、性別和個人能力發展等面向。除此之外，由於沈恩（1984, 1999）對於貧窮研究的引發，很多政府的方案與 NGOs 開始重視飢荒的社會文化因素，世界銀行也開始重視發展與治理（governance）的問題，並出版了《發展與治理》（1992）一書。治理的概念在 1990 年代第一次進入世界銀行的詞彙之中。在世界銀行的用法裡，治理是指一個國家對於用來管理發展相關之經濟和社會資源的權力使用方式，而善治（good governance）則指涉良善的發展管理。善治指涉國家、民間社會、參與、以及社會資本等重要面向，也就是發展需要民間的參與，而民間的參與需要動用社會關係，讓發展不再是少數人受惠，而是透過社會的動員，使得其方案是社會大部分人能受惠的。因此，世界銀行在此階段認為社會資本的應用，應可以強化後進國家的產業和社會發展，降低交易成本及不確定性。因此，對後進國家而言，發展社會資本可說是一舉數得的社會發展策略，也開始大力推動社會資本與發展關係的研究和政策方案（Woolcock, 1998）。

2. 環境生態與永續發展問題

發展研究在過去很少關切環境議題，然隨著經濟發展帶來嚴重的環境汙染，經濟發展是否能夠持續，人類是否能夠在既有的經濟發展模式下生存，越來越受到高度的關切。早在 1962 年由美國海洋生物學家瑞秋・卡森（Rachel Carson, 1962）所著的《寂靜的春天》（*Silent Spring*），即引發了全世界對環境保護的關注。該書詳細闡述了殺蟲劑，尤其是滴滴涕（DDT）對野生生物的危害，是造成鳥類滅絕的主要元兇，原本生意盎然的春天變得非常寂靜。這本書迅速引起公眾輿論的注意，並影響美國政府對劇毒殺蟲劑的危害進行調查，並成立環境保護局。之後，在 1972 年，由科學家及經濟學家所組成的「羅馬俱樂部」也發表《成長之極限》（*The Limits to Growth*）報告書，指出如果目前世界的人口和工業化模式不變的話，人類的成長將於十年內達到極限。

科學家一系列的研究，引發各國關注，1972 年聯合國在瑞典斯德哥爾

摩召開「人類環境會議」，發表《人類環境宣言》，呼籲全球合力保護地球資源，並將之傳至後世子孫。1987 年聯合國「世界環境與發展委員會」的布蘭特報告（Brundtland Report）──《我們共同的未來》中，指出我們當代的發展不應以後代子孫為代價，發展必須是可持續的，這本報告因此對「永續發展」（Sustainable development）做出了經典的定義：「在保護環境的條件下，既滿足當代人的需求，又不損害後代人需求的發展模式。」之後，1992 年在巴西里約熱那盧聯合國主辦的「地球高峰會議」上，一致支持永續發展的理念，通過《聯合國廿一世紀議程》（Agenda 21），並有一百五十五個國家簽署了《聯合國氣候變化框架公約》（The United Nations Framework Convention on Climate Change, UNFCCC），做為全球推動永續發展的行動方案。這方案也成為之後 1997 年《京都議定書》（Kyoto Protocol）推動溫室氣體減量，以減緩全球氣候變化的具體措施，目的在「將大氣中的溫室氣體含量穩定在一個適當的水平，進而防止劇烈的氣候改變對人類造成傷害」。

環境議題的出現，衝擊了一直以經濟發展為前提的發展研究。雖然發展研究學者對於非洲農業的研究，早已指出資本主義的商品經濟，與飢荒的出現有高度相關。農業的商品化，例如為了種植咖啡，將大片森林砍伐，而咖啡樹含水量有限，因此對水土保持並無太大的作用，而一旦氣候乾旱，或是農作物的國際價格下跌，就會造成大片農田荒廢，地表土流失，使得無食物可吃而造成嚴重飢荒。過去的農民自給自足，不必依賴商品經濟，也不受國際價格影響。如今商品化之後，耕作單一作物，放棄賴以維生的農作物，一旦國際價格下跌，飢荒就容易出現。因此，農業問題與環境和氣候變遷有高度相關。後續的發展研究，因此逐漸將永續發展的議題納入，並發現經濟發展與環境惡化之間的高度相關性，開發中國家如何面對加速工業化，又要維持環境生態的永續發展，是學術界和政策界頭痛的問題。

對於永續發展，諾貝爾獎得主 Elinor Ostrom（1990）的《公共財的治理》（*Governing the Common*），為全球暖化問題提出新的思維方式。在賽局理論中，公有地（例如環境）是大家的，因此每個人都會盡力使用，造成公有地的條件惡化。然從很多傳統部落對公有林地和漁場的研究中，她發現要有效管理公共財，是需要人們發揮合作的精神，成立許多的小組織保護他們

的公共財，並且對成員施加獎懲機制。這樣的做法在共有的漁場、林地都看到績效，而績效也建立在社區共有的社會資本上。Ostrom 的研究帶動很多研究者，從社區行動和社會資本的角度介入研究環境議題，而與前面所提的治理研究結合。如今環境和永續發展，在發展研究領域已經成為顯學。

對環境永續發展的研究，特別出現在當今由於天災、氣候變遷所造成的災難和重建的研究上。過去對於天災和重建的研究，傾向以外來的自然災害的定位，而對社會層面的研究，通常也都傾向災後調適，或是如何動用社會政治資源救災和重建，並以重建規劃為災區未來發展的藍圖做為主要研究議題。不過由於氣候變遷的關係，惡劣氣候和暴風暴雨成為常態，如何在平時就能建構有用的社會資本，以及動用社會資源面對環境災害，已經成為當今環境和發展研究的重點。在這些研究重點中，脆弱性（vulnerability）與能耐（capability）和社會韌性（resilience）是討論的重點（Pelling, 2003）。脆弱性指的是社會人為的制度或做法，使得人們在面對災難時相當無助。能耐是指人們擁有能夠抗拒、適應或從災難中復原的資源或資產。脆弱性指涉的是面對災難的負面因素，而能耐則是指正面的因素。最後韌性則是指二者的綜合能力，意謂一個社區或社會會做為一個整體，面對災難時，能達到可以正常運行的調適能力，也就是社會或社區至少可以回復到災難之前的運行狀況。這樣的研究取向，將自然科學、工程和社會科學結合發展研究，是發展與災害研究的新趨勢。

對於自然天災的研究，發展研究仍有一個重大爭議，也就是科學研究與社區參與之間的矛盾（周桂田，2007）。過去的研究和政府做法，通常以科學家的知識為主，要求居民配合遷移、救災或重建。但越來越多的案例顯示，國家或科學家的做法，經常遠離地方知識，也不顧及人們對家園的感受。然隨著越來越多的 NGOs 介入災區重建，發現人們對科學家的知識經常有所質疑，對重建和發展也有相當不同的意見。因此，社區參與有其必要，然而如何將科學知識和社區參與融合而非對立，也是發展研究當今面對的重大研究與政策上的議題。

3. 全球化的新議題

　　1990 年代，人類社會進入一個新的、前所未有的全球化狀況，也就是由於資訊和通訊科技發展，使得全球性的整合和連結成為可能。具體而言，全球化意味著地理限制的瓦解，透過通訊資訊科技，瞬間的資訊流動可以克服地理的限制，造成空間限制被時間征服，因此全球化也是一個時空壓縮的過程（Harvey, 1989）。社會學家紀丁斯認為全球化是一個空間與時間分化的過程，也是現代化的深化。過去人們認為是國家內部的問題，在現今已經取決全球的尺度（scale），而不能只以國內的角度來研究。最簡單的例子就是一國的碳排放和空氣汙染，影響的不會只有國內，而是超越國土範圍；同樣地，一國的金融風暴，可以造成全球不景氣，而非只是當事國的內部問題（Held et al., 1999）。全球化的確改變了世界，而當今盛行的新自由主義政策正是推動全球化的主要動力，也有人稱為華盛頓共識（Washington Consensus）。然而，全球化是否真的如華盛頓共識所宣稱的，可以有利於全球和後進國家的經濟發展，則有相當多爭議。現有的資料可以說明，全球化一方面的確對少數能對全球經濟採取積極吸引外資的國家，特別是東亞國家和後來的中國、巴西、印度、俄羅斯等金磚四國造成有利的影響；但對其餘第三世界國家，例如非洲和部分拉丁美洲國家，則未必那麼清楚地產生正面作用（王振寰，2003）。進一步來說，東亞的經濟體從過去的傳統產業，現今已經升級到高科技創新和服務產業（瞿宛文與安士敦，2003），而部分產業則外移到中國大陸或其他落後地區，產生區域整合的現象。這樣的產業外移和區域整合，很大原因與全球商品價值鏈的切割、全球生產網絡的形成，造成新的世界分工有關（Gereffi and Korzeniewicz, 1994; Ernst and Kim, 2002）。此外，全球化導致全球尺度的貧富差距擴大，貧窮的開發中國家仍然可以產生富可敵國的富豪，而富裕的已開發國家也有衣不蔽體的窮人。換言之，過去宣稱的南北差異，現今已經成為過去；以全球為尺度的階級差異正在產生。

　　由於全球化所產生出來的發展問題，使得發展研究需要用新視野來面對新的局勢。全球金融的無縫隙流動，使得華爾街控制了全球經濟，但也造成

和擴大民族國家主導的文明衝突；全球化的國家競爭也導致爭相奪取能源，導致戰爭不斷發生；全球化的移民，導致人口流動快速，加大了族群之間的緊張；更甚的是，由於國家之間的競爭，全球性的二氧化碳減量沒有辦法有效遏止，大國之間爾虞我詐，沒有誠心想要保護地球。例如美國至今仍沒有簽署《京都議定書》；中國已經成為全球最大碳排放國，但仍堅持「經濟發展優先，和普遍但有所區分的責任」；澳大利亞開始不願簽署，後來才在 2007 年補簽；而加拿大甚至在 2011 年退出京都協議等。這些新的議題，將過去發展研究的議題，更擴大為全球尺度，但另方面也突顯很多發展的議題，其實是多尺度的（multi-scale），而問題的解決和策略，需要多尺度、多層次、跨學科共同探討（Bulkeley, 2005）。

因此，發展研究在 1990 年代之後，因為世界銀行對發展的重新界定，環境和永續發展的議題，以及全球化的全面影響，而進到新的階段。在理論上，不再只是關心經濟發展，而是擴張到社會發展、政治民主參與，和環境永續的議題。在這些議題之下，富裕、正義、公平、福祉、永續仍然是發展研究關切的核心，但是發展研究長期以來探討社會經濟發展所使用的核心概念，如權力、族群、階級、性別等等，已經在空間尺度和關切層面，做出新的調整，以面對新的全球化情境。

簡單來說，1990 年代以來的發展研究，衍生出一個綜合深入地方和社區參與，以及關注全球尺度的多尺度、多層次另類發展觀點。與過去強調以國家為單位，以政策來帶動經濟發展的思考和政策模式相當不同。假如說前者是一種「由上而下」來帶動經濟成長的觀點，那麼「另類發展」的觀點就是反過來強調「由下而上」的模式，著重以人民、社區、參與、環境友好的政策和做法，帶動發展（Pieterse, 1998）並與全球連結。[3] 相對於主流的發展

3 例如「城市氣候保護計畫」（The Cities for Climate Protection Program）就是一個跨國但又是以地方政府為主角，以從事溫室氣體減排的國際組織網絡。於 1993 年由地方政府國際協會以及聯合國環境計畫聯合支持成立的「地方環境行動國際委員會」（International Council for Local Environmental Initiatives）來推動的計畫，現今有六百七十五個城市，超過三十個國家加入會員。「城市氣候保護計畫」積極協助參與的城市會員，提出地方因應溫室氣體減量的行動策略。這些城市做的溫室氣體減排工作目標是當地的環境保護，但影響卻是全球的；其聯盟是全球的，但地方政府又附屬於各國政府，因此是一個多空間尺度且各空間尺度相互滲透的組織型態（Bulkeley, 2005）。「地方環境行動國際委員會」現今在《聯合國氣候變化框

觀點，強調的是整體經濟的發展，另類發展的觀點則強調個人能親身體驗的社區或社群經濟，重視公共參與大於行政效率，環境友善重於經濟成長。因此，另類發展重新界定了發展的意義，不再將國民所得視為發展的重心，而是以人、感情、社區為重心。

這種由下而上的另類發展觀點與做法，主要是 1990 年代以來全球的 NGOs 大力推動的發展方式。這種另類發展觀點不相信市場，也不相信國家，只願意相信自食其力的做法。此觀點正好填補了 1980 年代發展研究危機時期的真空，以 NGOs 的實際參與外援的模式，為發展研究走出一條新的道路（Pieterse, 1998: 348），有進步的意義但又不會太激進，有實際的策略和做法但又沒有清楚可辨的意識型態。也因此，這樣的另類發展得到來自當時「失意的左派」和進步的保守派的大力支持。

然而另類發展其實不是一個學說，也缺乏清楚的理論說詞。它沒有國家發展的政策取向，也不覺得其做法需要顧及社會主流的想法。簡單來說，它是一些既不滿意新自由主義的市場優先，也不願意屈服傳統左派國家主義統制經濟做法的一些想法的聚合體。因此，它也很難成為替代主流新自由主義經濟的思想和政策。相對地，由於看到 NGOs 大力介入社會救援，進入落後地區參與和發展社區經濟，並有效改善當地人民生活的成效，使得另類發展的想法反而逐漸被主流的國際組織和發展理論所納入。例如世界銀行和聯合國發展計畫（United Nations Development Programme）的很多政策和計畫，都已經將這些 NGOs 的想法融入國際援助計畫中，例如社會發展計畫、社會資本計畫、扶貧計畫、民主參與計畫等，都清楚看到 NGOs 的影子，因此現今也很難界定這些主要的國際援助計畫只以經濟發展為主，或忽略了參與、婦女和公共性。另類發展的想法已經被納入國際體制中，如今已經難以區分主流與另類（Pieterse, 1998）。

當原來的另類不再那麼另類，而且當另類發展不能提供對當今全球環境惡化和發展途徑的解答時，發展研究需要更積極正面地採取以全球為尺度的理論觀點。但可惜的是，當氣候變遷的局勢嚴峻，人們面對天災風險和各式各樣的科技風險（例如核能）增加時，至今仍看不到一個積極有效的思路。

架公約》的年度締約國會議中，扮演重量級角色。

也許這正是我們面對的「後現代」或「第二現代情境」。「第二現代」是當代德國社會學家貝克提出的論點，他認為第一現代就是工業化，是二分原則，例如城市與鄉村、工業與農業，好壞區隔的價值選擇清楚分明。然而在現今的第二現代，很多原來明晰的原則不再清楚，經濟發展與永續發展衝突，第二現代是一個全球的風險社會（global risk society），因此需要新的全球治理模式（Beck, 1992），而這需要有意識地改變既有的二元思維和政策作為；既有的另類發展論點只提供解構而沒有積極的對策。貝克所提出的對策，就是反身性治理（reflexive governance），或是反身性發展。這概念意謂所有的發展政策和做法，需要反思其回應與失敗，並將回應和限制納入新的模式中。這是一個來回反覆的過程，包括對發展政策本身的修正和人民參與到該過程中。在這樣的治理體系下，只有民主參與是不變的，其餘的決策就像在實驗室，經常由於新變數的影響而受到修正；在反身性治理模式中，國家不再像過去一樣有能力，而受制於非正式的政治運作。正式的政治和非正式的政治已經難以區辨。進一步從全球風險社會的角度出發，現今需要大家認識到，發展已經不能只以單一國家來看待，現今的環境、恐怖主義等風險是全球性的，需要全球的國家和公民社會的合作，單邊主義則無法解決風險的問題（Beck, 2006）。

貝克的理論，可看成另一個以全球為尺度的「另類發展」理論，他認為既然風險是全球的，那麼反身性也需要各個國家和公民社會的參與，並且給各國政府壓力和回饋，這樣的發展，才不會又回到國家和市場決定的老路，透過各國公民參與到國家發展決策中，社會的風險才可能降低，也才可能有全球性的永續發展。[4]

總之，從社會科學發展至今，發展一詞的意思有很大的變遷，從過去強調經濟發展和國家／市場，如今已經逐漸轉移到除了經濟之外的政治參與、公民社會、扶貧、婦女、和平等。這些議題隨著時代變遷，被賦予了不同的意義。發展研究並未消失，而且隨著全球化進行得既廣且深的情況下，發展

---

4 從理論和現實政治的角度，貝克的理論是一個典範的移轉，他的看法點出了過去以國家為範圍的風險和災害治理已經不足，而必須從全球的角度來看待，也需要各國和各國的公民社會共同合作。

研究的尺度也從社區衍生到全球，不斷被添加新的主題和內涵，其為人類社會追求富裕、平等、正義、和福祉的目標卻是永遠不變的。

三、發展研究的倫理問題與研究偏誤

承前段所述，隨著時間的過往，「發展」這個詞彙本身的定義也不斷在不同脈絡下推陳出新，甚至彼此之間互有爭議，這種不同理論選擇，基本上是進行任何社會科學研究的基本難題。但發展研究者通常不來自於他所想要研究的群體的一員（從自身出發的行動研究者除外），研究者如何必須且能夠盡量體驗以理解被研究群體複雜的脈絡處境，就是一大難題；更有甚者，因為發展過程，大多涉及到一定程度所謂外力介入與改變，導致研究發展時，基本上就是面臨是誰的發展研究，如何判斷外力，又是怎樣介入異地他者群族改變現況的倫理難題。本節先討論發展研究背後的倫理問題，以及反省相關的研究偏誤，最後提出幾個研究設計基本建議。

1. 倫理問題

首先是發展研究者做為「局外人」的本質。發展研究者經常與被研究者所處的政治、經濟、社會、文化等背景有相當大的差異，也因此若沒有警覺自身帶出的優勢發展觀，經常會與被研究者本身所乘載的在地發展觀有所不同（例如臺北天龍國人研究中南部農村，臺灣西部漢人研究臺灣東部原住民，臺灣本島人研究金馬澎離島，或者是以臺灣經驗考察東南亞或發達國家學者探討非洲等異地社會）。兩者差異對研究者來說，經常是輕描成「個人文化衝擊」，但對於被研究者來說，卻可能造成極大擾動影響——不論正面或負面。更甚者，我們是否可以直接質疑，從事發展研究，其實都是將自己的發展想像灌在研究對象頭上？研究者是「替」弱勢發聲，亦或是「讓」弱勢發聲？

其次，是發展研究相關議題本身的高度「敏感」性，特別是發展研究關

注的貧窮與弱勢背後的戰爭與衝突、貪汙腐敗、性病、群體剝削等議題，牽涉龐大的權力結構網絡與人際互動，並且在這之中存在多個群體之間的緊張關係與群體內部的矛盾，以及諸多利害關係人不見得願意浮上檯面的情境。這使得被研究的群體在研究過程中，將面臨更大的權力更迭張力，而這樣的研究能在多大程度上反映出所謂「客觀」的目標與價值判斷，是發展研究者必須面臨的挑戰。

第三，是發展研究「跨領域／跨學科」的本質，使其本身存在不同且可能相互衝突的論述與倫理系統。發展研究者必須回答，為什麼哪一個學科傳統的哪一個途徑為優先，其又在多大程度上與不同定義之下的發展觀對話，並處理與其他傳統／途徑之間的矛盾並整合之？而根植於地方經驗卻又試圖找尋普世價值的發展研究，又能在多大程度上找到自己的倫理原則定位？

最後，是發展研究與政策實務密切關連的本質，發展研究者經常與特定發展政策預算執行相關，這樣多少涉及需要足夠的理論基礎與政策根據，用以說服組織、捐款者、議會、納稅人等。因此，從事發展研究往往不僅是單純的學術研究行為，而是其結果往往成為政策研發的一環，甚或就是實際行動的核心基礎，那麼在倫理上就容易涉及更多爭議了。首先是理論與實務的差距，其研究成果在實務上如何被執行，又如何面對預期外的影響？其次是研究者如何處理與決策者的關係？研究者做為一個局外人，卻有可能左右政策方案的進行，以及對被發展的社群造成影響，但是當發展方案失敗時，研究者卻極可能不需擔負責任。這樣不成比例的權責關係，使得研究者更必須謹慎拿捏與決策者之間的關係，特別是當決策者成為研究者主要的資訊來源時，這樣的倫理問題會更加棘手：研究者如何穿透既有的階層隔閡關係，盡可能廣納所有人，同時系統性地處理未被納入者聲音，並避免自己的研究成為相關決策者，甚至是掮客買辦等尋租空間。

2. 研究偏誤 [5]

上面所提到的倫理問題，不應成為停止所有研究的理由，而是應該反過來看，要在研究開展之前，清楚認知本身的侷限，並盡可能將偏誤（甚至傷害）降到最低。發展研究可以借鏡人類學中有系統地理解研究過程中可能產生的偏誤，這主要可以分為四種偏誤（Chambers, 2006）。

其一，是空間偏誤，或是柏油路偏誤（tarmac bias），主要是因為發展研究者在進行田野時，經常受限於時間、經費，甚至個人或組織的偏好，而傾向前往交通較方便、鋪有柏油路的地方，尤其是離機場、車站等不遠的首都或大都市，使得偏遠群體的聲音容易被忽略。當然空間偏誤並不必然存在，而是端視於研究者本身關注的議題，是否會受到此種偏誤影響。[6]

其二，是計畫偏誤。發展研究者較容易獲得機會前往已知的計畫實行區域，或已經投注經費的地點；而成功的計畫往往吸引許多發展組織前來吸取經驗，使得越成功的地區，受到的關注越多。這樣經常使得未曾接受過發展計畫的地區更容易被忽略。此外，大多數的發展研究者會排除前往不安全地區的可能，因為人身安全是發展研究者進行田野前非常重要的考量之一。[7]但這使得一方面來說，不安全地區甚少被外界理解；另一方面來說，發展研究者本身也因為缺乏暴露在不安全環境下的經驗，使其在經驗上難以理解安全因素——例如衝突、傳染病、汙染等——對於許多窮人在心理甚至生理上的影響，以至於整個群體或地方制度基於不安全的環境而產生的特性。

其三，是人際網絡的偏誤。這一方面主要是出現在較弱勢的群體上，例如女性、老人與兒童等，他們不常出現在街頭，也不常出現在政府機關或學

---

5 發展研究可能存在的偏誤絕對不只下列四項。發展研究者都應能夠在每次的田野經驗中主動意識到可能的偏誤，這不只是避免強化既有的誤解（甚至汙名），更是對於自身研究嚴謹度的基本考核（例如不只是注意田野調查時所看到的、聽到的、聞到的、甚至吃到的；也要考察沒看到的、沒聽到的等，應出現而未出現的現象）。

6 在此並非表示窮人或相對弱勢不會出現在交通方便的地方。有一些飢荒難民會嘗試遷居到主要幹道附近，以主動獲得物資；有些大型車站旁邊（尤其是火車站後站）也常是許多移工聚居之處。

7 即使發展研究者有意識地要前往不安全的地區田野，接待者、贊助者、或學校等通常不願意冒險放行。

術機構，因此較容易被發展研究者忽略。另外，主要是發展研究者接觸的對象，經常會透過精英階層，例如地區領導、部落頭目或長老、宗教領袖，甚至專門協調發展機構的專業人員、掮客等，使得真正底層的聲音不容易傳到研究者耳中。這種間接架起的人際網絡，其所產生的偏誤非常容易惡性循環，即許多經常接受發展政策的社群，早已演化出各種應對機制，使受訪者專精於表現出極需幫助的模樣，或是相反地刻意展現計畫成效良好的狀態，以獲得延續發展計畫的機會，因此導致發展研究者難以避免這方面的偏誤。

其四，是季節偏誤。在印度或東南亞等亞熱帶季風氣候區，乾季與雨季的分別非常明顯，使得居民的生活樣態也非常不一樣。在雨季時，氣溫高、濕度高，不僅身體較容易感到不適，甚至傳染疾病也較為興盛，使得發展研究者較不願前往。雨季帶來的不便，往往使得發展工作暫停，進而多半選擇在乾季進行，使得發展研究者也通常選擇在乾季訪抵，因而無法觀察到雨季的狀況。另外對臺灣來說，寒暑假沒有修課需求，因此碩博士生與教授也較常在夏天前往研究區，這也會使他們的田野經驗容易出現季節偏誤。

3. 研究設計建議

一個嚴謹的發展研究，首先必須了解自身研究的類型。研究類型大致上可以分為七種（Davies, 2004）：**影響性的**（透過實驗來做政策影響評估）、**執行性的**（透過實驗來了解政策、計畫、方案等怎麼執行較為適當）、**描述分析的**（從普查、抽樣、機關資料等以了解發展問題、人口組成、特定群體狀況、或社會事件）、**公共溝通的**（透過民調或訪談了解公民對政策的態度、價值、了解程度）、**統計模型的**（用線性或邏輯回歸對假設做檢定）、**經濟或計量的**（用經濟模型來做成本效益分析）、**倫理性的**（政策取捨之間涉及的正義問題）。因此，為了回答不同的問題，會採用不同的研究類型以及方法論。取決於問題的複雜度，大部分的發展研究都會橫跨多個研究類型，但多半都會涉及**影響性**的研究類型。

訂定研究類型後，就可以進入觀察社會現象、訂定問題意識、形成研究目的與假設、設計研究的理論工具或技術、執行蒐集與分析、詮釋結果等。

上述研究循環雖然看似如同中學自然科課本所說的基本科學研究流程，然而發展研究的被研究對象往往是人群，而其產生的現象並非可完全控制，也很難在可重複施作的封閉實驗室內進行，反而是在田野中新啟發與既有文獻理論對話，然後再次重新界定問題意識。

問題意識是進行研究的核心，直指這個研究的價值所在，而發問的方式則大幅決定了接續的研究循環使用的方法，例如**描述性**的問題，探討一個變因如何受到另一個變因影響而改變；**解釋性**的問題，探討因果關係，例如什麼因造成這個果，或是什麼果由這個因造成；**詮釋性**的問題，探討一件事情的本質，以及其在特定脈絡下如何（被）呈現；**行動導向**的問題，探討人們如何在特定政策之下採取何種行動；**實證問題**，探討經驗資料怎麼解釋特定的現象，處理實然面的問題；**規範問題**，探討特定政策的倫理價值判斷，處理應然面的問題（Mikkelsen, 2005）。

訂定問題意識之後，就可以設計整個研究的理論框架、方法論、資料蒐集與分析方法。選擇理論框架，不必然代表僅能選擇單一模型，多半是改進現有模型，或是混搭整合多個模型，或是直接從田野經驗資料來做扎根理論。理論選定之後，大致上也決定了可能使用的方法論。方法論不等同於研究方法，前者是整個研究的大戰略，例如是否超學科／跨學科、是量性／質性、是否為參與式、是個案或大規模調查等等，後者則是細部的戰術，例如蒐集資料的類型、分析的類型、輸出的類型等等。方法論也不必然都是只能選一個，例如透過質性研究可以取得量化資料，或是大規模調查也可以做為個案研究的起頭。

不論是方法論的設計或是研究方法的執行，都必須時時注意先前提過的倫理問題與偏誤可能，並且確實做到對等、匿名、確保個資、知會同意等基本原則。如有需要做抽樣統計，必須要注意此抽樣是否為隨機抽樣（母體每一單位被抽到的機率是一樣的？還是基於研究者的便利性而有某些較容易被抽到？），然而對大多數的發展研究來說，由於研究對象所在的國家，往往沒有詳實的普查資料、或不完整、或無法取得、或造假、或甚至完全不存在，因此往往需要自行建立抽樣架構。而在這樣的情況下，做任何的量化統計，都必須同時注意其必定存在的缺陷。研究者可以採用家戶調查，以取得

可進行比較的數字，但也容易遺漏不易量化的資料，以及特定脈絡下的變因；或是採用參與式評估，了解更細緻的因果過程，以及更為複雜的經驗資料，但也因此較難以建構一般性的論述。

四、發展研究的機構建制——歐美與臺灣經驗

發展研究的理論發展，雖然與社會科學的演進與時俱進，但其演化與大學科系的發展和國際援助機構之間有密切關連。狹義的發展研究，基本上是歐洲，特別是英國的學術傳統。而美國或受美國影響的大學體制，則較少有這類名稱的系所，而是以區域研究中心為主要的學程和基地。

英國的發展研究與殖民主義，以及之後學界對殖民主義的反省，和關切原被殖民國家的經濟社會發展有關。因此最早發展的學科是在經濟系裡的發展經濟學，而相關的科系如社會系、人類學系、地理系，和各區域研究學系或學校（如倫敦大學的亞非學院）等也都有相關課程。但這些學科的研究領域和學科比較單一，而非發展研究是以跨越學科疆域所成立的跨科際研究。

英國政府於 1964 年成立了援助原殖民地經濟發展的部會「海外發展部」（Ministry for Overseas Development），[8] 除了外援外，它也對大學的海外研究給予支持。1960 年代英國的大學擴張，新設的大學極欲建立不同於傳統牛津、劍橋等老大學的跨領域系所，加上戰後對於過去殖民地國家的亞、拉、非國家的政治和經濟研究，因此薩塞克斯大學（University of Sussex）於 1966 年首先設立了發展研究院和大學部學程，將政治、經濟、社會等議題整合，成為一個跨科際的學院，其經費有很大部分來自英國政府支持。而其第一任主管 Dudley Seers 是曾經擔任英國駐聯合國拉丁美洲與非洲經濟委員會的著名經濟學家，他當年由新的海外發展部轉移來擔任該學院主管（Tribe, 2009）。1973 年東安格利亞大學（University of East Anglia）和其他

---

8 該部會之後又經過兩次重組：第一次是改為外交部之下的海外發展部（Minister for Overseas Development, 1970-1997），第二次改為內閣層級的國際發展部（Secretary of State for International Development, 1997-）。

大學也相繼設立類似學程。1970 年代，海外發展部已經支持了數百個發展研究計畫，因此一個以全國發展研究為名的研討會有其必要，第一次的會議於 1970 年在薩塞克斯大學發展研究院圖書館舉行，之後陸續於不同年分在其他大學舉辦。在 1978 年格拉斯哥的全國會議中，大會終於通過決定成立「發展研究協會」（The Development Studies Association），並決議每年舉辦年會。相對於其他大學，以政治經濟研究著名的倫敦政經學院則遲至 1990 年才設立了發展研究學程，之後最近改名為國際發展系。

以發展研究設立的系所，基本上都是歐洲為主的大學，或是深受英國學術傳統影響的大英國協國家之大學，例如澳洲、紐西蘭、香港、或是拉丁美洲和非洲國家的大學。而很多地方也都有發展研究協會的成立，例如澳洲、加拿大、日本等，而鄰國的南韓最近也成立了類似協會，它們也都與英國的發展研究協會維持友好關係，參與該會主辦的年會，或相互支援。

相對於英國或大英國協國家的發展研究之建制化，美國的發展研究則沒有獨立的系所，而是隱身在各系所中，例如社會系有發展社會學、政治系有政治發展、經濟系有經濟發展、人類學系則有發展人類學等；或是建立在各主要大學的區域研究中心，例如非洲研究中心、拉丁美洲研究中心、亞洲研究中心等。雖然美國沒有發展研究領域，但是在學術發展上，美國學者的研究卻深刻影響全球發展研究領域，例如經濟發展理論的羅斯拖（Walt Whitman Rostow）、顧志耐（Simon Kuznets）；政治學的杭亭頓（Samuel Huntington）、阿蒙（Gabriel Almond）；社會學的伊凡斯（Peter Evans）和華勒斯坦（Immanuel Wallerstein），或是人類學的季爾斯（Clifford Geertz）和司考特（James Scott）等。因此，即使沒有建制化，但美國的發展研究之學術成就，更深刻影響了這個領域的發展，也影響了不同國家的對外援助政策。

1990 年代之後，由於受到全球化的深刻影響，美國各主要大學也開始將原先獨立的區域研究中心整合，並提供類似發展研究課程的「全球研究學程」（Global Studies）、或是「國際研究學程」（International Studies）。例如洛杉磯加州大學（UCLA）就把原來的拉丁美洲研究中心、中國研究中心、韓國研究中心、中東研究中心等十餘個區域研究中心整合成為「國際學院」

（International Institute），並提供全球研究從學士、碩士到博士的課程。類似的主要大學包括聖塔芭芭拉加州大學、威斯康新大學、華盛頓大學、明尼蘇達大學、匹茲堡大學、北卡羅萊納大學、羅革斯大學等，他們還成立了「全球研究聯盟」（http://globalstudiesconsortium.org/），而在 2005 年亞洲也成立類似的「亞洲全球研究協會」（http://asia-globalstudies.org/），以共同推動全球研究和交換學程設計的意見。這顯示了由於全球化對全球各國家，以及對於政治、經濟、社會、和環境的影響，不論美國或是英國、歐洲對於發展議題以及國際事務的興趣與日遽增，需要大幅改變教育科目和新設學程，以符合新時代和學生的需求。

在臺灣的學術發展上，由於受到美國學術傳統的影響，一直沒有以發展研究為名的機構，直到國內大學改革，一些系所改名為發展相關系所，例如社會發展、區域發展相關的科系，而原來三民主義研究所也相繼改為「國家發展研究所」，如臺大和政大。[9] 過去與發展研究相關的課程，也都分屬於單一科系的發展課程，例如社會系的發展社會學，或是地理系的發展地理學等。與發展研究相關的區域研究，在臺灣學術界是一直放在國際關係領域，從國防外交的角度來研究。不過近年來大學擴張，部分大學將區域研究領域擴大為研究所，例如東南亞、美國、日本、俄羅斯等研究所，而開始有國際研究的色彩。但與歐美發展研究不同，臺灣的發展研究相關課程，大部分是移植美國的教科書，以美國人的眼睛來理解第三世界，包括臺灣自己的發展經驗。1980 年代之後，美國學術界發現東亞四小龍的經濟發展在世界上相當突出，並開始大量研究（Wade, 1990），因此我們的學術界才開始以發展研究的角度來研究臺灣的經濟發展，並以美國學術界流行的「發展型國家」理論，理解臺灣戰後的經濟發展（王振寰，2003；瞿宛文，2003）。有趣的是，歐美學界的發展研究，是關切本國之外的其他世界，我們的發展研究則是關心我們自己。

會將發展研究的理論用來關心我們自己社會，是因為臺灣從 1970 年之

---

9 不過英文以 Development Studies 為名且課程內容做出相對應改變的，應始於政大的國家發展研究所，但臺大國家發展研究所最近的課程改組，加入了全球發展的組別，反映了新的全球趨勢。

後就沒有國際空間，也沒有機會參與國際社會，因此包括學者與政府缺乏對外參與的管道。相對地，我們要參與國際社會，通常都透過美國各界，也因此對美國學術界的發展，以及其動態十分關切。但是也因為如此，臺灣學界對於政府長期對外援助的國際經驗，就缺乏關注和研究。例如在臺灣的外援中，農耕隊在非洲和拉丁美洲長期協助當地農業發展，且有高度成效，但關注這部分的人相對有限；臺灣參與國際衛生組織到他國改善公共衛生，也少人研究；此外，臺灣的邦交國只剩下二十三個小國，且可能會受到氣候變遷影響而在未來將沉沒於海平面之下，但是臺灣的學界也少有人有興趣研究這些國家。我們的發展研究，在國際議題上，仍以美國的眼光看世界，只關切大國而對自己有邦交的小國則興趣缺缺。

然而隨著臺灣經濟越來越全球化，高等教育的擴張和研究經費的增加，以及 NGOs 突破中國的封鎖，到全球各地從事對外援助工作和公民社會連結，臺灣發展研究相關的計畫和成果在內涵上也逐漸擴大和深化。[10] 從過去強調經濟發展的發展型國家，到越來越多學者關切環境生態和公民參與；從強調都市發展，到越來越多學者關切土地正義；從強調地方派系研究，到越來越重視地方社區總體營造；從強調高科技發展，到越來越重視資源的不當分配；其他還有包括原住民與國家公園的關係，東南亞移民與臺灣移民政策等等議題，都密切連結到前面所討論的「由下而上」的發展研究觀點。

發展研究在對國外的部分，臺灣學界比較多的成果，包括傳統國際關係的研究；臺灣與南韓的發展型國家及其轉型比較；臺灣投資大陸的臺商或其生產網絡移轉的研究；對東南亞發展與華僑的研究，不過現今則有越來越多針對其勞工移民的研究；臺灣對非洲與拉丁美洲的研究，除了看報和查閱網上的資料研究外，深入當地的調查研究則微乎其微，也找不到相關人才。政府過度重視美國而忽視歐美以外的國家，在學術研究上完全展現，加上過去幾年強推本土化，使得臺灣的發展研究缺乏國際觀，也較缺乏與世界關切的議題接軌的能力。

總而言之，臺灣發展研究的意義和目標，至少有下列三點：首先，做為一個原來被殖民、落後的開發中國家，臺灣如今已經成功脫胎換骨，我們的

---

10 例如研究 NGOs 到國外的活動。

發展經驗應該可以放到全球的發展脈絡，突顯發展理論上的意涵。這也是以臺灣為範疇的發展研究學者需要突顯的問題意識，也就是「從全球尺度的角度來探究臺灣的發展研究議題」。其次，做為曾經被支援和協助的國家，臺灣也有國際義務將經驗分享給其他發展中國家，因此臺灣的經驗現今被很多開發中國家認真研究，而我們也因此更有責任將自己的經驗解釋清楚，並與其他國家分享。第三，全球化的今天，臺灣也需面對全球不論貧富國家都相同的永續發展、貧富不均、族群歧視、城鄉差距、跨界風險、性別不平等的問題，因此臺灣的發展研究在很多議題上是與全球同步，臺灣的研究成果可以與全球政策領域、學界或 NGOs 分享。

五、本書章節介紹

本書總共分為各空間尺度、經濟與產業、社會與公民權等三大部分，各奠基在不同的專業領域，從不同的角度切入探討發展研究與臺灣社會。每個部分各有五到六章，加上序言總共為十七章，使得這本書可以配合臺灣大專院校一學期的週數來安排使用。

第一部分為「空間尺度下的不同發展作用者與觀點」，分別從國際、國家、區域、都市、社區、身體等六個尺度來了解發展研究。第一章〈全球南方觀點下的國際發展與援助〉（簡旭伸與吳奕辰），首先探討主要的國際發展思潮以及其相互關係，接著分別探討世界各國與臺灣的國際援助發展行動，包含國際組織、國家政府、民間組織等，並分別討論對其行動的相關批判與改革進程。第二章〈國家與後進發展〉（許甘霖與王振寰），聚焦於二戰結束後的發展中國家，主要是拉丁美洲、南亞與非洲、東亞等典型，如何以不同的途徑，透過國家機器的力量，追趕先進國家。最後帶入臺灣的經驗，反射出全球化脈絡下的國家角色。第三章〈國家內部次區域發展：東臺灣的論述與經驗〉（夏黎明、林玉茹與黃宣衛），首先進入國家內部，探討各地方之間的不平等發展，以及次國家單位（尤其是城市）城市的全球連結，接著分別以拉丁美洲及臺灣為例，介紹其發展過程與相關理論根基，最後以臺灣東部

發展經驗，探尋不同發展論述與另類發展想像的可能。第四章〈新都市：超越空間尺度的城市研究之開展〉（戴伯芬），以都市與都市化為開端，探討工業革命之後的不同都市研究理論，特別是芝加哥都市社會學的傳統，以及近期興起的社會空間分析途徑，接著探討全球化脈絡下的大型都市如何建構新的權力體系，最後帶進臺灣的都市研究歷程，以及臺灣都市當前所面臨的各種問題。第五章〈社區發展與治理創新〉（湯京平），進入社區層級，首先從效率、正義、民主等面向討論社區治理的理論基礎，接著帶入社區層級的另類發展途徑如何以多樣化的方式展開並相互整合，最後探討臺灣的社區發展經驗，以及相關的社區發展操作策略，例如發起行動、募集資源、建構制度等。第六章〈從個體與性別不平等思考人類發展〉（李碧涵與蕭全政），首先回顧沈恩的個體自由觀，並帶出不均發展造成的重大影響，以及其對既有發展指標帶來的啟示，接著以臺灣的案例具體說明不均發展對於制度、就業、分配等的影響，最後聚焦在性別不平等，接上沈恩的理論，強調國家與社會如何對個體自由提供機會。

　　第二部分為「經濟與產業」，涵括第七到十一章，分別探討區域整合、技術變遷、勞動參與、農業與農村、文化產業等的發展研究相關理論與實務。第七章〈區域經濟整合：從全球化到區域化〉（童振源），從後進國家的工業化政策開始，探討跨界經濟整合的出現、產生的爭議以及其帶來的影響，並帶入臺灣與中國經濟整合的實際案例，討論其整合進程以及當前的成效。第八章〈技術變遷：後進國家的技術學習〉（陳良治與朱凌毅），首先探討工業化過程中學習技術與創新的理論與概念，接著帶入實務上開發中國家學習技術的管道與機制，最後探討國家的角色，如何推出不同政策介入建立技術的進程。第九章〈勞動參與：發展變遷中勞動者的角色〉（黃德北），首先探討勞工與社會變遷相關的概念與理論，接著探討勞工階級與階級認同的形成與發展變遷、勞動控制與抗爭的過程、以及勞工組織的發展與其在政治上的影響，最後拉回新自由主義全球化的脈絡，討論勞動市場以及勞動者角色的變遷。第十章〈臺灣農業與鄉村的困境及其出路〉（徐世榮、李展其與廖麗敏），首先探討農業政策的典範變遷，接著以臺灣為例，說明農業發展的過程與其面臨的問題，尤其是人、地、水及土壤與廢棄物等農業生產資源

的挑戰，以及臺灣糧食安全與自主的風險，最後提出振興臺灣農村的幾種途徑。第十一章〈文化產業：歷史、文化重構與後現代經濟〉（李玉瑛），首先從文化商品化談起，討論文化工業、文化產業等文化與發展相關的主軸如何產生不同的意義與風貌，接著從文化帝國主義及文化經濟等角度，討論影視媒體、世界文化遺產、文化觀光等相關的概念，最後帶入世界各國及臺灣的文化產業政策。

第三部分為「社會與公民權」，涵括第十二到十六章，分別探討醫療與衛生、土地與住宅、環境與生態、原住民以及新移民。第十二章〈健康與發展〉（黃嵩立），首先討論群體健康做為發展研究中的重要指標，接著探討決定疾病、資源等健康的各種因素，並帶入在物質、社會、政治等層面的賦權概念，以及各種壓迫的形式與反抗方式。最後以實際案例討論國家與民間組織如何介入國民健康，以及其造成的影響。第十三章〈土地與住宅：住宅做為商品或社會人權？〉（黃麗玲），首先討論居住權、居住正義等基本觀念，接著檢視各國如何推動社會住宅與公共住宅等政策，接著帶入臺灣住宅政策的發展歷程與影響，最後探討 2010 年以來各個社運團體的相關主張、國會立法成果、以及近期的政策變動。第十四章〈輪到誰來犧牲？臺灣經濟發展過程之環境、生態與社會風險〉（周桂田與王瑞庚），首先探討環境與生態相關的社會風險及其分配正義，包含其從工業轉嫁到農民與農村而產生各種剝削，接著探討能源發展的不均，包含再生能源的遲滯以及耗能產業產生的汙染，最後帶到民主化的脈絡下，如何在從政治上解決經濟對環境與生態的挑戰，以及其風險的分配正義。第十五章〈「去政治」的原住民族發展——人權保障的觀點〉（高德義與施正鋒），首先探討原住民族發展的政治、經濟、社會、文教等面向，並從人權的角度討論原住民的各種權利，特別是文化權，接著探討同化政策下的福利殖民主義如何在臺灣展開，最後提出原住民族發展的可能方式，包含原住民族部落法人化等。第十六章〈資本主義全球化與跨國移民／工現象〉（夏曉鵑），首先從全球政經發展脈絡下的生產與再生產的結構重組，談論勞動跨國流動的現象與本質，再探討國家在流動過程中的角色，以及其相關政策背後的意識型態基礎，最後從移民／工的角度，探討如何由下而上進行培力，並使其為自己發聲，開展一系列的社會運動。

　　本書的作者群，皆為來自臺灣發展研究年會的夥伴。臺灣發展研究年會從 2009 年至今（2016 年）每年舉辦不間斷，更在 2013 年，夥伴們成立「臺灣發展研究學會」，成為臺灣第一個聚焦發展研究的全國性學術社團，集合各相關領域學者。這樣廣泛而多元的組成，使臺灣發展研究學會已成為具有一定規模的新興學術社群，除了持續透過年度會議，深入探討發展研究相關議題，也積極建立國際網絡，開拓臺灣學界在國際發展研究中的影響力。作者群除了在學術界成為臺灣發展研究的先鋒之外，許多也在實務界擁有多年的經驗，甚至引領社會運動推動倡議，或在行政或立法機關推動改革。因此，本書除了在內容上盡可能面面俱到，兼顧發展研究的各個層級與面向，而作者們本身也是個相關領域的領航者之一。

　　總而言之，在我們規劃構思出版過程，讓本書內容不僅確保有足夠的理論意涵，更具有前瞻性的政策取向，包含當今主要倡議進步觀點。我們也很高興能夠在 2016 年臺灣政治與社會出現新局的重要時刻推出這本書，期待這本書能夠催動更多關切多元議題的發展研究，並集結民間力量參與，共同促進愛護臺灣的共識。我們用知識出版與社會對話，集體協力積極保障各個弱勢族群的相關權益、改善臺灣環境生態，以及促進納入性經濟與社會發展，為臺灣人民建立永續發展與世代正義的未來。

參考書目

王振寰（2003）。〈全球化與後進國家：兼論東亞的發展路徑與轉型〉,《臺灣社會學刊》,第 31 期,頁 1-44。

王振寰、瞿海源等（2009）。《社會學與臺灣社會》。臺北：巨流圖書。

周桂田（2007）。〈獨大的科學理性與隱沒（默）的社會理性之「對話」——在地公眾、科學專家與國家的風險文化探討〉,《臺灣社會研究季刊》,第 56 期,頁 1-63。

金耀基（1986）。《從傳統到現代》。臺北：時報出版。

瞿宛文（2003）。《全球化下的臺灣經濟》。臺北：臺灣社會研究雜誌社。

Amsden, A. (1989). *Asia's Next Giant.* New York: Oxford University Press.

Beck, Ulrich (1992). *Risk Society: Towards a New Modernity.* London: Sage Publications.

Beck, Ulrich (2006). Reflexive Governance: Politics in the Global Risk Society. *Reflexive Governance for Sustainable Development*, Voß, Jan-Peter, Bauknecht, Dierk, and Kemp, René (ed.), Cheltenham: Edward Elgar, 31-56.

Booth, D. (1994). Rethinking Social Development, *Rethinking Social Development: Theory, Research, and Practice.* Booth, D. (ed.), Essex: Longman Group, 3-34.

Bulkeley, H. (2005). Reconfiguring Environmental Governance: Toward a Politics of Scale and Networks, *Political Geography*, 24(8): 875-902.

Cardoso, F. (1979). *Dependent Development in Latin America.* Princeton: Princeton University Press.

Carson, R. (1962). *Silent Spring.* Boston: Houghton Mifflin.

Chambers, R. (2006). *Poverty Unperceived: Traps, Biases and Agenda.* IDS Working Paper 270. Sussex, UK: IDS.

Davies. P. (2004). *Is Evidence Based Government Possible?* Paper presented at the 4th Annual Campbell Collaboration Colloquium, Washington, DC, 19 February.

Ernst, D., and Kim, L. (2002). Global Production Networks, Knowledge Diffusion, and Local Capability Formation, *Research Policy*, 31: 1417-1429.

Evans, P. (1979). *Dependent Development: The Alliance of Multinational, State, and Local Capital in Brazil.* Princeton: Princeton University Press.

Gereffi, G., and Korzeniewicz, M. (ed.)(1994). *Commodity Chains and Global Capitalism.* Westport: Praeger Press.

Giddens, A. (2009). *The Politics of Climate Change.* Cambridge: Polity Press.

Harvey, D. (1989). *The Condition of Postmodernity.* Cambridge: Blackwell.

Held, D., McGrew, A., Goldblatt D. and Perraton J. (1999). *Global Transformations: Politics, Economics, and Culture*. Cambridge: Polity Press.

Huntington, S. (1968). *Political Order in Changing Societies*. New Heaven: Yale University Press.

Jessop, B. (1994). Post-Fordism and the State, In: *Post-Fordism: A Reader*, Amin, A. (ed.). Oxford: Blackwell, 251-279.

Mikkelsen, B. (2005). *Methods for Development Work and Research: A Guide for Practitioners*. London: Sage.

Onis, Z. (1991). The Logic of the Developmental State, *Comparative Politics*, 24(1): 109-126.

Ostrom, Elinor. (1990). *Governing the Commons: The Evolution of Institutions for Collective Action*. New York: Cambridge University Press.

Pelling, M. (2003). *The Vulnerability of Cities: Natural Disasters and Social Resilience*. London: Earthscan Publications.

Pieterse, Jan. N. (1998). My Paradigm or Yours? Alternative Development, Post-development, Reflexive Development, *Development and Change*, 29: 343-373.

Sen, A. K. (1984). *Resources, Values and Development*. Oxford: Basil Blackwell.

Sen, A. K. (1999). *Development as Freedom*. New York: Alfred A. Knopf.

Tribe, M. (2009). A Short History of the Development Studies Association, *Journal of International Development*, 21(6): 732-741.

Wade, R. (1990). *Governing the Market: Economic Theory and the Role of Government in East Asia*. Princeton: Princeton University Press.

Woolcock, M. (1998). Social Capital and Economic Development: Toward a Theoretical Synthesis and Policy Framework, *Theory and Society*, 27(2): 151-208.

Part 1

空間尺度下的不同發展
作用者與觀點

第一章
全球南方觀點下的國際發展與援助

簡旭伸
國立臺灣大學地理環境資源學系所副教授

吳奕辰
倫敦大學亞非學院發展研究碩士

1. 前言：從歐洲帶起頭的國際發展研究

國際發展研究的對象，一開始是以亞非拉殖民地為主。指涉他們的用詞在不同情境之下也不同，例如杜魯門在 1949 年稱的未發展區（underdeveloped areas）；在 1950 年代，所有不與第一世界（歐美自由民主資本主義）與第二世界（蘇聯共產社會主義）結盟下的第三世界（the third world）；於 1970 年代成立的 77 俱樂部（Group of 77）；德國總理 Willy Brandt 於 1980 年代指涉的南方國家（Brandt 線[1] 以南）；1990 年成立的南方委員會（South Commission）；2001 年聯合國針對部分國家成立低度發展、陸封國家與小型島嶼辦公室（UN-OHRLLS）。我們在本文以「全球南方」（global south）統稱，呼應聯合國在許多官方文件上所使用的 Global South，也區隔二戰以來相對發達的「北方」歐美國家，指涉南北不對稱的政經格局。

國際發展做為研究全球南方的學問，至少可追溯到十八世紀古典政治經濟學，例如亞當・斯密、李嘉圖（David Ricardo）、李斯特（Freidrich List）、馬克思等人，他們透過不斷反思與回饋，試圖分析各地發展的過程與現象，進而提出如何形塑他們所想要的國家政治經濟發展的型式，並使這些想法逐漸轉化成為「政策」。這些著作至今仍是國際發展研究者的必讀材料，甚至是許多學說的理論基礎。

而國際發展做為一個學術建制，至少可追溯到十九世紀初，東印度公司治理南亞殖民地，需要理解殖民地法律、語言、社會，而成立東印度公司書院（East India Company College）。十九世紀中，公司特許被收回，書院也隨之關閉，不過牛津、劍橋及愛丁堡大學也開始提供相關訓練。到了二十世紀初，為了系統性地培育殖民地官僚與間諜，倫敦大學成立研究殖民地語言、歷史和文化的亞非學院（School of Oriental and African Studies, SOAS）、研究殖民地環境生態與醫療公衛的倫敦衛生與熱帶醫學院（London School of Hygiene and Tropical Medical Studies, LSHTM），以及提供殖民地教育計畫的

---

1 Brandt 線大約沿著北緯 30 度前進，穿越美墨邊界、地中海、黑海、裏海、中蘇邊界、日韓海界之後，往南繞過東南亞，穿過印尼和澳洲海界。

教育學院（Institute of Education, IOE）。

二戰之後，殖民地紛紛獨立，英國成立部會層級的國際發展部（Department for International Development, DfID），投入前殖民地發展。國際發展部與外交部平行，除了是處理與殖民地獨立後的特殊關係，也突顯國際發展與國際關係的差異。這時歐洲有大量發展研究相關系所成立或擴張，並聘任前殖民官員，使得歐洲先於美國成為國際發展研究的學術重鎮。而美國則在全面性地介入全球事務後，也開始出現發展研究的相關系所。最後則是各個獨立之後的殖民地，為了國家發展的需要而成立的相關研究單位，或是將殖民時期就成立的學術機構轉型或擴張，例如臺北帝國大學。這些政府單位與學術機構，產出了大量的發展研究相關理論或應用技術，並且在不同時代以不同的觀點與工具相互抗衡，進而影響各國的國際援助發展策略。

本章以下分成幾個部分。第一部分探討國際發展的主流思潮變遷；第二部分討論國際援助的機制與效應，包括官方與非官方兩部分；第三部分是討論臺灣如何參與國際發展；最後是結論。

2. 國際發展的主要思潮與變遷

以下將分別簡述幾個影響全球南方的主流國際發展論述。其中現代化理論、新自由主義、良善治理（good governance）等，基本上是由北方國家主導；至於南方經驗出發的論述，則以 1970 年代出現的依賴理論、另類發展與後發展（post development）理論，以及 1990 年代的發展能力說為主。

2.1 現代化理論

十九世紀以來的殖民現代化（colonial modernization）論述，奠基於二元對立，如「現代 vs. 傳統」、「工業 vs. 農業」、「西方 vs. 東方」、「全球 vs. 在地」、「迅速 vs. 緩慢」、「機器 vs. 手工」等。美歐是進步的前者，亞非拉是落後的後者。後者要大幅度消除過往，以前者為師，才能「現代化」。

現代化理論之所以大行其道，主要有兩個脈絡。第一是北方殖民帝國在殖民地推展政府體系、人力資源、基礎設施等現代化工程，產生巨大的衝擊與變遷。第二個是現代性（modernity）的概念，經常內化成南方領導人與知識分子試圖救亡圖存的萬靈丹，剷除千百年的傳統，以追趕北方。

然而這種二元對立的假設，不僅忽略傳統與現代之間實際上相互牽連互賴的關係，也在實踐過程中面臨批判。主因是西化成了現代化的同義詞，使得在地文化與知識即使在客觀數據上可能比西方還要「進步」，卻仍被貶抑甚至大量摧毀。例如在醫學領域，人們逐漸發現，所謂的傳統醫學（例如中醫、印度醫學等），以全人或稱整體（holistic）的觀念來提升健康，有相當意義的療效，然而現代的、科學的、西方的醫學，卻在上個世紀大量取代了全球各地方擁有悠久歷史的傳統醫學，早已成為全球主流。

2.2 依賴理論

依賴理論是 1970 年代以來拉美經驗的反省，並挑戰現代化理論。依賴理論認為南方發展落後，是因為在殖民之下形成的北方「核心」與南方「邊陲」（core vs. periphery），由核心宰制了邊陲，而核心不會有下滲效應（trickle-down effect）分享利潤給邊陲，反而是邊陲被核心剝削的回洗效應（wash-back effect）。例如，單一作物獨大經濟（如象牙海岸的可可或聖克里斯多福的蔗糖），是因為被北方殖民而改變了多元生態，現在北方控制全球商品價格，持續在相關產業中跨國剝削。因此，邊陲南方若想發展，就必須從北方主導的經濟脫鉤（de-link）。

儘管依賴理論的說法在南方一度盛行，但要與全球資本主義脫鉤或成立新的聯盟，卻有實際困難。奠定不結盟運動基礎的萬隆亞非會議，也沒有後續的成果。接著依賴理論在經驗上遭遇亞洲四小龍等成功轉型的挑戰；再加上 1990 年代蘇聯瓦解東歐變天，北方自由民主資本主義被描述為歷史的終結道路，依賴理論走向消沉。

2.3 經濟新自由主義與政治良善治理

　　1970 年代英國柴契爾與 1980 年代美國雷根，相繼將大量國有企業私有
化、削減社會福利、放寬勞動法規，並將部分政府職能（例如學校、公園、
監獄等）外包。這掀起一波新自由主義的浪潮，認爲這樣整體資源使用更有
效率。而世界銀行與國際貨幣基金也推展這套方案，對陷入**債務危機**的南方
國家貸款時，要求先遵照這套原則下的結構調整方案（Structural Adjustment
Programs, SAPs）改革，例如財政紀律、調整公共支出、稅改、利率自由
化、匯率解除管制、貿易自由化、私有化、去管制化、確保財產權等。操作
這種條件式援助（conditional aid）的機構都在華盛頓，因此被稱爲「華盛頓
共識」。世銀經濟學家 Burnside 和 Dollar 爲其提供理論支持，認爲若受援國
在財政、貨幣、貿易等先有上述好的政策（sound policy）搭配，國際援助
就能充分發揮效能（aid effectiveness）。

　　然而這種高舉市場角色並擊退國家角色的做法，不但沒有顯著的發展
成效，且在許多受援國還造成災難性的影響，造成逐底競爭（race-to-the-
bottom）以及惡化的貧富差距，於是人們發現仍需要將國家維持一個讓市場
正常運作的環境，稱爲「良善治理」。於是條件式援助的條件不減反增，並
和民主化議程合流，認爲民主是創造經濟成長的基礎，因此要求受援國要
能與企業共治、打擊貪腐、勞動市場彈性化、遵從世界貿易組織（World
Trade Organization, WTO）等的國際金融規範、有獨立的央行等。

　　但實際上，良善治理不一定是經濟成長的基石，有時甚至阻礙發展。亞
洲四小龍的經濟奇蹟就是反證，因爲威權領導才是東亞經濟發展的推手。而
當非洲國家經濟因爲 SAPs 而大幅萎縮時，不自由化也不民主化的中國反而
開始成長並大幅降低貧窮人口。並且從更長遠的歷史來看，今日的北方富國
都是透過保護主義而發展起來，直到今日仍有大量的政府補貼和貿易壁壘，
但他們爬上了高峰後，卻把梯子踢走了，讓南方國家更難以跟上腳步。最重
要的是，由於援助單位對華盛頓共識的定義其實缺乏共識，因此被譏諷爲
「華盛頓混亂」（Washington Confusion），僅是無止盡地增加援助條件，虛耗
行政能量，使得西方援助單位益發介入受援國的政策空間，甚至在受援國形

> **債務危機**
> 1970年代起，拉美國家大
> 舉向國際商業銀行借款以
> 推行經濟政策，然而1980
> 年代起卻遭逢利率大漲
> （利息負擔大增）以及原
> 物料價格下跌（這些國家
> 多仰賴出口原物料）的雙
> 重壓力，造成債務危機，
> 並且在以債養債的情況
> 下，債務越養越大造成極
> 大負擔，因此1990年代以
> 來出現如「Jubilee 2000」
> 的減債倡議運動，並使世
> 銀等機構劃分出「重債窮
> 國（heavily indebted poor
> countries, HIPC）」類別
> 給三十八國，給予特殊協
> 助。

成自我審查，以追求最多的援助資源，進而變成長期仰賴援助而無法獨立發展。

2.4 另類發展與後發展

不同於強調國家角色的現代化主義，以及強調市場角色的新自由主義，有一群強調社會角色，以人民、參與、在地知識爲基礎，對主流發展學界的反思和修正的「另類發展」，在 1970 年代伴隨生態主義、後現代主義、女性主義、東方主義等的各種批判而逐漸興起。另類發展包含許多的別名，如適切發展、參與式發展、以人民爲中心的發展、獨立自主的發展等。他們都強調「由下而上」的公民社會，整合國家和非政府組織、產業等，共同促進社群與地方發展。另類發展也提倡「內生發展」與「自我依賴」，而非依循過往的發展途徑，因此與依賴理論站在同一陣線，挑戰「發展＝現代化＝西化」的觀點。雖然另類發展不足以形成一套理論，但由下而上自主發展，以及重視在地知識，皆提升了國際合作發展的品質。

「後發展」觀點與另類發展都在批評主流發展，但更爲激進反對一切的發展。後發展將發展視爲一種論述。首先，認爲貧窮不一定是發展中國家的「眞實」情況，而是已開發國家對發展中國家的一種「詮釋」或「眼光」，因此反對爲求擺脫貧窮反而落入意識型態陷阱，接受貧窮被鄙視與汙名化的事實。後發展提倡南方應轉向關注「精神面向」，接受「貧窮也可能很快樂」（例如安貧樂道）等說法。其次，他們將前述現代化理論與新自由主義視爲知識論的殖民主義，認爲發展計畫本身是社會工程，意在干預與管理他國的產業與研發技術等。

後發展固然提出了一些認識論的新穎觀點，但在實踐上卻沒提出不受西方控制但又增進南方自主發展的具體主張，甚至將試圖改變南方的方案直接批爲殖民色彩的發展，忽略部分南方人民對發展的渴望。

2.5 發展即自由的能力途徑

「能力取徑」（capability approach）是由諾貝爾經濟學獎得主沈恩所提出，認為貧窮不應只被看成「所得」剝奪，更是「能力」剝奪。沈恩承認低所得是造成貧困的要件，但低所得以外的因素也會剝奪能力，甚至造成真正的貧窮。例如一位主動減肥而自願禁食的富人，以及一個被迫挨餓的窮人，兩者雖然可能產生相類似的飢餓功能，但前者的能力集合（the capability set）比後者多，因為富人是自己「選擇」挨餓，而窮人則是「被迫」處於飢餓的狀態。所謂能力是指成就各種功能組合的實質自由，包括教育程度、衛生條件、基礎設施、政治自由度等。

這回應的是 1980 年代出現以人為主的發展觀，認為發展的關鍵不是國家經濟結構，也不是國際體系的中心邊陲，而是個體是否得到自由發展能力（development as freedom）。因此這種能力取徑，特別強調發展計畫必須能解開窮人能力的束縛，透過在地社會組織自下而上形成益貧（pro-poor）發展。這樣的「能力取徑」識別出貧窮的多重挑戰，因此讓許多國際發展方案開始更重視醫療、教育等社會文化因素，進而發展聯合國人類發展指數，使主流發展機構的關注焦點從國家所得轉移至個體政策。

表 1-1　發展理論一覽表

	現代化理論	經濟新自由主義與政治良善制度	依賴理論	另類發展與後發展	能力取徑
對於國家／個人貧窮的解釋	缺乏現代化的政治、經濟、社會制度與文化脈絡	政府干預市場、未實施民主制度	與西方國家的不對等貿易關係	與西方國家的不對等貿易關係	能力的剝奪
南方國家發展的策略	學習已開發國家的發展模式	政治與經濟自由化	脫離北方國家主導的貿易體系，自主發展	自主發展，尤其必須針對社會部門的賦權／不發展	提升所得，也應重視教育、公共服務、社會福利
實例	馬歇爾計畫	世銀與國際貨幣基金的結構調整方案與條件式援助	拉丁美洲國家採取進口替代政策，發展本國民族工業	由政府、非政府組織、產業協作下的發展方案	人類發展指數、性別發展指數、多維貧窮指標
正面影響	南方國家基礎設施、制度的現代化	一定程度改善低度發展國家政治與經濟制度的腐敗	南方國家培養自主發展的能力	社會部門在國際援助發展體系中的地位增加	打破經濟成長的迷思，重視個體能力的賦予
批評與限制	助長殖民主義、破壞南方傳統	窮國被迫私有化資源，使跨國公司入侵市場	與全球資本主義完全脫鉤有困難	公、私、第三部門合作在實務上推動不易	實務推動不易

資料來源：作者自行彙整。

2.6 小結：相互呼應的國際發展思潮與指標

　　各個國際發展的思潮，除了反映學術界的理論辯證流動，也反映在實務界的應用工具變化。爲了具體量化不同地方的發展程度，以提供實務工作者做爲參考，各個國際發展機構，在不同論述脈絡之下，研發出非常多樣的指標系統。雖然量化指標還是會有本身的侷限，但是對於實務工作者來說，一套普世性的指標工具，可以做爲政府、國際機構、跨國企業、大型 NGO 等的溝通基礎，具體衡量工作成效。

　　早年的發展指標僅注重經濟面向，例如國內生產總值（Gross Domestic Product, GDP）或國民所得毛額（Gross National Income, GNI），被聯合國等國際組織用來衡量「最低度發展國家」（least developed countries, LDC）。這種以經濟爲主的量化指標，也把發展窄化成爲經濟發展，忽略犧牲社會和環境發展，因此也飽受批評，而各界也進一步探索如何把人類福祉、基本需求等概念納入指標中。1990 年**聯合國發展署**公告的人類發展指數（Human Development Index, HDI），就包含預期壽命、識字率、入學率等參數，於是可以觀察到部分中東油國雖有高所得，但在教育和醫療衛生等問題較多，HDI 排行就拉低。然而，HDI 本身也忽略國家內部的貧富差距以及性別差距，因此出現性別發展指數（Gender-Related Development Index, GDI）與人類貧窮指數（Human Poverty Index, HPI）等，以及因爲全球治理、氣候變遷等議題興起，而研發出一些更多元面向的跨國指標，例如世界銀行的良善治理指標、倫敦智庫 New Economics Foundation 的快樂地球指數（Happy Planet Index, HPI）、2010 年聯合國環境規劃署的包容性財富指數等，可詳見表 1-2。

聯合國發展署（United Nations Development Programme, UNDP）
聯合國發展署是聯合國底下負責進行發展與技術援助的多邊機構。機構主要工作內容是爲發展中國家提供技術建議、培訓人才並提供設備。另發展署亦負責製作年度人類發展報告，以及掌握聯合國千禧年發展目標和2015年後永續發展目標的推行進度。

表 1-2　全球綜合發展指標列舉

提出時間與單位	指標	說明
1970 年代 美國經濟學家 Arthur Okun *最早用於美國，後留傳 於各國	痛苦指數（Misery Index） ◆類型：經濟指數 ◆單位：指數	失業率百分比＋通貨膨脹百分比
1984 年 美國賓州大學教授 Richard J. Estes	社會進步指數（Index of Social Progress, ISP） ◆類型：綜合指數 ◆單位：指數	社會進步指數包含十個社會經濟領域 的三十六項指標。十個領域分別爲教 育、健康狀況、婦女地位、國防、經 濟、人口、地理、政治參與、文化、 福利成就。
1989 年 經濟學家 Herman Daily 與 John Cobb	永續經濟福利指數（Index of Sustainable Economics Welfare, ISEW） ◆類型：GDP 修正 ◆單位：元	計算方式：個人消費支出＋（公共財 支出＋資本構成＋家務勞動）－（私 有財支出＋環境退化成本＋自然資本 折舊）
1989 年 經濟學家 Herman Daily 與 John Cobb	實質成長指標（Genuine Progress Index, GPI） ◆類型：GDP 修正 ◆單位：元	採用二十六個經濟、環境與社會面向 的指標綜合衡量社會進步的情實況， 包括考量犯罪、汙染、通勤、不平等 的成本，以及教育、公益活動、休閒 時間與基礎建設創造的價值。
1992 年 聯合國發展署 *2014 年人類發展報告擴 及一百八十七個國家	人類發展指數（Human Development Index, HDI） ◆類型：綜合指數 ◆單位：指數	三項主要指標，分別是人均 GDP、 教育程度以及預期壽命構成的綜合發 展指數。近期納入更多指標，包括治 安、保健、自然環境、人員流動、行 政管理、政治社會環境等。
1995 年 聯合國發展署 *2014 年人類發展報告擴 及一百八十七個國家	性別發展指數（Gender-Related Development Index, GDI） ◆類型：性別平等指數 ◆單位：指數	比較各國男女的人類發展指數（健 康、教育、生活水平）、預期壽命、就 學年數以及人均國民所得。
1995 年 國際透明組織 （Transparency International） *2014 年調查範圍擴及一 百七十四個國家	清廉觀感指數（Corruption Perceptions Index, CPI） ◆類型：國家經濟透明度 ◆單位：調查成果指數	蒐集來自各地企業及民眾對本國的貪 汙觀感所整合出來的指數。
1996 年 Mathis Wackernagel，後 創立全球碳足跡網絡平臺 （Global Footprint Network）	生態足跡／碳足跡（Ecological Footprint ／ Carbon Footprint） ◆類型：環境衝擊指標 ◆單位：二氧化碳當量	早期「生態足跡」是指將人類所消耗 的各類重要物質，其生產過程衍生 各類型的環境衝擊，轉換成以面積計 算，以便與環境可乘載量比較。目前 物質生產的環境衝擊以二氧化碳當量 做計算。

提出時間與單位	指標	說明
1996 年 世界銀行 *二百一十五個經濟體被納入計算	世界良善治理指標（Worldwide Governance Indicators, WGI） ◆ 類型：政治治理表現 ◆ 單位：指數	從六個面向衡量國家治理表現，分別是選舉自由與言論自由、政治穩定與免除暴力、政府效率、政府制定與執行法律的能力、法治建全度、對貪腐的控制。
2002 年 世界銀行 *2015 年調查範圍擴及一百八十九個國家	全球經商環境評比（Doing Business） ◆ 類型：國家經商便利度 ◆ 單位：百分制	十項評比指標分別為：開辦企業、申請建築許可、電力取得、財產登記、獲得信貸、少數股東保護、繳納稅款、跨境貿易、以及破產處理。
2002 美國耶魯大學 *2014 年共評比一百七十八個國家	全球環境表現評比（Environmental Performance Index, EPI） ◆ 類型：國家環境治理 ◆ 單位：指數	採用二十項指標來衡量各國的環境治理表現，並將其歸類為九大領域，分別為：汙染對健康的衝擊、空氣品質、水質與衛生、水資源、農業、森林、漁業、生物多樣性與棲地、氣候與能源。
2006 年 英國新經濟基金會（New Economics Foundation） *2012 年調查範圍涵蓋一百五十一個國家	快樂地球指數（Happy Planet Index, HPI） ◆ 類型：綜合指數 ◆ 單位：指數	計算方式：（個人福利＊預期壽命）／生態碳足跡
2007 年 經濟和平研究所（Institute for Economics and Peace） *2015 年調查範圍擴及一百六十二個國家	全球和平指數（Global Peace Index, GPI） ◆ 類型：國家介入軍事活動程度 ◆ 單位：指數	引用聯合國及其他國際組織的數據，包括國家軍費、國家因組織性衝突死亡人數、聯合國派遣人員數目，計算國家和平指數。
2008 年 美國蓋洛普公司 *起初調查對象為美國五十州，2013 年公佈橫跨一百三十五個國家的調查報告	蓋洛普福利指數（Gallup-Healthways Well-Being Index） ◆ 類型：調查成果指數 ◆ 單位：指數	五項要素（生活目標／勞動、社會網絡、經濟能力、社區／鄰里關係、健康狀態）的年度調查成果。
2009 年 美國非營利組織社會進步促進會（Social Progress Imperative） *2015 年調查範圍擴及一百三十三個國家	社會進步指數（Social Progress Index, SPI） ◆ 類型：綜合指數 ◆ 單位：指數	採用五十二指標衡量社會發展程度，分別從三個方面十二個領域調查：基本需求（營養、醫療、衛生、居住環、個人安全等）個體發展基礎（基本知識、資通訊管道、健康、環境永續性）、個人發展機會（人權、自由與選擇權、社會接納程度、高等教育）。
2010 年 聯合國發展署 *計算範圍超過一百個開發中國家	多面向貧窮指數（Multidimensional Poverty Index, MPI） *前身為 1997 年創立的人類貧窮指數（Human Poverty Index, HPI） ◆ 類型：綜合指數 ◆ 單位：指數	以健康（嬰兒夭折率、營養）、教育（就學年數、學齡兒童是否就學）以及生活水平（烹食燃料類型、廁所可及性、乾淨飲用水、電力、房屋地板品質、資產）三大類下共十種指標，計算國家貧窮指數的差異。

提出時間與單位	指標	說明
2010 年 聯合國環境規劃署	兼容性財富指數（Inclusive Wealth Index） ◆ 類型：資本修正計算 ◆ 單位：元	以自然資本（自然資源與生態品質等）、人類資本（教育、健康等）、社會資本（社群關係）、生產性資本（機械、建築物等）存量做為評估國家社會福祉進步程度的依據。
2010 年 不丹國王 ＊目前僅不丹採用	不丹國民幸福指數（Gross National Happiness, GNH） ◆ 類型：調查成果指數 ◆ 單位：指數	計算生產總值指數＋社會健康指數＋社會福利指數＋社會文明指數＋生態環境指數，各指數每年所占權重不同。
2011 年 OECD ＊三十六個 OECD 國家被列入計算	OECD 美好生活指數（OECD Better Life Index） ◆ 類型：綜合指數 ◆ 單位：指數	十一個方面（住房條件、家庭收入、工作、社區環境、教育、自然環境、公民參與、健康、生活滿意度、安全度以及工作生活平衡度）的綜合指數。
2014 年 美國北卡羅萊大學教堂山分校全球公共衛生學院水資源中心（The Water Institute, UNC） ＊2015 年發布一百一十七個開中國家的調查成果	全球水質與衛生表現評比（The Water, Sanitation, Hygiene Performance, WASH）	採用四項指標分析開發中國家水資源取得與水質表現：分別是水資源與水質淨化取得容易度、以及各國城鄉地區的水資源及水質淨化取得的差距。

資料來源：作者根據各指標公開網站資料彙整。

　　因此我們可以觀察到，指標不斷隨著概念的轉換而推陳出新，進而影響政策的走向。最著名的是 2000 年由聯合國發起的千禧年發展目標（Millennium Development Goals, MDGs），號召成員國及相關國際組織共同承諾，在 2015 年前針對極端貧窮飢餓、初等教育、兩性平等、兒童死亡率、孕產婦健康、愛滋瘧疾、環境永續、全球合作等八大指標做出改善。接著，奠基於 MDGs 的成果之上，聯合國大會在 2015 年通過永續發展目標（Sustainable Development Goals, SDGs），接續 MDGs 做為 2016-2030 年的全球發展政策主軸，包含經濟、社會、環境、制度與執行方法等十七項大指標。由於 SDGs 在制定過程中，廣納了國家、國際組織、民間組織以及私部門的參與，因此 SDGs 形成了一套非常完整的發展框架，並有大量的指標做為基礎。這樣的做法，不僅讓各個國際發展相關的行動者在戰略規劃上有共通的依據可循，也形成一套更全面的指標工具來理解世界各地的發展現況。然而也因為其試圖窮盡各個面向，使得達標的難度也大為提高。

表 1-3　SDGs、MDGs 對照表及六大元素

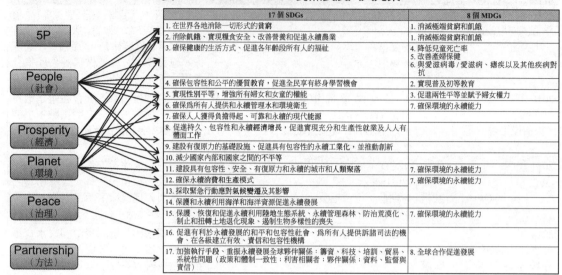

	17個 SDGs	8個 MDGs
	1. 在世界各地消除一切形式的貧窮	1. 消滅極端貧窮和飢餓
	2. 消除飢餓、實現糧食安全、改善營養及促進永續農業	1. 消滅極端貧窮和飢餓
	3. 確保健康的生活方式、促進各年齡段所有人的福祉	4. 降低兒童死亡率 5. 改善產婦保健 6. 與愛滋病毒／愛滋病、瘧疾以及其他疾病對抗
	4. 確保包容性和公平的優質教育，促進全民享有終身學習機會	2. 實現普及初等教育
	5. 實現性別平等，增強所有婦女和女童的權能	3. 促進兩性平等並賦予婦女權力
	6. 確保為所有人提供和永續管理水和環境衛生	7. 確保環境的永續能力
	7. 確保人人獲得負擔得起、可靠和永續的現代能源	
	8. 促進持久、包容性和永續經濟增長，促進實現充分和生產性就業及人人有體面工作	
	9. 建設有復原力的基礎設施、促進具有包容性的永續工業化，並推動創新	
	10. 減少國家內部和國家之間的不平等	
	11. 建設具有包容性、安全、有復原力和永續的城市和人類聚落	7. 確保環境的永續能力
	12. 確保永續消費和生產模式	7. 確保環境的永續能力
	13. 採取緊急行動應對氣候變遷及其影響	
	14. 保護和永續利用海洋和海洋資源促進永續發展	
	15. 保護、恢復和促進永續利用陸地生態系統、永續管理森林、防治荒漠化、制止和扭轉土地退化現象、遏制生物多樣性的喪失	7. 確保環境的永續能力
	16. 促進有利於永續發展的和平和包容性社會、為所有人提供訴諸司法的機會、在各級建立有效、責信和包容性機構	
	17. 加強執行手段、重振永續發展全球夥伴關係（籌資、科技、培訓、貿易、系統性問題（政策和體制一致性）；利害相關者；夥伴關係；資料、監督與責信）	8. 全球合作促進發展

（圖左側元素：5P／People（社會）／Prosperity（經濟）／Planet（環境）／Peace（治理）／Partnership（方法））

資料來源：作者自行整理繪製。

問題與討論 1-1

全球發展不平等如何在不同的層級擴大或縮小？貧富差距擴大是資本主義發展的必然結果嗎？資本主義體系的哪幾種制度設計是促成全球貧富差距擴大的關鍵因素，或其實資本主義如何有助於減緩貧富差距？

另類發展與後發展，如何挑戰新自由主義之下的國際組織、國家、社會、市場、民間、私部門等角色？他們為何能夠或不能夠帶領人類走向永續發展？

---

3. 國際發展援助的機制與效益

有許多國際力量能夠影響南方發展，弭平或加劇全球貧富差距，例如貿易、投資、移民、甚至軍事行動等。然而在定義上，國際援助就是有贈與優惠（concessional）的本質，而其他行動則有其他更優先的目標，因此國際援助實為國際發展研究中很特殊的作用力。以下將分別討論國際援助行動如何出現並迅速成為重要的國際力量，接著分向說明不同種類的國際援助者，最後檢討國際援助帶來的影響。

3.1 國際援助的緣起

官方發展援助的起源最早可追溯到 1929 年大英帝國的《殖民發展法》（*Colonial Development Act*），其目的是援助並發展殖民地／保護地／託管地的農業與工業，以促進英國的工商業。之後於 1945 年修正的《殖民發展與社會福利法》（*Colonial Development and Welfare Act*），也著眼於藉由幫助殖民地來促進本國經濟成長。

二戰結束後，幫助西歐復甦的馬歇爾計畫，很快擴展到亞洲與非洲，以現代化理論為基礎，強調經濟成長與轉型，影響甚至主導了全世界每一個國家二戰後發展的歷程。當時現代化理論大師 Rostow 的書名《經濟成長階段說》（*Stages of Economic Development*）的副標題：「一個非共產提案」（A non- Communist Manifesto），本身就透露出冷戰脈絡下推動全球經濟發展現代化的政治企圖。國際援助的動機，除了純慈善與人道，更包含政治經濟、地緣戰略、商業利益、國內情勢等考量。

二戰結束至今，國際援助不斷增加。許多受援國即使政治獨立，但在經濟上仍仰賴前殖民母國。主導千禧年發展目標的 Jeffrey Sachs 博士更力陳要以「大量」的援助來「推動」（big push）脫貧。而國際援助議程也推行各式各樣的普世目標，如終結貧窮、性別平等、普及教育、促進永續發展、共同減碳等，並呼籲投入大量資金，甚至訂出 0.7% 國民生產所得做為國際援助的標準。截至目前為止，經濟合作暨發展組織（Organization for Economic Cooperation and Development, OECD）的統計顯示，國際援助仍占 LDCs 平均收入的三分之二以上，同時也有各式各樣的體制和組織圍繞著外援事業而生存，改變了國家與社會關係、牽動地緣政治、帶來建設與資金，也帶來衝突與競爭。

官方發展援助
（Official Development Assistance, ODA）
根據OECD的定義：「官方發展援助是已開發國家為開發中國家提供，用於經濟發展與提高人民生活水準，贈與比例占總款項達25%以上的贈款或貸款。」

3.2 主要的國際援助者

3.2.1 OECD 會員國

OECD 國家的援助，在 2000 年代大約占全球 70%。就量來說，美國最

大，其次是德英法。美英法傳統上被稱爲三大（big three），反應其全球影響力。就比例來說，北歐國家貢獻國民生產所得約 1% 做國際援助，是最慷慨的援助國，也是少數符合 OECD 0.7% 標準的國家。

OECD 成員又可分成幾類。美國在馬歇爾計畫掀起史上最大援助浪潮，進而主導國際金融機構，搭配全球最強大的軍力，全面介入各國發展；英法主要依循殖民脈絡，並防止共產主義在當地奪權，冷戰結束後則持續藉由國際援助維持地緣影響力。北歐與德國重視聯合國與歐盟政策、有濃厚社會民主價值及基督教傳統等，編列高比例援助預算，近期並在中東北非等歐盟邊境地區扮演要角。日本援外的脈絡是二戰賠償，但隨著原料及外貿市場的需要，也出現商業目的，並且成立專責機構。韓國在 2000 年代積極結合民間力量以及在聯合國的影響力，透過援助來提升國家地位。

3.2.2 非 OECD 國家

1955 年萬隆會議之後，許多聲浪期盼南方國家能夠擺脫北方，藉由南方的互助來尋求國家發展。然而多年來並沒有形成強而有力的國際機構來抗衡，更沒有系統性的監督機制，因此整體援助潮流仍由北方主導。不過許多新興的南方國家的確成了重要的南南合作國際援助者。

俄羅斯在蘇聯時期就對社會主義集團提供援助，並主導嚴謹的產業分工與貿易，使得其他盟國能夠整合發展。然而在蘇聯解體之後，經濟分工也崩解，盟國在找尋新的定位時，也面臨長期經濟衰退。中國外援可追溯到 1960 年代，與臺灣力拼非洲邦交而砸重金的坦尚鐵路。1978 年改革開放後，中國對國際事務採取韜光養晦的態度，對於國際援助著墨較少。但隨著 2000 年代崛起後，也開始對拉美、非洲以大型基礎建設爲主，進行「**北京共識**」援助：強調不干涉該國內政，純粹商業往來，但其實也有原物料或能源戰略企圖，以及封鎖臺灣外交。2013 年進一步提出「一帶一路」做爲西進戰略，並成立亞投行做爲金融支撐工具。

石油輸出國以及一些區域強權也分別基於不同動機而投入國際援助，主要目標是團結阿拉伯世界，並尋求以巴問題的外交支持。爲與之對抗，以色列也展開對非洲的援助，以突破外交孤立。另外，南非、印度、巴西、土耳

北京共識
（Beijing Consensus）
2004年由英國學者Joshua Cooper Ramo提出，他指稱中國自改革開放以來的政經發展模式，可以做爲開發中國家追求經濟成長的典範。北京共識主要包括三大內容：(1)創新的試驗性政策；(2)堅決捍衛國家利益；(3)漸進的改革。後續這個名詞被廣泛性的使用，多半指涉政治威權與國家資本主義結合的發展模式，與奉民主與自由市場爲圭臬的「華盛頓共識」相抗衡。

其、奈及利亞等區域強權為了維持自身地位，也發起許多援助行動。在這些援助背景之下，外交戰略才是第一考量，而非國際發展的目標，畢竟這些國家自身發展也有挑戰，甚至本身也是受援國。

　　拉美左翼政權在 2000 年後先後執政而共立的「玻利瓦爾拉丁美洲及加勒比海替代計畫」（Bolivarian Alternative for Latin America and the Caribbean, ALBA），別具新意，強調社會發展（如教育、醫療等）。例如古巴藉由優良的醫療與教育志工，與其他國家交換石油，形成互相援助的獨特典範。

Box 1-1

從低度發展國家到全球南方

　　國際援助與發展研究的對象，是二次大戰結束後以來經濟發展相對緩慢、工業化與現代化程度相對不高的國家與地區。在地理區位上，這些國家主要位於亞洲、非洲、中南美洲，以及中東地區。截至目前為止，有多種不同的名詞指涉這些國家，包括「第三世界」、「七七集團」以及「全球南方」，這些名詞出現的時間有其先後順序，但都沿用至今，而目前無論在學術界或實務界較為通用的概念為「全球南方」。

（一）低度發展國家以及發展中國家

　　「低度發展地區」（underdeveloped areas）概念的提出，最早可溯及美國總統杜魯門在 1949 年就職典禮發言，主張美國運用先進的科技與工業技術來改善低度發展地區的經濟落後情況。其後，聯合國、世界銀行、國際貨幣基金等組織沿用了「低度發展地區／國家」的概念。「開發中國家」（developing countries），以及「最低度發展國家」（least developed countries），則是指相對於「已開發國家」（developed countries）而言，國家經濟、人民教育程度、健康條件都比較差或更差的國度。世界銀行也以人均國民所得（GNI per capita）區分低所得、中低所得、中高所得，以及高所得國家。

（二）第三世界

　　冷戰時期，以美國為首的自由民主工業國家被視為「第一世界」，與和蘇聯為首的共產主義工業國家的「第二世界」相互抗衡。1955 年在萬隆舉行的首屆亞非會議，一群工業相對落後且經濟貧窮的國家主張中立主義，因而被視為「第三世界」。2016 年世界銀行發布的《世界發展指標》報告中，決定不再對「已開發國家」和「發展中國家」進行區分。因為同一組別不同國家的收入狀況仍然非常不同，例如馬拉威和馬來西亞雖然都屬於「發展中國家」，但是人均收入後者其實接近多數已開發國家。不再使用「發展中國家」這個詞，代表不再只是懶惰地將一群大相逕庭的國家湊成一堆，而為了使用更精準的名詞來替代「發展中國家」，我們必須更加認識這個世界。

（三）七七集團

1963 年聯合國大會上，由南斯拉夫、埃及、以及印度等七十五國發起，提出聯合宣言，譴責西方工業國家的剝削。當時被稱為「七十五國集團」。隔年，肯亞、南韓、以及越南加入，紐西蘭退出，七十七個國家在日內瓦召開的第一屆聯合國貿易與發展會議上發表了《日內瓦聯合宣言》（《七十七國聯合宣言》），從所謂的發展中國家的角度來看待如何處理國際經濟、貿易與發展等。集團主席由成員國輪流擔任，任期一年。現今七七集團的成員國已超過七十七個，但仍沿用 1960 年代創始階段的名稱。

（四）全球南方

南方與北方國家概念的提出，可以追溯至前西德總理 Willy Brandt 在 1980 年對於重整全球經濟秩序的呼籲。他創立了「國際發展問題獨立委員會」（Independent Commission），並發表討論南方發展問題的報告「南北世界：致力於解決生存問題的倡議」（North-South: A Program for Survival），也在報告中第一次畫出南北界線。聯合國在 1990 年協助成立「南方委員會」，主張南方國家必須靠自己力爭上游，指出了「南南合作」的重要性；同時北方國家也不應對南方國家的發展問題視若無睹，南北不對等關係的改善也有其必要性。

Box 1-2

美洲波利瓦爾聯盟
（Bolivarian Alliance for the Peoples of Our America, ALBA）

美洲波利瓦爾聯盟是拉丁美洲與加勒比海的經濟與社會合作組織，其成立緣起意在抗衡由美國主導的美洲自由貿易區（Free Trade Area of the Americas, FTAA）。該聯盟是由委內瑞拉總統 Hugo Chavez 倡議發起，其最早的合作形式是 2004 年委內瑞拉與古巴成立的資源交換協議（Hattingh, 2008）。委國提議兩國採取實物交換的方式，來獲取各自所需的資源。委國以非常優惠的價格將石油輸出到古巴，條件是古巴送教師及醫生到委國最貧窮的地區，提供基本的教育及醫療資源。此交流形式的核心理念，即區域整合不僅是貿易自由化，而是強調社會福利、教育、醫療資源方面的互補與互惠。截至 2015 年，聯盟共有十一個拉丁美洲國家加入。

ALBA 與 FTAA 的政策理念與實踐有以下幾個方面的差異（Arreaza, 2004）：

ALBA 的成員多半經濟發展差距不大，因此自由貿易的正面效益較有可能平均分配，而不會獨獨嘉惠經濟強國與損害弱國的權益。加入由美國所主導的自由貿易協定，就難以避免貿易自主性受害的問題。

ALBA 與 FTAA 對公共資源的處理方式有截然不同的看法。ALBA 認為，區域整合的目的是要為民眾謀福利，提倡賦予大多數民眾平價使用基本公共服務的權利。因此，ALBA 不贊同FTAA 將公共資源私有化，甚至淪為為私人企業創造利潤機會。

　　ALBA 亦旨在促進會員國農業的自給自足，避免過度依賴進口糧食，造成國內農業部門的衰退以及農民失業。然而，FTAA 多半採取農業保護政策，其農業自由化協定經常伴隨對他國低價傾銷農產品。

　　ALBA 不青睞 FTAA 經常主張的智慧財產權與專利制度體制，特別是在醫藥產業方面。主要是 ALBA 更強調藥物的科學與技術研發面向過程中，尊重國家的生物多樣性資源與在地知識；同時也主張不得以專利規定來降低了 ALBA 會員國發展「學名藥」的可能性。

　　基於維護會員國經濟利益，ALBA 反對 FTAA 提倡的「最惠國待遇」與「本國待遇」貿易原則。前者是指後到的跨國公司在地主國享有的所有優惠與福利都應該比照先前進駐的跨國公司。後者是指跨國公司享有的待遇應該與地主國本國所有企業（包括中小企業）相同。

資料來源：Arreaza, Teresa (2004). ALBA: Bolivarian Alternative for Latin America and the Caribbean, *Venezuelanalysis. com*, http://venezuelanalysis.com/analysis/339 Hattingh, Shawn, 2 July 2008, "ALBA: Creating a Regional Alternative to Neo-Liberalism", Monthly Review, http://mrzine.monthlyreview.org/2008/hattingh070208.html

3.2.3 國際金融機構（**international financial institutions**）

　　二戰末期，美英法俄等四十四國代表在美國布雷頓森林（Bretton Woods）決議成立世界銀行、國際貨幣基金、以及關稅暨貿易總協定（後來的世界貿易組織），希望奠定戰後國際金融秩序的基礎，被暱稱為「布列敦森林體系」（Bretton Woods system）。世界銀行投資基礎建設進行重建和發展，國際貨幣基金則穩定金融市場及貨幣，避免經濟危機導致下一場戰爭。

　　除了世界銀行和國際貨幣基金之外，還有各種多邊機構。例如歐洲復興開發銀行（European Bank for Reconstruction and Development, EBRD），是為因應蘇聯瓦解東歐復甦，以推動私有化等新自由主義為主。2000 年代金融海嘯和阿拉伯之春後，也有中東國家參與其計畫。在亞洲和非洲，則有亞洲開發銀行（Asian Development Bank, ADB）和非洲開發銀行（African Development Bank, AfDB）支持各項建設計畫。亞銀成立於 1966 年，總部設在菲律賓馬尼拉，日本和美國是最大的投資者，歷屆總裁都是日本人。非銀則成立於 1964 年，總部設於象牙海岸阿必尚，歐盟是主要出資者。

　　然而大部分區域銀行運作深受世銀及國際貨幣基金的操作影響，經常被認為是其代理人，因此一些大型南方國家也發起了號稱屬於南方的機構。首

先是 2009 年，委內瑞拉等拉美國家成立南方銀行（Bank of the South）；接著是**金磚五國**之一的中國在 2014 年與其他金磚國家成立新開發銀行（New Development Bank, BRICS），然後又在 2015 年設立亞投行。這些南方金融機構的成立，頗有追尋依賴理論，由南方自己另立國際體系的味道。

3.2.4 各類非國家行動者（non-state actors）

國際援助行動者除了國家之外，還有各式各樣的非國家行動者，這其中以非政府組織、信仰組織、慈善資本主義者等最爲顯著。

「非政府組織」（Non-governmental Organization, NGO）是個籠統的名詞，但有三個關鍵特質：獨立於國家之外（結構上有別於國家）、獨立於市場之外（非營利，有利潤的話都回饋於原始目標）、社會福利導向。NGO又可粗分爲服務型和倡議型。服務型在 1980 年代興起，在新自由主義強調「擊退國家」的大旗下，NGO 獲得國家特許，競標政府案件，代理國家的諸多服務機能，例如醫療、衛生、教育、金融等，形成了非政府組織化（NGO-isation）的現象。倡議型則在冷戰末期民主浪潮大量出現，帶領群衆上街督促改革，並在受援國形成政治團體，摻合教會、工會、大學、智庫等，發動跨國倡議。一些巨型的國際 NGO，不僅兼具服務與倡議功能，更在大型災難的救災與復原行動中扮演重要角色。

「信仰組織」（faith-based organization, FBO）奠基在宗教基礎上，具有高度互信，因此相較於世俗 NGO，信仰組織往往有三點更深入地方的優勢。首先，信仰組織鑲嵌在社區中，成爲社區的一部分，也鑲嵌在全球信仰網絡中，有能力在議題上跨國動員，例如普世教會協會呼籲先進國家國民生產總值（Gross national product, GNP）1% 用做國際援助，這是現在 0.7% 標準的主要來源。其次，信仰組織常常是地方領導角色，受居民信任並被委以更多發展空間。最後，信仰組織能夠和信衆使用共同「語言」：運用宗教經典的故事和譬喻來描繪並協助發展工作，讓民衆視爲己出。

「慈善資本主義者」（philanthro-capitalist）也是一個籠統的集合體，但多有幾個特質：投資在可量化成果的項目、強調創新與高效率、從企業營運的模型中學習。蓋茲基金會和柯林頓基金會等企業基金會是早期典範，在市

場賺取大量資金後，轉投資發展疫苗、藥物、醫療等。微額貸款在孟加拉銀行家尤努斯（Muhammad Yunus）獲得諾貝爾獎後，成為國際援助流行的模式，提供小型的金融服務使其自力更生。社會企業則是游走於營利與非營利之間，試圖用商業模式來投入國際發展，解決傳統 NGO 資金缺乏與效能不足的問題。

除了上述三種類型之外，還有非常多種類的非國家行動者，他們不一定有嚴謹的組織行動，但影響力也不小。其一，是南方國家的海外移工，每年匯款數千億美元回家鄉，成為南方非常重要的收入。其二，是同鄉會（Home Town Associations, HTA），由南方移民到北方的同鄉組成，藉由在北方所收集到的資金、技術、人際網絡協助母國發展。其三，是業餘人士，用自己的方法投入國際發展，例如名流歌手為大型災難募款而舉辦的慈善大合唱，或是具有特定領域專業的醫師、社工、資訊人員化身熱血鄉民投入救災或社區發展等。總而言之，其實人人都可以成為國際援助發展的行動者。

3.3 國際援助的批判及改革

1990 年代起，諸多因素使得國際援助受到強烈質疑。其一，兩極體系的崩解，使國際援助發展不再完全服膺外交對抗，形成更獨立的專業領域；其二，南方國家逐漸興起，不僅有能力挑戰援助國，甚至本身也成為援助國；其三，民主化浪潮使得援助國與受援國居民都有意識地監督國際援助；其四，左派不再成為禁忌，使得新自由主義意識型態受到挑戰。以下將逐步說明這些針對援助的質疑內容，首先是國際援助在受援國造成的影響，接著是相關的辯論與解決方法，最後是實務界的回應與檢討。

國際援助理當是要使受援國得到培力（capacity building），進而自力更生而不再需要援助。然而許多國家一路接受援助，因此國際援助反而被戲

稱爲「把國家能力給拆解了」（state capacity de-building）。這種能力拆解，直接反映出國際援助的結構性困局。首先，國際援助本身是雙無選區（split constituency）的三不管地帶，因爲援助國的國會並不了解受援國狀況，[2] 而受援國國會則不願惹惱金主，於是援助款項表面上被兩國國會監督，實際上常常變成高層私相授受，甚至貪汙黑箱；其次，援助本身就會帶來大量金流，這些外幣兌換之後，往往造成匯率上漲與出口業競爭力降低。而這些金流總量往往取決於個別援助國的偏好，因此本身也非常不穩定，但是又多超過窮國經常性的稅收，使得政府收支結構難以長期規劃。再者，受援國往往同時接受多個規模相近的援助國，使得行政體系疲於應付金主們的不同要求，難以規劃自己的戰略。且長期的援助也使政府出現各種相應的部門，並隨著援助計畫擴大或萎縮，形成凌亂的人事體系。最後，是人才外流（brain drain），因爲任職於受援國財政部，往往是進入世銀或國際貨幣基金的終南捷徑，然後許多人再從國際組織空降回國變成國際組織的代言人，使得北方國家的意識型態毫無阻攔地滲入受援國的各個角落。

由於國際援助實在充滿太多問題，且大量援助金流其實都透過訓練、諮詢、研究、行政、訊息、工作坊、研討會、審核等回到援助國。國際援助成了一種藉由貧窮來營利的跨國產業。於是左右派都有人直接主張援助根本無效，應該完全廢除。右派以撰寫 Dead Aid 爲名的 Dabinsa Moyo 爲主，強調貿易更可以幫助南方脫貧致富。這派學者以美國制定**《非洲成長機會法》**爲例，說明調整關稅配額就可以吸引大量外資帶動成長。左派則從全球不均發展的觀點切入，計算出跨國企業假報貿易額避稅、窮國貸款利息，以及貿易協定掠奪的資源與勞力等相加起來，早已是數十倍於國際援助的金額。若要讓全球貧富縮小，應該要進行稅改、免債、以及徹底檢討自由貿易。

然而，國際援助仍是各國不可或缺的外交工具。因此如何系統性地提升援助效能，成爲最多的共識。2002 年聯合國在墨西哥蒙特雷舉行全球發展

《非洲成長機會法》
（African Growth and Opportunity Act, AGOA）
美國柯林頓政府在1996年向國會提出此法案，期以提供貿易優惠的方式，促進非洲國家對美國的出口，藉此帶動非洲的經濟發展。2000年美國國會通過法案，有效期限至2008年9月。

---

2 有些援助計畫執行前的在地調查也很差勁，釀成非預期的後果（unintended consequences），例如法國曾經在上伏塔（布吉納法索）推動「廢棄高莖玉米，改種矮莖玉米」的計畫，以相對營養價值高的矮莖玉米取代原生營養較低的高莖玉米，解決糧食不足的困境。但高莖玉米的莖和葉是當地日常必需品，前者是建築材料，後者是生火燃料。強行推動矮莖玉米造成地方爲了搶奪有限的莖與葉，引發「玉米戰爭」。

會議，系統性地討論如何提升援助效能，並有國際 NGO 及私部門列席。美國與歐盟承諾增加援助，強化受援與援助夥伴關係。隔年，主要援助機構及各國代表於羅馬召開第一屆援助效能高階論壇，提出在地化（ownership）的精神，由受援國主導國家發展優先次序，並建立完善的援助標準。接著，2005 年巴黎、2008 年迦納阿卡拉（Accra）、以及 2011 年韓國釜山等各屆援助效能高階論壇，以及 2014 年在墨西哥的全球夥伴發展效能高峰會議（HLM-GPEDC），各方代表都進一步確認了發展在地化、重視發展結果並強化監督評估及溝通、建立包容式的夥伴關係、提高透明與責信等原則。這些原則與 2010 年公民社會組織（Civil Society Organizations, CSO）的「伊斯坦堡發展效能原則」（Istanbul CSO Development Effectiveness Principles）相互呼應，建立更為由下而上的國際發展觀念。

這由下而上的想法，在 2015 年的兩份重要文件具體實踐。其一是 SDGs，在制定過程中更為廣納民間 NGO 實質參與。其二是巴黎氣候峰會，藉由各國提出自主貢獻（Intended Nationally Determined Contributions, INDC），確立由下而上產生的共識，而非過去是由會議本身或氣候條約由上而下強加於締約國，而巴黎協議本身更納入了城市與民間等非締約方的地位。SDGs 和巴黎會議的成就，都為下一代的國際援助行動帶來新的契機。

問題與討論 1-2

國際發展援助的圖像並非僅是富國援助窮國，開發中國家也可以是援助者，或者早期受援國能夠變成援助國。請問不同援助國有哪些不同的考量？他們如何透過國際援助來達成特定目的？又如何在人口老化、都市化、工業化 2.0 等全球大趨勢下進行相應的調整？

請問有效的國際援助必須具備哪些條件？不好或無效的國際援助對於援助國及受援國有哪些負面的影響？怎麼形成有效的監督機制？

4. 國際援助的臺灣經驗

4.1 歷史：從受援國到援助國

臺灣最早帶有官方色彩的國際援助行動者，至少可以追溯到 1895 年，日本赤十字社設立臺北委員部，隨後改名爲臺灣支部。赤十字社配合日本行政機關的力量，拉攏地方士紳合作，將臺灣人力及物力收納統整，並隨著日本軍隊投入了鄰近國家的戰爭救護工作。

二戰結束後，日本撤離臺灣，但臺灣很快捲入中國內戰，國際情勢進入兩極對立的冷戰，使臺灣的國際援助進入新局面。中華人民共和國（以下簡稱中國）成立後，在臺灣的中華民國政府（以下簡稱臺灣），當時仍是中國的代表，因此仍占有在聯合國的席次。當時許多殖民地都獨立並加入聯合國，其領導人多反對歐美殖民母國，對蘇聯社會主義抱有熱情，並傾向於在一國一票的聯合國大會支持中國。因此臺灣雖然仍仰賴美國爲主的援助，輕工業剛復甦，農業仍是主要部門，但爲了力挽狂瀾，仍以援助爲誘因，爭取新獨立國家的外交支持，以保衛聯合國席位。當時的援助行動其實多由美國出資。美國這麼做除了是基於鞏固盟友之外，也是因爲當時面臨黑白種族衝突，爲了降低非洲黑人在美國受訓的風險，因此美國也樂於委由黃種人出面做爲西方代理人。

於是在美國支持下，外交部成立先鋒計畫，以增加農產量爲主軸，於 1959 年派遣第一批農耕隊抵達越南。接著第一批常駐技術團於 1961 年在賴比瑞亞成立，並在 1962 年設立「中非技術合作委員會」（中非會）擴大執行援助計畫。以農業技術爲誘因，成功爭取到建交。然而同時，中國也展開對非援助，因此也有許多新興獨立國家向中國靠攏，使得臺灣在聯合國的邦交總數上升，但比例仍持平（圖 1-1）。

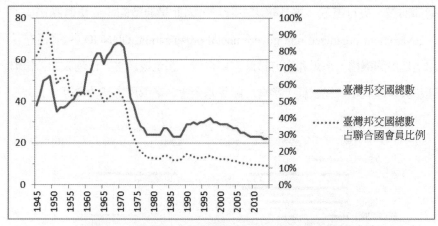

圖 1-1　臺灣邦交總數與其在聯合國之比例變化

資料來源：外交部與聯合國網站。

　　1971 年，聯合國通過決議更換中國代表，臺灣也面臨外交雪崩，邦交總數腰斬到剩二十多個，占聯合國會員總數不到兩成。為了因應新局勢，官方援助機制也進行一波改造。1972 年中非會與「外交部海外技術合作委員會」合併成立「海外技術合作委員會」（海外會），除了反映非洲邦交大減，其他地區之比例變多之外，援助內容也包含農業、手工藝、醫療衛生等。由於邦交巨變，當大使館撤離時，有些技術團仍留在當地，試圖力挽狂瀾，但隨著中國在國際間站穩腳步，技術團也一一被迫撤離（圖 1-2）。

　　1980 年代末期開始，援外出現又一波轉折。蘇聯突然瓦解，共產主義集團面臨巨大挫折，而中國更爆發了天安門事件而面臨制裁，臺灣趁此與許多國家建交。與此同時，臺灣經濟高度發展，經濟部在 1989 年成立「海外經濟合作發展基金」（海合會），以投融資協助發展。經濟部與外交部並肩成為援外主要機關。到了 1990 年代，冷戰結束，全球的國際援助也在傳統外交之外形成專業領域。因應變化，1996 年「財團法人國際合作發展基金會」（國合會）成立，整併海外會和海合會，成為專責援外機構，並量身訂做《國際合作發展法》，於 2010 年通過。

　　儘管有國合會以及《國合法》的出現，但臺灣援外預算大部分仍由外交部直接控制。而國合會基金來自政府，每年外交部再委辦國際合作經費；而董事長也由外交部長擔任，其餘董監事還包含政務委員、經濟部長、

衛福部長、央行總裁、主計總處主管等，因此是典型的「公法財團法人」（government organized non-governmental organization, GONGO）。這樣在法律上是民間機構，但是和官方援助密切合作，甚至成為官方代理人的公法財團法人，還有中華民國紅十字會、賑災基金會、臺灣民主基金會等。

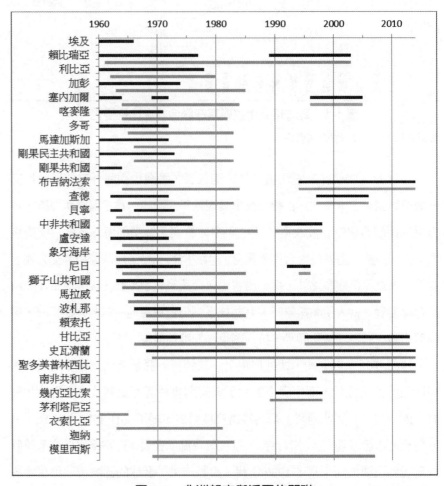

圖 1-2　非洲邦交與派團的關聯

註：黑色為臺灣於該國駐館（大使館）年代，灰色為臺灣於該國駐團（技術團援助）年代。冷戰時期，撤館不一定撤團，但二十世紀末開始，斷交多半連同斷絕援助。

資料來源：國際合作發展基金會。

4.2 臺灣官方援助的內容

　　基於維繫邦交的主要目標，臺灣援助自然以雙邊為主，多邊援助則較為有限，前者由外交部駐各國的大使館所控制，後者則由經濟部扮演重要角色。以下分別說明臺灣雙邊援助的主要部門，包含基礎建設、技術協助、教育訓練、人道援助等，以及以投融資為主的多邊援助。

　　基礎建設是最大項，包含醫衛、社會、經濟、交通、教育等。由於金額龐大，且大使館掌握非常大的權限，因此這些建設也成為臺灣外交的籌碼，其援贈儀式也常是當地的重要新聞。但隨著中國經濟實力加強，甚至設立亞投行準備到各地大興土木，臺灣未來不能再仰賴基礎建設換取外交支持。

　　技術協助是最悠久的。早期以農業為主，將農民整團搬到受援國開墾，使用臺灣的作物、品種、資材等。後來也和軍方合作派遣軍醫。近來的技術協助主要為駐外技術團、駐外醫療團或行動醫療團，以及海外服務工作團等，派遣專業技師、醫師、護理師、替代役男、志工等前往各地，並與民間企業或醫院合作。這些技術人員多從民間徵集，並非外交體系下的公務員，因此計畫結束後多半回到原本的崗位。有些人著書立說、四處傳講、或彼此串聯成社團，使民眾除了在國會質詢外，也能從第一線人員一窺援外面貌。

　　為了強化人員交流，臺灣也出資邀請受援國人員受訓，並建立日後推動計畫的能力與默契。外交講習所（今外交學院）因此成了多國官員密切互動之地。1998 年進一步設立國際高等人力培訓外籍生獎學金計畫，吸引外籍友人來臺就學，並和許多大專院校合作於 2003 年成立國際高等教育合作策略聯盟（Taiwan International Cooperation Alliance, TICA）培育合作夥伴。這些發展中國家學生，是官學合作與國際社群接軌的要角，但傾向學習歐美的臺灣高等教育主事者，對他們的重視仍然有限。

　　人道救援經常是各國展現軟實力的方式，而臺灣本身不明確的國際地位，更要藉人道救援行動來彰顯。臺灣廣泛與國內外 NGO 合作以深入非邦交國，甚至中國，且也不限於天災或戰亂之時。例如農糧署就常透過 NGO 援贈米糧，一方面維持國際互動，一方面穩定國內糧價。此外，臺灣各醫學中心為滿足衛生福利部（前衛生署）評鑑中「參與國際衛生活動」的任務指

標基準,也紛紛與政府機關或法人合作投入海外醫療工作,以維持醫學中心的地位。亦有其他非醫學中心之醫院,自主投入類似行動。

臺灣也藉由對研發機構或金融機構投融資,成爲多邊援助行動的一環。由於農業是臺灣傳統強項,因此成爲「亞蔬—世界蔬菜中心」(AVRDC-The World Vegetable Center)這樣的國際農業研發機構所在地。臺灣本身也是亞銀及中美洲經濟整合銀行的會員,除了認捐開發基金,也參與上述兩家銀行及美洲開發銀行和歐洲復興開發銀行的投融資。臺灣甚至在歐洲復興開發銀行設立技術合作基金,成爲歐盟協助東歐的主要夥伴,奠定臺灣與歐洲國家的穩固關係。

4.3 臺灣官方援助的結構困局

雖然沒有詳實的官方統計說明臺灣援助的貢獻,但本篇作者們在現場仍觀察到部分人民脫貧。例如在南太平洋環礁島國,紐澳農業專家嘗試失敗的農業計畫,臺灣技師就成功了,並補給遠洋漁船。又例如在加勒比海的聖露西亞,臺灣選區計畫(constituency projects)改善基礎設施,成效之好深入民心,當時的大使甚至成爲當地熱門音樂比賽的冠軍歌曲〈The Two Toms〉的主題。[3]

然而臺灣援助也有結構困局。當北方援助國正在實行「條件式援助」時,臺灣反而是受援國在實行「條件式受援」:臺灣必須先答應援助,受援國才肯建交。這和西方模式的權力結構近乎相反,歐美等援助國可以強勢主導受援國的決策,但臺灣反而經常被援助國予取予求,造就了臺灣獨特的援助結果。

首先,「條件式受援」使臺灣援外政策有強烈的動機貼近受援國的需求,以穩定關係。正面來看,這種沒有附帶條件的援助,比西方更有效率,且長期駐紮當地的技術團,更成爲當地專家,協助解決其他援助國無法克服的問題。負面來看,若受援國較不民主,那麼援外貼近的反成外交掌權者的

---

3 兩個 Toms,一個指的是 2010 年的 Tomas 颶風對聖露西亞造成重大災害;另一個指的是周台竹大使 Tom Chou,其帶來的國際援助對災後重建幫助甚大。

需求，因此就出現設立在王室或議員土地上的農業示範場所，或是在評估基礎建設時，被批評爲將特定政黨選區做爲考量。此外，追求效率以展現農產量，也使得環境問題如外來品種、土壤退化或汙染等較被忽視。

其次，儘管臺灣在許多受援國有顯著影響，甚至是最大援助國之一，不遜於歐美日等國，但是多集中在基礎建設、技術轉移與醫農服務等層面，甚少涉及倡議改革，例如人權、自由民主或轉型正義等，這可能是爲了避免危及與現任官員的關係。因此雖然政府將「臺灣經驗」視爲援助政策的一大賣點，但是臺灣成功的自由民主轉型經驗，甚少反映在援外項目中，而歷來邦交國之中也有多個專制獨裁的政權。

第三，臺灣援助政策不夠透明，例如在 OECD 等的國際援助資料庫中，臺灣的資料屈指可數，甚至在國內所公開的數據也不詳盡。這一方面是因爲國際機構經常囿於中國壓力，而排除臺灣參與；但另一方面，外交部也有強烈的動機將援助的內容視爲機密，以避免受援國相互喊價，減損了談判的立場。因此，雖然援外總額離 GNI 0.7% 仍有非常大的距離，但是只要政策持續不透明，民眾也就難以支持增加預算。此外，三不五時爆發的援建醜聞，不只讓外交部常被立法院與監察院盯上，也埋下民眾不信任政府援外的重要因子。

第四，儘管外交部掌握援外主要決策與資源，但外交官員並沒有獲得足夠的國際援助方案評估訓練，在面臨受援要求時，缺乏足夠專業有效審查。而整體戰略更落後國際潮流，例如 2012 年公布的援外政策白皮書，討論重點仍停留在七年前巴黎第二屆援助效能會議的成果，無視於第四屆會議已在前一年隔壁的韓國釜山舉辦，也沒有回應當時已經開始籌備的後 2015 年發展議程。

最後，在《國際合作發展法》通過後，長期駐點專家的模式改爲短期專案的計畫經理模式（project managers）。駐點專家有兩個歷史背景，其一是仿效日本在臺灣各地設置農業試驗所駐點研究記錄環境，其二是早期專家職缺只開在海外而沒有國內，造成當事人一旦走上援外就注定漂泊。大使館官員按期輪調回臺灣，但技術團駐點專家常在受援國定點多年直到退休或邦交

生變，這樣確實可以讓該專家成為道地的區域專家。[4] 但現在變成以短期計畫經理模式，以簽約與專案停留兩三年，對各國了解往往仍有限，就跑完流程。這趨勢雖與全世界看似同步，但仍有待更多的影響評估。

4.4 逐漸興起的臺灣民間國際援助

臺灣民間的國際援助行動反映了臺灣從受援國轉型為援助國的歷史，以及公民社會歷經民主化之後，回應國際孤立與擺脫官方束縛的努力。我們首先說明，從海外來到臺灣的民間團體，如何從援助臺灣，轉變為從臺灣發起援助。接著說明臺灣本土生成的民間團體，如何從服務本土，擴張到服務海外。第三，直接以海外援助為宗旨，僅在臺灣立案募款的民間團體。最後，是民間的整合。

國際民間援助團體在臺灣的歷史，至少可追溯到十九世紀。今日臺灣從事海外醫療的基督教醫院，許多都源自於長老教會的醫療宣教，至今仍由教會管理。二戰結束後，許多國際 NGO 也來到臺灣設點，例如中國兒童基金會（今臺灣兒童暨家庭扶助基金會）、臺灣世界展望會、臺灣明愛會等。如同前述的基督教醫院，這些國際機構的服務對象起初都是以臺灣人為主，但隨著臺灣的發展，也開始到海外服務，並運用既有的國際網絡找尋到援助的模式與對象。近期更有一些國際 NGO，直接把臺灣當作援助國而前來募款、倡議或徵才，例如綠色和平、無國界醫師、樂施會、奧比斯、救世軍等。他們在臺灣的分會不一定有組織援助，但是他們帶來的工具及倡議影響力，也提升了臺灣海外援助的效能。

臺灣許多本土 NGO，在國內逐漸轉型後，基於不同誘因，例如提升組織能量、或擴大組織格局以尋獲更多資源與連結、或拓展服務據點、或打造品牌提升形象等，而紛紛投入國際援助行動。這些自主擴張到海外的本土團體，又可粗分為三類。一類是世俗的服務型 NGO，如羅慧夫、至善、伊

---

4 早期臺灣的援助行動中，大使館與技術團也存在一些結構矛盾。大使館以外省脈絡為主、待遇較為優渥、人員固定輪調；技術團以本省脈絡為主、生活較為拮据、長期駐紮當地。館團之間長期以來糾結，如何影響臺灣援外的執行，也值得進一步探討。

甸、勵馨、搜救總隊、救助協會、富邦、芥菜種會、關愛之家、陽光、展
翅、畢嘉士、路竹會等。雖然他們許多和基督教或天主教有淵源，但都已不
屬於教會體系，更不再以宣教爲最主要目的，而是對特定領域、族群、病症
等具有高度專業性的服務機構。另一類是宗教團體，例如慈濟、一貫道、阿
彌陀佛、法鼓山、佛光、靈鷲山等。他們如同基督教會，以援助發展爲手段
來宣教，甚至成立自己的 NGO。爲了觸及更多人群，這些宗教團體的服務
類型也較世俗 NGO 多元，加上宗教理念能夠動員大批志工，使得募款能力
常超過世俗 NGO。最後一類則是贊助型 NGO，有些是群衆募款成立，有些
是企業贊助成立，例如聯合勸募、浩然等，雖然不直接到第一線，但透過資
金贊助 NGO 參與國際援助行動。這三類 NGO，整體來說國際援助僅是他
們其中一個部門，預算通常占比不大，而組織整體的服務對象仍是以臺灣民
衆爲主。

　　臺灣另外有一批本土 NGO 成立宗旨就是海外服務，不服務本土。臺
北海外和平服務團（TOPS）是最早有系統地從事海外援助的民間機構，從
1980 年代就以「中泰支援難民服務團」爲名，在中南半島協助難民，並培
育許多臺灣本土國際援助發展人才。當時正值冷戰時期，臺灣仍在戒嚴，
加上泰北孤軍及柬寮華裔難民的脈絡，因此 TOPS 當時仍有濃厚的黨政軍色
彩。1990 年代之後，鼓勵青年參與國際服務的專業機構紛紛出現，例如願
景、希望之芽、以立、國際青年文化交流協會等，他們以青年志工爲主力，
因此迅速在新世代打出名聲，成爲青年前往全球南方的重要管道。

　　從上述不同脈絡而生成的民間團體非常多類，且橫跨多個部門，但是他
們多以本身的網絡拓展工作，各自在海外單打獨鬥，較少相互結盟。不過在
九二一地震後，有感於當時多國救援隊伍在臺灣展現前所未有的行動能量，
臺灣也開始學習整合。2004 年，至善、羅慧夫、伊甸等中型本土 NGO 形成
鬆散的結盟網絡「臺灣海外援助聯盟」（Taiwan Overseas Aid, TOAID），舉
辦活動加強彼此連結，例如和來自日韓的 NGO 聯盟平臺共同舉辦國際發展
研討會，逐年擴大至今，持續探討最新的國際援助發展潮流。TOAID 也投
入聯合救災行動或義診，前往越南、多明尼加、柬埔寨、菲律賓、日本、
西藏等地。TOAID 在 2013 年以臺灣海外援助發展聯盟（Taiwan Alliance in

International Development, Taiwan AID）爲名註冊，成爲臺灣第一個國際援助民間平臺，陸續辦理培訓工作坊、舉行大型研討會、整理與研究國際發展資訊、組織國際參訪與連結等，致力提升國際援助的效能。這些進展顯示臺灣民間的整合雖然剛起步，但也已逐漸與國際趨勢接軌。

4.5 臺灣民間國際援助的結構困局

如同臺灣的官方援助，臺灣民間也面臨一些結構上的困局。首先，臺灣社會整體對於南方發展相當陌生。雖然政府爲了鞏固國際地位，與許多南方國家建交，然而重心仍是與美國、日本、歐洲等國的關係，引入資金、人才與技術促進自身發展與加強國防。因此，學術界以至於整體社會的世界觀，大多是在討論國際外交而非國際發展，關注北方而忽視南方，而政府與南方的交流多分散在外交部各個地域司，缺乏整體戰略整合國會、學術、NGO、企業等角色，更未能全面性地將人權、環境、宗教、勞工、城市、體育、藝術等領域一併納入成爲深度的交流。

其次，是臺灣 NGO 本身性質上的侷限。雖然臺灣有越來越多從事人權、民主、環境、土地、性別、移工、公平貿易等等的倡議型 NGO，但他們少有能力將倡議範圍擴展到海外，使得臺灣民間從事國際援助的幾乎都是服務型的 NGO。這使得民間國際援助出現和官方援助一樣的特徵，甚少涉及人權、民主、自由等制度改革。此外，臺灣民間的援外整合也仍有侷限，一些大型 NGO 以及宗教團體本身已有龐大的國際網絡或宗教系統，因而對於和其他 NGO 共同加入聯盟平臺仍相當保留。

第三，是戰略分歧。二戰後，臺灣的邦交國主要以非洲國家爲主，外交雪崩之後剩下的多集中在中美洲。然而民間援外的對象，多集中在東南亞、南亞和中國，不僅前兩者沒有邦交國，後者甚至不在外交部的業務範圍內。因此民間與政府在援外地緣布局存在結構性的斷層。雖然戰略上政府需透過NGO 來突破外交困境，但當邦交國仍是援外爲優先順位時，民間和政府要合作，勢必遇上此矛盾。並且，外交部 NGO 委員會的官員每幾年就輪調，沒有長期專職的官員，也缺乏與民間共通的國際緊急救援的標準作業程序來

整合資源，使得民間與政府難以建立穩定的夥伴關係，更難談制度化。

最後，臺灣民間的援外受到制度束縛，導致能量無法充分發揮。主要是當時為配合國合會而設立的《國合法》，已難以應對臺灣 NGO 蓬勃參與國際的現實。其一，排除了本國 NGO 合作，限定「合作對象為外國政府、政府間國際組織、非政府間國際組織或其他經我國政府認可之外國機構、團體或專業人士」，而本土 NGO 更沒有法定的政策諮商地位；其二，政府與民間僅委託關係，且「優先委託財團法人國際合作發展基金會」；最後，多數援外 NGO 主管機關為衛福部、內政部、教育部等，且諸多國際合作事務也牽涉到經濟部、陸委會、農委會等，但《國合法》並沒有賦予外交部權限協調其他中央部會，使得民間與政府的援助行動難以整合。而除了《國合法》本身的侷限，監察院也批評外交部的補助過度集中在少數官方色彩濃厚的 NGO，且總經費也不斷減少。而財政部也採用管理營利機構的邏輯來管理 NGO，造成援外捐款經常面臨巨額的所得稅，降低了民間援外的制度誘因。

問題與討論 1-3

臺灣的國際援助主要採取雙邊援助，而非參與多邊援助計畫，且旨在換取受援國承認臺灣的國際地位做為援助的條件。請問這種援助模式對於臺灣以及我們的受援國帶來什麼好處與壞處？

在解嚴之後，臺灣的民間社會也開始加入國際援助的行列。請問臺灣的民間援助部門與官方援助單位在援助理念、對象、項目、以及組織運作方式有何異同？

---

5. 結論

從古典政治經濟學，到當代的國際發展研究，人類就不斷反思當今生存的困境，並嘗試提出解決之道。而當全球各地之間的往來日益頻繁，其所反映出的問題也將越趨複雜，並一一推翻既有的理論與政策。而在永續發展目標之下，以往被視為「進步」的北方國家，在貧富差距、金融危機、移民與難民等議題浮現之下，也成為需要被「發展」的對象，甚至「發展」、「發展

中國家」等語彙也不斷被挑戰與革新。因此，本文首先概略性地回顧重要的國際發展思潮，勾勒出彼此之間的核心差異與對抗。

本文也簡略回顧了國際發展中最特殊的力道：國際援助。從上至國際金融機構、下至個人，都可能是國際援助行動者，而臺灣做為一個主權不明的國家，更是其中最特殊的一員。從中非會到國合會，在這將近六十年歷史中，外交部都掌握主要決策與資源，反映出臺灣援外的外交因素遠大於經貿或能源因素，更非單純的「善盡國際責任」或「回饋國際社會」等人道行為，而是被動回應國際壓力。這樣一個內戰還是國際戰爭都不明確的冷戰遺緒，主宰臺灣援外政策至今。

整體來說，「不正常」的國家國際地位，造成了整體援外的不正常。然而迫切追求「正常」地位，反而使得政府刻意將大量資源運用在維持邦交數目，而較忽略與民間或其他跨國領域合作。但是來自國內與國際的壓力，已經讓主宰援外戰略的冷戰遺緒備受質疑。在國內，追求國家新定位的民意已經成為主流；在國際間，最新的國際發展議程，如強調民間與私部門參與的SDGs，以及高舉非國家參與者（non-party stakeholder）的巴黎氣候協定，都不斷打開適合臺灣走的新道路。隨著新政府在 2016 年上臺，現在也該是重新思考新的援外戰略參與國際發展的時機了。

參考書目

國際發展理論

Bernstein, H. (2006). Studying Development/Development Studies. *African Studies*, 65:1.

Chang, H. J. (2002). *Kicking Away the Ladder: Development Strategy in Historical Perspective*. Anthem Press.

Escobar, A. (1995). *Encountering Development*. Princeton University, Ch. 2, pp. 21-54.

Khan, M. (2007). *Governance, economic growth and development since the 1960s*. DESA Working Paper No. 54 ST/ESA/2007/DWP/54

Kuznets, P. W. (1988). An East Asian Model of Economic Development: Japan, Taiwan, and South Korea, *Economic Development and Cultural Change*, 36(3): S11-S43.

North, D. (1981). *Structure and Change in Economic History*. New York: Norton. Pages: 20-32; 211-220.

Rodrik, D. (2003). *Growth Strategies*, a paper for the Handbook of Economic Growth, revised September 2003, pp. 1-39 plus tables.

Sachs, J. D. (2006). *The End of Poverty: Economic Possibilities for Our Time*. Penguin.

Sen, A. (2012). *Development as Capability Expansion*. in Saegert, Susan; DeFilippis, James, The community development reader, New York: Routledge, ISBN 9780415507769.

國際援助

Bräutigam, D. (2009). *The Dragon's Gift:The Real Story of China in Africa*, OUP Oxford.

Burnside C. And D. Dollar (2004). *Aid, Policies, and Growth: Revisiting the Evidence*. World Bank Policy Research Working Paper 3251, March.

Lancaster, C. (2008). *Foreign aid: Diplomacy, development, domestic politics*. University of Chicago Press.

日本國際協力機構（2004）。援外的世界潮流，財團法人國際合作發展基金會。ISBN：957-730-480-X

臺灣國際援助

王文隆（2004）。〈外交下鄉，農業出洋：中華民國農技援助非洲的實施與影響（1960-1974）。臺北：國立政治大學歷史學系。

謝順景（1997）。〈海外農業技術合作推動概況〉，《農政與農情》，第9期。

財團法人國際合作發展基金會（2007）。《國際發展合作的概念與實務（第二版）》，臺北：智勝。

財團法人國際合作發展基金會（2009）。〈天地行腳——臺灣技術人員的無國界貢獻〉。

各種發展指標官方網站

兼容性財富指數

　　http://inclusivewealthindex.org/inclusive-wealth/#why

社會進步指數

　　http://www.socialprogressimperative.org/data/spi#data_table/countries/com4/dim1,com1,com2,com3,com4,dim2,dim3

蓋洛普福利指數

　　http://www.well-beingindex.com/

實質成長指標

　　http://genuineprogress.net/genuine-progress-indicator/

不丹國民幸福指數

　　http://wiki.mbalib.com/zh-tw/%E5%9B%BD%E6%B0%91%E5%B9%B8%E7%A6%8F%E6%8C%87%E6%95%B0

綠色幸福指數

　　http://www.happyplanetindex.org/about/

OECD 美好生活指數

　　http://www.oecdbetterlifeindex.org/#/11111111111

性別發展指數

　　http://hdr.undp.org/en/content/gender-development-index-female-male-ratio-hdi

多重貧窮指標

　　http://hdr.undp.org/en/content/multidimensional-poverty-index

世界良善治理指標

　　http://info.worldbank.org/governance/wgi/index.aspx#home

痛苦指數

　　http://www.miseryindex.us/

清廉指數

　　http://www.transparency.org/cpi2014

全球和平指數

　　http://economicsandpeace.org/research/

全球經商環境評比

　　http://www.doingbusiness.org/

第二章
國家與後進發展

許甘霖
東海大學社會學系助理教授

王振寰
國立政治大學國家發展研究所講座教授

1. 前言

　　全球社會中並存處於不同發展狀況的國家，指出發展並不是理所當然之事，而各種程度「經濟落後」的國家如何取得「先進」或已開發國家的發展水平，正是發展研究的主要關懷。二次世界大戰後的冷戰局勢，使經濟落後國家通過什麼途徑得以發展，成為具有重要國際政治意涵的議題。

　　發展涉及廣泛、複雜且多面向的社會過程，而國家機器（the State）在經濟發展過程中扮演什麼角色或應該扮演什麼角色，則是論爭的重要焦點。國家在後進發展中的角色，歷經幾次主導問題意識的轉移，每次主導的問題意識都包含特定的觀察期間、分析焦點、方法學取徑，以及啟發性的歷史經驗和理論根源。本章依循這個問題意識的轉移，以觀察期間為軸，環繞特定區域介紹國家與後進發展的關係。第一部分簡述現代化理論的基本思路及其對拉美發展的預測失靈，以及依賴理論的興起；第二部分聚焦於南亞和非洲後殖民國家的低度發展；第三部分回到拉丁美洲「依賴發展」的可能性；第四部分轉向「東亞模式」和發展型國家理論；第五部分簡單介紹臺灣經驗的相關研究；最後在全球化的脈絡下討論國家角色的轉型。

2. 從現代化理論到依賴理論

　　「現代化」指的是從「傳統的」或「前現代的」社會轉型為以當代西方社會為模版的「現代社會」的過程。現代化理論檢視影響這個過程的內部因素，但基本上假定所有社會都會經過類似的發展階段，因而當前經濟落後地區的發展階段正處於已開發國家過去曾經歷的階段。至於現代國家機器或民主體制，如美國政治學學者李普塞（Seymour Martin Lipset）指出，所有經濟發展的各種面向——工業化、都市化、財富和教育——緊密相關而成為民主體制的重要因素。換句話說，政治的現代化、現代國家或民主體制基本上是經濟發展的後果，而「傳統的」政治體制，是有待現代化的面向，不是現代化的主要推動力量。此外，幫助貧困地區脫離貧窮的方式主要是透

過投資、技術轉移和與世界市場的整合等方式，移植或複製所謂的「西方模式」，加速通過這條普遍發展路徑的不同階段。

現代化理論最具代表性的是美國經濟學者羅斯托（Walt Whitman Rostow），他在《經濟成長的階段》（*The Stages of Economic Growth: A non-communist manifesto*, 1960）裡，將一個國家的經濟發展過程分爲五個階段，依序是傳統社會階段、準備起飛階段、起飛階段、走向成熟階段、大衆消費階段。「傳統社會階段」（traditional society）以生產功能有限的生存經濟爲特徵；「準備起飛階段」（preconditions for take-off）是擺脫貧窮落後走向繁榮富強的準備階段，通常以初級產業或勞動密集的製造業爲主導，而關鍵難題是取得發展所需要的資金；「起飛階段」（take-off）是經濟由落後階段轉向先進階段的過渡時期，具備四個條件，包括生產性的投資提高、經濟中出現高成長率的領先部門、活躍的創新發明和科技運用，以及適宜的政治、社會和文化環境（大約是英國工業革命時期）；「走向成熟階段」（drive to maturity）是一個社會已把現代化技術有效應用到大部分產業的時期（在美國大約是1900 年左右）；而在「大衆消費階段」（age of high mass consumption），主要的經濟部門從製造業轉向服務業，奢侈品消費向上攀升（當時主要先進資本主義國家所處的階段）；後來他又加上第六階段：「超越大衆消費階段」，該階段的主要目標是提高生活質量。

在羅斯托的模型裡，第三階段即「起飛階段」與生產方式的急劇變革聯繫在一起，意味著工業化和經濟發展的開始，是所有階段中最關鍵的階段，也是一個社會脫離「傳統社會」的分水嶺。從《經濟成長的階段》的副標題——「非共產黨宣言」——及冷戰的歷史脈絡來看，羅斯托其實是提出一個有別於馬克思和恩格斯（Friedrich Engels）在《共產黨宣言》（*The Communist Manifesto*, 1848）裡提出的社會史觀和社會主義革命的發展道路。二次世界大戰期間，不少拉美國家趁歐美陷於戰爭經濟停頓，擴大出口而呈現發展榮景，似乎處於羅斯托模型的「起飛準備階段」，正蓄勢起飛。然而，二戰結束後，拉丁美洲的發展榮景並未持續，「起飛階段」終究成爲後進發展國家衝不過的關卡。即便相同時期內已開發國家的生活水平有顯著提高，但某些發展落後國家的情況甚至更爲惡化。這種發展的停滯和反差立

即引發的問題是：「**為什麼落後資本主義國家沒有沿著其他資本主義國家歷史常見的資本主義發展路線前進？以及，為何前進緩慢甚至沒有進展？**」（Baran, 1957）。

現代化理論無法回答這個問題，同時也出現各種批判和相競理論。其中最主要的批判是現代化理論將現代化等同於「西方化」（Westernization），以西方資本主義社會的特徵來定義「現代社會」，將現代社會與傳統社會二分，並忽略發展的外部因素，包括歐美資本主義發展過程中的外部因素（殖民地），以及後進發展的外部因素（如在國際分工中的位置）。當時對現代化理論的批判和對低度發展提出的替代解釋裡，最有影響力的是「依賴理論」或「依賴學派」。這個學派拒斥現代化理論的單線階段論發展史觀，認為低度發展國家不是已開發國家的原始階段版本，且已開發國家與低度發展國家間日益擴大的差距，反而是邊陲地區與先進資本主義國家的結構性連結所致。

雖然依賴理論的主要著作多完成於 1960、1970 年代，但早有經濟學家在 1940 年代末期就觀察到：就長期而言，初級產品的價格相對於工業製品的價格是下降的，因而以初級產品為主的拉美國家，對已開發國家的貿易條件將隨著時間惡化；此即所謂的「普雷維什—辛格命題」（the Prebisch-Singer thesis）。這個命題指出，低度發展國家若要進入自我持續的成長，對貿易政策採取某種程度的保護主義是必要的，且低度發展國家最好的發展策略是進口替代工業化（Import-substitution industrialization, ISI）而不是貿易出口導向（trade-and-export orientation）。這個「普雷維什—辛格命題」後來成了依賴理論和進口替代工業化政策的重要論據之一。

馬克思主義經濟學者將這個命題與馬克思主義的帝國主義理論進一步結合。「依賴理論」的先驅 Paul A. Baran 在其《成長的政治經濟學》（*The Political Economy of Growth*, 1957）裡，提出**經濟剩餘**的概念來解釋第三世界發展落後的根源。他認為，歷史不像馬克思說的「**工業較發達的國家向工業較不發達的國家所顯示的，只是後者未來的景象**」（Marx, 1990/1867），正是因為先進資本主義國家在落後國家掠奪經濟剩餘，不僅打亂落後國家的整體發展，還影響其後的發展進程：外國企業為了在落後國家取得的經濟剩餘，與當地的**買辦資產階級**、強而有力的壟斷者和大地主結成政治和社會聯

經濟剩餘
（economic surplus）
根據Baran的定義，「實際經濟剩餘」（actual economic surplus）是「一個社會實際的當期產出與當期消費間的差額，因而等同於當期的儲蓄或積累」。潛在經濟剩餘（potential economic surplus）是「在一定的自然環境和技術環境內，藉助可資利用的生產資源所能生產的與可能被視為必要的消費（essential consumption）之間的差額」（Baran, 1957: 22-23）。

買辦資產階級
（comprador Bourgeoisie）
買辦（comprador）是清代五口通商地區受歐洲商行僱用並參與其經營活動的中國人，後來延伸為後進發展地區扮演類似角色的社會集團。這些集團可能因代理業務而資產階級化，故稱為買辦資產階級，通常被視為西方帝國主義在殖民地的代表，政府或官員也可能扮演這類角色，稱為官僚買辦資產階級。

盟,阻礙工業資本主義的興起;這種政權在多數不發達國家之所以能維持,
主要是由於西方政府的援助和支持。因而帝國主義的主要任務是防止、延緩
或控制低度發展國家的經濟發展。

Box 2-1

普雷維什─辛格命題(the Prebisch-Singer hypothesis)

　　或稱「普雷維什命題」、「辛格─普雷維什命題」,由當時任職於聯合國的 Hans Singer 首度提出,而經任職於拉美委員會(United Nations Commission for Latin America, UNCLA)的阿根廷裔經濟學家 Raúl Prebisch 進一步闡明。普雷維什在 1949 年提交給拉美會的報告中,根據聯合國的資料,考察 1876 至 1938 年間英國進出口產品的平均價格指數,發現同數量的原材料在 1870 年代能夠買到的工業產品,到 1930 年代只能買到其中的 64.1%。普雷維什由此得出結論:發展中國家初級產品的貿易條件存在長期惡化的趨勢。普雷維什認為發展中國家貿易條件的這種不利趨勢,是殖民時代遺留下來的國際分工的必然結果。「普雷維什命題」提出以來,持續有學者提出驗證和批評。如美國經濟學家 Jacob Viner 認為,普雷維什將農礦初級產品等同於貧困的推論缺乏根據,貧困國家的實際問題並不是農業或缺乏製造業,而在於貧窮與落後,一個國家在國際分工體系中的地位取決於其工業或農礦業的比較優勢,而不是它所從事的產業部門特性。P. T. Ellsworth 指出,普雷維什的估算並未考慮觀察期間內,運輸費用下降和戰爭導致初級產品價格過高後回穩的影響。最近,有學者檢視二十五種相對初級商品價格的長期趨勢和短期變化(有些價格資料始於1650 年),結果發現大多數商品價格的長期趨勢是下降的(Arezki et al., 2014)。

Box 2-2

進口替代工業化與出口導向工業化

　　「進口替代工業化」是 1950-1960 年代經濟落後國家,為了克服與先進國家間的貿易條件惡化,而提出的經濟策略。通常是採取各種措施限制某些外國工業品進口,促進國內有關工業品的生產,逐漸在國內市場上以本國產品替代進口品,為本國工業發展創造有利條件,實現工業化。
　　「出口導向工業化」(export orientation Industrialization, EOI)是以生產出口產品來帶動一國經濟增長的工業化策略。採用進口替代的發展中國家和地區後來都遇到了國民經濟停滯不前的困境。1960 年代中期,韓國、新加坡和臺灣率先成功從進口替代轉向為出口導向。

　　在經濟落後的社會裡,只有國家機器才能動員經濟剩餘,運用於生產設施的擴張,但國家機器並未發揮這種作用。Baran 將低度發展國家的政府歸

為三類，除了帝國主義直接統治的殖民地，以及大多數落後國家裡具有強烈買辦性格的政權外（主要是產油國），還有新近取得國家主權的政權。第三類政府的基礎雖然是以推翻殖民統治實現民族獨立為目標的廣泛群眾運動，但在民族獨立和階級鬥爭的緊張關係中，新興資產階級反而與舊勢力結盟，共同對抗社會革命。Baran 以印度為例，生動刻畫這種政府的矛盾處境：要推動工業資本主義發展卻不敢冒犯地主的利益；想緩和收入不平等卻不敢干涉商人和放貸者；想改善勞動者處境又不敢得罪企業主；反帝國主義的同時卻又討好外國資本；擁護私人財產的原則卻又許諾「社會主義的社會模式」（ibid. 222-3）。國家機器對發展的無能為力，結果是**處於西方資本主義擴展勢力範圍內的人民，陷入封建主義黃昏與資本主義黎明間的困境，同時承受兩個世界最惡劣的衝擊。**

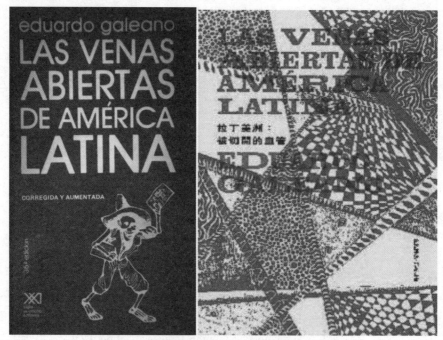

圖 2-1 《拉丁美洲：被切開的血管》書影

烏拉圭記者、作家兼詩人 Eduardo Galeanoy 於 1971 年出版的《拉丁美洲：被切開的血管》（*Las VenasAbiertas de América Latina*），第二部分題為「發展是遇難者多於航行者的航行」，敘述了新殖民主義如何通過自由貿易、貸款、鐵路、陰謀和暴力，將拉丁美洲的民族工業發展扼殺在襁褓之中，解析了投資、技術、經濟援助、合資企業、金融機構、國際組織等現代文明手段如何不文明地參與了古老的掠奪戰（說明引自中譯本書介，南方家園，2013）。
圖片來源：許甘霖翻拍自《拉丁美洲：被切開的血管》，南方家園，2013。

　　Baran 對低度發展的剖析和國家機器在其中扮演的角色，對後續的依賴理論產生重大影響。所謂「依賴理論」或「依賴學派」並不是一致的理論觀點，被歸爲這個陣營的理論家之間仍有不少歧議，不過還是有些相對一致的共同預設。多數依賴理論家把國際資本主義視爲依賴關係背後的形塑力量，如依賴理論的初期代表人物 Andre Gunder Frank 指出：衛星的低度發展國家與中心的先進工業化國家，之間過去和目前持續的經濟及其他方面的關係，才是導致當代低度發展的主要因素，而這些關係是以全球爲範圍的資本主義體系整體之根本部分。Osvaldo Sunkel 將「依賴理論」定義爲「以國家發展政策的外部影響（政治、經濟和文化的）來解釋一國的經濟發展」。Theotonio Dos Santos 則強調依賴的歷史向度，指的是一種「某些國家的經濟爲其他國家經濟的發展與擴張所制約的情境。在多個經濟體之間的互賴，以及在這些經濟體與世界貿易間相互依存的關係裡，如果某些國家（優勢國）能夠擴張且自足，而其他國家（依賴國）的擴張與自立僅爲優勢國的擴張與反映，則這種關係一旦建立，就呈現了『依賴』的形式，這對依賴國後續的發展可能有正面或負面的影響」。

　　Vincent Ferraro（2008）根據兩個「依賴」的代表性定義，歸納出依賴理論的三個特徵：首先，依賴刻畫了包含以不同方式描述的兩組國家間之國際體系特徵，包括「優勢—依賴」（dominant-dependent）、「中心—邊陲」（center-periphery）或「中心國—衛星」（metropolitan-satellite）。優勢國是先進工業化國家，依賴國則是拉美、亞洲、非洲，人均 GNP 低且仰賴出口簡單商品換取外匯收入的國家。其次，預設外部力量對依賴國內部經濟活動的重大影響力，這些外部因素包括多國籍企業、國際商品市場、國外援助等代表先進工業化國家取得海外經濟利益的手段。第三，兩組國家間的互動不但強化且加劇了不平等模式，因而優勢國與依賴國間的關係是動態的。此外，依賴深植於資本主義國際化的歷史過程中。換句話說，依賴理論嘗試檢視國家間的互動模式，認爲不平等關係是這些互動的固有部分，以解釋目前許多國家的低度發展現象。

　　簡言之，依賴理論聚焦於國際資本主義、依賴的歷史過程，以及優勢國與依賴國間加劇不平等關係的互動所造成的依賴情境，並藉此解釋低度發

展。依賴理論對現代化理論的批判和低度發展的替代解釋，在 1960、1970 年代的冷戰氛圍中相當受歡迎，但受限於以社會主義革命為「走出依賴」的解決方案這種意識型態，而無視實存社會主義經濟的問題和後進發展的可能性（包括特定拉美國家的發展趨勢和現實）。至於國家機器與低度發展的關係，在依賴理論中也是「低度發展」。依賴理論的主要著作面世後，許多政治經濟學者嘗試引入馬克思主義國家理論，從依賴理論的視野探討國家機器在低度發展中的角色，有的則正視低度發展國家成功工業化的可能性，並在其中發現國家機器的重要角色。前者如南亞與非洲的後殖民國家或軍事官僚國家（military-bureaucratic state）（Alavi, 1972），後者主要是 Cardoso 和 Faletto（1972）的「依賴發展」（dependent development）。

3. 後殖民國家：軍事官僚體制

資本主義的擴張在落後國家不但未帶來現代化理論預期的發展，也未伴隨西方議會民主式資產階級國家機器的出現。**如果落後國家的低度發展必須放在國際資本主義擴張的脈絡下來理解，那麼落後國的國家機器在低度發展中扮演什麼角色？**針對這個問題，依賴理論傳統從對非洲、南亞、以及拉丁美洲的研究中提出了兩個看法：第一個是軍事官僚威權體制；第二個則是依賴發展理論（Stepan, 1978）。

所謂「軍事官僚威權體制」是指：後殖民國家通常是軍人執政，建立強有力的官僚軍事機器（bureaucratic-military apparatus），並具有相對自主的經濟角色，直接占有大量經濟剩餘，以促進經濟發展之名，挹注於官僚機構引導的經濟活動；資本主義的發展是在官僚的貪汙庇護和緊密控制下發生，但其服務的對象仍是殖民宗主國的資產階級。Hamza Alavi（1972）根據巴基斯坦和孟加拉的經驗，認為後殖民社會裡三個有產階級（本土資產階級、新殖民主義的宗主國資產階級和本地地主階級）「在宗主國庇護下的利益一致，讓官僚軍事寡頭體制得以調停其間相競但不再矛盾的利益和需求，進而取得相對自主的角色，而不只是任一個階級的工具」。正是這種特殊的歷史

處境，賦予後殖民社會之官僚軍事寡頭體制某種相對自主的角色，是後殖民社會的共同現象。「軍事官僚國家機器」理論發表後，在研究第三世界的馬克思主義學者間獲得不少迴響。

這個「軍事官僚體制」理論的主要爭議是：到底國家官僚代表了哪個社會集團的利益？ Colin Leys 認為國家官僚的成員通常來自「小資產階級」，有自己的階級利益：比如說進入國營事業部門的官員處在現成的階級位置，特別容易受到體現在技術、管理實務和「效率」意識型態等資產階級價值的影響。但也有學者認為，國家是否具有「階級性格」，不在於國家官僚是否有自身的階級利益，國家的階級性格取決於既定社會形構中占統治地位的階級，因此即使國家官僚擁有強大的**相對自主性**和獨特的階級利益，也不意味國家或國家權力的階級性格就反映這種利益。在非洲的後殖民社會中，統治階級仍是外國資產階級，因而問題不是「國家官僚是否因控制國家資本而成為官僚資產階級」，而是「國家是否為外國資產階級的利益服務」。坦尚尼亞專家 Michaela von Freyhold 引用 Poulantzas 的論點，建議釐清幾組術語。首先是「支配階級」（ruling class）與「治理階級」（governing class）的區別，直接治理（govern）國家機器的不是經濟上的支配階級，而是官僚和政客，後者受約制而依據支配階級的普遍利益來行動。除非治理階級實際上決定該國經濟再生產的過程，否則無論形式權力有多大，也不能稱為支配階級。其次是支配階級的關鍵利益（用來妥協以贏得對治理階級的廣泛支持）與邊緣利益間的區別，前者最重要的是生產工具私有權的不可侵犯、既有平均利潤率的維持、勞工階級的從屬等，而後殖民社會中國家機器的自主性和階級鬥爭，未必能夠碰觸這些關鍵利益的「紅線」。

> **相對自主性**
> （relative autonomy）
> 不同於傳統馬克思主義認為國家只是「階級支配的工具」（工具論）或「確保資本邏輯的運作」（功能論），也不同於多元主義（pluralism）認為國家權力反映社會的各種利益和意識型態，相對自主性的概念強調國家機器對資本主義社會的維繫和穩定方面扮演有限的自主角色。

Box 2-3

Nicos Poulantzas 與馬克思主義國家理論

　　二戰後馬克思主義的國家理論還停留在《共產黨宣言》裡「現代的國家政權只不過是管理整個資產者階級共同事務的委員會罷了」這種簡化的理解，並未因應資本主義的新局勢而發展。希臘裔的法國馬克思主義學者 Nicos Poulantzas 反對這種工具主義論點，認爲資本家階級太侷限於個別的短期利益，而不是放眼於整體階級權力的維續，因而無法根據自己的利益行使國家權力。而國家機器基於相對於資本家階級的自主性，確保資本主義社會的順暢運作，因而有利於整個資本家階級。此外，Poulantzas 也認爲壓制受壓迫階級並非國家機器的唯一職能，國家權力也必須獲得受壓迫者的同意，支配地位的集團通常以階級聯盟爲手段，與從屬集團建立「聯盟」而取得從屬集團的同意（見 Poulantzas, 1978/1968, 1975/1973）。

　　Alavi 的「後殖民國家」理論也被用來解釋東南亞後殖民社會。Robison 認爲，印尼自 1949 年主權正式移轉以來，特別是 1967 年後大型跨國企業加速投資，使軍事官僚國家進一步確立和強化。前殖民者荷蘭人掌握工商礦業，並培植華商爲印尼國內市場的買辦，排除了小商品生產和貿易的穆斯林商業資產階級，並削弱其政治影響力；據此荷蘭人持續發揮經濟和政治影響力，並與華人資產階級支配印尼的中大型經濟部門。另一方面，印尼政治菁英的權力基礎最初來自群衆政黨，1957 年後逐漸轉爲來自軍隊。經濟部門本土化的策略是國家資本主義，經濟特許權成了政治派系的戰利品，分配給結盟的企業集團，而許多國營企業掌控的策略性經濟部門，則成了特定軍事官僚黨派的經濟采邑。

　　此外，另一個現象是官僚資本主義（bureaucratic capitalism）的發展，是公共服務與私人利益界限模糊的家產制官僚權威的產物。公職被當成封贈，讓官員藉職務之便謀取私人的政治和金錢利益。由於官僚資本家普遍缺乏企業才能，因而通常與企業結成聯盟，反過來強化政治影響力。Robinson 強調，印尼統治集團的權力結構與資本主義發展有緊密關係。軍頭是外國支配的資本主義之組成部分，不僅與國外和華人企業集團的合資企業結盟，也推動保證盟友利益的政策。這種關係不僅創造了軍事官僚體制賴以存活的金錢，也爲外國資本和華人資本確保有利的市場和廉價原料。然而，這種官僚

資本主義並未產生獨立的穆斯林資產階級，反而是維續軍事官僚國家和庇護官僚家族及其政治派系的手段。因此印尼的軍事官僚國家，是殖民地前資本主義文化與資本主義發展的邏輯綜合，而不是古典資本主義正常發展的偏離或暫時阻礙。

Box 2-4

官僚資本主義

泛指政府或官僚實質介入市場經濟為重要特徵的經濟體系或發展模式，或「透過資本主義式或準資本主義式方法，以政治權力獲取私人金錢收入」。根據不同的理論典範、社會脈絡和歷史條件，具體形式包括國營事業、以經濟特權交換政治支持或金錢利益的政商關係、執政黨憑藉政治優勢或黨政菁英透過特權地位經營特許的或壟斷性企業；這些具體形式可能並存，也會隨社會變遷而改變。鮮明的案例如中國的官僚資本主義：中國國民黨南京政府時期與黨政菁英經營的事業（許滌新，1947），二戰結束在臺灣接收日產而轉移的或新創的黨營事業（劉進慶，2012/1975），而目前中國的官僚資本主義，則幾乎是各種類型並存。必須注意的是，官僚資本主義做為一種經濟型態，不限於中國，而廣泛存在於拉美、非洲、亞洲等經濟落後地區，包括先進資本主義國家。目前學界傾向於使用「裙帶資本主義」（crony capitalism）（或親信資本主義）來指稱包括官僚資本主義在內、落後經濟和先進資本主義國家都可見到「企業憑藉與政府（官員）間密切關係而取得商業成功」的經濟型態。然而，後進發展如何與官僚資本主義或親信資本主義並存（或至少不妨礙），目前仍是個爭議。

1970 年代末期，後殖民國家相關的爭論失去熱度，最主要的原因是理論典範的限制、後進發展「異例」的出現，以及相競理論的興起。多數關注第三世界發展的學者當時深受依賴理論影響，不看好落後國家在依賴情境發展的可能性，並認為社會主義革命是擺脫依賴的唯一出路。然而 1970 年代末期，拉丁美洲的巴西、阿根廷出現了較好的發展態勢；而東亞則出現了四小龍，對後殖民國家的論點構成極大的挑戰，後續的理論也隨著新的情勢，而有新的發展。

在後進發展的歷史裡，各種官僚資本主義（或裙帶資本主義）是個普遍的共生現象，如何解釋其間的關係？請以不同梯次的東亞新興工業化國家爲例，討論官僚資本主義（或裙帶資本主義）在不同發展階段（或不同產業部門）所起的作用。

4. 拉美的依賴發展與後殖民國家

依賴理論在 1970 年代成爲解釋低度發展最有影響力的理論典範，除了前述在依賴理論框架內，致力於低度發展社會中國家機器性質的理論化之外，也有試圖超越依賴理論的努力，探索落後國在依賴情境下發展的可能性及國家機器的可能角色。在這個脈絡下，Fernando Henrique Cardoso 和 Enzo Faletto 的《拉丁美洲的依賴與發展》（*Dependency and Development in Latin America*）具有重要的意義。本書運用獨特的方法學取徑，分析拉美發展過程中，社會、政治與經濟三者間的關係及其結合方式，以及三者間的結合在不同的歷史時期和結構條件下產生怎樣的結果。該書西班牙文初版在 1969 年出版，主要觀察期間是 1948-1968 年間，即使歷經 1970 年代資本主義的重大變化（包括新興工業化國家的興起），在英文版出版的 1979 年看來，仍有相當的洞見和解釋力，特別是在現代化理論和依賴理論的典範之外，論證依賴情境下發展的可能性。

Cardoso 和 Faletto 指出，依賴理論認爲帝國主義造成依賴經濟的結構性「缺乏活力」這種結構論取徑，容易導致「結構恆久穩定，因而依賴處境必然持續產生更大程度的低度發展和依賴」的誤解。他們認爲「依賴」不是低度發展的一般理論，而是「分析具體依賴關係的方法學」（methodology for the analysis of concrete situations of dependency）。這種取徑對低度發展的分析並未侷限在國家間的不對稱關係，而把依賴視爲「連結」（linkage），聚焦於支撐依賴關係的國家之間和國家內部社會集團和階級間的整體關係。他們反對「依賴導致低度發展，唯一出路是社會主義革命」這種粗糙的歷史宿命

論式的依賴理論版本，**認為發展是對歷史開放的而非命定的，不同國家不同程度和性質的依賴關係**（此謂「結構的」），**使依賴關係有隨時間改變的可能性**（此謂「歷史的」），既強調社會生活的結構性約制，也強調衝突、社會運動和階級鬥爭可以促成結構轉型。

1970 年之前，當代以多國籍企業爲主要行動者的國際資本主義體系，在拉美產生兩種依賴處境：生產體系由國家控制（nationally controlled）的依賴，以及飛地情境的依賴（dependency in enclave situation）（飛地企業又分爲當地企業家或外國投資創設兩種）。[1] 1970 年代世界資本主義體系重組，多國籍企業和國家機器成爲拉美經濟的重要歷史行動者。在美國經濟霸權下，美資企業透過提高投資和控制當地經濟，加強在資本主義邊陲的活動，同時也刺激其他已開發國家的成長和競爭。雖然國際擴張帶來的技術進步和金融控制集中於少數資本主義中心國，邊陲經濟的剝削和依賴關係仍然持續，但拉美的在地反應並不是單純受制於「多國籍企業的積累邏輯」。作者根據依賴經濟與市場國際化的不同連結方式，區分出四種依賴情境，包括：成爲多國籍企業的「加工基地」、殖民地時期的飛地轉爲帝國主義企業控制、（要求專門化勞工和相對先進技術的）複雜工業產品零件生產，以及多國籍企業控制下消費財或資本財的生產和在地銷售；「加工基地」的狀況在拉美很少見，多數爲後兩者並存。作者認爲，資本主義較發達的邊陲經濟裡，存在某種聯合資本主義發展（associated capitalist development）的空間，而國家機器於其中扮演重要角色。

1970 年代合理的經濟成長率、全球商業的擴張、資本主義邊陲國家重要部門的工業化，以及國家生產性部門的強化等發展，拉美國家機器的行動能力提升而降低了依賴性。但國家機器的擴張和鞏固，卻表現爲一種鎭壓性國家（repressive state）與企業型國家（entrepreneurial sate）的混合，最突出

---

1 飛地經濟（enclave economy）：
　　「飛地」原指在某個地理區劃境內有一塊隸屬於他地的區域（如西德與東德尙未合併前的西柏林）。特別是依賴理論的文獻裡，飛地經濟主要用來描述拉美開發中國家的後殖民依賴關係，指的是出口產業主要爲外國資本掌控而從地主國汲取資源和產品的經濟體系。透過「飛地企業」，大部分積累的剩餘以利潤的形式轉到國外，不僅侷限內部市場的消費，更侷限了再投資的可能性（見 Baran, 1965; Dos Santos, 1970: 232）。

的特徵是其企業家面向，特別是與多國籍企業結盟在具有資本主義利潤的部門之生產性投資。作者指出，在拉美某些國家裡，公部門占每年資本形成的一半以上（其他則爲外國資本和國內私人企業），而國營企業的投資也過半。以巴西爲例，1975 年的百大企業中五十六家是國營企業。這種國家機器做爲企業家（state-as-entrepreneur）並在經濟上與帝國主義勢力結盟，成爲資本主義邊陲經濟進入工業化的樞紐。

圖 2-2　左爲《求生意志：愛滋治療與存活政治》（*Will to live: AIDS therapies and the politics of survival*）繁 體 中 譯 本 書 影，右 爲 Fernando Henrique Cardoso 的就職照片

人類學者 João Biehl 於此書深入探討巴西的國家愛滋政策與醫護結構中，國際藥廠、政府單位、非政府組織、公衛專家、社運分子等所扮演的角色，以及不同社會階層的愛滋受害者不同的生存處境。巴西愛滋治療政策，也是依賴發展理論學者 Fernando Henrique Cardoso 任職總統期間（1995- 2003）對「聯合依賴發展」的實踐。
圖片來源：左圖爲許甘霖翻拍；右圖取自巴西通訊社（Agência Brasil）。

　　與依賴發展論點類似的是 Guillermo O'Donnell（1978）提出的「官僚威權主義國家」（bureaucratic authoritarian state, BA）。O'Donnell 指出，拉美官僚威權主義國家的興起是當地支配階級（官僚、資本家、和軍人）對「先前政治秩序瓦解後出現的社會動員和群眾壓力之挑戰」的回應，目的在透過威權體制的政治控制，以確保經濟的可預測性，以及更多的資本流入和企業

的集中化，故官僚威權主義國家與國際資本間存在一種「相互不可或缺」（mutual indispensability）關係。伊凡斯（Peter Evans）進一步發揮 Cardoso 和 Faletto 關於「依賴發展」之可能性及國家經濟介入方式的分析，以巴西經驗為例，提出多國籍公司、國家資本和當地資本的「三角聯盟」（triple alliance）──國家官僚聯合外資，並帶動國內資本的發展模式；雖然構成聯盟的三角關係並不對等，卻創造了依賴發展的可能性（Evans, 1979）。

依賴發展、官僚威權國家和三角聯盟，一度成為分析東亞新興工業化國家的核心概念，但由於發展的性質、跨國公司和國家機器的角色與拉美的依賴發展模式有顯著差別，至少在東亞後進發展的議題上，依賴發展典範很快就讓位給「發展型國家」理論。

> **問題與討論 2-2**
>
> 發展理論的更迭是典範的轉移還是學術流行？過去的發展理論是否已經過時？或當代的發展理論（特別是發展型國家理論）對拉美低度發展經驗是否有解釋力？

5. 東亞奇蹟與發展型國家

正當拉丁美洲經濟處於低度發展或依賴發展的同時，東亞的經濟卻呈現極為不同的發展趨勢，特別是東亞四小龍的南韓、臺灣、香港和新加坡。其實早在 1970 年代期間，已有不少學者注意到東亞新興工業化的興起，且相關爭論也環繞在這種發展的性質、發展的機制和國家在其中扮演的角色。詹鶽（Chalmers Johnson）在經典著作 *MITI and the Japanese Economic Miracle*（1982）裡首先提出「發展型國家」（the developmental state）概念來解釋日本經濟奇蹟，這個術語後來成了理解東亞新興工業化國家的有力概念，甚至成了思考「後進工業化如何可能」的理論典範。然而，不同學者即便運用這個術語，並以日本模式為參照點，其定義和重點也可能有所差異。

詹鶽觀察到日本在橫跨二戰期間（1925-1975），國家運用的各種政策

工具有驚人的延續性，但重點不是國家對經濟的干預，而是這種干預的特徵。他區分兩種國家經濟干預的類型：歐美典型的規制型或市場理性型國家（regulatory or market-rational state），關注的是經濟競爭的程序和形式；日本則是發展型或計畫理性型國家（developmental or plan-rational state）的範例。詹鶉進一步歸納日本發展型國家「模式」的要素：

（1）存在一個小型、花費不多但人才濟濟的國家機構：該機構的職責首先是選擇要發展的產業（即「產業結構政策」），其次是確認並選擇快速發展目標產業的最佳手段（即「產業合理化政策」），第三是監督目標產業部門中的競爭，以保證其經濟健全和政策有效。這些職責都透過順應市場（market-conforming）的國家干預方法來達成；

（2）政治體系裡的官僚機構有採取主動和有效運作的充分空間；

（3）順應市場之國家干預手段的完善：這些方法中最重要的是行政導引（administrative guidance），即法令不至於太瑣碎而遏阻有創意的行政措施；

通產省（Ministry of Trade and Industry, MITI）
日本「通商產業省」的簡稱，1949年由貿易廳、石炭廳合組而成，2001年再改組為「經濟產業省」。在舊通產省時代，廣泛行使許認可權與行政指導，以政府金融體系的融資、預算津貼、補助金做為主要手段，職掌產業政策，被喻為締造日本經濟奇蹟的「總司令」與全國「腦力庫」。

（4）像**通產省**一樣的領航組織（pilot organisation）：掌控產業政策的機關需要結合規劃、資源、生產、國際貿易和財政功能。通產省的重要特徵是規模小、間接控制政府資金、具有智庫功能、能透過垂直的不同層級機構在微觀層次上落實產業政策，以及內部民主。

詹鶉認為，**一個國家若要取得像日本一樣的經濟成就，必須和日本有相同的優先考慮，即首先得是個發展型國家，然後才能論及其他**。此外，詹鶉強調菁英大學畢業的官員之校友關係——「學閥」（gakubatsu）的核心地位，特別是東京大學法學院的「閥中之閥」（batsu of all batsu）。這種非正式網絡賦予官員單是菁英體制無法提供的認同。此外，連結國家與市民社會的外部網絡更為重要。日本產業政策基本上仰賴連結部會與重要實業家的複雜關係；通產省官員透過提早退休，「空降」（amakudari）在個別企業、工業協會和半政府組織的重要職位，而官僚機構與私部門掌權者的關係，則透過這種滲透性角色而強化。詹鶉的「日本發展型國家模式」啟發了學者對東亞新興工業化國家的研究，後繼學者也通常以日本模式為參照點，檢視所研究的後進發展國家是否具備類似要素。

圖 2-3　日本經濟產業省（改組前為通商產業省），日本發展型國家的具現

圖片來源：維基百科，https://upload.wikimedia.org/wikipedia/commons/a/ab/Keizaisangyosho1.jpg

　　經濟學者安士敦（Alice H. Amsden）（1989）認為詹鶉有關計畫理性和市場理性的區分，主要是有關國家機器的特徵，她則區分「順應市場」（market-conforming）和「擴增市場」（market-augmenting）兩種政策典範：在後進工業化脈絡中，順應市場意味著最低限度的政府干預，以保持「健全」的相對價格（get relative prices 'right'），這種政策典範相信落後國家為了矯正既有的市場扭曲，某些國家干預是必要的，並將新興工業化國家的成功「起飛」歸因於這種順應市場政策。然而，安士敦觀察到在南韓經濟發展過程中，政府提供慷慨的補貼來刺激出口，包括長期貸款優惠和有效匯率，這些補貼成為包括南韓、臺灣和拉美等後進工業化的象徵。她認為第一次工業革命的基礎是自由放任，第二次工業革命的基礎是幼稚產業保護，而後進工業化的基礎則是補貼，包括保護政策和財務誘因。補貼的分配讓政府扮演既是銀行家也是企業家的角色，透過補貼的運用來決定何時生產什麼和生產多少，並據此建立融資的多重價格，因而在資本匱乏的國度裡最關鍵的價格（長期信用）是大大「扭曲」的（widely 'wrong'）。安士敦主張，**治國要術就是藉刻意扭曲相對價格來成事**（the art of the state is to get something done by deliberately getting relative prices wrong）。

　　安士敦認為，要理解後進工業化國家之間成長率的差異，還得分析兩個關鍵制度：大企業與國家機器間的互惠，以及多角化企業集團的內部和外部行為。前者是規訓機制：在順應市場典範裡有「看不見的手」執行紀律，但在擴增市場典範裡，國家要求企業拿出績效換取補助。南韓成長較快的原因正是這種相互性補貼機制的品質。此外，所有權和控制的延續有助於形成集團文化和集團知識，兩者都有助於集團內金錢和人員的轉移，透過多角化能力實現範疇經濟。藉著將績效要素植入獎勵補助系統，國家從這些寡占企業搾出了前所未有的產出和生產力。

　　政治經濟學者華德（Robert Wade）對臺灣案例的研究，也以詹鶽的日本模式為參照點。他辨識出幾個類似的要素，包括國家機器對經濟發展的優先考慮、菁英的經濟官僚機構等，但也發現臺灣模式和日本模式的差異：首先，臺灣的市民社會因威權主義而相當弱小。其次，國家機器類似**列寧主義黨國機器**，但缺乏階級鬥爭要素，且明顯傾向私有財產和市場。與列寧主義黨國機器的相似處則是對既有社會集團缺乏信任、發展的迫切感、對發展問題的全面觀點，以及監護性政府的觀念；這些條件產生了對形塑政策方針而言不尋常的政治穩定。再者，臺灣案例符合「官僚自主性」的概念，但不符合「公—私部門合作」的條件，因而屬於經濟統合主義的極端案例：只有受國家認可的經濟利益團體才有管道接觸國家，而這種統合主義架構也有利於政府在重要產業裡取得領導地位。

　　華德進一步提出「統理市場理論」（governed market theory）。統理市場理論提供三個層次的因果解釋，說明國家如何帶領經濟發展：第一層解釋以國家對某些關鍵產業的加碼投資，以及讓這些產業暴露於國際競爭等條件的結合，說明東亞經濟何以有卓越的表現；第二層解釋說明這些條件是政府特定經濟政策的結果，政府透過這些政策導引資源配置，創造了自由市場或刺激自由市場政策下不會發生的生產和投資結果；第三層解釋說明這些統理市場的政策如何受到統合主義和威權主義政府的認可和支持。

　　除了「模式清單」的解讀取徑，另有學者從詮釋的和歷史的取徑重新解讀詹鶽的發展型國家（論文集見 Woo-Cumings, 1999）。根據這個取徑，如

列寧主義黨國機器
（Leninist Party-state）
列寧主義政黨的特色，是黨中央由少數的職業革命家，組成緊密的小組織，黨員入黨之後需服從上級領導。與此相應的是以黨領軍、以黨領政和一黨專政，由執政黨掌握絕對權力，代表國家行使主權，並全面控制國家機器的運作。

韓裔美國學者禹貞恩認為,詹鶽詮釋了日本人在西方強權環伺的嚴峻現實中,如何設計一個既可敬又危險的政經體系。日本、韓國和中國的國家機器,都選擇以經濟發展來對抗西方帝國主義以救亡圖存。與經濟學家賀胥曼(Hirschman, 1958)一樣,詹鶽強調從後進發展和革命性民族主義的脈絡理解東亞發展,他在早期著作中對共產主義社會中民族主義、戰時動員和「目標文化」的分析,成為後來分析日本發展模式的柱石。詹鶽認為,日本是個**「為了戰爭而動員但在和平時期卻未復員的經濟體」**(an economy mobilised for war but never demobilised during peacetime)。亞洲戰爭對於迄 1975 年主導通產省的人有重大意義,這些人生於明治中後期,歷經戰爭並持續在政府機構裡任職,彷彿仍然身著制服的軍人(Johnson, 1982: 308; 1995: 10)。禹貞恩認為,正是在這個意義上,**「發展型國家既實存於東亞的時空之中,也是東亞案例之本質的抽象概括,既是特殊的,也是可以概括的」**(Woo-Cumings, 1999)。

禹貞恩(Woo, 1991)根據詹鶽的論點,將南韓的金融結構與工業化置於三個脈絡來分析。首先,韓國的經濟成長在精神和實質上都近似日本和歐陸的後進發展,而不是拉美的「後發後進發展」(late-late development)。其次,南韓在冷戰中的地緣政治角色,要求分析國內和國際政治時,必須考慮世界體系和安全結構。第三,金融結構是導引儲蓄和投資流動、劃分產業政策選項和管理金融資源流向不同產業部門的主要機制,可以用來檢視國家效能(state efficacy)。禹貞恩進一步考察金融的動員和配置及其社會後果,以釐清國家機器的運作模式:動員讓國家機器藉由匯集國外和本地資源而獲得能力,配置是國家機器據以按自身目標導引這些資源的方式,而社會後果是國家機器重構社會,並抗拒或阻隔國內社會勢力的能力。

禹貞恩認為,美國社會科學對南韓和臺灣的研究,都忽略了這兩個國家在戰後仍持續與同胞政權處於軍事對峙。冷戰和內戰的雙戰結構持續界定國家行動的參數,將社會與經濟制度的發展納入國家存亡的迫切處境,並產生強烈要求群眾經濟犧牲的民族主義。落後國家常見的「尋租的政治經濟學」在南韓的脈絡下有不一樣的後果。正因國家願意擔起風險並提供補貼,私部門才願意在未來市場不確定的情況下投資,而以信用為基礎的金融結構讓產

業部門的升級成為可能。在這種金融結構下，廠商仰賴銀行信用取得遠超過保留盈餘的資金，而企業家也不得不認清，與政治當局合作是企業存活和擴張的根本前提。

禹貞恩認為，冷戰賦予東北亞發展計畫的迫切性，但發展型國家興起的關鍵是民族主義的角色。朴正熙在冷戰同盟中找到威權主義的容身之處，並將之與民族主義結合起來（Woo, 1991）。就此意義而言，「發展型國家是規範性和道德企圖心的體現，透過促進某種國民經濟的『團結願景』（solidarity vision），運用國家干預權力來引導投資」（Loriaux, 1999）。這種產業政策的基本原理是政治和國家安全導向的，且是與國家自給自足目標相關的經濟民族主義，而這種國家效能的優先考慮正是歐陸和日本後進工業化的基本原理。禹貞恩認為，缺乏外部安全威脅或許部分解釋了為什麼資本財生產的工業化熱潮沒有在拉美發生。

伊凡斯在先前拉美依賴發展研究（1979）的基礎上，從比較制度的觀點進一步將「國家─社會關係」（state-business relations）在後進發展中的作用理論化，主張自主性與鑲嵌性的矛盾結合──亦即「鑲嵌自主性」（embedded autonomy）──產生程度不同的發展能力。伊凡斯認為，發展後果取決於國家機器具有什麼能力、扮演什麼角色和做了什麼。他根據「角色」而區分四種國家干預的模式：（1）監督者（the custodian state）認同規約的努力，偏好監督而非促進；（2）創造者（the demiurge state）創建企業以競爭市場的私人財貨；（3）催生者（the midwifery state）協助新企業集團創設或誘導既有集團投入挑戰性的投資；（4）管理者（the husbandry state）協助私人企業以因應變化的全球挑戰。多數國家在相同部門扮演不同角色，而部門發展後果則取決於這些角色如何結合。伊凡斯認為，鑲嵌自主性讓國家角色從催生者轉型為管理者相對容易，缺乏鑲嵌性則讓這種轉型變得困難，增加創造者和監護者角色的誘惑。此外，促進新部門成長的關鍵是國家的催生者角色，但要發生作用，國家角色必須從催生者色轉為管理者（Evans, 1995）。

概括前述研究的共同點，所謂發展型國家是指國家官僚有意識地將發展視為優先項目，利用政策工具和能力，將國內稀有資源投入重要產業部門，

以提升生產能力和競爭能力（Weiss and Hobson, 1995）。向來鼓吹自由市場的世界銀行在 1993 年出版的《東亞奇蹟》裡指出，「我們的看法是在一些少數國家的一些例證中，主要是東北亞，政府的介入導致了高速和比較平等的成長，若非如此，將不可能發生」（World Bank, 1993），算是東亞發展型國家理論最好的註腳。

6. 臺灣後進發展中的國家角色

持續快速工業化和所得分配的表現，以及國家機器的顯著角色，使「臺灣經濟奇蹟」成為「國家與後進發展」這類議題的標準題材。由於臺灣在政治、經濟和軍事上對美國和日本的依賴處境，1980 年代初期的研究成果，主要受到拉美經驗和相關研究的啟發，特別是以依賴發展、三角聯盟和官僚威權主義國家為參考架構，以國家、跨國資本和本地資本為分析對象。

如 Simon（1980）強調國家機器透過運用資源和創建基礎建設等措施引進外資、吸收國外技術而達到經濟發展的目的。陳玉璽（Chen, 1992/1981）認為臺灣的發展屬於帝國主義控制下的依賴發展，三角聯盟的發展模式使威權主義政權受到國際資本與本地資本的支持，但這種模式也可能創造軍事威權主義統治的社會基礎。高棣民（Gold, 1981, 1986）也從「三角聯盟」考察臺灣依賴發展模式，認為國民黨黨國機器透過接收日本企業或新創建公營事業、運用美援發展礎建設，建立自己的經濟基礎並扶植本地資本，「以一種其他國家少有的方式控制臺灣整合到世界體系的方式」（Gold, 1986）。馬若孟則強調臺灣經驗裡，國家機器和跨國公司的夥伴關係的重要性（Myers, 1984: 516）。康明斯（Cumings, 1984）將日本、南韓和臺灣發展模式稱為「官僚威權主義的工業化政權」（bureaucratic-authoritarian industrializing regime, BAIR），主要特徵包括相對的國家自主性、中央協調、官僚的短期和長期規劃、大財團的私人集中、排除勞工、剝削婦女，以及（戰前日本）軍事化和威權主義鎮壓等。國民黨政權原本用來反攻大陸和維持政權的自主性轉向經濟發展，並發展出計畫機構和官僚體制，以配合強有力的國家機

器，而工業化的深化是在威權主義的脈絡下進行的（1984: 28, 38）。

圖 2-4　1980 年郵政總局發行的特 165 十項建設郵票
十大建設是臺灣發展型國家的重要體現，但成果不一。
圖片來源：許甘霖翻拍。

　　這些研究都指出國家機器在臺灣經濟發展中扮演主導的角色，但由於忽略國家與階級和社會運動的關係，而流於唯國家論（statism）（或「大有爲政府論」），或侷限於依賴結構的分析，而落入服務資本主義體系的依賴功能論。若要恰當分析國家機器在臺灣經濟發展中的角色，必須同時連結資本主義的外部動力和社會內部動力（階級與社會運動），考察國家的具體行動（王振寰，1988）。

　　對照拉美模式，臺灣發展模式在經濟發展的表現以及國家機器和跨國企業的角色方面，顯然與拉美模式有別。前述詹鶽（Johnson, 1982）、安士敦（Amsden, 1989）、華德（Wade, 1990）、禹貞恩（Woo, 1991）、伊凡斯（Evans, 1995）等人對東亞發展型國家的個案或比較研究，成了臺灣發展研究的重要啟發和參照點。相關研究或聚焦於國家在特定產業發展中的角色、產業政策的制定、成功的原因和機制，以及跨國比較等，並進行理論對話。如瞿宛文（1995）指出，國家在臺灣石化業的發展初期扮演重要的角色，支持 Gerschenkron 等的論點，亦即落後資本主義在發展早期必須有制度上替代市場的設計，但後期的發展，並不支持發展型國家理論學派及華德的「統

理市場」說，因為國家的發展取向有其歷史與社會經濟之背景，非單純由掌握國家機器者的主觀意願所能決定，也絕不能將其獨立於整個社經背景，而將其當作一政策處方並引伸出政策涵義。

Box 2-5

國家主義（statism，或稱唯國家論）

指的是一種信念，認為政府應在某種程度上控制經濟政策和社會政策。支持政府進行廣泛干預的，稱為唯國家論或大政府主義；支持政府最少干預的依介入程度和範圍，稱為小政府主義（minarchism）、最小中央集權（minimal statism）或自由放任主義（libertarian）。在分析上，是一種考察國家行動與經濟過程的視角，聚焦於國家如何運用政治權力，透過政策對市場進行干預，這種經濟上的國家主義（economic statism）通常認為國家在經濟扮演重要、必要且合法的角色，無論是直接介入（如國營事業）或規則的干預（各種政府計畫或管制），而將經濟成功歸功國家干預（即「大有為政府論」）。

問題與討論 2-3

國家對成功的後進發展十分重要，但國家做為切入點來分析發展，如何不落入唯國家論？

---

7. 發展型國家之後

東亞國家經濟發展的成功，在發展研究領域引發了大量的討論，這些討論主要圍繞在三個重要議題上（參考王振寰，2003）：

第一：這個發展型國家的模式到底是特定歷史情境下的產物，或是可以不分時空移轉到其他地區？多位學者指出，東亞發展型國家基本上是內戰和冷戰時期地緣政治的產物。由於內戰之故，這些國家將生存和國家安全視為最重要的施政目標，例如南韓面對的是北韓，而臺灣則是中國大陸，戰爭的威脅一直是國家生存必須面對的重大議題。這也可以解釋為何同樣是具有自主性的國家，東亞與其他第三世界地區的國家經濟官僚，並非掠奪性而是發展性的問題（Öniş, 1991）。對東亞的國家官僚而言，在經濟資源有限的情況

下，面對虎視眈眈的共產政權，如何維繫國家生存與強化發展，成為對抗共產主義和維繫政權正當性的基礎。因此經濟的自主和對內政治社會秩序的維持，而非社會福利和民主，成為首要考慮。在政治逐漸穩定之後，經濟發展逐漸替代國防安全成為維繫正當性的基礎，追趕西方的成長主義，成為國家自主的民族主義在政策上的表現。同時在冷戰時期，美國極力保衛日本、臺灣和南韓，並提供大量的軍事和經濟援助，協助這些國家從事土地改革和經濟政策的擬定。在 1950 年代，當這些政權逐漸穩定之後，美國更開放其國內市場，吸收這些國家的加工業出口產品，使這些國家能順利進行出口導向工業化政策，並容忍這些國家對國內產業進行保護措施。相對地，美國對拉丁美洲國家並無相類似的做法。在美國的支持下，東亞國家建立了威權政府和相對穩定的政治秩序，並使這些國家順利工業化。因此正如 Öniş（1991）指出的，「**任何對東亞發展型國家的分析，必須將戰後東亞成長之所以能夠實現的國際政治脈絡納入考量。**」因此，從以上的地緣政治條件，和戰後生存考量的民族主義下，東亞國家的經濟發展外部環境，其他國家很難具有相同的條件，因此發展型國家並不具有複製性。

第二個議題是：發展型國家的最基本條件之一就是國家自主性，有了自主性才可能不受社會團體的利益壓力影響，進而規劃和執行長期的發展策略，因此這樣的發展型國家，在政治體制上通常是威權主義政治體制。也由於政治體制的威權統治，公民社會受到壓制，工會活動幾乎消失，工資因此受到壓抑，生產秩序能夠維持（Deyo, 1989）。然而，東亞發展型國家在 1980 年代之後，逐漸民主化，社會團體勢力崛起，因此是否因為民主化，國家的自主性就會消失，造成發展型國家逐漸瓦解？就像 Castells 所言，**發展型國家的成功成為自己的掘墓人；或是國家仍然有能力規劃和帶動經濟轉型？**

第三個議題是：**在全球化的時代，當全球金融機構和跨國公司可以自由移動，跨國生產網絡崛起，國際人才流動快速的情況下，以一國經濟發展為主要考量的發展型國家，還能自主決定經濟發展政策嗎**（Ohmae, 1990; Reich, 1992）？

針對以上這些議題，學界並無共識，不過一個比較廣為接受的看法是國家轉型理論，它指出國家的角色仍然重要，但在不同階段扮演不同角色。例

如，他們認為在全球化過程中，國家仍然是能夠調解全球化衝擊在地社會的唯一機構行動者。Weiss（2005）甚至認為全球化其實強化而非弱化了國家的功能；比如在當今全球盛行的雙邊或多邊貿易協定，只有透過國家來簽訂和進行，而國家在其中的重要功能就是提升國內產業的競爭力，因此全球化與國家角色的強化是一體兩面。國家角色的轉型，因而有幾個重要的論點：

　　首先，**國家在經濟上的角色，已經從過去強調經濟追趕轉而強調創新。**在追趕階段，經濟政策的制訂相對比較容易，因為只要學習先進國家的發展經驗即可。但到了創新階段，則沒有那麼多既有經驗可學習。如王振寰對臺灣生物製藥業的研究，發現國家會從先進國家（主要是美國）的經驗中學習如何建立最佳的做法（the best practice），然後建立類似的做法和制度。與追趕階段不同，過去學的是科技，現今學的是制度。當今強調科技創新，最佳做法就是矽谷的產學合作模式，國家的角色不再是領導者，而比較像是一個創新合作平臺的構建者（platform builder），讓科學家、工程師、創投能夠自由組合（Wang, 2014, 2016）。

　　第二，**國家的創新角色，也必須放在新的國際政治經濟環境下討論。**例如當今主要產業都已經建構了全球生產網絡，不同的產業節點分散在全球各地，因此產業創新已經不再需要像過去一樣從源頭開始的模式，而是可以在任一節點創新（Breznitz, 2007）。例如半導體的台積電，在晶圓製造上領先全球；而生物製藥業，也可只做研發藥品，將人體試驗或生產部分賣給國際大藥廠；或只做原料藥，賣給國際大藥廠，例如神隆。這樣的新模式也為後進國家的創新，創造了新的機會。例如印度專注於軟體外包，使其國家產業快速發展，並與矽谷密切連結。

　　第三，更嚴肅的問題是：**當發展型國家的研究，從強調經濟追趕到強調經濟創新時，是否就已經失去了「發展研究」關注的後進發展議題？**我們的看法是：不會。因為東亞發展型國家戰後發展的模式，已經提供其他後進國家參考的範本，而東亞發展型國家的下一步則必然要往創新改變，但是改變和轉型只能自己摸索，而且有相當大的成分是種賭注（Wong, 2006）。先進國家對鼓勵創新的制度建置，就是個可參考的對象。因此，在很大程度上，當今全球各國都在學習美國的矽谷模式，只是美國的制度建構未必適合每個

國家。例如美國政府投入龐大研究經費於國防和醫療，而且這些經費分布於主要的大學和研究機構，造就許多非常優秀的研究型大學。由於美國政府的經費引導，造就美國很多新產業的發生，Block（2008）因而認為美國也是發展型國家的一種。美國的創新制度建構，成為當今很多國家效法的對象，也顯示國家角色並未消失，反而在科技和經濟創新上被強化了。

東亞發展型國家是否可以複製的問題，同時被用來探索先進資本主義國家和東亞新興工業化國家的可持續發展，也用來探索亞非後進發展國家的發展可能性，成為新的主導問題意識，或許可以稱為發展型國家的「方法學化」。

問題與討論 2-4

迄今成功的後進發展國家，都有威權主義（或至少是不民主的）政體的存在，威權主義是後進發展的必要條件嗎？或者，民主政體有助於後進發展的成功嗎？

---

8. 結語：國家做為切入點

考察國家在後進發展的角色，最容易犯的謬誤和招致的誤解是：若發展表現好，容易得出「國家主義」的結論，而被批判是頌揚大有為政府；若經濟發展表現差，容易得出功能主義或工具主義的結論，或成為對政府無能的批判。這類謬誤或誤解的根源是僅僅將國家看成獨立於社會之外的行動者。然而，對後進發展社會，甚至對先進工業化社會來說，國家機器仍然是最主要的行動者之一。發展涉及具有重要策略意義的資源，透過具體政策在不同社會部門及各種相競社會利益間的重新配置；與此同時，各種社會利益也以國家為角力場、影響具體政策在國家機器之內的形成及透過國家權力來落實。這意謂國家在發展過程中的角色不是結構決定的，而是社會競合利益間的政治行動的結果。以國家為切入點，因而是對特定發展處境之未來可能性的強調。正如《拉美的依賴與發展》作者之一、曾任巴西總統（1995-

2003）的社會學家 Fernando Henrique Cardoso 在中文本序言（2002）裡評價
這本書的貢獻所言：

> 它沒有向歷史關閉大門，也沒有試圖勾畫出唯一的道路，在為
> 奇蹟預留下空間和摒棄「經濟至上」的偽客觀主義的同時，我們並
> 沒有否定各種生產方式的內在侷限性。與那種簡單化的否定相反，
> 本書提出將**政治要素**融合進來，並視之為未來道路中的關鍵因素。
>
> （Cardoso, 2002: 6）

以國家為切入點考察後進發展，正是強調社會行動者超越結構約制的能動
性。

參考書目

王振寰（1988）。〈國家角色、依賴發展與階級關係——從四本有關臺灣發展的研究談起〉，《臺灣社會研究季刊》，第 1 卷 1 期，頁 117-143。

王振寰（2010）。《追趕的極限：臺灣的經濟轉型與創新》。臺北：巨流圖書。

王振寰（2003）。〈全球化與後進國家：兼論東亞的發展路徑與轉型〉，《臺灣社會學刊》，第 31 期，頁 1-44。

許滌新（1947）。《官僚資本論》。香港：南洋書局。

劉進慶（2012/1975）。《臺灣戰後經濟分析》（修訂版）。臺北：人間出版社。

瞿宛文（1995）。〈進口替代與出口導向成長：臺灣石化業之研究〉，《臺灣社會研究季刊》，第 18 期，頁 39- 69。

Alavi, Hamza (1972). The State in Post-Colonial Societies: Pakistan and Bangladesh. *New Left Review*, 74: 59-81.

Amsden, A. H., & Chu, W. W. (2003). *Beyond late development: Taiwan's upgrading policies*. MIT Press Books.（中譯：瞿宛文、安士敦合著，朱道凱譯（2003）。《超越後進發展——臺灣的產業升級策略》。臺北：聯經。）

Amsden, A. H. (1989). *Asia's Next Giant: South Korea and Late Industrialization*. Oxford: Oxford University Press.

Arezki, R., Hadri, K., Loungani, P., & Rao, Y. (2014).Testing the Prebisch-Singer hypothesis since 1650: Evidence from panel techniques that allow for multiple breaks. *Journal of International Money and Finance*, 42: 208-223.

Baran, Paul (1957). *The Political Economy of Growth. Monthly Review Press*.

Block, F. (2008). Swimming against the Current: The Rise of a Hidden Developmental State in the United States. *Politics & society*, 36(2): 169-206.

Breznitz, D. (2007). *Innovation and the State*. Yale University Press.

Cardoso, F. H. and Faletto, E.（2002/1971）。《拉美的依附性及發展》。北京：世界知識出版社。

Cardoso, F. H., & Faletto, E. (1979). *Dependency and Development in Latin America*. Univ of California Press.

Chen, Yu-hsi. (1981). *Dependent Development and Its Socio-Political Consequences: A Case Study of Taiwan*. Ph.D. diss., University of Hawaii.（中譯：陳玉璽（1992）。《臺灣的依附型發展》。臺北：人間出版社。）

Cumings, B. (1984). The Origins and Development of the Northeast Asian Political Economy: Industrial Sectors, Product Cycles, and Political Consequences, *International Organization*, 38(01): 1-40.

Deyo, F. (1989). *Beneath the Miracle: Labor Subordination in the New Asian Industrialism*. Berkeley and Los Angeles: University of California Press.

Evans, Peter B. (1995). *Embedded Autonomy: States and Industrial Transformation*. Princeton, NJ: Princeton University Press.

Evans, Peter B. (1979). *Dependent Development: The Alliance of Multinational, State, and Local Capital in Brazil*. Princeton, N.J.: Princeton University. Press.

Ferraro, V. (2008). Dependency Theory: An Introduction. pp. 58-64 in Giorgio Secondi (ed.), *The development economics reader*. Routledge.

Gold, T. B. (1981). *Dependent Development in Taiwan*. PhD Dissertation, Harvard University.

Gold, T. B. (1986). *State and society in the Taiwan miracle*. ME Sharpe.（中譯：高棣民著、胡煜嘉譯（1987）。《臺灣奇蹟》。臺北：洞察。）

Hirschman, A. O. (1958). *The Strategy of Economic Development*. Yale University Press.（中譯：徐育珠譯（1967）。《經濟發展策略》。臺北：臺灣銀行經濟研究室）

Johnson, C. (1982). *MITI and the Japanese Miracles: The Growth of Industrial Policy, 1925-1975*. Palo Alto, CA: Stanford University Press.（中譯：詹鶤著，姜雪影、李定健譯（1985）。《推動日本奇蹟的手：通產省》。臺北：經濟與生活。）

Leys, Colin. (1976). The 'Overdeveloped' Post Colonial State: A Re-evaluation. *Review of African Political Economy, 5*: 39-48.

Loriaux, M. (1999).The French Developmental State as Myth and Moral Ambition. pp. 235-275 in *The Developmental State*.

Marx, Karl & Engels, Frederik (2002/1848). *The Communist Manifesto*. Penguin Books.

Myers, R. H. (1984). The Economic Transformation of the Republic of China on Taiwan, *The China Quarterly*, 99: 500-528.

O'Donnell, G. (1978). Reflections on the Patterns of Change in the Bureaucratic-authoritarian state, *Latin American Research Review*, 13(1): 3-38.

Ohmae, K. (1990). *The Borderless World: Power and Strategy in the Interlinked Economy*. London: Fontana.

Öniş, Z. (1991). The Logic of the Developmental State, *Comparative Politics*, Oct. 109-126.

Poulantzas, Nicos (1978/1968). *Political Power and Social Classes*. NLB.

Poulantzas, Nicos (1975/1973). *Classes in Contemporary Capitalism*. NLB.

Robison, Richard (1978). Toward a Class Analysis of the Indonesian Military Bureaucratic State. *Indonesia*: 25: 17-39.

Rostow, W. W. (1960). *The Stages of Economic Growth: A Non-Communist Manifesto*. Cambridge: Cambridge University Press.(中譯：楊志希（1961）。《經濟起飛論》。臺北：臺灣聯合書局。）

Saul, John S. (1974). The State in Post-Colonial Societies: Tanzania, *Socialist Register*, 11: 349-372.

Simon, D. F. (1980). *Taiwan, Technology Transfer, and Transnationalism: the Political Management of Dependency*. PhD Thesis, University of California, Berkeley.

Stepan, A. (1978). *Political Leadership and Regime Breakdown: Brazil*. pp. 110-37 in *The Breakdown of Democratic Regimes: Latin America*.

Von Freyhold, M. (1977). The Post-colonial State and Its' Tanzanian Version. *Review of African Political Economy*, 4(8): 75-89.

Wade, R. (1990). *Governing the Market: Economic Theory and the Role of Government in East Asian Industrialization*. Princeton University Press.（中譯：張宗漢（1994）。《管理市場：經濟理論與東亞國家由政府主導工業化》。臺北：五南。）

Wang, Jennhwan（王振寰）(2014). Developmental state in transition: the state and the development of Taiwan's bio-pharmaceutical industry. pp. 84-101 in Michelle Williams, ed. *Developmental State for the 21st Century*, London: Routledge.

Wang, Jennhwan（王振寰）(2016). Towards A Platform Builder: the State's Role in Taiwan Biopharmaceutical Industry. pp. 97-116 in *Asian Developmental State*, ed. Yin Wah Chu, London: Palgrave Macmillan.

Weiss, L. (1998). *The Myth of the Powerless State*. Cornell University Press.

Weiss, L. (2005). Global governance, national strategies: how industrialized states make room to move under the WTO, *Review of International Political Economy*, 12(5): 723-749.

Weiss, L. and J. Hobson (1995). *States and economic development*. Cambridge: Polity.

Wong, Joseph (2006). Technovation in Taiwan: Implications for Industrial Governance. *Governance*, 19(4): 651-672.

Woo, J. E. (1991). *Race to the Swift: State and finance in Korean Industrialization*. Columbia University Press.

Woo-Cumings, M. (1999). *Introduction: Chalmers Johnson and the politics of nationalism and development*. pp. 1-31 in idem. (ed.), The Developmental State. Ithaca: Cornell University Press.

World Bank (1993). *The East Asian Miracle: Economic Growth and Public Policy*. A World Bank Policy Report. Washington: World Bank.

第三章
國家內部次區域發展：東臺灣的論述與經驗

夏黎明
故國立臺東大學區域政策發展研究所教授

林玉茹
中央研究院臺灣史研究所研究員

黃宣衛
中央研究院民族學研究所研究員

1. 發展、空間、全球南方

　　一般而論，發展的正面論述，包括：發展帶來經濟成長，帶來國家整體的進步，帶來西方式的現代化，並改善基本需求。發展能有助於持續性地成長，且帶來更佳的治理。

　　然而，發展也有其負面論述，包括：發展是依賴和從屬的過程，發展形成和拉大空間的不平等，並侵蝕地方文化和價值。發展使得貧困的生活和工作條件越形固著，通常造成環境破壞，並常侵犯人權和民主（Potter et al., 1999）。

　　其次，半世紀以來，對於發展的相關理論，特別是對於全球不平等發展的主要解釋，包括以內部的社會文化因素做為動力，以西方社會爲範型的現代化理論；以及強調國家的外部聯結，著墨於國家之間的政治經濟關係的依賴理論；將依賴理論擴大爲一全球性的核心，半邊陲與邊陲不平等結構的世界體系理論；以及以全球時空壓縮生產鏈的形成的各種流通、擴散現象之全球化理論等等，都試圖分析世界各國發展差距之成因及其影響（王振寰，2009）。

　　以上關於發展的各種論述，以及解釋發展程度的不同理論，不僅有其明確的時間／歷史脈絡，同時也涉及空間的層面。甚至可以說，發展本身，是一個空間化的社會過程（Potter et al., 1999）。然而，對於發展的探究，一直以來，國家是最主要的空間分析單位，至今依然。

　　將國家視爲探究發展議題最重要的空間尺度，不僅曾經有過諸如已開發國家，低度開發國家或發展中國家等分類，更曾進一步將世界各國區分爲資本主義的第一世界，社會主義的第二世界，以及除此之外的落後未開發的第三世界。此後，又簡化爲北方國家與南方國家。近年，在全球化脈絡下，以全球南方的概念，指涉所有已開發國家以外的所有國家（Potter et al., 1999; Williams et al., 2009；簡旭伸，2012）。

　　然而，全球南方並非只是過去的第三世界之新詞或代稱。在全球化的架構下，全球南方和已開發國家的差距更是逐日擴大與惡化。其次，不均等的發展，不僅出現在已開發國家的內部，也出現在南方國家的內部。換言之，

北方國家內部也有類似於南方的區域，而南方國家內部的貧富差距，更是懸殊（簡旭伸，2012）。因此，將一個國家、一個城市，視為一個單位，往往忽略其中巨大空間差異的社會意涵。在全球化過程中，往往一個國家內部的不平等發展，遠大於國家與國家之間的差異。不同國家的某些城市之間的聯結性，甚至高於國家內部的聯結。

此外，全球南方的論述，不全然只停留在對全球尺度的區域不平等發展之描述和解釋，全球南方同時著重於南方國家或人民的動能或行動，特別是各種在地行動與跨界行動，以成為一個回應全球化的主角或行動主體之意義與歷程。因此，相較於第三世界論述的負面與結構取向，全球南方反而有更多的積極性和可能性的視野，蘊涵其中（Williams et al., 2009；簡旭伸，2012）。

做為發展型國家的典範，戰後臺灣的區域發展差異，其實具有相當代表性。特別是，以臺灣有限的幅員，區域之間的不平等發展相當顯著；同時，近年來，區域或地方做為行動主體，各自尋找自身發展模式的趨勢，值得細加剖析。

昔稱後山，至今一直是臺灣區域發展上，落後、偏鄉、邊陲代稱的花蓮與臺東，其戰後的發展經驗，可視為臺灣區域不平等發展的典型。面對全球化的挑戰，東臺灣在尋求永續發展的過程中，不僅極力避免被邊緣化，同時，所面臨的環境議題、社會公平議題，以及文化保存與發展議題，也明顯有別於臺灣其他地區，值得單獨加以分析。而近年，企圖反轉區位上不利位置的各種社會創新，特別是企圖建構自身的發展論述和發展想像的作為，具有重要的意義，更值得關注。本文即以花東的發展論述和經驗為例，討論區域尺度下發展的特徵和可能性。

2. 花東不平等發展的因素／解釋

涵蓋今日花蓮縣與臺東縣的東臺灣，長期處於有別於臺灣西部的發展模式和進程。特別是戰後工業化和都市化的過程，東臺灣被邊緣化的現象，非

常顯著。過去至今，解釋花蓮、臺東爲何是今日的樣貌，大致上有幾個觀點，以下分別說明。

2.1 環境論

或稱「環境決定論」、「地理環境決定論」。這種理論屬於自然主義思潮的一部分，起源甚早，也有長期的影響力。其論點主要在於：地理環境是人類社會發展的決定性因素。而此處所謂的社會發展，包括了經濟發展、政治制度、民族精神等面向。

儘管晚近的研究傾向於認爲，地理環境是社會存在和發展的一個不可缺少要件，對社會發展並未產生決定性作用，但在解釋花東當前樣貌時，仍有人會提出這類的主張。亦即把花蓮、臺東今天這樣艱困的環境，歸咎於自然環境不好，如地震、颱風、土石流、平原少等等。總而言之，東部發展不佳都跟環境有關，千錯萬錯就是環境不好，這就是環境論。

2.2 區位論

也就是歸咎於交通不便、對外不便、連結不好或不強等因素，才會造就今日東部的樣貌。解決方法可能是鐵路電氣化、蓋高速公路或高速鐵路、增加普悠瑪號等對外交通建設，增強對外連結性，以解決發展落後的困境。這是區位論對東部發展的一套說法。其無庸置疑地可以解釋一些現象，但卻不能完全解決實際情形，例如花蓮港在昭和 14 年（1939）築港完工時，花蓮人皆歡欣鼓舞、喜極而泣，認爲從此花蓮將可以快速發展。1979 年，北迴鐵路通車時，花蓮人又再度欣喜若狂，覺得終於與外界、西部有所連結，將有一番新局面，但後來卻發現不全然如此。因此，區位論中對外連結的理論，是否能解釋成一個地方對外發展成敗的唯一因素，還有待商榷。再舉雲林爲例，目前雲林的對外連結只缺少機場，其他交通建設都俱備，但這二十年來雲林的邊陲化卻越來越嚴重。很明顯地，影響雲林發展的因素，不是位置不好或連結性不夠，而是其他因素。

2.3 國家支配論

　　第三個解釋東部現象的論述是國家支配論。國家支配論，就是指國家政策的作用，特別是與國家的區域政策有關。國家把全臺灣各地區做不同的區域分工。一個地區被分配到的位置，決定該區域發展的機會，或地方發展的基本結構。這個論述有其解釋力，如日治時期花蓮被界定爲特殊的位置，所以取得往軍需工業化發展的機會，而搖身一變，超越臺東，成爲戰時東部的首要都市（林玉茹，2011）。戰後東部卻沒找到一個重要的位置，導致沒太多發展，此時國家政策是轉往發展高雄或其他地方。戰後東部的發展，用國家支配論可以解釋很多面向。很明顯地，區域分工、資源、國家政策以及東部在整個臺灣經濟發展過程中所扮演的角色等，都決定了今日我們所見的東部樣貌。如果將區位論，即交通連結性和國家支配論結合來看，就差不多可以解釋戰後東部的現象。政府爲何不投資某地區的交通建設，顯然是其對該地區的區域分工有所定位。

2.4 內部依賴論

　　內部依賴理論是以當年拉丁美洲爲範型的依賴理論重新轉換而來。在拉丁美洲的經驗裡，有核心、半邊陲及邊陲的產業依賴，以及各式各樣的依賴關係。在此結構之下，一個國家所占的位置會決定發展的機會、型態及命運。依賴理論也受到極大的挑戰，如亞洲四小龍所代表的經濟奇蹟就挑戰了依賴理論，但此理論還是有開創性，讓我們了解今日有些國家的樣貌其實是外部因素所導致。不過，國家內部其實也存在相同的現象，卻很少談及。之後，才有學者把依賴理論的觀點轉移到國家內部來觀察，以分析、解釋區域與區域間的發展、互動。內部依賴不只發生在臺灣，而是世界各國都有的現象（Agnew, 2000）。

　　一個國家內部都存在核心、半邊陲與邊陲的關係。以臺灣來說，核心地區就是現在所說的天龍國（請參考 Box4-2），半邊陲大概是高雄、臺南及臺中等，邊陲則是臺東和花蓮。一旦此種依賴關係被界定後便很難扭轉，就像

當年的拉丁美洲一樣，很難擺脫既有的依賴結構。國家內部依賴理論雖然還在發展當中，但其解釋有助於釐清區域間發展所形成的差異。

與以國為單位的依賴理論相比，兩者間最大的差異在於財政分配的有無。國內區域間的財政資源是由中央政府來分配，這種分配機制是國與國之間所沒有的，即使世界銀行也沒有辦法扮演這樣的角色。相對地，一個國家的中央政府在其國內區域間的財政分配卻有巨大作用，這是內部依賴理論必須特別處理的一個議題。然而，在有些地方，還必須考慮其他面向。如以臺灣而言，選舉是一項重要的考量，一個地區選票到底有多少，也決定資源分配的多寡。這些因素就是過去依賴理論無法處理，或是完全未碰觸的面向。

2.5 自主創新論

自主創新論是新發展且尚未成形的理論。所謂「創新」，是指創造新的事物。而創新的核心就是創新思維，指人類思維不斷向有益於人類發展的方向改變。簡言之，創新是以現有的思維模式為基礎，提出有別於常規或一般人思路的見解，並利用現有的知識和物質，在特定的環境中，本著理想化需要或為滿足社會需求，而改進或創造新的事物、方法、環境等，並能獲得一定有益效果的行為。

進一步來說，「創新」的主體是人類：包含個人與團體（或組織）。若以自主創新論討論東臺灣，主體便是「東臺灣」，並期待東臺灣的居民有獨立自主的能力，進行創新的活動，讓東臺灣的發展變得更為美好。從這樣的理論出發，便有人會認為：東臺灣因為自己沒有自主能力、也沒有創新的能力，所以導致今日的狀態。這是一個研究東臺灣發展問題意識的重要觀點。本文希望從這幾年的個人經驗中證明，東臺灣已經逐漸在轉變，自主創新的案例已慢慢浮現。

問題與討論 3-1

請討論花東發展不佳之因素，可歸於哪種理論？

---

3. 各時期的東臺灣印象

再從歷史的角度來看，很早以前即稱呼東部為「後山」。舉例而言，三十年前，我到臺東師專（今臺東大學）服務，那時我的岳母跟我說：「你去後山，差不多三年就要出來了。」到現在，我還對於「出來了」那三個字印象深刻。而我的老師施添福教授，小時候全家要移民到太麻里墾荒，他在彰化的村子特地殺了一頭豬為他們餞行。好像此行一別，不知今生今世還有沒有可能再見面。這兩個例子很傳神地表述「後山」給人的印象和所隱含的意象。

3.1 開山撫番：帝國邊區

清代漢人渡過所謂的「黑水溝」來到臺灣，所看到的臺灣是一大片平原及一座非常高的山，而高山後面即是「後山」。他們對「後山」的理解大多都是負面的，如蠻荒的、未墾的、化外的、險惡的，以及原住民的住居地等等，也許可視作「臺灣內部的東方主義」，一個以西部漢人為中心的地理想像（Hsia and Yorgason, 2008）。直至今天，依然有人說：「我把你們當人看。」這不是偶然，而是歷史的殘留。

1874 年，牡丹社事件之後，清廷發覺後山很重要，所以開始設官治理，正式將後山納入版圖，並實行開山撫番政策、派軍隊駐防，一方面軍事屯墾，另一方面保障往來行旅的安全，所以做生意的、墾荒的才敢前往後山發展（林玉茹，2007）。由大清帝國來看，所謂「移民邊境」的「民」是指漢人，因為漢人才是人，後山則是帝國的邊區。

3.2 內地化東臺

日本統治臺灣以後，看待臺灣的視角與大清帝國完全不一樣。他們發現，臺灣的東、西部截然不同。西部是漢人的、已開墾的，而東部則尚未開墾，還有很多發展機會。於是，殖民地政府開始進行林野調查、土地測

量，將日本資本家引進來，然後蓋糖廠、發展熱帶栽培業、移入日本內地移民、設立移民村。這一系列舉動，都是要把臺灣東部變成日本人的東部，「內地化東臺」是一個很重要的區域發展政策。花蓮港市也因此變成一個非常特殊的城市，全臺除了統治中心以外，日本人人口比例最高的地方就在花蓮港市。此現象非常特別，施添福因而將東部稱為「第二臺灣」。換言之，臺灣除了主要的「第一臺灣」之外，還有「第二臺灣」和「第三臺灣」。第三臺灣就是蕃地，也就是後來的山地鄉，是另外一個世界的臺灣（施添福，2003）。

3.3 發展型國家的內部依賴

臺灣東部徹底的邊緣化，是在戰後時期。戰後臺灣的發展，是一典型的現代化發展型國家的模式，歷經進口替代、出口擴張、工業化及都市化等過程。在此過程中，大量的城鄉人口移動、資本移動、資源移動，也成就了臺北這都會單一核心的結構。相對地，東部從來都沒機會，也逐步被邊緣化。雖說如此，中央政府也曾在東部進行「產業東移」政策，亦即要將產業移到東部，但成效有限，大部分的工廠寧願遷移到大陸，也不願到東部。最後僅有水泥業移入，所以所謂的「產業東移」只是「水泥東移」。花蓮和臺東形成所謂的「發展型國家的內部依賴結構」，也就是國家內部區域間的依賴，包括資源上的依賴、財政上的依賴，以及心理上的依賴（HSIA, CHEN and Yorgason, 2011）。

Box 3-1

內地化東臺

　　日治時期的東臺灣，仍是臺灣荒地最多、亟待開發的地區。學者施添福以「移住型殖民地」的「第二臺灣」稱之，以便與臺灣西部「資本型殖民地」以及「封鎖型殖民地」的山地相區隔，充分展現東臺灣以移殖民社會為主的區域特色。他並指出明治末年臺灣總督府確立的「內地化（日本化）東臺」政策，乃先透過土地整理事業，將東部大半土地納為官有地，做為日本人移入的基地，以扶植日本民族為東部優勢族群，並成為日本人心中的「新故鄉」。

　　「內地化東臺」政策一直是討論日本殖民治理東臺灣的主要論述。亦即從殖民剝削論的觀點突顯總督府內地化東臺構想，強調本島人（臺灣漢人）因為沒有土地所有權，或是總督府限制和不鼓勵本島人入墾東部，導致該地開發遲緩，甚至無法形成永久性聚落。但政策若要推展，多少會遭遇阻礙，「內地化東臺」政策實際推行後所面臨的風土病、蕃害、天災以及移民不熟悉熱帶作物栽培，加上墾拓需要大量的勞力等問題，使其逐漸轉型、變調。

　　明治四十三年，總督府在花蓮港廳設立第一座官營吉野移民村，以東部花蓮平原為主要目標的移民計畫，共引進了一千七百餘名的移民，之後，還陸續開發豐田村與林田村等兩移民村，足見日本統治初期對「內地化東臺」政策的推行。

　　然而，根據《臺灣現住人口統計》資料，自明治四十二年至大正六年（1909-1917）的官營日本移民時期，東部始終有本島人自由移民移入。大正六年（1917）的會社私營移民時期，臺東拓殖製糖株式會社和鹽水港製糖株式會社已同時進行日本人和本島人移民事業。大正十年，臺東開拓株式會社接手移民開墾事業，主要移植「順應氣候風土」的本島人；同年，總督府給予本島人類似於內地人（日本人）的移民獎勵。大正十五年，總督府於「東部開發計畫調查」中指出，若以移民內地人至東臺開發為由，較容易向中央政府取得開發經費，可見此時「開發東臺」的需求已凌駕於「內地化東臺」之上，使內地人移民成了權宜之說。戰時，因應軍事產業的開發，需要更大量的勞力，更使本島人成了移民的優先選擇。

　　「內地化東臺」雖然破滅，但總督府所推行的政策，仍留下了相當的影響。

日治時代，移民歡欣鼓舞慶祝吉野米研發成功（林玉茹翻拍自《吉野村概況書》）

資料來源：林玉茹（2008）。〈軍需產業與邊區政策：臺拓在東臺灣移民事業的轉向〉，《臺灣史研究》，第 15 卷 1 期，頁 81-129。

Box 3-2

發展型國家的內部依賴結構

以依賴理論視角而論，發展型國家在國際分工位置上，易受全球化經濟體系形成的不對稱發展的依賴性結構所衝擊，影響其國內社會與經濟發展結構的變動與重組。其國家的內部區域往往發展成核心經濟與低度發展等極化不均的狀態，形成區域間發展上的依賴關係。此關係以一種不對稱的形式發展，展現在一個地方社會的生存與社會關係的再生產能力，會大部分依賴於和強勢社會間的鏈結。因而一個依附型的社會往往失去其經濟的自主性，以及其社會關係受核心經濟區域的利益支配而經常被改變及形塑。

在臺灣戰後所形成的現代化發展型國家模式中，東部區域發展在島內經濟系統進程裡，明顯形成對西部區域的依賴關係，具體表現在交通、人口、財政，與文化／地理想像四個方面。

首先，交通與人口即所謂資源上的依賴。戰後臺灣的出口導向政策與後期科技園區發展，產業資源幾乎集中於西部與北部，由東部聯外的交通建設則成為中央最末考量的項目，依附於西部交通發展需求而設，同時東部人口也因西部勞動力需求而大量外移。近年來東部交通基於運輸與觀光考量而積極建設，如蘇花公路改善計畫、花東鐵路太魯閣、普悠瑪班次的開設，然操作過程讓當地出現另一種質疑的聲音，究竟有多少成分為在地需求而設，抑或續行對西部資源依賴的需求而設？如服務西部、北部觀光人口或農產運輸。

其次，財政上的依賴，由於東部的低度開發，為求基礎建設，地方政府往往依賴中央的財政支持，但往往其財政支持的建設內容，非全然適合東部整體區域發展的需要。當中原因包含地方政治人物經常利用東部居民對西部發展的依賴性想像來爭取財政支持，透過中央的財政支持來贏得對地方選舉或爭取大型計畫的勝算，以成就個人政治的權力。

再者，文化／地理想像上的依賴，來自地理上位居邊陲的東部所形成的孤立區位，與不易產業開發的自然環境，以及原住民居多的文化差異造成的隔閡。當政治經濟與文化產業皆以西部、北部為重心時，區域之間物理上的差異也連帶造成想像上的差異，如地理上相對偏遠、文化上相對低度文明，連帶形成條件的次等想像對優等環境想像的依賴。

資料來源：HSIA Li-Ming, CHEN Yi-Fong and Ethan Yorgason (2011). Regional Marginalization of Eastern Taiwan: Interior Dependency, Geographical Imagination, and Civic Development. In R. Yin-Wang KWOR(ed), The Second Great Transformation: Taiwanese Industrialization in the 1980s-2000s. Taipei: Chengchi University Press.

3.4 永續花東、公民論壇、社會創新

二十年前，在**永續發展**的脈絡下，出現新的發展論述「永續花東」。由於東部是臺灣最後的淨土，因此設置了很多國家公園、特定風景區、生態和地質保育區。此時，南島文化也成爲花東永續發展的一個重要的環節，包括族群文化、文化展演，而且海洋臺灣意識逐漸提升，開始認知到太平洋的重要性（Hsia, 2007）。因為，如果我們把臺灣定位爲一個太平洋邊的國家，那麼東部就成爲面對太平洋的「前山」，而不是「後山」。所以，對於太平洋的想像、意識開始浮現，但是這概念必須能放進整個臺灣國土規劃的架構中才得以成立，因此「永續花東」帶有天龍國的想像成分。花蓮在地的迴瀾夢想聯盟花了不少力氣建構此概念。然而，當有人說：東部有好山好水時，花東人還是覺得「好山好水，好無聊」。

2011 年 6 月，政府通過和施行《花東地區發展條例》，隔年 9 月又配合完成「花東地區永續發展策略計畫」後，進入另一階段。此階段延續前述「永續花東」的概念，而且也是「國家內部依賴」的延續。此時，政府計畫以十年四百億來彌補花東照顧不周、發展不足的狀況。花蓮與臺東的一些有志之士，於是組織「2022 花東願景公民論壇」來討論十年四百億該怎麼用，2022 年東部要變成什麼樣子。這是一個非常具有地方自主性的組織，以討論東部要什麼、可以變成什麼爲目標的論壇。這一過程，可稱爲區域發展政策的公民參與，在臺灣各地並不多見。

最近十年裡，也突然出現**社會創新**這樣一個必須努力的新現象。社會創新在地方／區域發展上，不僅涉及社會／社區關係的改善，也涉及治理的創新。一方面，要提供居民生活基本需求和基本設施，提供訓練或誘因，以增加在地就業與創新工作機會；另一方面，草根性的市民運動得以參與決策制定，強化地方民主，改善行政效率等。地方治理創新，主要是各種社會關係的再結構，本質上是空間再生產的社會實踐過程（Moulaert, 2009；Howaldt and Schwarz, 2010）。

社會創新在東部就好像自己從土壤中冒出芽來，與先前所說的運動、理論沒有直接關係，可視為一在地的嘗試，且讓我們可以試著用花東的例子來

永續發展（Sustainable Development）
是指人類的發展能夠滿足當代的需求，且不致危及到我們的子孫。滿足其需要的能力，可分爲社會、經濟、環境三層面。

社會創新（social innovation）
是指創造的是一種新的社會影響，通過某種方式改變「與這個社會問題有關的利益相關者」的態度、認知和行爲，從而激發出眞正的、具有長久印跡的社會影響。

討論其對社會性質的新提問，帶來新的社會想像、追求新的社會價值，以及建構新的社會關係。

在東臺灣從事「社會創新」組織的特徵是：（1）組織扁平化，沒有階層；（2）決策方式有非常多人參與，即民主和擴大參與；（3）運作機制是再模組化，也就是沒有新創的，都是原來現有東西重組的。社會創新並不強調原創性或全新的組織，反而泰半是改造或重組原有的社會系統，產生新的運作模式。就花東發展而言，具有社會創新意涵的個案，小至個人店家，大至部落社區，大致上均屬於微型或小型的組織操作模式，甚少見到上百、上千人的中大尺度社會創新案例，出現在花東發展的課題上。然而由此，我們也看到在花東發展過程中地方的自主性與能動性，亦即社會創新的可能性。

Box 3-3

2022 花東願景公民論壇

花東公民論壇海報（林慧珍提供，2012）

「2022 花東願景公民論壇」是 2012 年由花蓮、臺東民間團體自發性聯合籌辦，所建立的一個民間交流、發聲的平臺。目的是透過其管道，針對「花東發展議題」進行討論；一方面持續追蹤、監督政府在《花東條例》中的基金運用與規劃；另一方面，則邀請地方民間團體與人士集思廣益，共同討論東部發展的構想與行動方案。

其起因於 2010 年立法院內的「東部發展條例草案」引發民間質疑與反對聲浪。當時花東在地團體與民眾積極組成「東部發展聯盟」，進行各項公民參與行動，試圖提出東發條例公民版，要求其條例修正與公民參與權。2011 年 6 月立法院三讀通過《花東地區發展條例》（簡稱《花東條例》），其中刪除各界疑慮之土地釋出條文，納入部分民間訴求。然而其餘訴求如永續發展項目、公民參與等機制，僅置於法條之「說明欄」，並未於條文中被要求具體落實。

《花東條例》中最為具體的一項是編列一筆十年四百億的「花東地區發展基金」。此筆經費的運作機制中，中央方面由經濟部（前經建會）主導，成立「推動小組」、「基金管理委員會」，並框定政策發展方向與目標，制定「花東地區永續發展策略計畫」；地方上則由花東兩縣政府依循經濟部的政策方向，提出具體之「綜合發展實施方案」，並在計畫通過後，列出具體建設、資金投入方向，落實該法案。

在此背景下，由「東部發展聯盟」延伸，成立「2022花東願景公民論壇」（以下稱花東論壇），藉由自辦民間公共討論平臺以擴大參與。自2012年2月開始，分別在花蓮及臺東舉辦在地論壇，依據《花東條例》內容與在地關注的焦點，包括農業、產業、生態環境與防災、觀光等議題，進行多次討論，歸納許多重要願景及方案內容。2012年3月，花東論壇與地球公民基金會合作，舉辦「花東聯合論壇」，公開討論四百億花東發展基金使用的民間版。

2012年9月行政院核定「花東地區永續發展策略計畫」，做為花東地區發展以及地方政府擬定綜合發展實施方案之上位指導。2013年開始，花東論壇透過平臺角色，進行「民間提案」的整合工作；邀請東部的學者專家，以及透過論壇夥伴的公開討論，共同提出適合花東的發展方案，送進中央推動小組審核，期待能夠從花東基金當中取得補助，真正落實公民參與政策。花東論壇由民間籌組和運作，除了展現公民參與的精神，更期待建構民間社會對區域發展的想像。

2014年12月由花東論壇促成的第一個民間提案——推動花東合作事業強化地方產業發展方案，納入國發會——花東六級產業輔導方案之中，成為《花東條例》民間提案機制的第一個正式產出。

資料來源：吳如媚（2013）。〈花東怎麼發，花東人作主：花東論壇的運作〉，《地球公民通訊》，第18期。

花東公民論壇農業組（吳如媚拍攝，2012）

問題與討論 3-2

近十年來出現「社會創新」的現象，以改善社會／社區的關係，提供居民生活基本需求和設施，以及讓市民參與決策制定，強化地方民主。這樣的組織操作模式多屬於微型或小型，而少有中大型社會創新案例，為何會有此傾向？是否與東臺灣的背景有關？

3.5 小結：花東發展論述的歷史考古學

前述有關花東發展現象的觀察和論述，就如同知識考古遺址，一層一層地疊上去，形成文化層。最下面一層，是最早的、清末開山撫番時的「後山

論述」，再上來一層是日治時期要進行「內地化東臺」的「第二臺灣論述」。這些論述到現在都還在，也還有作用，不是被上面的知識文化層疊上去之後，就消失不見。第三層是「內部依賴論述」，是戰後發展型國家出現的一套論述；第四層，是因應全球在地化的「永續花東論述」，而最新疊上去的「自主創新論述」，主張東部的發展與自主創新的關係。此文化層土壤還不是很厚，仍慢慢在發展當中。

4. 東臺灣的發展經驗

4.1 當代東臺灣發展的雙重性：整合與區隔／政府與民間

在臺灣東部發展過程中，必須留意兩個「雙重性」。東部發展論述的決戰點，則是是否興建蘇花高速公路。蘇花高讓東部人必須直接面對「東部要如何發展」這個問題。這是以前從未討論過，或討論也沒有用的。這兩個「雙重性」，其中一個是：生活在東部的人希望東部的社會、經濟能整個融入臺灣的系統裡。這種連結性和整合度越強，東部發展所需的機會、選擇或成本都會不同。因此，有一派說詞強烈主張東部必須與整個臺灣做更好的整合。整合不全然僅有交通，而包含各式各樣的整合。這樣對東部發展是有利的。這是蘇花高論戰中非常重要的一種訴求。

另一個訴求是主張不要有蘇花高。也就是認為蘇花高對東部發展不但沒有好處，還會帶來很多不良影響，而必須找出另一套發展想像。基本上，這派的主張是要區隔東部和西部。正因為對外連結性不高，沒有蘇花高，臺灣東、西部才容易產生區隔性，才能發展、顯示在地化的特色。因此，全臺灣只有花蓮這一個城市曾經拒絕高速公路的興建。花蓮人為了此論述，確實花了不少力氣思考東部該怎麼走，這是過去看不到的現象。以前，國家決定就定案，地方無從置喙。但自從蘇花高開始，在雙重性中，政府所對應的民間開始展現了力量。

雖說是雙重性，但政府與民間也不可能絕對二分，政府有政府的系統，

地方政府必須在行政系統中運作，如前述內部依賴觀點中，中央對地方的制約很大部分來自財政劃分，因此中央對地方政府最大的支配來自財政資源分配。由於所有的經費來自中央，中央政府因此可以決定地方如何發展，制約地方，地方沒有置喙餘地。最近二十年，甚至早在臺泥擴廠和臺11線拓寬，那時花蓮開始形成反對意識。這時雖然尚未涉及發展的想像，但已有一群花蓮人不再認為政府說的任何話都應照單全收。臺東則慢了快二十年，臺東的反對意識開始於美麗灣事件。在這之前，臺東基本上並沒有反對意識，都是「順民」，頂多也只私下抱怨而已，並沒有集結起來向政府說「不」。

然而，之前的反對意識僅是拒絕，尚未能夠進一步提出想法，並沒有轉化成地方的能動性，直到蘇花高議題的出現才有了改變。反對蘇花高、有意見的人開始必須認真思考另外的選擇在哪裡，為何其有機會成立。

花蓮要不要蘇花高這議題，也在地方上引起相當大的爭論，成為戰後臺灣地方上、也是歷史上少見的「戰爭」。區域發展究竟要向左走，還是向右走，花蓮的地方社會因爭論開發與否而分裂成兩大社會板塊，每個人必須選邊站，無從閃躲，地方也因此徹底被動員。在這樣的過程中，出現兩個政府和兩個民間想法不同的現象。政府分成兩組意見，經建會和交通部的想法即截然不同。地方意見也分成兩組，一是以社運團體、環保團體、公民團體、中產階級為一派；另一派則由縣議員、工商協進會為主。兩方想法南轅北轍，無法有效對話。

這種雙重性直至今日還存在，兩條線一直在交錯、衝突，或是各走各的路。不少花蓮人還是希望盡早整合進整個臺灣的社會、經濟系統，認為這樣有比較大的發展機會。近年來，對於陸資與陸客的態度也可看出其雙重性。很多人把陸資和陸客當作威脅，另一些人則認為陸資和陸客代表機會。其實這也是一樣的，即要不要整合到臺灣、兩岸或是全球架構中，或是要將東部的發展區隔出來，不靠西部系統，而走其他的路。

雙重性可說是東部發展上一種無法磨合的衝突，也是東部特有的現象，在臺灣很多地方都不曾出現，即使屏東、雲林也不會發生的現象。或許會有少數的個案出現，但對地方發展完全不同的想像，在臺灣其他縣市並不會付諸討論。相對地，在東部，花蓮最明顯，臺東近年來也開始展開，民間做為

地方行動者的作用也越來越值得關注與理解。對東部發展的觀察，如果遺漏民間的論述與作用是很可惜的，且民間的想像也不是幻想，而是有其經驗基礎，可以著手進行，也可以做為論述上的支撐。

4.2 全球在地化：花蓮和臺東的差異和區隔

在地化就是要經過一個過程。也就是，對於我們想了解、參與或是相關對象，重新界定、詮釋，或是賦予新的脈絡、意義以及想像。在地化對花東而言，就是臺東要臺東化，花蓮要花蓮化。臺東人越來越覺得，不要跟花蓮一樣，要臺東化，因為花蓮太資本主義化，而想尋找資本主義之外的另一種可能性。

「嗨，歡迎來臺東吧。」臺東人漸漸用這樣的方式，把臺東和花蓮區隔出來，真正的東部在臺東。「化」這個字即有這樣的意義，亦即重新界定在地的一些特質。如果沒有這個過程，在地化不會出現。不是東部的人，如臺南、彰化，或是天龍國的人，會認為臺東和花蓮是一樣的，到花蓮就是到東部，且很快就可以到臺東。但事實上臺東和花蓮天差地遠，所以，我們必須努力區隔臺東和花蓮，只有區隔出來，臺東才有位置。

也只有經過在地化的過程，我們才能思考如何和全球化相對應。全球化有一個假設，亦即必須有一個全球文化存在，有共通性，生存在這個時代的人都共享的全球文化。最明顯的例子是交通規則，如到西班牙，雖然我們不懂西班牙文，但敢租車開，因為全球的交通文化是共享的，所有的符號和系統都一樣，不會差太多，有一個共通的交通文化讓我們參考、遵守。然而，我們也得思考在地化如何與全球化互相對應。基本上，在今日我們意識到在全球化發展過程中，想要找到自己的位置就是要重新建立自己，不然就會被全球化的潮流捲進去。所以在地化對應的是，努力思考臺東和花蓮的差別，才能找到我們自己的位置和機會。

5. 編織花東新想像

5.1 社會創新做為發展的驅動力

以前在發展的概念中，一般認為社會創新是較不重要或不需要特別處理的議題。現在卻有必要思考社會創新與發展結合、互動的結果會是什麼。創新會被當作一個議題來處理，可說是與科技創新有關，尤其在技術層面，為人類生活帶來許多實質利益，但也可能帶來極大的顛覆或改變。舉例來說，智慧型手機的發明與應用，即是一個好例子。在十年前，我們根本不可能相信柯達軟片公司會有關門的一天，這就是很明顯沒跟上影像創新腳步，而被淘汰。手機大品牌 Nokia 也面臨同樣的問題，幾乎倒閉，因為這個公司硬體強而軟體不強，後來只好跟 Window 合作，Window Phone 就是這樣產生的。創新在科技面很容易找到生活上的例子。創新對於產業而言，非常重要。產業創新帶給產業發展極大的驅動力，使其競爭力大幅提升，在這方面也有各式各樣的例子。但產業與技術畢竟還是有所不同，產業的創新可能來自於管理、生產鏈的重組、行銷或其他面向，只要有其中某個面向，或是環節有新的、領先的概念被實踐，就可能造成整個產業結構的改變。

最近，大家才開始意識到社會創新也有其作用，是一個非常重要的驅動力，也是以往發展論述往往忽略的部分。社會創新與前述產業創新、科技創新最大的差別，在於其創新是指帶有社會意涵，或與社會網絡有密切連結，進而帶來新的社會想像，追求新的社會價值以及建構新的社會關係。這也是我們對於社會創新最重要的檢視或界定。不然，其實日常生活中到處皆是創新，或可說個人也可以一直在創新，如穿衣服的方式、講話的方式、研究方法等等。

其次，有些論者將社會企業直接對應於社會創新的論述上，需要在此稍加區辨。如果，社會企業是以企業化方式解決社會議題，並同步追求企業利潤與社會效益。那麼，確實可以在當前花東發展上，找到若干案例。然而，社會企業不必然具有相對的創新性，更重要的是，不少社會創新的案例，不必然走上企業化的途徑，這也相當普遍發生在當前的花東發展進程之中。

社會創新是一個相對的概念。某些當前蓬勃發展或十分普遍的發展模式，在十年前，可能是前所未見，具有開創性格的案例。某些在西部、北部司空見慣的模式，在東臺灣可能是具有相當風險的先行者。因此，每一個社會創新的案例，都必須以該案例發生形成的時間和空間背景，做爲分析討論的座標。

5.2 兩個個案的分析

在此一脈絡下，當民間提出的一些想法與政府的發展規劃不同時，就必須找一些個案來證明。特別是當我們對東部發展有新的論述時，必須要有例子來支撐，做經驗的支持。這幾年，社會創新的例子相當多。這些例子不是搬過來的、從外面移來的，是從地方自己的脈絡中長出來，或者是重新抓出來的。也不是加拿大、紐西蘭有什麼好的案例，東部也來做看看這樣的想法。它的超越帶有一種創新性，既是當地長出來的，又可以突破當地困境，且所用的方法具有開創性，否則無法視爲社會創新的案例，只能視爲補強。以下舉兩個已經運作了近五年，不僅發芽成長，而且成形的個案。

• 巴喜告

以課後輔導爲例，臺灣各地都有課後輔導，投資了很多資本、人力，可是創新性非常有限，只是彌補了與主流教育的落差，解決了某些發生在偏鄉當下的問題。如果想跳脫目前僅有補強而無創新的困境，就需要一些新的想法與做法被實踐和認知，並有新的突破。

臺東縣延平鄉桃源村的鄭漢文校長所進行的巴喜告計畫，就是具有社會創新的案例。他到桃源國小就任前已在臺東縣金峰鄉的新興國小進行過，而累積頗爲成熟的想法，所以到了桃源國小便能建立完整的架構。他最大的出發點是想解決學校中原住民學童學習所遇到的教育問題。鄭校長認爲僅在學校沒辦法解決原住民教育問題，學校就算投資再多的人力、經費，還是沒辦法解決所有問題，而必須藉由整個部落的參與才有辦法。鄭校長提了一個已經在金峰鄉嘗試過的架構。他讓部落裡的長輩、老人家與學校發生關聯、產

生聯結性，成立「師工坊」來推動自己的想法，請來村子裡的耆老共同編輯布農語辭典，並說明詞彙的文化意涵，再由中年人負責翻譯成中文，年輕人幫忙抄寫、整理。因此，村子裡的耆老們常常被邀請至校長室內參與這一深具意義的計畫，同時也改變了部落中學童對其家長、長輩的看法，而認知家裡長輩的重要性，從此更尊敬他們。這是在原先既有的社會關係裡賦予新意義，而建構新的型態。

再舉例而言，鄭校長認為隔代教養從來都不是問題，因為僅有隔代教養才能傳承母語，因此他重新思考隔代教養的優點，以及如何操作。於是，在成功推動「師工坊」之後，他也陸續推動了「食工坊」、「書工坊」、Palisnulu 小屋以及部落體驗等計畫。鄭校長藉由這一系列的計畫來改變部落與學校的關係，強調部落與學校同步發展，而創造了更多機會讓部落的人得以參與學校活動，藉此也改變、改善參與者的生活。這些人因為可以貢獻自己，開始不再酗酒，小孩對他們的看法也有所改變。

圖 3-1　書工坊（邱淑娟提供）

圖 3-2　書工坊：與老人家學習和記錄酒麴製程（林慧珍提供，2014）

以在臺東的建和書屋對照，更能突顯鄭校長的想法。建和書屋因經營非常成功，而湧進了大量社會資源的支持，且漸漸地機構化，有五個全職人員。之後，不僅建和社區，其他社區也將小孩送來建和書屋，因為它做得很好，又擁有龐大的資源。原來建和書屋只是課後輔導的補強，但是慢慢地家長會認為五點半了，小孩應該去書屋吃晚餐了。對此，鄭校長卻很不以

為然。他認為家庭的功能不應該被取代，小孩子的大部分時間已經在學校裡了，放學後應該回到家裡用餐。他認同建和書屋補強教育的初衷，但不贊成機構化，甚至「剝奪」了家庭功能、跟小孩的互動和共餐，小孩從學校回來之後不在家裡，而去另外一個機構化的空間。所以，在桃源社區，鄭校長選擇不建立這樣的、固定的空間。但是社區內或部落內，還是有人需要陪伴、照顧，則可以特別處理。由此看來，建和書屋和鄭校長的做法、想法有些不一樣。鄭校長的做法具有社會創新的性質，讓學校與部落產生連結，進而合作、互補，帶來社會新的想像和價值。

圖 3-3　食工坊（邱淑娟提供）

圖 3-4　藝工坊：桃源國小學童學習烏克麗麗（林慧珍提供，2014）

• 向陽薪傳木工坊

另一個案例發生在比較南邊、南迴線上的多良國小，位於有全臺灣最美麗車站美譽的多良車站上方。1999 年以後，它成為一所廢棄的學校。2009年，八八風災後，有筆資金、一大堆的漂流木以及一批 NGO 團體進入多良部落，協助災後復原工作。做什麼呢？先以鄰近的嘉蘭社區來對照，有時遭遇可以天差地遠。

嘉蘭村同樣是一個大受災區，湧進大量的資源、人力以及 NGO，後來卻沒做出什麼成果。或者說，只是暫時解決災民的問題，如中繼屋的設置，卻未引入創新的社會價值或社會想像，以重新推動。因此，當經費一花完、NGO 團體離開之後，嘉蘭社區又回到原來狀態，這一過程中沒有建立新的社會機制。

多良村的「向陽薪傳木工坊」卻是少見的例子，是東部最具有代表性的社會企業。**社會企業**是一種企業，但它要追尋的社會效益大於其市場效益。「木工坊」的成立，來自八八風災各項資源湧進之際，由許多熱心人士出錢出力規劃而成。藉由「漂流木應用於臺東地區文化創意產業發展計畫」，由清華網路文教基金會董事長曾晴賢教授與清大校友，慶展國際有限公司楊振民董事長共同合作此計畫。工坊的場地則利用廢棄學校的空間，透過鄭漢文校長的協助，從中居間協調，委託多良村長取得多良國小的使用經營權，以此做為部落發展漂流木工藝創意產業的基地。如此，除了廢棄空間再利用外，更藉由企業化的管理與經營模式，讓部落裡失業的中年人，得以獲得工作機會和一技之長，而且也帶進新的社會價值，改善了部落中的生活。

社會企業（Social Enterprise）
是指用商業模式來解決某一個社會或環境問題的組織，例如提供具社會責任或促進環境保護的產品／服務、為弱勢社群創造就業機會、採購弱勢或邊緣族群提供的產品／服務等。

圖3-5　木工坊上課實景（陳瑞隆提供）

圖3-6　木工坊師傅們（陳瑞隆提供）

八八風災為很多地方帶來資源和人力，但只有向陽木工坊經營最久，並持續成長、茁壯。這是因為它帶來新的社會價值，讓部落中沒有工作、流離失所、酗酒的人，重新有工作機會，找到自己的尊嚴和價值。不過，重新有工作機會的個案也很多，但木工坊卻做得更好。他們找了幾個人來幫忙，對木工坊產生很大的作用力。這些人都不是本地人，是外來的，但與當地連結非常好。第一位是以木工見長的公東高工黃清泰校長，免費提供技術協助，使部落中的參與者習得木工技能。第二位則是陳瑞隆經理，他曾在廣東臺商的工廠任職，擁有完善的管理經驗，而能建立嚴厲的管理、獎懲制度，且善於精算、步步為營。起初他採用薪資制度吸引部落人來到木工坊學習技藝。剛開始做的成品，連縣政府人員來看，都認為品質不佳，但這只是初步階

段，最主要是讓部落的人願意上工，並請師傅教導他們技術。兩、三年之後，他們的製成品逐漸有很大進步。

陳瑞隆將向陽木工坊當作工廠，有一套管理機制，所有的環節都很清楚，財務管理、時間管理、作業管理完全是工廠機制。也有一些人後來被辭退，因為木工坊不是社會救濟事業，而是企業，必須靠自己的產品來養活自己。但木工坊追求的不只是市場價值，這些人進來工作之後，產生了社會效益，而讓村子裡二十幾人有工作，也代表二十幾個家庭參與。不過，還是有些人不適應，他可以來做木工，但無法按照工廠機制打卡，或接受抽菸記大過等。後來只好讓這些不適應工廠工作者，在家接受木工坊訂單，製作產品，也就是用協力團隊或生產網絡的方式來經營。也有員工後來技術純熟，自己獨立開店經營。陳瑞隆認為對向陽木工坊來說，這是他們的損失，但就社會企業來看，卻是成功的，而且最好木工坊的人未來都可以獨立發展，無須再依靠他人。

向陽木工坊至今收支還未達平衡，但是經營近五年之後，產品賣得相當好。當然，一開始的產品是找大企業認捐，但後來木工坊竟然變成具有競爭力的企業，消費者的確喜歡他們產品的設計感、木頭的美感。社會創新的概念在此個案中非常清楚，他帶來新的社會想像、社會價值以及新的操作模式，可以讓其他部落學習、模仿或轉移他們的經驗。這是完全摸索出來的。

圖 3-7　木工坊積木成品（林慧珍提供，2015）

圖 3-8　木工坊：工作與相互切磋實景（林慧珍提供，2014）

　　這些經營多年的在地例子，表現出明確可持續經營的目標與相應的操作策略。鄭漢文的巴喜告教育計畫，截至目前雖然只有三年，但透過先前在新興國小的推動經驗，並考量每個地方學校與部落環境的不同而有不同的做法，其累積的想法到巴喜告臻至全面而成熟。鄭校長知道至少要進行十年，必須很有耐心地培養部落的年輕人。他告訴自己成功的指標是他離開部落時，地方可以自己運作。向陽木工坊也是如此，陳瑞隆經理表示，他離開的時候，如果工廠還可以正常運作，這樣木工坊就成功了。這些個案讓我們反省，東部的發展是有其他的選擇性、機會，甚至有其他的發展模式。

問題與討論 3-3

你認為以上兩個花東社會創新的個案，其成功的途徑是否可被複製？兩者皆是透過社會資源與人力而成形，其背後運作模式是否有所差異？

6. 結語

　　清代臺灣，現今花蓮、臺東的縱谷和海岸地帶是通稱的後山，乃化外之地。牡丹社事件之後，清廷始設官治理，正式納入版圖。日治臺灣，將東臺灣視為發展糖業、熱帶栽培業的基地，引進日本內地資本和移民，試圖內地化東臺，論者曾以第二臺灣定位。戰後臺灣，在發展型國家的架構下，不論是進口替代或出口擴張，在工業化和都市化過程中，臺灣東部逐步邊緣化，形成一種內部依賴的結構。

　　全球化時代，永續花東的地理想像浮現，花東是臺灣最後淨土，有著豐富的南島族群文化，面對遼闊的太平洋，成為定義花東的新元素。同時，全球化更成為區域發展的新視野，蘇花高則是花東發展抉擇的決戰點。自此之後，從開山撫番以來由國家支配東臺灣發展的結構，開始產生變化，《花東發展條例》，又特別是 2022 花東願景公民論壇的運作，宣告具有地方自主意識、公民參與區域發展決策的時代來臨。

　　與此同時，既根著於在地脈絡，卻又試圖超越在地侷限，具有濃厚社會

創新意涵的許多嘗試，在花東的各個角落發生。不論是都市、鄉鎮、部落，也不論是農業、旅遊、文化復振、社會關懷、生活風格等，均不斷努力尋找自主發展的各種可能模式。

當代臺灣，花東具有地方自主意識的動能，對區域發展的整體影響，其實並不亞於臺灣其他各地。甚至，公民參與區域發展決策模式的建構，花東更具有開創之功，成為清末開山撫番以來，自主翻轉後山命運的最大努力。

總之，二十年前我們不會去思考，但現在必須直接面對的是，地方可以是行動主體，這包括民間和地方政府。即使臺北市與高雄市兩直轄市也是，之前最多僅有事務性的決定權，並沒有有關發展或足以改變整個結構的決定權，地方政府的自主性不大。中央政府並未給予地方政府自主性，地方政府也不會意識到其自主性。以高雄市為例，港口、重工業、貨櫃機能等，全部是中央政府從日本時代就建立，然後沿續至今。直到臺灣的工業型態開始轉變，出現空隙、空洞化時，高雄有一些產業萎縮、外移，如造船業、倉儲業。於是，高雄嘗試朝向去工業化，或努力尋找後工業化時代的機會，朝「海洋首都」轉型。這是謝長廷擔任市長時提出的發展概念，結合新的社會創新與舊有的硬體設備、磨合港口與城市間的界限。對整個世界、臺灣而言，高雄市找到自己的定位，是一個與海有密切連結的海洋城市。這也是花了十幾年才將原來的銅牆鐵壁、舊思維打破，高雄市民才能去港口吹吹海風、坐坐船，這是二十年前無法想像的事。又如花蓮地方政府也想主導地方發展的布局，引進自由經濟貿易區，想藉由陸資、陸客所帶來的資源與機會，擺脫中央的制約，並尋找自身發展的圖像。在花蓮、臺東當地，還是有不少人認為東部的發展要與全球的資本主義產業結盟才有發展機會。然而誠如前述，也有另一群人欲與所謂全球資本主義脫鉤，這是位於光譜上另一端完全不同的選擇。無論如何，地方做為行動主體，或許是區域尺度下發展的一個新選項。

7. 後記

本文乃夏黎明教授所構思的文章，由林玉茹（中央研究院臺灣史研究所）、黃宣衛（東華大學人文社會科學學院／中央研究院民族所）以及林慧珍小姐協助整理而成。

在夏老師原來教科書手稿中，已經大概將摘要寫好，如下：

1. 發展的許多面向都和空間有關。或者說，發展本身，是一個空間化的社會過程。將一個國家、一個城市視為一個分析單位，往往忽略其中巨大空間差異的社會意涵。

2. 在全球化過程中，一個國家內部的不平等發展，往往遠大於國家與國家之間的差異。同時，某些不同國家的城市之間的聯結性，甚至高於國家內部的聯結。因此，全球南方的觀點，取代以往的第三世界或南北議題的論述，成為理解當前世界的新視野。

3. 國家內部次區域之間，何以形成發展上的差異，歷來有許多解釋模型。近年，則將當年以拉丁美洲經驗為基礎的依賴理論，轉化為內部依賴理論的觀點，解釋國家內部發展的區域差異。

4. 做為發展型國家的典範，戰後臺灣的區域發展差異，其實具有相當代表性。特別是，以臺灣有限的幅員，區域之間的不平等發展，值得細加剖析。同時，近年來，區域或地方做為行動主體，各自尋找自身發展模式的趨勢，更值得關注。

5. 昔稱後山，至今一直是臺灣區域發展上，落後、偏鄉、邊陲代稱的花蓮臺東，其戰後的發展經驗，可視為臺灣區域不平等發展的典型。而近年，企圖反轉區位上不利位置的各種社會創新，特別是企圖建構自身的發展論述和發展想像的作為，具有重要的意義。

夏黎明教授原來標題是：〈差距與差異：國家內部次區域發展議題〉。書寫架構是：發展、空間、全球南方；區域的差異發展：內部依賴觀點；區域的差異發展：比利時與墨西哥個案；戰後臺灣的區域發展；東臺灣的發展經驗；結語。其中，除了第一節之外，其他幾節均僅有摘要。本文基本上保留夏教授原來的草稿，加上 2014 年兩度在東華大學發表的相關演講稿整併而

成。爲了盡量重現他原來對於國家內部次區域發展的主張和發現，並配合新架構，將題目更改爲：〈國家內部次區域發展：東臺灣的論述與經驗〉。

參考書目

王振寰（2009）。〈全球化與社會變遷〉，《社會學與臺灣社會》，第 20 章。

「向陽薪傳木工坊臉書粉絲專頁」，網址：https://www.facebook.com/sunrise.88.2010

吳翎君（2008）。《後山歷史與產業變遷》。花蓮：國立花蓮教育大鄉土文化學系。

林玉茹（2011）。《國策會社與殖民地邊區的改造：戰時臺灣拓殖株式會社在東臺灣的經營》。臺北：中研院臺灣史研究所。

林玉茹（2007）。《殖民地的邊區：東臺灣政治經濟的發展》。臺北：遠流。

周志龍（2003/2）。〈第一章 全球化與臺灣經濟圈再結構〉、〈第五章 臺灣都市及區域發展結構變遷〉，《全球化、臺灣國土再結構與制度》。臺北：詹氏書局。

施添福（2003）。〈日本殖民主義下的東部臺灣：第二臺灣的論述〉，「臺灣社會經濟史國際學術研討會——慶祝王世慶先生七五華誕」。南港：中央研究院臺灣史籌備處。

「臺東桃源國小：自主學習體驗勝過一切」，公益平臺網站報導，網址：http://www.thealliance.org.tw/cover_show.php?cover_id=70

「臺東縣巴喜告原住民關懷協會臉書粉絲專頁」，〈部落小屋：巴喜告教會夜光天使計劃〉，網址：https://www.facebook.com/ 臺東縣巴喜告原住民關懷協會 -825669787447926

延平鄉桃源國小臉書粉絲專頁，網址：https://www.facebook.com/pages/ 桃源國小 /174669219264127

《臺灣部落故事「自然素材在地生根 向陽薪傳木工坊」紀錄片》，2013/11/4，網址：https://www.youtube.com/watch?v=H7X68g-1wJI

廖雲章（2014）。〈偏鄉小學的翻轉教室 鄭漢文校長：老師說得少，孩子開始思考〉，《親子天下專特刊 26 期》。

蔡筱君、張興傑編（2012）。《花東地區永續發展策略論壇討論實錄》，財團法人臺灣大學建築與城鄉研究發展基金會。

簡旭伸（2012）。〈回應「發展研究特刊序」：從南方看另類發展〉，《都市與計畫》，第 39 卷 2 期，頁 113-120。

Agnew. J (2000). From the Political Economy of Regions to Regional Political Economy, *Progress in Human Geography*, 24(1): 101-110.

Frank Moulaert (2009). Social Innovation: Institutionally Embedded, Territorially (Re) Produced, *Social Innovation and Territorial Development*, Surrey: Ashgate, pp. 11-24.

Williams Glyn (2009). *Geographies of Developing Areas: the Global South in a Changing World*. Routledge: London.

Hsia Li Ming (2007). Environment, History, and Governance: A cross-oceanic comparison of place marginalization, Ko'olauloa, Oahu, Hawai'i and East Coast, Taiwan, *Essays of conference of economic development and social change in Taiwan: A comparative approach*, Taipei: Institute of Taiwan History, Academia Sinica, pp. 189-205.

Hsia Li-Ming, and E. Yorgason (2008). Hou Shan in Maps: Orientalism in Taiwan's Geographical Imagination, *Taiwan in Comparative Perspective*, 2: 1-20.

Hsia Li-Ming, Chen Yi-Fong, and Ethan Yorgason (2011). Regional Marginalization of Eastern Taiwan: Interior Dependency, Geographical Imagination, and Civic Development, in R. Yin-Wang KWOR(ed), *The Second Great Transformation: Taiwanese Industrialization in the 1980s-2000s*. Taipei: Chengchi University Press, pp. 303-331.

Jürgen Howaldt, Michael Schwarz (2010). Social Innovation: Concepts, research fields and international trends, *Studies for Innovation in a Modern Working Environment-International Monitoring*, 5, Aachen: Eigenverlag.

Robert Potter, Tony Binns, and David W. Smith (1999). *Geographies of Development*. New York: Longman.

Reginald Yin-Wang Kwok (2011). Introduction: Globalization, Cross-strait Political Economy and Post-Development State Intervention in Taiwan's Industrial Regionalization, in R. Yin-Wang KWOK (ed), *The Second Great Transformation: Taiwanese Industrialization in the 1980s-2000s*. Taipei: Chengchi University Press, pp. 11-17.

Tsu-Lung Chou, Te-Chuan Li (2011). Globalization and the State: Effects on Regional Specialization, *The Second Great Transformation: Taiwanese Industrialization in the 1980s-2000s*. Taipei: Chengchi University Press, pp. 21-52.

第四章

新都市：超越空間尺度的城市研究之開展

戴伯芬
輔仁大學社會學系暨研究所教授

1. 都市的定義與都市化

都市指的是人口聚居的所在地。內政部對於都市的定義是以人口數為標準，都市包含：1. 一個具有二萬人以上之聚居地，其人口密度達每平方公里三百人以上者；2. 不同市、鎮、鄉之二個以上毗鄰聚居地，其人口數合計達二萬人以上，且平均人口密度達每平方公里三百人以上者。除了人口數量與密度之外，相對於鄉村多數從事一級產業，即農林漁牧業，都市經濟活動人口是以二、三級產業，即工業與服務業為主。

都市化（urbanization）
人口從鄉村移向都會地區的過程，這個過程引發政治、社會、經濟、文化以及空間的結構變化。

從人類的發展歷史來看，全世界正在經歷快速的**都市化**現象。在十八世紀時，全世界居住於都市的人口僅占總人口的3%，至1900年已達到13.6%，按世界銀行的統計，2006年居住於都市的人口占總人口比例已超過50%，2013年達到53%，其中OECD會員國家的都市人口高達80%，拉丁美洲與加勒比海地區也達79%，歐洲75%，亞太地區51%。都市人口比例增加顯示都市化在開發中國家已不惶多讓，是全球普遍化的趨勢，且仍在逐年擴大中。

都市化的結果帶來一連串政治、經濟、社會以及文化的改變。首先，在政治上，由於都市在財政預算分配的優勢，都市行政邊界的調整與改變導致城鄉不均等擴大，臺灣自2010年開始進行都市邊界的重劃，形成臺北市、新北市、桃園市、臺中市、臺南市以及高雄市六都鼎立，六都之外的縣市更加被邊緣化；在經濟上則是從一級產業人口，包含農林漁牧，轉向工業與服務業；在社會層面可以看到都會人口結構的改變，包含都會區內的鄰里關係改變，不同的族裔、階級的人口聚居，形成流動、不穩定的複雜鄰里關係。在文化上，多元的都會生活樣態與消費文化超越城市空間領域，正向非都會地區蔓延。

2. 都市發展的理論

2.1 歐陸的傳統：城市、資本主義與大都會精神

工業革命是人類歷史上第一次面對都市大規模興起，狄更斯（Charles John Huffam Dickens）的《孤雛淚》（1838）描繪孤兒流落濟貧院的悲慘經歷，揭露救濟院、童工、幫派吸收青少年犯罪的都市黑暗面；雨果（Victor-Marie Hugo）的《悲慘世界》（1862）在法國革命動亂與拿破崙滑鐵盧之戰的背景下，表現出窮苦農民街頭生活的場景。這些文學作品一方面揭露都市底層中人性貪婪、邪惡的一面；另外一方面也看到貧窮中的善行、人性光輝。

工業革命之後都市成為社會學研究的重心。1845 年，恩格斯完成《英國工人階級狀況》，記錄了當時曼徹斯特勞工貧困的生活實況，呈現了資本主義貧富發展不均的工業都市病態。恩格斯考查當時英國資本主義的城市空間發展，具有一些特性，首先，資本主義具有資本與勞工的雙元集中特性，由於資本集中於城市，也吸引鄉村農民移入城市，轉換為勞工；其次，曼徹斯特從原來城市中心不斷向邊緣擴張，形成多城市中心；第三，城市的社會問題肇因於傳統社會崩解與資本主義社會興起，造成都市貧窮問題（Gottdiener, 1994）。

圖 4-1　珂賽特畫

雨果 1862 年的原著中，由艾密爾‧貝亞德（Emile Bayard，1837 年 -1891 年）所繪製的插圖。

馬克思指出早期資本主義的歷史即是城、鄉之間社會關係的鬥爭,在《共產主義宣言》(1848)中,清楚指出:「資產階級使農村屈服於城市的統治,創立了巨大城市,使城市人口較農村人口快速增長,讓大部分居民脫離了農村生活的愚昧狀態。正如同農村從屬於城市,使未開化和半開化國家從屬於文明的國家,使農民的民族從屬於資產階級的民族,使東方從屬於西方。」都市做為資本主義的中心,形成都市與鄉村、已發展與發展中國家、西方與東方之間的權力支配關係。

韋伯認為城市發展源於政治權力,在《非正當性的支配:城市的類型學》(1921/1993)一書,他將城市視為市場聚落,西歐中世紀出現的城邦排除或限制了封建君主的權力,形成一種「自由共同體」的政治組織,可區分為「貴族城市」、「消費者城市」、「生產者城市」、「農業市民城市」不同的理念類型。

涂爾幹(Durkheim, Emile)在《社會分工論》(1893/1966)中,闡述了社會分工與都市成長的關係,社會密度越高,人口數量越多,社會分工就越複雜,都市中的社會關係是一種有機連帶,具有高度分工、相互依賴,集體意識薄弱,高度個人化的特性。

相對於恩格斯、馬克思以及韋伯幾位社會學家集中於實質都市空間的討論,齊穆爾(Simmel, 1903)在〈大都會精神生活〉一文中,聚焦於都市的文化面向,他認為人口增加形成過度刺激的人造環境,陌生人在匿名的城市中短暫邂逅、交會,為了避免資訊超荷與精神耗弱,形成準時、算計、精確等都市人格獨質,呈現出大都會精神生活的特色。

2.2 美國:芝加哥學派

1990 年初,美國芝加哥大學以所在城市芝加哥為田野場地,派克(Robert Ezra Park)發表〈城市〉一文(1915),建立都市社會學的研究議程,開啟了都市做為「社會實驗室」的研究典範,形成人文區位學。「都市」一詞在芝加哥都市社會學中指涉的是一種人口集中化的現象,以社會整合為核心、生態學的競爭演替為解釋社會變遷的基礎,都市內不同的土地使

用透過競爭、衝突來爭取都市有限的空間與資源，形成侵入與承續過程。對於派克而言，都市「是一種心理狀態，是各種禮俗和傳統構成的整體，隨傳統由禮俗流傳的統一思想和感情所構成的整體」，都市將人口、機構安排成一種秩序井然的和諧景象。

伯吉斯（Burgess, 1924）的「同心圓理論」（sector model）解釋土地利用的空間結構形式（concentric zone model），說明芝加哥城市內社會階層分布情況，核心為商業中心區（central businessdistrict, CBD），其次是過渡地帶、勞工住宅區、中產階級住宅區以及通勤區，由於不同土地用途有不同的付租能力，地價也由市中心向外下降，形成環狀結構。

何以德（Homer Hoyt, 1939）根據美國的城市，修正了伯吉斯的同心圓理論，認為都市是沿著交通動線，如公路、鐵路向外擴展，市中心仍是商業區，但是低社經地位的住宅與工業區是沿著交通線而向外擴展，而中上階級、高級住宅區則遠離工業區，高級住宅區更集中於特定區位。

哈里斯和厄爾曼（Harris and Ullman, 1951）提出「都市多核心理論」（multiple nuclear model），認為都市因應不同需求會發展出多元的中心，除了商業區之外，可能出現工業區、批發中心等不同功能的核心。

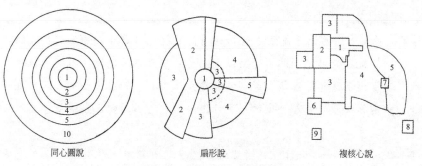

1. 中心商業區
2. 輕工業區
3. 下層階級住宅區
4. 中產階級住宅區
5. 上層階級住宅區
6. 重工業區
7. 外圍商業區
8. 住宅郊區
9. 工業郊區
10. 通勤區

同心圓說　　　　　扇形說　　　　　複核心說

圖 4-2　都市人文區位模式

資料來源：章英華（1995）。《台灣都市的內部結構：社會生態的與歷史的探討》，頁 6。

人文區位學之外，芝加哥學派也開啟了都市民族誌研究的傳統。沃斯（Wirth, 1938）在他的經典作品《都市作為一種生活方式》，延續齊穆爾的看法，認為都市是一種獨特的生活方式，隨著人口規模、人口密度以及異質性而展開，形成獨特的都市生活方式，導致都市生活中的人際疏離與冷漠。

人文區位學
（human ecology）
研究人與所處的自然環境、社會以及建成環境互動的一門跨領域科學。

芝加哥學派以都市為田野，開始一系列的都市民族誌研究，包含克雷西（Cressey,1932）的伴舞女郎，描繪她們與勞工、底層階級的關係，讓底層階級可以暫時獲得平等、肯認，甚至是羅曼帝克的愛情；崔雪爾（Thrasher, 1962）研究芝加哥的 1,313 位流氓，發現流氓比較容易出現於流動鄰里，並追溯流氓文化是源於封建的舊權力系統；雷保（Leibow, 1967）以及安德生（Anderson, 1978）的街友調查，提供美國底層階級以及有色族群的生活樣態，鏡射出上層階級對於底層階級的經濟與文化壓迫。這些豐富的實地調查研究，反應美國大都會區不同階級、族裔萬花筒般的次文化，展現都市多元生活方式。

Box 4-1

街遊（Hidden Taipei）

2013 年，歐洲興起一股城市貧窮漫步旅遊，從貧困階級的眼光來翻轉城市菁英觀光的視角。街友導覽源於 2008 年的英國倫敦，由一群年輕人成立「襪族」（The Sock Mob），以陪伴街友為組織任務，之後發展「另眼看倫敦」計畫，訓練街友成為城市導覽解說員。2010 年，丹麥的哥本哈根也由「戶外探索」（NGO project Udenfor）開始城市的「貧窮漫步」，出書發展出一系列的另類城市旅遊。

臺北市在 2014 年跟上國際城市的街友導覽風潮，由芒草心慈善協會開始在臺北市萬華、中正兩個歷史街區進行街友導覽。芒草心慈善協會成立於 2011 年 11 月 11 日，是由一群服務街友的社工與志願服務人員組成，一開始是以街友議題的國際交流為主，並與日本、香港、韓國等地的社工人員進行交流學習。為了推動街友導覽，芒草心慈善協會建立「街遊」的社會企業品牌，目的是培訓街友為導覽員，一方面增加收入，另外一方面培養自信，同時透過導覽活動讓社會大眾關注街友的議題。

2014 年 6 月，由芒草心慈善協會開始進行導覽路線規畫、導覽員訓練、規章建立以及志工招募，隨後街友強哥、阿和、卜派陸續成為正式導覽員，目前發展出三條導覽路線，兩條在萬華區，分別是強哥的酒水芳華與阿和的阿和流浪記，一條則是中正區卜派的城中時光散步，2014 年 9 月底結合青年壯遊計畫，發起三天的流浪生活體驗營。

資料來源：街遊 Hidden Taipei，https://www.facebook.com/HiddenTaipei

1. 都市底層的生活樣貌為何？他們如何觀看都市？
2. 街遊活動對於貧窮人口有何助益？如何改變觀看階級的視角？

2.3 中南美洲：都市首要化

在研究拉丁美洲開發中的城市經驗，發現歷經殖民的國家在解殖之後會出現巨型城市（megacity），人口高度集中於殖民時期的首都城市，如墨西哥市、聖保羅、布宜諾斯艾利斯、里約熱那盧，人口超過一千萬，擠身為世界級的巨型城市。Jefferson（1939）定義城市首要化為一個國家的特定城市人口超過第二大城市人口的兩倍。首要化城市經常出現於首都城市，對國家具有政治、經濟，甚至媒體、教育與文化的重大影響力，首要城市與國家其他區域之間呈現明顯不均的發展。

首要城市的發展模式並不限於南美洲，也出現在首爾、臺北、墨西哥市、里約熱那盧等殖民城市，似乎與殖民主義的發展有關。泰國曼谷被稱為「地球上最首要的城市」，具有七百五十萬人口，而泰國次級城市暖武里（Nanthaburi），人口僅有四十八萬人，顯現城市之間巨大的人口差距。不過，首要城市也出現在法國巴黎、英國倫敦、日本東京，所以與國家發展歷史與發展政策也有關係。

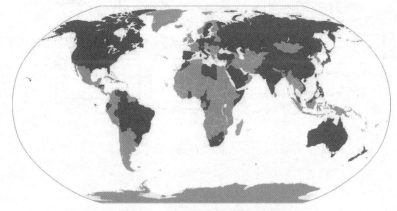

圖 4-3　首要化都市的分布圖

深灰色表示無城市首要化地區；淺灰色表示具有城市首要化地區。

資料來源：維基百科全書，https://commons.wikimedia.org/wiki/File:Countries_without_a_primate_city.png

Box 4-2

天龍國

　　臺灣的都市雖然沒有出現中南美洲等城市首要化現象，但是都市政治與教育機能集中於臺北，逐漸形成「天龍國」之說。天龍人原是日本漫畫航海王《ONE PIECE》中的一個特權族群，在臺灣則泛指臺北市政商權貴或有優越感的臺北人，尤其是居住於象徵高社經階級的大安區、信義區貴族居住區，高傲而不屑與落後國家、落後地區人民相處的都市人。

　　天龍國包含治理中心天龍城以及貴族集居的中心區（大安、信義區）與邊陲城鎮（內湖、永和、中和、淡水），以舊泰山收費站為界，劃分天龍國之外的南部以及東部，天龍國的說法具有挑撥省籍衝突的意味，也是臺灣社會對於臺北做為政商治理中心的反諷，反映民眾對城鄉之間權力不對等、資源分配不均的不滿。

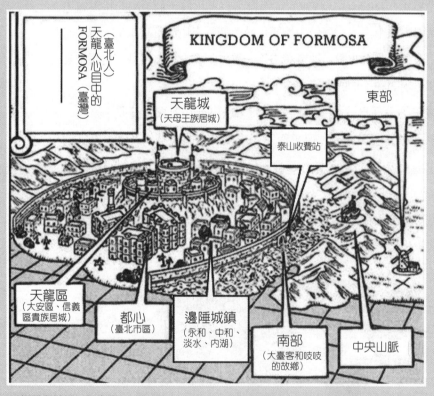

天龍國與其領土示意圖

資料來源：偽基百科，http://uncyclopedia.tw/wiki/%E5%A4%A9%E9%BE%8D%E5%9C%8B

3. 新都市社會學

　　1970 年代新的都市社會運動興起，以功能主義爲基礎的舊都市社會學典範已不足以應付都市中的族群、階級、性別等多重矛盾，「新都市社會學」採取社會空間的分析取徑，不僅將都市視爲社會的容器，也是取向於人類有意義行動之社會關係的空間，而有所謂「新都市社會學」的興起。古德迪諾（Gottdiener, 1994）總結新都市社會學有三個主要的面向：移向全球化觀點、關注城市與郊區發展不均的政治經濟學動力，以及重新評價文化在都會生活的角色。

　　首先，都市研究對象從固定國家疆域移向全球化流動的空間。自 1970年代開始，全球資本流動構成城市結構變遷的主要動力，核心國家的城市經歷了一場經濟再結構，資本與產業外移，製造業衰退，金融以及消費性服務業興起、大量移民人口出現。都市被視爲跨國企業的生產與控制的命令中心，也是技術創新、消費市場之所在，有關全球都市的研究中，聚焦於新自由主義的興起、去管制的金融市場以及全球城市的社會結構變化，都市成爲全球金融與生產服務業的權力所在，也是社會衝突與矛盾的核心。

　　其次，傳統的鄰里與住宅單元日益混居、複雜化，隨著內城少數族裔社區的增加以及美國中產階級郊區化的經驗，都市與鄉村不再被視爲一種二元對立關係，而是一種城鄉連續體（rural-urban continuum）。如社區研究中發現內城具有強烈的閭鄰連帶以及傳統文化價值（Young and Willmott, 1962）。以臺北市爲例，二次戰後出現大量人口移入，快速地都市化，形成許多外省籍移民，這些政軍人口造成都市人口的增加，是臺北都市化的主要動力之一，他們在都市眷村中形成聯結緊密的社群；而二次戰後美國的郊區化則在郊區顯示出強烈的中產階級性格（Walker, 1981; Jacobs, 1984; Fox, 1985），美國城市高度的郊區化，居住於郊區的居民是都市中心的兩倍，最具代表性的洛杉磯即是一個分散的大型城市，人口超過四百萬，大洛杉磯地區涵蓋範圍的人口更高達一千八百萬人，形成多中心城市，但是大多數人都住在郊區，形成「郊區的都市人」。

　　Palen（1999）指出臺灣的都市發展經驗不同於美國，其中最重要的決

定因素是教育，由於教育資源過度集中於都市，導致想要讓孩子上好學校的家長仿效孟母三遷，從鄉村移入都市，不同於美國戰後郊區化的經驗。其次，臺灣的都市中心具有良好的商業以及服務業機能，也沒有市中心空洞化的現象。

第三，重新評價文化在都會生活的角色。新都市社會學更關注都會文化與建成環境的符號意義，發展出都市符號學（semiotics）以及都市文化研究。早期孟福（Mumford, 1938）從城市史的角度，討論不同的市鎮結構與不同文化風格之關連。都市中不同階級的不同鄰里文化，像是 Digby（1958）的研究《賓州紳士》，描繪了美國上層階級典型的郊區生活風格，彼此之間形成緊密的交流，並與其他社群有所區隔；居住於郊區、具有雅痞品味（Yuppies）也是當前財務金融與科技專家共享的生活方式（Sasse, 1991）。相對於中產階級的郊區生活，底層階級大多生活在市中心，涉入都市**非正式經濟**，如攤販、泊車服務，走私、甚至是毒品交易，形成貧民窟，甚至是前述街道生活的遊民。第三世界的非正式經濟已經構成經濟體系中重要的一環，美國司法局估計每年非法毒品交易帶來的收益介於一百三十六億至四百八十四億美元之間，南美的毒品集團與墨西哥政府的武力對抗，已經造成不少民眾死亡（Cook, 2007: 5）。

非正式經濟
（informal economy）
非正式經濟是指不受官方管理的經濟活動，不繳稅、違法，甚至是非法的犯罪，不列入國民經濟生產總值中，又被稱為地下經濟。

Box 4-3

都市非正式經濟：臺灣攤販的歷史形構

攤販，已經成為臺灣居民日常生活的一部分，也是臺灣人文地景的重要特色。而臺灣既有的攤販研究是將攤販視為「社會問題」或「社會安全瓣」，從結構面向來探討攤販現象。由社會問題面向切入的研究與規劃報告，多半預設了「攤販是都市之瘤的立場」，以社會失序的角度來分析攤販的成因，以求消弭與解決攤販問題；社會安全瓣的面向則偏重攤販對於社會存在的功能，攤販是國家有意放縱的都市非正式經濟活動，讓民眾自力救濟，替代國家社會救濟的責任，用以緩衝社會衝突。

從攤販從業者分析，攤販是 1980 年代以降的一種特殊生產與交換方式，是臺灣中小型產業體制下另類的就業方式，提供了失業者、低教育、中壯年人口、已婚二度就業婦女等在勞戶市場不利的人口，在受僱體制之外的就業管道，容許他們半握經營先主權、有相對自由的工作方式，可隨時因應家戶生命週期而調整勞動樣態，同時可以獲取更高的收入；對於臺灣的特殊小頭家文化而言，攤販也是一種商品交換與流通的管道，支持了臺灣中小企業體制的生產結構，保留前資本主義式的生產方式。

資料來源：戴伯芬（1994）。

　　朱津（Sharon Zukin）（1995）將後現代的消費主義帶入城市研究，擴展從政治經濟學到象徵經濟（symbolic economy）的理解，處理了混雜鄰里、人口交替的變遷特性。她提出城市「象徵經濟」的概念，指涉通過文化來進行經濟生產，包含有關城市形象、符號和意象的生產，對空間的占用和意義改造。借用布迪厄（Pierre Broudieu）的概念，朱津認為消費品味是決定地景變遷的重要力量，特別在都市中高教育程度的年輕世代，正從郊區回流城市，然而，符號經濟的商業力量不斷侵蝕公共空間，她以純正性概念分析紐約市的不同地區個案，探討市場力量如何壟斷城市文化再現的形式，讓紐約失去真正的公共文化（2000）。

　　另外一方面，隨著生態危機的浮現，都市農園翻轉了原來田園城市的理念，讓都市成為糧食的生產基地、都市居民成為農人。自 Wirth（1938）提出都市狀態做為一種生活方式以來，都市與鄉村即被職業、環境、社區規模、人口密度、移民方向、社會互動中的階層化差異等變數，二元劃分城鄉兩類的生活方式。Redfield（1930）的「城鄉連續體」的概念，則認為快速的工業化已經讓都市化特質擴散，讓城鄉差異縮小，鄉村的社會生活正朝都市化發展，而在都市的社會生活則鄉村化。可以預期的是，未來新的都市農園運動將進一步改變都市的樣貌。

Box 4-4

都市農園

　　臺北市長柯文哲，提倡在臺北市開闢都市菜園，讓都市居民可以享受田園之樂，在市府周邊規劃六區菜園，分別是可食地景區三塊，由公園處直接管理，而蔬果樂活區、果樹新樂園與市議會旁的田園療癒區，則開放給民眾種菜。

　　早在柯市長實施都市農園之前，2014 年美國首府華盛頓即興闢了世界最大的都市農園，在總面積達 100,000 平方英尺（相當於 2,811 坪）的溫室內，種植各種可食的作物。

　　根據聯合國糧食與農業組織的報告，全球已經有八百萬人在城市中種植蔬果，大約占世界糧食 15-20%。都市農園的產能則比傳統農業高十到二十倍之多，之所以有高單位的產能，原因有二，一是都市環境的蟲害較少，也沒有野生動物來分食；其次是都市農園在生產者咫尺可及的距離，可以提供勞動更密集的照顧。

　　除了食物安全的貢獻，都市農園也成為一種新型態的社會企業，不以販售為目的，也不僱用員工，重新建立了社區生態網絡，也讓民眾參與改造社區景觀。

資料來源：Royte, Elizabeth（2015）。

3.1 全球化中的都市研究

傅里德曼和沃夫（Friedman and Wolf, 1986）在 1986 年首先提出「世界城市」的概念，建立世界城市的層級與類型，並依區域與國家發展的程度區分城市的類型，將城市分為四類，核心國家一級城市，包含倫敦、巴黎、鹿特丹等，扮演全球層次的串聯角色；核心國家二級城市，包含布魯塞爾、米蘭、維也納等；半邊陲國家一級城市，包含聖保羅、新加坡，扮演全國性串聯角色；半邊陲國家二級城市，包含約翰尼斯堡、布宜諾斯艾利斯、里約熱那盧等。詳見表 4-1。

表 4-1　世界城市的層級

區域	核心國家		半邊陲國家	
	一級	二級	一級	二級
歐洲	倫敦、巴黎、鹿特丹、法蘭克福、蘇黎世	布魯塞爾、米蘭、維也納、馬德里		
非洲				約翰尼斯堡
美洲	紐約、芝加哥、洛杉磯	多倫多、邁阿密、休士頓、舊金山	聖保羅	布宜諾斯艾利斯、里約熱那盧、卡拉卡斯、墨西哥市
亞洲	東京	雪梨	新加坡	香港、臺北、馬尼拉、曼谷、首爾

傅里德曼和沃夫的世界城市建基於七個假設，首先，城市與世界經濟整合的程度，以及在新空間分工中扮演的功能，對於城市內部的結構變遷具有決定性影響；其次，世界城市是全球資本在生產與市場空間組織串聯的據點；第三，世界城市的全球控制功能直接反映在生產部門與勞工僱傭結構與動態；第四，世界城市是國際資本積累的地點；第五，世界城市是國內、外移民的目的地；第六，世界城市突顯工業資本主義在空間與階級極化的重大矛盾；最後，世界城市的成長超過國家財政所能負荷的程度。像美國紐約的世貿中心成為跨國公司的總部，也是資訊與媒體的傳播中心、市場行銷的策略中心，更是國際移民的目的地。

隨著全球化的發展，在跨城市的資訊與網絡動態中，城市從原來實體空間轉為一種空間規模量尺，形成空間的節點，如紐約、倫敦、東京、巴黎、

洛杉磯等巨型城市構成經濟地理中心，越過國家邊界而直接連結到全球層次的資本、組織、媒體、資訊以及勞力諸面向。莎珊（Sassen,1991）透過紐約、倫敦與東京的比較，提出「全球城市」的概念，她認爲全球城市具有全球經濟的指揮與控制中心、金融與工商服務業的集中地、創新與高科技產業的生產基地，也是產品與技術服務業的市場所在。隨著經濟活動的空間擴散，形成領域集中化的新組織管理形式，爲了因應全球營運組織需要，財務金融與專業生產型服務業機能再次集中於城市中心商業區，最後，由於服務這些金融與服務業菁英的移工進入，形成都市社會階級與空間兩極化發展。

Box 4-5

莎珊（Sassen, Sasski）的全球城市假設（2005）

　　莎珊（Sassen, 1991）出版的《全球城市》，研究全球化資本流動與國際移民對於城市的影響，聚焦在紐約、倫敦與東京的比較，發現全球的金融與消費者服務業興起，隨著跨國公司總部的建立，鞏固了這些城市做爲全球控制的中心，伴隨著跨國菁英以及服務菁英的底層移工出現，全球城市形成兩極化的社會結構，深化社會的不平等。

　　隨後，她對於全球城市與全球城市區域提出了七點假設，包含：1. 經濟活動在全球尺度的地理分散，造成再集中化的中心統合需求；2. 跨國公司外包制度形成都市中心功能的複雜性；3. 由於聚集經濟而形成全球化市場中專殊化的服務業；4. 全球城市是高度網絡化連結的服務業部門；5. 專業的服務業促成跨城市的網絡日益強化；6. 專業服務業的興起促成新的社會不平等；7. 經濟活動的資訊化不見得帶來利潤的提升（2005）。

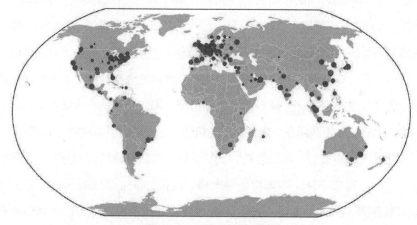

圖 4-4　全球城市分布圖

資料來源：維基百科全球城市條目，https://zh.wikipedia.org

3.2 從全球城市到全球城市區域

在西方都市研究學者以世界／全球城市的理論與假設，解釋全球化過程的城市變遷之際，希爾與金俊佑（Hill and Kim, 2000）以東京、首爾與西方城市的全球化經驗對比，提出東亞世界城市獨特的發展模式。東亞城市的全球化深受國家工業政策與組織化財務關係的影響，而不似西方城市是由市場力量主導的資本主義發展模式。以東京、首爾兩個發展型國家的城市經驗挑戰了全球城市理論的基本假設，即全球化將導致國家角色弱化、民族國家的權力消失。他們區分出兩種世界城市的類型，一是市場取向的布爾喬亞模式與國家中心的政治官僚模式，前者如紐約、倫敦，是無國界的跨國企業公司總部，以跨國資本主義的階級主導，追求市場最大經濟利益，具有社會極化的結構與對外籍移民較弱的控制；後者則以東京為代表，是日系跨國企業的公司總部，以國家官僚菁英啟動經濟發展，強調規劃理性與市場分享，具有縮減差距的職業結構以及對外籍移民較強的控制。透過對於發展型國家世界城市特性的界定，他們強調國家執行工業政策與社會控制的角色，質疑西方世界城市理論對於發展型國家的亞洲世界城市之適用性。

全球城市區域
（global city-region）
指的是一種在世界層次上新的地理與組織現象，城市區域做為政治行動者，如何主動扮演全球經濟節點的角色。

由於城市不斷向外擴展，**全球城市區域**成為新一波研究的重點。全球城市區域是全球城市地理區域的擴大版，也是全球化下形成的新區域主義，需要新的城市治理政策，來統合區域內部不同的中央與地方、不同的地方政府以及公、私部門之間的矛盾與合作關係。如新加坡（Singapore）與馬來西亞佛柔（Johor）、印尼廖內（Riau）整合形成跨越國界的新柔廖（SIJORI）區域經濟體系；香港與深圳、澳門在回歸中國後「一國兩制」政策下形成珠江三角洲經濟體；臺北與新竹科學園區已逐漸整合為北臺高科技走廊，而在高鐵通車後更加速整合為北—高西部平原都市帶，如何統合這些跨城市、跨國際的經濟網絡，強化區域在全球經濟中的角色，是全球城市區域關心的議題。

除了東亞國家都市經驗差異的批判之外，有關全球城市的分類、測量的爭論也一直喋喋不休。英國特羅堡大學（Loughborough University）建置了全球觀察網（Global Observatory），並成立全球化與世界城市研究團隊與網絡（Globalization and World Cities Study Group and Network, GaWC），蒐集

城市的基本資料以及城際之間的互動資料，以建構世界城市在全球化中的網絡動態資訊。

表 4-2　全球城市與發展型國家

	市場取向的布爾喬亞模式	國家中心的政治官僚模式
典範城市	紐約	東京
區域的基礎	西方大西洋	東方太平洋
領導行動者 群體 組織 經濟的意識型態	跨國資本主義的階級 跨國的財務公司 垂直整合的公司 自由主義、自我調節的市場	國家官僚菁英 國家內閣，連結到商業網絡與主要銀行 發展主義、策略性的國家利益
關於世界經濟貿易、投資與生產主要目標	市場理性、私人財富、追求最大利益	規劃理性、國家權力、市場分享、受僱的極大化
全球控制能力	私人的生產者服務業結叢	政府內閣、公營公司、政策網絡
產業結構	高品質的製造業與分散式的生產	高品質的製造業與集中的高科技生產
職業結構	極化、消失的中產階級、高度的不平等、高度的空間區隔	壓制的、消失的極端階級、低度的不平等、低度的空間區隔
外國移民	低度控制、多量	高度控制、少量
文化	消費主義、雅痞、族裔的	生產主義、受薪階級、粉領階級
城市—中央政府的關係	分離	整合
都市衝突的來源	短期利益、市場的浮動性、極化	國家的資本控制、過度調節、集中化
競爭的優勢	流動性、移動性	穩定性、規劃的

資料來源：Hill and Kim（2000: 2177）。

4. 臺灣的都市研究

　　循著西方都市社會學理論轉變的軌跡，臺灣早期的都市社會學深受芝加哥人文區位學的影響，龍冠海（1972）建立臺灣的社會學典範，著重於都市人口與區位的研究，陳東升（1995）從政治經濟學的視角建立臺灣獨特的住宅市場分析，一直到王志弘等發展跨學域的都市研究，亦步亦趨地引入西方理論來進行臺灣的經驗研究。回顧臺灣過去五十年來的都市社會學研究，蘇碩斌（2008）指出臺灣都市社會學從 1960 年代的社區調查、1970 年代的人文區位學、1987 年代的新都市社會學，以至於 1990 年代之後的後現代城市，逐漸從探討「人類活動反應在空間」的實證客觀主義，轉向「都市空間

如何形塑人類行動」，原來的都市社會學在 1990 年代之後探討的議題與方法丕變，都市做為消費或文化符號的研究大量出現，從一個實體的空間概念轉向象徵與符號分析的社會空間。

臺灣早期的社會學家沿用人文區位學的方法，以臺北、臺中、高雄做了不少經驗研究（林瑞穗，1980；章英華，1986；謝高橋，1990）。利用不同的因素分析方法，發現臺北市和高雄市比較接近扇形模式發展，而臺中則近於同心圓模式，但是趨向於多層面的分化，其中社會經濟與省籍因素具有影響力。雖然援用西方的區位學理論來驗證臺灣的都市發展經驗出現許多矛盾，但是人文區位學仍主導了 1990 年代以前臺灣的都市研究。

陳東升的《金權城市》一書對於理解臺灣都市空間的變遷兼具理論與實證的創見，此書是臺灣新都市社會學的分野，標示臺灣都市社會學與芝加哥學派分道揚鑣，也是臺灣都市社會學朝本土經驗研究發展的里程碑。1990 年代以後，有關臺灣都市的經驗研究仍以政治經濟學分析為主流（蘇碩斌，2008），一直到都市文化研究新典範的出現。1998 年由夏鑄九、王志弘編譯的《空間的文化形式與社會理論讀本》，大量引進西方空間理論，包含哲學、社會學、人文地理學、都市設計等學門，成為一本跨領域都市研究的重要教材，擴大了臺灣都市研究的理論視野。王志弘（2003）以《臺北畫刊》進行文本分析，採取空間做為一種文化再現的觀點，說明城市視覺的生產與文化意義的塑造。隨後，他從臺灣的都市政策與社區空間變遷的角度，展開空間分析與文化政策批判，有別於過去政治經濟學的分析，更重視觀光、歷史保存以及文化再現等議題（王志弘，2011）。王佳煌（2005）的《都市社會學》一書，並未循傳統都市社會學的路徑，而是探討都市化、居住、鄰里、都會生活方式、都市問題、環境議題，環繞著資本、權力、文化、消費不同的議題來探討都市。

有關都市治理的理論一直方興未艾，蘇碩斌（2010）從清代到日據臺北殖民城市的變化，指出臺灣都市發展的特性是現代殖民政治權力在空間上運作的「社會」產物。周素卿等人有關「信義計畫區」、「南港經貿園區」的經驗研究，說明城市地標建築不僅是一種炫耀式的地產商品，進而轉化成為企業城市的紀念性建築（周素卿、林潤華，2008；江尚書、周素卿、吳幸玲，

2010）。劉俊裕（2015）分析都市規劃行動者如何藉由辦理各種國際重大賽事，形成官方和民間的組織網絡，獲取政治、經濟資源，凝聚市民的文化價值與認同與歸屬，並突顯國族主義與地方認同。

王振寰從金融市場的規約與管制政策著手，對於臺北與首爾的比較研究突顯了東亞世界城市有不同的發展路徑（王振寰，2002）。戴伯芬（Tai, 2005）從臺北的職業與收入分化發現，影響臺北的勞動市場流動主要來自於資本的流動：第一波來自臺灣高科技的發展，吸引臺灣海外的人才回流；第二波則是在 1990 年以後，臺灣的資本外流與廠商生產區位的移轉，導致臺灣的管理人才外流中國，同時吸引東南亞國家低工資的勞動力進入。臺北之所以未有明顯的社會極化，主要有三個原因：第一，經理人才外移中國，使得上層的專業階級人數減少；第二，臺北產業結構的特性與臺北縣（今新北市）的勞動分工，影響臺北去工業化的程度；第三，臺北市具有相對偏低且未進入正式勞動市場的外國勞動力。她在東亞城市系列研究發現（Tai, 2006; 2009）不同國家主導的勞動政策是決定都市勞動力的關鍵，從個體層次的測量指標來看，新加坡社會是朝向專業化，專業階級增加、底層階級減少；香港社會則是日趨兩極化，專業階級與底層階級同時增加；臺北則是全球城市的另類發展模式——專業的管理階級因外流中國而減少，但底層階級卻增加；而從家戶層次的指標來分析，在整體家戶總得增加的情況下，三個城市的家戶所得差距也在拉大中。

5. 臺灣都市化的議題與挑戰

5.1 都市化與都市經驗的擴展

對於都市化研究集中於城市中心化與分散化的爭論。一方持西方人文區位學的典範，認為城市有分散化的趨勢；另外一方則借用拉丁美洲城市首要化的概念，強調臺北市做為首都城市，也是政治、經濟、教育以及文化的控制中心。蔡勇美與章英華（1997/1999）總結臺灣都市化的發展經驗，認

為臺灣 1950 年代的都市化肇因於外省族群的移入，在國防因素的政策引導下，向城市外圍進行第一波擴張；第二波擴張則始於 1960-1970 年之間開始的工業化，形成市中心的商業、服務業以及外圍的製造業；1970 年代末開始第三波的擴張，則是城市人口的再結構，中心的製造業減少而外圍的商業與服務業增加。臺灣並未發生城市首要化的現象，但是北部都會區（臺北市與新北市）的人口仍超過臺灣總人口的四分之一，且仍在不斷擴大中。由於六都的建立，政治資源分配的不均，更加速人口從農業縣移入都會地區。

但是，另外一方面，也可以看到都市生活經驗與文化超越都市邊界的擴展。都市中五光十色的霓紅燈、車水馬龍在 1982 年羅大佑的〈鹿港小鎮〉表露無疑。站在澎湖馬公市的中正路上，看著周邊的麥當勞、生活工場、康是美、阿瘦皮鞋等招牌，誤以為自己置身於臺灣本島都市中的某個街角。金門出現第一家星巴克，蘭嶼出現便利商店，都市經驗已經逐漸從過去大家熟悉的臺南、臺北、高雄、臺中等都會區，向城鎮、鄉村，甚至離島擴散，透過就學、就業、觀光、旅遊，人們不斷穿梭在城鄉之間，都市經驗也逐漸蔓延到城鎮、鄉村，甚至離島。

5.2 都市化的挑戰

臺灣的都市正在快速擴張中，尤其是 1950 年代之後快速都市化，人口逐漸向都市集中。隨著六都行政區的建立，涵蓋臺灣近六成的總人口，詳見表 4-3。

表 4-3　臺灣六都的人口與改制時間

	改制時間	1942 年	2015 年 *
臺北州（臺北市）	1967	383,650	2,705,958
臺北州（新北市）	2010	-	3,965,649
高雄州（高雄市）	2010	197,897	2,779,136
臺中州（臺中市）	2010	101,272	2,725,497
臺南州（臺南市）	2010	158,689	1,885,106
桃園市（臺中州）	2014	-	2,072,736

註：*2015 年 3 月內政部人口統計。
資料來源：臺灣五十年來統計戶口調查；內政部人口統計。

　　隨著人口集中，臺灣的都市行政區劃也發生重大改變。2010 年 12 月 25 日臺中、臺南以及臺北縣改制升格爲直轄市，高雄市納入高雄縣，2014 年 12 月桃園市升格，合稱「六都」。六都的人口自改制之後即不斷成長，其中以桃園市人口成長最快，1990-2015 年的人口成長率高達 55.4%；其次爲臺中市 35.9%，新北市 30.3%，新北市已經成爲全臺最大都市，人口總數達 3,970,644 人；其次爲臺中市，人口已追上臺北市以及桃園市，而臺北市人口有停滯、減少現象，臺南市人口總數最少，與高雄市一樣，維持小幅成長。六都人口占臺灣總人口比例 71.5%，財政占中央統籌分配稅款 65%，在組織人事和財政預算享有更多的權限與資源（財政部，2015）。

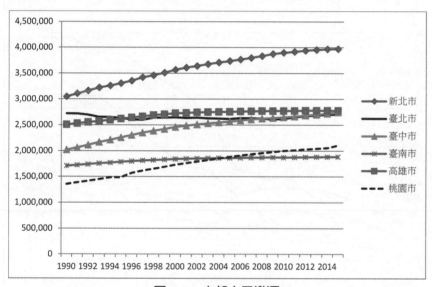

圖 4-5　六都人口變遷

資料來源：中華民國資訊統計網，縣市重要統計指標，本研究重新繪製。
http://statdb.dgbas.gov.tw/pxweb/dialog/statfile9.asp

　　都市的擴張帶來一些嚴重的都市問題，包含政府的財政危機、產業轉型、房價飆漲、環境汙染、垃圾、犯罪問題以及環境正義的問題。

　　首先，地方政府財政超支，已經形成嚴重的債務危機。依照財政部國庫署與內政部人口統計，以 2013 年來看，臺北市每位市民平均負債 8.78 萬，爲六都中最高者，年增 6%；其次是高雄市市民，平均 8.46 萬，負債最少的桃園市，每位市民有 1.27 萬的債務，其他四都的財務雖然也都是負債，但

是在地方政府的積極減債措施下，已有下降的趨勢，如何減少地方政府大不
而當的支出，降低負債爲挽救財政危機的當務之急。

　　產業轉型則是六都面對的共同難題。從過去的製造業轉向服務業以及財
務金融業是未來發展的趨勢，涉及都市更新的議題，各個地方政府皆以交通
運輸，如興建捷運、輕軌，或者大型公有地的釋出與變更，帶動都市再發
展，如臺北市的華山特區、松山菸廠，高雄的駁二特區，這些大型土地的開
發不僅促成都市景觀的改變，也帶動地產經濟的衝擊。

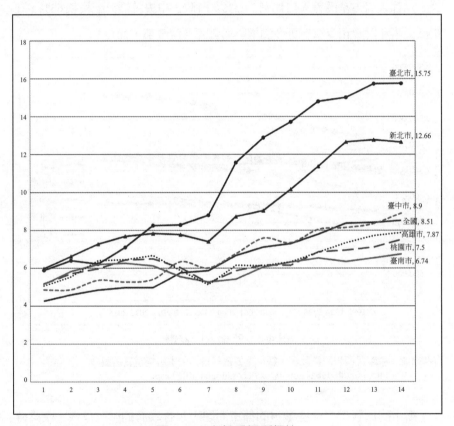

圖 4-6　六都房價所得比

註：房價比爲中位數房價／家戶年可支配所得中位數。
資料來源：內政部不動產資訊平臺，作者重繪。
　　　　　http://pip.moi.gov.tw/V2/Default.aspx

　　都會區的房價上漲雖然帶動經濟成長，但同時也帶動物價通膨，損及
民生經濟。從房價所得比來看，臺北市爲 15.75 倍，已經超過香港的 14.90

倍，高居全球第一，新北市也達 12.66 倍，達到全球第三，再其次才是溫哥華（10.30 倍）、舊金山（9.2 倍）以及雪梨（9.0 倍）。依據內政部不動產資訊平臺調查結果發現，六都之中，除了雙北之外，臺中市達 8.9 倍、高雄市為 7.87 倍，桃園市 7.5 倍，臺南市是 6.74 倍，是六都之中相對低的區域。臺灣薪資連續凍漲十三年，但臺灣都市房價卻在四年漲五成，不合理的所得房價比造成年輕世代的薪資永遠追趕不上房價，無法成家立業；高房價帶動的高租金也造成各行各業的固定地租成本升高，經濟動能疲弱。

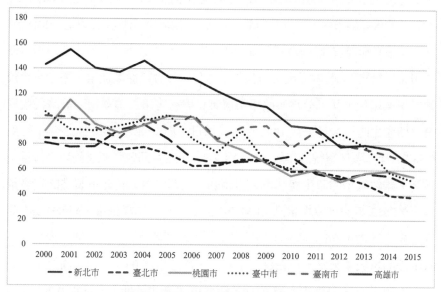

圖 4-7　空氣中總懸浮微粒濃度（微克／立方公尺）

定義：浮游於空氣中之微粒（包括 10 微米以上浮游粒子），各地區濃度為該地區一般人工監測站各測站濃度之算數平均值。
資料來源：中華民國資訊統計網，縣市重要統計指標，本研究重新繪製。
http://statdb.dgbas.gov.tw/pxweb/dialog/statfile9.asp

　　環境汙染是另外一個都市面臨的議題，以空氣汙染問題最為嚴重，流行病學研究已指出，暴露於懸浮微粒濃度高的環境中，會增加心血管與呼吸疾病的發病率、提高嬰兒早夭率；特別是微粒小於 2.5 微米（$PM_{2.5}$）更可穿透肺泡直達血液，對人體健康的威脅尤大。受到風向與地形的影響，以中、南部縣市受到的空汙危害較大，尤其是高雄市，人均溫室氣體排放量全國第一，每人每年 21.13 公噸，是全臺平均的二倍，全球人均排放的五倍。位於

左營區的文府國小從 2014 年底開始連續監測 PM$_{2.5}$，一旦空汙超標即在校園升空汙旗，提醒教職員與學生戴上口罩並減少戶外活動，在八十四天中有七十七天在校園內升旗，顯示空汙嚴重。

另外，有關水源的汙染以及短缺問題，也逐漸成為臺灣都市的問題，自來水公司長期缺乏管線更新與管理，甚至含鉛超標，導致水質不佳，已經嚴重損害市民的健康。以高雄為例，1992 年高雄市自來水檢體有三成不符國家標準，主要是生菌數超標，在公共水質不良的狀況下，中南部以加水站來提供家庭用水，2011 年高雄有 1,771 家食用水加水站，其中超過 1,000 個加水站位於舊高雄市內，可以看到都市飲用水問題的嚴重性（黎德星，2015）。

垃圾處理與資源回收是都市重要的課題。垃圾分為「一般生活垃圾」及「事業廢棄物」，前者從人民日常生活產生，後者是從製造業、醫療或者營建的事業產生，又可分為一般事業廢棄物與有害事業廢棄物。臺灣民眾日常生活產生的垃圾量，從 1992 年每人每日平均 1.087 公斤，2013 年下降到 0.387 公斤（環保署統計年報，2013：2-86），可見回收資源達到垃圾減量的效果。雖然垃圾的產生與都市人口相關，六都之中以新北市製造的垃圾量最高，2013 年的年垃圾量達 1,067,465 公噸，其次是高雄市，有 941,987 公噸，臺北市 830,676 公噸；但是垃圾量也反映了都會的生活習慣，從平均每人清理的垃圾量來看，正在逐年下降中，桃園市為 0.49 公斤、高雄市與臺中為 0.39 公斤、臺南市 0.37 公斤，新北市與臺北最低，分別為 0.24、0.29 公斤；臺北、新北市的資源回收率分別為 62.54% 以及 67.83%，高於高雄市（61.01%）、桃園市（57.23%）、臺南市（56.56%）、臺中市（52.64%）（環保署統計年報，2013 年，頁 2-90-91），臺灣垃圾的高資源回收率已成為全球矚目的典範，顯示垃圾隨袋徵收政策確實發揮垃圾減量作用。

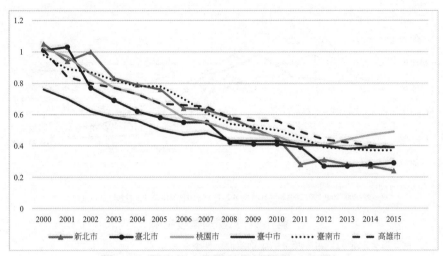

圖 4-8　平均每人每日垃圾清運量（公斤）

定義：平均每人每日之垃圾清運量，88 年以前爲年度資料。

公式：垃圾清運量（公噸）／〔當月日數 × 指定清除地區期中人口數（千人）〕；「指定
　　　清除地區期中人口數」指各直轄市政府、省轄市環境保護局及各縣市所轄鄉
　　　鎮市公所公告，指定清除地區之期末戶籍登記人口數加前期末戶籍登記人口
　　　數除以二，88 年度以前爲期末（當年度 6 月底）數。

資料來源：中華民國資訊統計網，縣市重要統計指標，本研究重新繪製。
　　　　　http://statdb.dgbas.gov.tw/pxweb/dialog/statfile9.asp

　　都市的犯罪問題一直是市民關心的議題，都會區的治安一直被視爲比鄉
村差。過去臺中市自 2003 年連續六年犯罪率高居第一，被視爲治安不佳城
市，依據警政署 2011 年統計，各縣市刑案發生率逐年下降中，近年來以臺
北市最高，其次是臺南市，高於全國平均，新北市以及桃園市治安則有明顯
改善，顯示都市地區犯罪率受到執法的影響，會有很大改善，犯罪統計也是
浮動的，不一定反映眞實的犯罪情況。

　　都市更新中的**環境正義**是近來臺灣都市開始浮現的議題，隨著房價高
漲，市中心的精華地段開始一波波的都市更新。從營建署的統計，臺灣總計
有 1,691 件都市更新案，其中臺北市高達 1,218 件，占總數的四分之三，其
次是新北市，有 261 件，占 15%，兩者合計達 87%，顯示雙北市是都市更
新的熱門區域，同時也是房市的熱炒區。都市更新引發有關居住正義的問
題，是過去臺灣都市社會運動關注的焦點。

環境正義
（environmental justice）
由於環境議題而引發的
社會不正義爭議，經常
關係到強勢與弱勢團體
的權力，特別是原住
民，以及資產階級與農
工階級之間不對等關係
的議題。

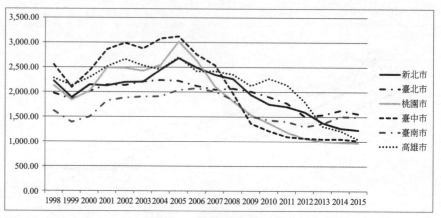

圖 4-9　六都刑案發生率

註：刑案發生率定義為每十萬人口中刑案發生件數。
資料來源：中華民國資訊統計網，縣市重要統計指標，本研究重新繪製。
　　　　　http://statdb.dgbas.gov.tw/pxweb/dialog/statfile9.asp

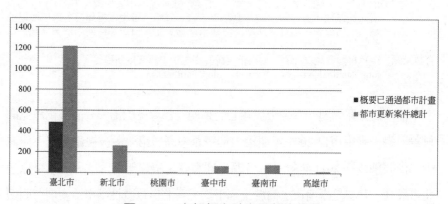

圖 4-10　六都都市計畫更新案件數

註：統計時間至 105 年 4 月 30 日止。
資料來源：內政部營建署都市更新網，作者自行繪製。
　　　　　http://twur.cpami.gov.tw/urquery/county-1.aspx

延伸閱讀

沙維奇・麥克與艾倫・渥德（Mike Savage and Alan Warde）原著，孫清山譯（2004）。《都市社會學》（*Urban Sociology, Capitalism and Modernity*）。臺北：五南。

　　本書是英國都市研究的綜合性介紹，涵蓋工業化與都市經濟變遷、社會隔離與不平等、都市象徵與文化、都市消費、都市政治。內容關注都市、資本主義與現代性之間的關連，是一本極佳的都市理論進階讀本。

Gottdiener, Mark and Hutchison Ray (1994/2006). *New Urban Sociology*. Perseus Books.

　　這是一本重要的社會學教科書，回顧都市社會學的理論與經驗研究，提供提出社會空間的取徑，整合了人文區位學與政治經濟學，也打破了傳統城市／郊區二分法看法，探討大都市區域持續變化的本質，強調空間對社會生活、房地產對經濟和城市發展的重要性，也思考了種族、階層、性別、生活方式、經濟、文化以及政治對大都會發展的影響。

町村敬志、西澤晃彥著，蘇彥斌譯（2012）。《都市的社會學：社會顯露表象的時刻》。臺北：群學。

　　兩位日本都市研究學家以說故事的方式，讓讀者變身爲都市漫遊者，從都市社會學理論異想的天空，降落在東京、大阪、神戶等各大城市，在日本城市中回溯十九世紀恩格斯初識都市化倫敦的震驚，從浮浪者與賣笑婦回應芝加哥派學者目睹的城市低層，在江戶城中窺見雙元城市的體現，走過新宿同志繁華街、手配師的集散場，得以理解認同政治的形成。在町內會的組織激發的社區培力；在郊區的神化中觀看都市中產階級的興起與困坐家戶的婦女；在世界級賽事中透視城市競爭的權力與都市成長聯盟的支配；在代代木公園撞見族裔地景的衝突；在阪神地震重建中看到更新的國家暴力；在漫才的話語中發現都市多元文化的潛力。

參考書目

王志弘編（2011）。《文化治理與空間政治》。臺北：群學。

王佳煌（2005）。《都市社會學》。臺北：三民。

王振寰（2002）。〈東亞「世界城市」的不同路徑：漢城與臺北〉，《臺灣社會研究》，第 47 期，頁 85-139。

江尚書、周素卿、吳幸玲（2010）。〈都市再發展與新自由主義治理的經驗模式：以臺北車站特定專用區之開發為例〉，《都市與計畫》，第 37 期 2 卷，頁 167-191。

周素卿、林潤華（2008）。〈與世爭高：臺北市高層建築生產的在地脈絡〉，《都市與計畫》，第 35 期 1 卷，頁 1-28。

韋伯著，康樂譯（1921/1993）。《非正當性的支配：城市的類型學》。臺北：遠流。

馬克思（1848）。《共產主義宣言》。取用日期：2015 年 4 月 28 日，https://www.marxists.org/chinese/big5/marxists/marx.../18480000.htm

涂爾幹著，王了一譯（1893/1966）。《社會分工論》。臺北：臺灣商務書局。

夏鑄九、王志弘編（1993）。《空間的文化形式與社會理論讀本》。臺北：明文出版社。

財政部（2015）。《中華民國 103 年度各縣市總決算審核報告》。

陳東升（1985）。《金權城市：地方派系、財團與台北都會發展的社會學分析》。臺北：巨流圖書。

章英華（1995）。《台灣都市的內部結構：社會生態的與歷史的探討》。臺北：巨流圖書。

劉俊裕（2015）。《全球都市文化治理與文化策略：藝文節慶、賽事活動與都市文化形象》。臺北：巨流圖書。

劉益誠譯，Castells, M. 著（2003）。〈廿一世紀的都市社會學〉，《城市與設計學報》，第 13 期 14 卷，頁 1-20。

蔡勇美、章英華（1997/1999）。《臺灣的都市社會》。臺北：巨流圖書。

黎德星（2015）。〈臺灣飲、用水的前世今生：從國家化到市場化〉，《巷子口社會學》。取用日期：2015 年 4 月 28 日，http://twstreetcorner.org/2015/04/21/liderhsing/Globalization and World Cities Study Group and Network,GaWChttp://www.lboro.ac.uk/gawc/

戴伯芬（1994）。〈誰做攤販──臺灣攤販的歷史形構〉，《臺灣社會研究季刊》，第 17 期，頁 121-148。

龍冠海（1972）。《都市社會學理論與應用》。臺北：三民。

蘇碩斌（2008）。〈研究人或空間──臺灣都市社會研究的成立與變化〉，《人文及社會科學集刊》，第 20 期 3 卷，頁 397-439。

蘇碩斌（2010）。《看不見與看得見的臺北》。臺北：群學。

2014 年五大市政數據大健檢，http://udn.com/vote2014/policy

內政部不動產資訊平臺，http://pip.moi.gov.tw/V2/Default.aspx

Cook, Collen. W. (2007). *Mexico's Drug Cartels*. CRS Report for Congress. Congressional Research Service. http://www.fas.org/sgp/crs/row/RL34215.pdf

Engels, Friedrich, introduction by Eric Hobsbawm (1993). *The Condition of Working Class in England: From Personal Observation s and Authentic Sources*. Chicago, IL: Academy Chicago Publishers.

Gottdiener, Mark and Hutchison Ray (1994/2006). *New Urban Sociology*. Perseus Books.

Hill Child, Richard and June Woo Kim (2000). (Global) City and Developmental States: New York, Toyko and Seoul, *Urban Studies*, 37(12): 2167-2195.

Redfeld, Robert (1930). *Tepoztlán, a Mexican Village: A Study of Folk Life*. Univ. of Chicago Press.

Royte, Elizabeth (2015). *Urban Farming Is Booming, butwhatdoesitreally yield?* ENSIA, April 27, 2015, http://ensia.com/features/urban-agriculture-is-booming-but-what-does-it-really-yield/.

Sassen, Sasski (1991). *The Global City: New York, London, Tokyo*. Princeton: Princeton University Press.

Tai, Po-fen (2005). Social Polarization and Income Inequality: Migration and Urban Labor Market, in Reginald Y. Kwok ed. *Globalizing Taipei: the Political Economy of Urban Development*, London: Routledge, pp. 141-166.

Tai, Po-fen (2006). Social Polarization: Comparing Singapore, Hong Kong and Taipei, *Urban Studies*, 43(10): 1737-1756.

Tai, Po-fen (2010). Beyond 'Social Polarisation'? A Test for Asian World Cities in Developmental States, *International Journal of Urban and Regional Research*, 34(4): 743-761.

Scott, Allen J. John Agnew, Edward W. Soja, and Michael Storper (2001). *Global City-regions*.

Wirth, Louis (1938). Urbanism as a way of life, *American Journal of Sociology*, 44(1): 1-24.

第五章
社區發展與治理創新

湯京平
國立政治大學政治學系特聘教授

1. 導論：小而美的發展途徑

雖然「發展」可以指涉很多面向，但一般都會先想到經濟發展，而且會想到「國家」透過政策帶領的發展，尤其是早期的德國、日本，後來盛行於東亞的「發展國」（developmental state）模式，國家透過產業、宏觀經濟、貿易等政策，帶領私部門突破工業滯後的困境，避免已開發國家透過優勢的資本與科技造成不公平的競爭。中國大陸經濟改革後，更以自身龐大的市場為籌碼，在西方資本叩關時，爭取更有利的發展條件。凡此，都展示國家以強勢作為帶領產業發展的效果，為開發中國家建立了追趕發展的典範。

隨著資本主義盛行帶來的財富分配與環保問題日益嚴重，發展的政治與社會等面向，以及相關的永續、正義等問題，則成為新的焦點，尤其當「擴張型的社會」逐漸發展成「修補型的社會」（黃麗玲，2014），如何透過由下而上、規模雖小但靈活度更高、且更具創意的發展模式，來解決複合式的發展問題，則更形重要。由上而下的政策介入，常有財富分配不均的隱憂。資金、土地、自然資源、乃至於政治權利的掌握者，不但有立足點上的優勢，而且在發展的過程中，往往也能夠取得路徑相依的優勢，讓財富累積更快。反之，在許多政策照顧不到的角落，仍有眾多發展滯後的社會成員，等待公平的發展機會。如何讓相對弱勢的社會成員投入發展的努力，而不只是單純的社會救助接受者，是每個執政者思考發展路徑與策略時的重要課題。

透過草根組織來動員居民，達到經濟發展、脫離貧窮的目的，同時也兼顧文化傳承（宗教信仰的維護）、環境保護（包含資源管理）、醫療照護，乃至於災難治理等多元功能，在上述前提下，近年受到高度重視。我國「社區營造」也推動了近二十年，累積非常多成功的案例，成為備受兩岸四地學界與實務界矚目的焦點。為此，國內也已經累積許多相當精緻的研究，討論社區發展的諸多面向，描繪這些成功的原因。然而，對於實踐的描述比較多，關於社區發展理論的探討，至今仍非常有限。可能的原因是這個主題橫跨經濟、政治、行政管理、社會、都市計畫，乃至於發展研究等多個學科領域，比較難有共同的語言，進行理論層次的思考。

2. 社區治理的理論基礎

發展是治理的標的，因此要討論社區發展，可以從更上層的治理觀點來思考。所有公共治理項目（包括發展、文化傳承、環境保護等），都可以用**效率、公平正義**，以及**民主**等標準來評判其表現。因爲資源有限，以最少的資源完成更多目標，應是廣被接受的普世價值。公平正義是另一項備受關注的公共治理標準題。各種形式的正義與公平感，是深植於人類本性的基本需求，因此有時寧可犧牲效率也要維持某種程度的公平。而民主雖然在內涵的認知上還有頗大的歧異，但也是近代被各國遵從的的新興價值。就制度設計而言，**社區**在特定條件下，會是追求上述價值的理想治理單元。

2.1 效率

符合某些條件時，基層的社區組織可能比更高層級的政府機構，在提供公共財貨時，會更有效率。

2.1.1 規模經濟

政治經濟學者歐玲及其所創的布魯明敦學派（Bloomington School）強調，決定治理效率的最基本因素，是達到治理事項的規模經濟。每種公共財貨或服務都有其特有的生產方程式，有不同的生產元素組合，如資本、勞務、土地、知識技術等，以及不同規模的固定與變動成本，因此也涉及不同的規模經濟，在制度設計時，應考量適合治理不同規模的疆域，把權責下放，以達效率的要求。例如，國防之類的公共財貨，既需要龐大的資金乃至於稅基，也需要眾多的人力，是資本與勞力皆密集的治理項目，故以全國爲範圍；相較之下，許多勞力密集、地域限制較大的治理事項，就比較適合交到基層的治理單位決策與執行，如治安，要掌握犯罪情資，需要密切的人際互動與充分的在地知識，巡守則是勞力密集的任務，因此結合社區人力的社區警政近年大行其道。「發展」比較屬於綜合性的治理事項，包含多種治理標的，因此社區是否是恰當的治理單位，還必須依個案的策略與需求而定。

> **社區**
> 從英文的community而來，一直是個頗有爭議的概念，既指涉空間（特定地域範圍內，足以建構起某種高互動密度的生活圈），也指涉具備心理上彼此認同的人群，但疆界如何清楚地畫出，則是個棘手的問題。在推動社區總體營造之初，爲了讓社區具體化，曾有一村里一社區發展協會的政策，導致理事長和村里長爭權的問題。

有些社區以保育自然資源爲發展的基礎，希望發展生態旅遊，因此需要可觀的巡守勞務以及深厚的在地知識（以掌握資源分布狀況），所以社區是比較適合的治理單位；反之，有些發展以種植與銷售特有的農產品爲策略，如彰化的花卉產業，需要比較龐大的種植面積，以提供足夠數量的產品來配合外銷市場的要求，社區有限的規模就比較難以發揮。

2.1.2 以合產達成增效

除了不同政府層級間的分工，還有公、私、第三部門的分工與合作的問題。不同部門若合作生產一項公共財貨，稱爲**合產**。自治的社區在本質上屬於民間組織，當政府的作爲有不足時，可能透過某些方式自力救濟，或和政府一起提供公共財貨，如政府提供財源、民間組織提供人力，可以爲社區提供長期照護的服務。根據經濟學理論，提供公共財貨時，若所需的生產元素如資金、土地、人力、知識等，由不同部門提供，且各部門各有擅長，處於一種貢獻互補（complementary）的狀態，兩者合作生產便能以較少的投入產生更好的成果，而達到一加一大於二的協力增效（synergy）理想，其中最有名的例子是臺灣的灌溉體系。臺灣地狹人稠，每人平均分配到的降雨量僅約全世界均值的七分之一，可謂非常缺水的國家。然而，除非特別乾旱的年代，大致上都可以做到「適當的水量在適當的時機流到適當的地區供農民灌溉」的神奇效果。而主導這個體系順利運作的水利會，就是公私協力的成果：資金主要來自國家，但配水主要由獨立運作的民間團體負責，而這個團體最核心的運作機制，就是在基層負責蒐集用水需求、協調輸水時程的水利小組。這小組以小組長爲核心，不但管理灌溉水的配置，也動員用水戶維持水渠的通暢，完成治理任務。

2.1.3 網絡治理

效率的提升，可能透過減少治理成本來達成。所有治理工作都有制度執行的成本。若能透過有些機制，減少執行者偷懶的機會，就能大幅提升效率，增加治理成功的機會。就組織管理的角度分析，依賴高密度的監督與對應的獎懲機制，依賴的是外在的「物質性誘因」（material incentives），而外

合產（co-production）
顧名思義，就是不同單位或部門合作生產。在治理的文獻中，常指涉公部門、私部門以及第三部門之間的合作，但也常指財貨的需求者積極參與供給或生產的活動。

在誘因往往會取代內在誘因，引誘行動者找出制度漏洞並善加利用，以謀取自身最大利益，進而不斷提供監督成本。反之，若透過組織文化等非正式機制，建構諸如贏取同儕敬重等「社群性誘因」（solidary incentives），或追求某些道德目標及理想等「目的性誘因」（purposive incentives），就能鼓勵團體中的公民行為，讓團體以更小的成本達成治理的目的。就發展的治理而言，越接近基層的治理單位，越能夠充分利用初級團體（primary group）的影響力，也越能結合非正式制度，為社區的行動者提供多元誘因，避免成員為了私人利益而採取搭便車策略。社區中高密度互動的親族、鄰里關係，都讓「感情」訴求和「面子」問題成為有效的管理機制。

2.1.4 資訊分享

　　同樣從政治經濟學的觀點分析，治理者和被治理者之間可以被理解成一種存在於代理人（agent）與委託人（principal）之間的特別信託關係。就如同律師和被告之間，被告需要有專業知識的律師提供辯護的服務，同時需要確保律師在專業的優勢下，能夠不負被告的委託，盡力爭取其最大的利益。但在實務上，代理人往往有自身利益的考量，可能會背棄該承諾（例如，生意興隆的律師可能不願花太多時間在棘手卻無利可圖的案子上，因而勸說被告接受不太有利的認罪協商，俾能提早結案，避免耗費太多機會成本）。放到治理的情境中，不管是民選的官員，還是透過考試招募而來的公務員，都領納稅人付的薪水，可視為代理人，應為納稅的委託人謀求最大利益。但這種基於善意的關係，並不自然存在，除了需要溝通，還需要某種監督的機制，讓代理人追求私利的動機以及資訊優勢能夠被平衡。不論是溝通，還是監督，當兩者空間距離與關係越近，成本就越低。一種極端的情形，就是當委託人自己就是代理人時，上述困擾就能迎刃而解。社區就是一種可能讓委託與代理人身分重合的治理場域。許多社區發展過程中，成員採取共同參與決策、共同執行的直接民主模式。遇到專業需求，則透過某些學習平臺共同學習，即便需要外來的專業協助，也能透過人情或理念等利益以外的多重誘因，避免代理人採取機會主義的策略損及委託人的利益。就溝通而言，社區中治理者與被治理者距離很近，生活經驗相似，比較可能有共同的人文

社會與自然環境方面的認知，因此也比較能了解被治理者的眞實感受與眞正利益。換句話說，社區治理也可以在治理者與被治理者之間的監督與溝通方面，節省治理的行政成本。

2.1.5 在地知識

有效治理的要件之一，是對治理對象的充分掌握。除了因爲必須回應被治理者的需求、反應其利益，以維持某種治理的課責性之外，要以最有效率的方式追求治理目標，也需要針對治理對象的條件，量身訂做可行的方案。這些條件可分爲客觀與主觀兩大類。客觀的部分，包括在地的地理、氣候、資源等自然條件，也包括成員的人口結構、歷史背景、複雜的社會關係（小團體或個人之間的恩怨情仇）、約定成俗的規範、文化特色等。主觀的部分，則是治理對象對於所處環境的理解、治理目標的詮釋，乃至於特定價值觀的認同與偏好等抽象程度較高、個別成員間變異較大的人文現象。熟悉這些訊息，比較容易在治理的過程中，一方面避免利益衝突，減少溝通協調的成本；另一方面能夠媒合所需，截長補短，讓彼此合作能夠產生前述的綜效，也讓私利與公益能夠兼顧。治理層級越高，管轄的幅員越大，雖然資源相對較豐富，但治理者對這些地方的細節，越不容易掌握，除了無法享有前述優勢，轄區內成員的異質性太大也會造成利益衝突加劇、共識不易凝聚的問題。換句話說，當治理層級越接近基層，尤其治理者與被治理者身分重合時，治理者對於在地知識的掌握能力最強，最能運用在地知識改善治理效能。此外，許多時候，治理項目需要很強的創新能力，如尋求經濟發展常常需要找出能吸引外在市場的在地特色或資源，這種市場利基的開發，需要兼備在地知識與科學知識，因此需要讓同時熟悉外部市場與在地人文與自然細節的在地菁英，發揮主導的功能，才能夠製造開展新局的契機（Thrupp, 1989）。

2.1.6 創新與知識經濟的契機

社會創新的源頭往往在於科學知識與在地知識交會之處，兩者激盪後產生新而可行的實踐方案。在地文化的元素與傳統，往往是科學知識翻新與累

積的素材；而科學知識則是在地民眾理解主流社會文化以及普世現象的養分。兩者結合，往往能夠讓人跳脫思維的窠臼，為在地經年難解的問題提供更具宏觀性的視野，為既有的困境找尋出路，且在平凡中找出獨特之處。這些成功的發展模式，也會透過社會學習，擴散到其他社區，減少其他社區嘗試錯誤以修正路線的成本。此處所謂知識經濟，乃將生產元素中的「知識」（特別是一些生產的手法或訣竅），透過某種機制擴散，與他人分享。由於這類元素屬於非耗損性、非排他性的財貨，並且能夠透過某些方式與他人分享，而不減損其質量或自身使用的效益，因此經過推廣可以為團體增加整體效益，故整體而言，可以提高效率。

2.2 正義

由於公共政策往往涉及公共資源的分配，因此分配正義的問題必然是治理表現的核心考量。對於幾種正義的主張，社區治理都能有發揮的空間。

2.2.1 功利主義（Utilitarianism）

其中一個主流的正義觀是功利主義，主張能讓社會整體效用增加最多的政策措施，就是最符合正義的政策。從這個角度出發，雖然理性抉擇的理論預言，越小的治理轄區，越容易產生外部性的問題，如水源區的居民抗拒管制導致更大範圍的災害，故許多治理項目都應該避免狹隘的地域主義，適當地納入更廣的利益涉入者，然而，在許多外部性比較不明顯的治理事項上，若能讓被治者自行協調出他們共同最能接受的方案，並透過「用腳投票」（vote by feet）的方式讓被治理者自我篩選，形成同質性較高的社區，透過其自主治理讓具備差異性的基層服務能夠盡量滿足各方需求，應該是一種能提高整體效用、符合此觀點正義感的做法。

2.2.2 羅爾斯式正義（Rawlsian Justice）

若採羅爾斯（John Rawls）的正義觀，則是要讓最弱勢的成員獲得最充分的政策救助。一般由上而下的治理模式，公共資源由上級分配，雖然比較

能夠有宏觀的視野，但由上級背負資訊蒐集的義務，通常是透過行政組織將基層需求的資訊層層上報。這種傳統治理一方面有虛報與資訊失真的問題，另一方面也不容易有效連結資源與政策措施，確保資源運用的效果。反之，近年倡議的社區治理，多採取由下而上、自發自治的模式：基層民眾先整合在地意見、找出在地特色，並發展其願景，擬定計畫，再尋求上級的資源挹注。這樣以需求搭配具體做法為基礎資源分配模式，更能確定資源被傳送到需求者的手上、能被有效利用，也因此更符合羅爾斯式正義的精神。

2.2.3 機會均等（Fair Equality of Opportunity）

前述以需求為基礎的資源分配，涉及另外一種公平正義的觀點——取得資源的機會是否公平。有需求者未必會表達需求，會表達需求者也未必能夠發展出行動方案，因此以「方案」基礎的資源分配，最大的問題就在於這群最需要幫助的真正弱勢，往往最沒有聲音，最沒有能力配合上級政府政策，提出行動計畫。這樣的問題，除了透過政府有系統地提供輔導與諮詢服務，也會隨著市民社會的發展，而獲得舒緩。越來越多的非營利組織，包括教會與宗教慈善團體、企業捐助的基金會、社區大學，乃至於近年逐漸走出象牙塔的大專院校，都可能提供專業服務，提供基層社區必要的協助，發展出深具在地特色的治理計畫。這類計畫一旦成形，不但能爭取公部門的資源，也同時能向財力雄厚且有社會形象考量的企業，以及掌握越來越多資源的非營利部門，爭取支持。

2.3 民主

雖然一直有一些批判民主的評論，尤其是西方的民主模式，但一般而言，一旦嚐過民主的果實，民眾就很難再回到自由被箝制、掌權者任意剝奪被治理者權利的威權體制。就治理而言，把權力放到越基層的單位，通常越符合民主原則，也越能深化民主。

2.3.1 權力附屬原則（Principle of Subsidiarity）

民主的基本主張是一個「自決」的精神，認為決策權力應該等比例授予受該權力影響的成員，是謂權力附屬原則。因此，在外部性能夠被適當控制的前提下，社區治理賦予基層民眾自主管理的權力，包括選擇自己的領導者、規劃自己的前景，運用所募集的資源，設計制度以管理彼此的互動，以追求自己偏好的價值等，都是比較符合民主精神的治理方案。

2.3.2 公民參與

從熊彼得（Joseph Alois Schumpeter）開始，理論家就意識到民主參與的困境：就參與者的角度而言，參與必須付出代價，而一己之力的成果往往非常不明顯，甚至在積極參與之後，決策仍然與自己的偏好背道而馳。因此，除非涉及自己重大利益，否則保持冷漠是比較符合人性的做法。這種政治功效意識（political efficacy）的障礙，除了激發公民的熱情（如炒熱選情），另一個辦法就是把權力下放到更低的治理層級，限縮參與者的規模，讓自己的影響比較容易被看見。此外，奧爾森（Mancur Olson）的集體行動邏輯也清楚指出，團體的人數與空間分布越大，利益越分散，搭便車的可能越高；反之，聚集的小團體比較容易利用初級團體的治理體系，更能用多元誘因鼓勵參與，降低自我利益的計較，防止其卸責行為。

2.3.3 公民意識的形塑

由上而下的治理，公民很自然地習慣接受治理者提供的服務，視為理所當然。反之，越基層的治理，管轄範圍越小，治理者與被治理者身分越可能重合，因此容易鼓勵被治理者負起公民的責任，思考公共利益之所在。公民意識並非與生俱來的本性，需要經過社會化習得。在基層的治理體系中，不斷透過實務經驗讓民眾有機會表達意見、負起責任，並享有成就感，基層的自治就是強化認同感、形塑集體意識、鼓勵利他行為的最佳場域。

基於促進效率、公平正義，以及民主等標的，社區可以在某些治理項目上扮演主要執行者的角色，或在社區的場域裡，發展不同部門（包括政府、企業、第三部門與社會企業）協力的框架，追求更有創意與彈性的發展。

社區發展成功的條件爲何？持續經營的挑戰爲何？

3. 以「社區」推動發展的另類途徑

　　社區發展可理解成一種由社區組織發起的在地集體行動，透過吸收政府與民間資源，找出能夠持續運作的模式，以改善社區整體福祉並執行相關治理功能。這種由下而上的發展策略，在全球化的趨勢下，有其特有的優勢。西方先進國家挾著先進科技、高度創新能力、豐沛財務槓桿，以及優異的生產管理能力，透過政治力將資本主義推廣到全世界，欲席捲全球市場。經濟上相對弱勢的國家，則面臨進退維谷的兩難：融入這個全球經濟體，則必須接受西方國家制訂的遊戲規則，而這個規則——包括開放自由貿易（讓國內生產體系暴露在西方強勢的生產體系的競爭中）、保護智慧財產權（讓國內科技創新的努力隨時可能踩到鉅額專利侵權損害賠償的地雷），則明顯強化西方既有的優勢，製造剝削的機會，擴大在地貧富差距；然而，如果抗拒這個趨勢，自外於主流經濟，則可能成爲全球經濟的孤島，引發經濟蕭條、成長停滯的問題。前述發展國的模式，雖然某種程度上協助東亞國家走出第三條路，但隨著自由經濟進一步擴張、區域整合進一步強化，國家在帶領經濟發展上能用的政策工具，與能夠扮演的角色，也進一步限縮。

　　本於這類自覺以及對於資本主義全球化趨勢的精彩批判，近年則興起「分享經濟」（郭恬君譯，2015）或「解方經濟」（李大川譯，2014）的思潮，討論在地特色產業與草根的合作組織如何能在全球化的浪潮中，不被國際資本巨鱷吞噬；如何運用基層民主的決策體系，維持在地經濟的活力，對抗生產標準化、資本入侵、資源掠奪等全球化衍生的問題，扭轉在地經濟被邊緣化的趨勢（Hess, 2009）。

3.1 另類發展與偏鄉經濟

「另類發展」的途徑（Pieterse, 1998）主張偏鄉社區不應該完全融入主流經濟，而應創造一個具有特色的社區經濟，與主流經濟保持若即若離的關係。融入主流經濟的後果是遵循主流經濟的遊戲規則，強化偏鄉的弱勢。適當地與主流經濟區隔，則能創造有利的條件，汲取主流經濟的養分，但隔絕主流經濟可能會引發弊端。近年關於發展的文獻開始挑戰主流經濟的思維，希望為經濟弱勢者找到出路，而出現所謂「益貧式發展」（pro-poor development）的論述（簡旭伸，2012）。經濟弱勢者的出路，在於採用非傳統的「社會經濟組織」，如合作社（co-ops）、協會（associations），或者社會企業等制度措施，找尋有利社區發展的特色，凝結共識，並透過集體行動，扭轉既成劣勢，創造在地優勢。

許多偏鄉在地理區位上的劣勢，正好可以在營造社區經濟時，扭轉成為隔絕主流經濟滲透的天然優勢。而原住民部落特有的文化元素，則是發展具備在地特色社區經濟的利基。發展經濟同時傳承文化，雙元困境同時獲得解決，似乎是目前許多明星部落成功的祕訣。由於建構社區經濟靠集體的力量，必須透過集體行動來成就，而不是單打獨鬥，有時甚至必須犧牲個人利益來成就集體利益。處於深山的偏鄉部落往往因為地理上的隔絕，居民間的關係更為密切，反而容易利用社會網絡來克服搭便車的困境。這也許能夠部分解釋為何地處深山的司馬庫斯能成功，地處淺山的烏來卻困難重重。

3.2 多樣化經濟

近年在各地實驗成功的「多樣化經濟」（diverse economies）似乎提供一個比較理想的解決方案。在全球化風靡的年代，開始有些抗拒資本主義的思維產生，希望以減緩資本主義造成的社會不公等弊病。多樣化經濟就是其中之一。它和傳統要求國家以福利政策介入的訴求不同，原則上它還是以「市場」為主要手段來解決因經濟產生的問題，只是這個「市場」是個在地化的市場，規模較小，與主流市場保持某種若即若離的關係（Gibson-Graham,

2008）。它一方面強調在地生產和在地消費，盡量維持自給自足，另一方面也不反對與主流市場保持流通，前提是要能夠維持自我價值以及在地特色。這種獨特的價值與在地特色，以往常被視為阻礙發展的元素，但正如人類意識到生物（基因）多樣性的重要，文化的多樣性以及經濟型態的多樣性，往往是解決問題的創意泉源，是成長的動力，是人類共有的重要資產，值得推廣與保存。如果說，全球化是追求規模經濟達成生產效率的路徑，則分殊化的社區經濟則是追求質的變易、新奇消費經驗的體驗，以及新價值的追求與實踐。

3.3 整合發展

在低度發展的社區，核心的問題往往是經濟機會上的不平等，但顯露於外者，則是多重病徵，代表多重問題的併發，常見者包括成員社會地位的邊緣化、語言文化與傳統的消失、社會關係淡化、互助支持體系崩解、教育資源抽離，乃至於環境生態的破壞，是典型的禍不單行現象。面對這樣盤根錯節、互為因果，以類似「多重器官衰竭」為表徵的偏鄉發展問題，解決方式也必須透過整合性的思考，發展出同時處理多項問題的綜合性方案。有一些問題比較屬於因果結構的根源，需要優先被處理，但與此同時，有些問題可能危害性較大，比較棘手，有及時解決的迫切性。例如，經濟問題可能導致人口外移，進而導致隔代教養、老人長期照護的問題。經濟狀況可能需要一段時間才能獲得改善，但老人照護和醫療的提供卻無法等候；另外，教育資源缺乏的問題不解決，也將影響其經濟競爭力。

上述偏鄉發展的困境雖然錯綜複雜，但從許多成功的經驗中不難發現，某些關鍵性的步驟也許可以被視為開啟偏鄉發展連鎖反應的鑰匙。其中最核心的步驟是啟動在地的自我意識，發起集體行動，共同創造某些具備市場競爭價值的財貨；有了自救的行動，就比較容易募集外部資源，讓集體行動的目標得以達成；與此同時，另一個重要的步驟是發展制度，讓集體行動的成果得以長期維繫。關於以上行動的具體策略，以往已累積許多成功的案例，可以提供參考。

圖 5-1　理想的代價

司馬庫斯族人以漂流木與石板興建的新光國小司馬庫斯分班,曾因違反水土保持,每年
要被罰六萬元。後來經過行政協調才獲得解決。(湯京平攝)

4. 臺灣社區發展

　　臺灣的公共政策中,「社區發展」發展一詞早在 1960 年代就曾出現,在
聯合國的倡議下,臺灣實施了一連串的社區發展計畫,除了希望消滅貧窮,
強化基層的治理,可能還有保密防諜的目的。真正由草根發起、自我組織的
「社區(總體)營造」,要到解嚴以後,一方面公民社會的力量在各種社會
運動的激盪與民主化的洗禮下逐漸茁壯,另一方面自李登輝總統於 1994 年
引進日本「造町」運動的做法開始,以一連串的政策落實本土化的目標,鼓
勵基層民眾找尋在地特色、凝聚共識,以協力追求共同的目標,創造集體利
益。經過多年篳路藍縷的嘗試,以及不斷地政策調整,包括 2002 年將「新
故鄉社區營造計畫」列為跨部會的國家發展重點計畫,到 2005 年的「六星
計畫」,近年呈現遍地開花的階段,到處都能看到令人驚艷的成果。

綜合而言，從早年「社區發展」到民主化以後的「社區營造」，雖然都著眼於基層的體制建構，但本質上差異十分明顯。前者比較像行政體系末梢神經的強化，透過某些具體的方案讓正式的治理體系能夠執行上層的指令。後者則是建構替代的治理單元（社區發展協會），讓被治理者想像治理重點、治理方式，並向政府、企業與非營利組織等多元管道，募集資源。從「社區營造」一詞可以理解，這個概念比較接近日本的「造町」運動，較從設計的角度出發，而且有很強的政策指導作用，希望透過某些基層的行動，改變人、文、地、產、景等各個貼近民眾生活的重要面向，遵循著西村幸夫代表的範式（王惠君譯，1997），地域和空間在這過程中，扮演比較核心的角色。相較之下，西方盛行的社區主義（communitarianism），則反應其多元主義的特性，強調以教會、俱樂部等各公民組織為核心的活動，尤其在都會區，沒有人為的村里劃分，實體疆界的概念相對薄弱，空間的元素比較沒這麼強的主導地位，而更強調市民對於特定組織的認同，並透過該組織追求共同的目標（Bellah et al., 1985）。

臺灣在很強的行政傳統下，近年經歷民主化的過程，雖然快速累積市民社會的能量，但缺乏自由結社的傳統，因此透過政策倡議，依循日本的模式，以更有設計感的方式來「營造」命運共同體的感覺，並在行政基層以更靈活的方式吸納各方力量，解決市民日常面對的各種治理問題，也算相當合理的發展模式。經過二十多年的倡議，除了以往強調的產業發展之外，其他治理標的如社福醫療、社區治安、人文教育、環境景觀、生態保育、文化復振、災後重建等，都可以是社區發展的追求重點。

就比較批判的觀點而言，雖然經過幾番政黨輪替，二十多年來相關政策不曾間斷，並從文化部（文建會）擴展到其他部會，讓有想法的社區可以從原民會、衛福部、農委會等單位，找到相對豐富的公部門預算來支持。在這樣政府刻意扶持的背景下，臺灣的社區發展有很濃厚的人為管理控制風格：從管理者的角度出發，有效的政策經營往往是先競爭後合作——透過競爭篩選出合格的補助對象，然後再設法讓這些受補助者合作，讓補助款的效用極大化。要在這樣的遊戲規則中勝出，有心從事社造者就要找些事做，要把想做的事寫成有趣的計畫，在競爭中說服審查人以取得補助，並在取得補助後

做出績效，展現亮點，爭取獎項以及下一回合的補助。這樣政策引導營造的模式，創造了許多明星社區，展現了光鮮亮麗的成果，但實際上有多大的意義，則有待商榷。例如，有些案例以藝術下鄉之名，把樸實的村落塗妝得五顏六色；有些則在部落客的加持下，成為知名的打卡景點，成功行銷該社區；有些則把老人集合起來，妝扮得花枝招展、表演兒歌上演綵衣娛客的戲碼等。競爭也創造了社會學習的效果，一個想法一推出，很快被其他社區援用，如千篇一律的老街市集等。許多關心社造的人不禁要問：這些形形色色的活動，到底帶來什麼真實而有意義的改變？一旦補助停止，社區是否能持續發展？怎樣評判社區營造的成功與否？回應這些反省，業界也開始有個呼聲，主張「不營造」社區，不要讓政府以嚴格的框架與標準流程的思維來限制社區發展的可能，而應鼓勵新價值、新模式的實踐（許主冠，2014），並且要營造生活（喻肇青，2014），透過培力讓居民在生活場域中增強生活實踐的能力。

　　前述批判點出臺灣社區營造的政策問題，雖然十分中肯，不過持平而言，若深入臺灣不同角落觀察不同社區在這些年的努力，也不難發現，不少已在這樣的過程中，發展出楊弘任（2014）在林邊所觀察到的「具公共性」社區行動的萌芽，以及李丁讚（2015）所強調的基層民主的實踐。在「動起來」的過程中，在地性重新被詮釋，認同被塑造，道德被重新建構，社會關係也會進行轉化，居民對公、私利益的權衡中，願意更積極轉化對立，尋求和諧共存的可能，塑造更具公共性的市民。這些看不見的成果，雖然很少成為各項計畫的成就指標，也很少能被具體測量，但這類社區體質的轉變正在各地真實發生，並回過頭來創造新的政策想像。例如，在屏東的藍色東港溪保育協會在執行縣府的「振興社區方案」時，經過一段時間的試誤，而嘗試從「企劃優先」的模式逐步轉變成「實作優先」，並在河堤改造的具體展示基層公共行動「功勞分享」的實踐，並進而鼓勵「為公而行」的風氣（楊弘任，2014：238）。

　　這些實踐不但改變了基層社區的行動生態，挑戰既有的地方派系政治（湯京平、陳冠吾，2013），也吸引許多外部組織的參與，與社區產生協力關係。除了前述藍色東港溪保育協會，還有許多公益組織，如中華民國社區

營造學會以及各地的社區大學，和不同社區形成長期的夥伴關係，其他基金會（如新故鄉、至善等）或社會企業（如光原、主婦聯盟消費合作社等）也在特定的治理項目上，提供不同社區在發展上關鍵的協助。隨著近年企業履行社會責任的風氣漸興，許多企業也開始挹注資源於社區營造（王本壯、藍欣怡，2014），其中信義房屋的「社區一家」方案行之多年，堪稱最有系統的民間支持力量。

Box 5-1

社區營造的創新範例

阿里山鄉山美村的鄒族人，早在 1980 年代末期就開始復育鯝魚，並在後來成立達娜伊谷「自然公園」，倡議生態旅遊和異族觀光。然而，在那個時空之下，這卻是相當大膽的創新。在許多人的眼裡，平淡的生態景觀缺乏如雲霄飛車等令人興奮的元素，要如何吸引觀光客，相當令人質疑。但隨著知性旅遊人口的增加，在地族人一邊揮著勇士刀，一邊以傳統知識進行精彩的生態解說，吸引了國內外大量遊客，無疑是結合科學知識與在地知識創造商機的典範。

圖 5-2　鄒族的社區營造
部落的社區營造經常伴隨生態旅遊的發展，也往往涉及很大的利益分配問題。(湯京平攝)

近年，科技部與教育部聯手鼓勵大學履行其社會責任，許多學校開始整理其社會實踐的能量，建構教師社群，嘗試把學術能量轉化成在地行動，讓師生創意和網絡導入鄰近社區的發展（施聖文、陳東升，2014）。在此多元參與的新架構下，臺灣的社區發展遂呈現「藉社群之力協助營造社區」以及「社區營造的手法與主題持續創新」等發展趨勢（曾旭正，2014）。

我國 1990 年代社區發展的努力和 1980 年代以來興盛的社會運動有何關連？

5. 操作策略

另一個值得關心的議題，是如何讓社區成為發展的動力。這些年累積許多經驗之後，檢視相對成功的經驗，可以歸納出一些想法，讓社區發展的行動者參考。茲從集體行動的發起維繫、外部資源的取得，以及相關制度的建立等面向，進行分析。

5.1 集體行動的發起和維繫

面對每日生活上遇到的公共議題，人們習慣等待政府來處理。解決納稅人的問題本來就是政府的職責，但在理論上，公領域和私領域的劃分在各個文化中不盡相同；在實務上，握有公權力的政府官員也不一定有能力或意願，將資源分配到特定地點給特定人群，以解決特定的問題。因此，透過民間集資或出力、以自力救濟的方式填補官府治理的空隙，解決較具急迫性的問題，自古有之。許多鄉規民約長期維繫，即便經歷改朝換代，也不受影響，如農業社會最關心的議題莫過於灌溉水的分配，因此各地都有相關的水利規約；許多照顧急難與鰥寡孤獨的慈善組織，如義莊與善堂，也在政府因戰亂而失能時，肩負起賑濟的責任。也有某些專業的行會，有時能獲得政府的授權，協助政府執行治理任務，如漕幫、商會等。

這種源自民間的自發性治理機制，可以被視為一種水平動員的集體行動。雖然其中許多會發展出某種層級結構，區分核心的菁英幹部與比較外圍的行動者，但這些組織的基本特色還是一種志願參與的性質，缺乏公權力對個人行動產生強制的效果。在缺乏強制力的前提下，很自然的問題就是，這類集體行動如何產生。研究集體行動的文獻指出，必然需要有一些結構

性的因素，爲集體行動鋪路。行動需要有標的，主要是要追求某些目標或是解決特定問題，因此，問題造成的威脅越大，目標越誘人，集體行動的驅力越強。此外，集體行動需要號召成員參與，地方成員的背景越單純、矛盾越少、共同遵守的傳統越多、分布的地理範圍越集中，通常就越容易動員眾人追求共同目標。

除了結構性因素，要成功發起集體行動最關鍵因素，還要有某些初始的動力來克服抗拒變革的慣性，或啟動如楊弘任（2014）所引 Bruno Latour 的文化轉譯的過程。這種動力的產生，多半來自具有創業精神（entrepreneur）的領導者和其追隨者所提供的想像與示範。領導者必須有某種宏觀的想像力，結合其對外界發展的趨勢，以及對在地條件優勢的認識，針對成員的需求提供打動人心的願景，並具備溝通的能力來說服社區成員這個願景並非遙不可及，讓更多旁觀者轉而以行動支持。成功的動員，需要洞悉成員參與行動的動機，並設法提供足夠的誘因。有些成員比較務實，希望從行動中獲得具體的好處，要吸引其參與，必須明確指出集體行動能爲大家爭取到的利益爲何，以及利益如何分配，做爲物質性誘因；另外有些成員比較具有理想性，能以一些道德訴求或遠大的抱負與其分享，做爲吸引其投入的目的性誘因；也有些人熱血奔騰，感情豐富，能以一些使其義憤填膺的說法，激發其鬥志，做爲情緒性誘因（emotional incentives）；還有些人則比較在意別人的看法，重視人際關係，則可以透過社會網絡的力量，促使其配合，就是一種社群性誘因。此外，許多參與者也許對集體目標不感興趣，但卻可能從參與集體行動獲得個人滿足，如在行動中建立與成員的關係以促成私人交易，或透過參與行動得以接近想追求的對象等，則被稱爲選擇性誘因（selective incentives）。越稱職的領導者，越能提供複合式的誘因組合，吸引成員投入，匯聚內部資源。

不管最初參與的成員基於何種動機參與集體行動，只要聲勢達到某個臨界的規模（critical mass），就會產生加速發展的效果。一方面參與規模越大，改變現狀的成功機會越大，容易吸引觀望的人加入；如果參與集體行動的成本不算太高，則可能產生一些「集體行爲」的現象，如形成一種流行而產生跟隨主流價值的羊群效應（bandwagon effect），或彼此模仿、力求表現

的社會助長效果（social facilitation）；如果參與必須付出頗大的成本，如付出相當沉重的勞務或財務，或抗爭活動可能遭到當權者清算，則參與規模大到相當程度時，能平均分攤成本，或讓個人能躲在群眾背後，獲得較大的安全感，有效降低心理成本。此外，參與者都不喜歡別人搭便車，因此參與者越多，社會壓力會變得越大，監視搭便車行為的網絡會變得更嚴密。當搭便車的行為能夠被控制，參與者感到更公平，參與意願也越能有效維持，形成一種正向循環。

5.2 外部資源的募集

集體行動雖然可能可以匯聚可觀的能量，但未必能夠達到行動的目的，畢竟客觀形勢可能限制較大，而行動者能量有限，蚍蜉難以撼樹。然而，許多集體行動，往往透過吸引外部資源的挹注，改變既有的權力與利益結構，創造非常驚人的成果。要吸引外部資源，除了靠領導人個人的人脈，想要擴大贊助來源，首先要被看見、被認識，因此如何取得大眾傳播媒體的關注和報導，往往是成功的第一步。在小眾傳播發達的網路時代，結合手機的社交網路服務，也常常有令人驚訝的宣傳效果。

取得發聲的管道只是擁有一個工具。要發揮工具的最佳效果，還必須靠管道傳達的內容。在地行動的領導者必須找到一些賣點，讓社區成員努力的故事能夠觸動人心，獲得共鳴。要找到賣點，必須理解更大社群的價值觀與發展趨勢，同時理解在地社群的特色與行動細節，堪稱是連結兩個社群的橋樑。一旦在地行動的故事能夠獲得主流價值的呼應，獲得廣大迴響，就可能吸引外部資源的挹注，克服資源不足的問題。例如，嘉義東石的船仔頭社區的營造，即由回鄉工作的報社記者推動，透過媒體的介紹，吸引遊客前往。

常見的外部資源包括政府部門、企業、非營利組織，乃至於廣大的社會。政府通常有一些相關的經費可以提供奧援，但需要一些正當的程序，以取得支助的正當性。早年環保署有社區環境競賽，優勝者可獲得相當豐厚的獎金。位居阿里山腰的山美社區即透過這筆獎金，改善對外聯絡道路，得以順利發展達娜伊谷的異族生態旅遊。九二一地震之後，南投縣的和興村村民

發起「砍檳榔、造綠林」的自力救濟活動，成為災後的明星社區。民進黨政府上臺後，為了展現災後重建的績效，給予大量支助，如以工代賑的員額，扶植其成立自然公園，以擺脫對檳榔的依賴。政府推動多年的社區營造政策，不論是鼓勵社區居民自發地撰寫發展計畫給予補助，還是透過競賽將成果推廣，都讓公部門的財務優勢能和在地能量結合，鼓勵在地居民勇於透過行動實踐其夢想。

由於政府的資金挹注往往需要透過計畫書來爭取，但撰寫計畫書卻是社區居民比較不擅長的工作。此時，非營利組織的陪伴，就顯得格外重要。很多成功的社區發展，都能發現特定非營利組織或團體的援手。例如，南投桃米社區一路發展下來，如今卓然有成，但新故鄉基金會的主持人廖嘉展到處奔走、抵押財產籌措經費，箇中艱辛實難為外人理解；另外，沿林邊溪畔的林邊（閩南）、建功（客家）、獅頭（平埔）、喜樂發發吾（排灣）等社區，則同時在藍色東港溪保育協會的輔導下，進行社區營造，串起一個完整的林邊溪右岸區塊發展。有時，這個非營利組織也可以是宗教組織，例如，長年深耕山地部落的長老教會，就在司馬庫斯建構其部落共同經營制度時，扮演重要的協調角色。近年，本質上介於公部門與非營利部門的大學，也逐漸在社區營造中扮演更吃重的角色，如臺南藝術大學師生在鄰近的土溝社區、清華大學在金面山社區、暨南大學在埔里的桃米，以及臺大城鄉所在福林、坪林等社區的長期投入，都為這些草根的努力，注入豐沛的專業能量。

除了前述非營利組織，近年更為蓬勃興盛的是各種社會企業。與社區發展密切相關的問題是青年能否及是否願意在家鄉找到工作，除了為家鄉注入經濟上的活水，也藉此讓社區問題獲得解決，包括老人照護以及年幼者教育資源的鞏固等。社會企業在概念上，乃是一種不以企業擁有者或持股者的最大利潤為訴求的企業，而是透過市場機制，在取得合理利潤的同時，能夠調動社會力量，解決社會問題，創造公共利益。若能夠讓青年找到素材而留在家鄉創業，在獲得穩定收入之餘，也能因建構新的產業鏈為社區創造更多工作機會，吸引更多外部資源，重建在地網絡，並進一步提供更完善的公共財貨與服務。知名的例子是南投縣竹山的何培鈞，在成功打響「天空的院子」民宿之後，也帶動竹山地區餐飲和工藝產品的復興。其「打工換宿」的創新

做法，製造一個交換平臺，讓有志於服務社區、磨練創業本領的在學青年，能夠找到一展身手的場域，而社區中需要專業協助的小事業單元，也能取得珍貴、客制化的專業服務。

圖 5-3　社區發展與外部資源

近年科技部以「人文創新與社會實踐」計畫，鼓勵大學把能量帶進鄰近社區，創造行動性的知識。圖為政治大學樂酷團隊帶領烏來原住民社區的織女們，赴北海道阿寒湖地區，了解當地和人企業（鶴雅飯店）如何與愛努人創造共榮互利的發展模式，由北海道大學的山崎與常本老師導覽。（湯京平攝）

5.3 制度的建構

社區發展涉及至少兩個層次的制度建構。首先，治理的集體行動要持續，必須從「運動」的本質轉為常態性的運作，因此需要建構能夠長久存在的誘因機制，長期募集資源，取代政府或企業等外部臨時挹注的助力。這類維繫行動的誘因機制，以市場的交易最為穩定，接觸面也最廣，因此大多社區營造，都有產業化的需求。市場的交換機制是社區與主流社會連結的臍帶，讓主流社會的資源能夠源源不絕地進入社區，讓社區得以援以解決其各項問題。但是這個機制若運用不當，也將使社區暴露在主流社會的資源掠奪

威脅之下。然而，市場型態也相當多元化，前述的「另類發展」則提供許多對應制度的多元想像。近年，由於網路科技所創造的新交易平臺，以及超越地域限制的人際網絡，「解方經濟」（the solution economy）得以大行其道，非傳統的經濟型態（如社會企業）得以在社區發展中被廣泛運用，冀能避免資本主義對社區弱勢經濟體的剝削。不管是合作社、社會企業，還是其他結合社會網絡與價格機制的創新形式，都是社區發展過程中至關重要的產物，讓理想與生產務實地結合，維繫成員的生計，進而維持社造的成果。

如果產業化制度的主要功能在於處理社區發展的對外關係，利益分配的制度則在於處理內部關係。社區營造的集體努力一旦有具體的成果，就可能導入相當可觀的外部資源，讓社區的內部關係產生質變。俗語說「可以一起打天下，但很難一起治天下」，畢竟打天下的時候，大家一無所有，基於對未來的想像，比較容易容忍過程中的摩擦。但涉及到資源分配的公平性時，對於不公道的憤怒很容易破壞對於理想的熱情，遏阻成員積極投入集體行動，因此許多集體行動都在成果初現之際，因內部摩擦驟增而終結。未雨綢繆之計，在於及早訂立利益分配的機制。規則在實際利益結構產生之前先談好，比較容易客觀公正，避免給人偏袒權力握有者的印象，也就容易維持和諧的關係與穩定的發展。此外，實質利益的外部誘因很容易摧毀追求理想的內部誘因，因此，及早設立公平的利益分配機制，也比較容易約束成員追求不當利益的企圖，避免產生外部誘因排擠內部誘因的效果。

Box 5-2

社區營造成功的反思

花蓮的豐田社區一直是社區營造的常勝軍，其五味屋也是網友熱情支持的景點，因此被認定是成功的社造應該很少有人反對，給予經費維護日本警察廳舍、豐田神社等古蹟也算有意義。但在光鮮亮麗的外表下，社造到底為村民帶來什麼影響，卻很少被外人理解。對多數務農的村民而言，觀光客帶來的困擾可能比利益更多。此外，社造過程中曾經熱心提供土地給社區無償使用的村民，卻得到珍貴植物被盜採的回報。

問題與討論 5-3
全球化和資本主義的盛行,對社區發展有何影響?社區發展如何回應此
一趨勢造成的問題?

6. 反思與結論

雖然社區治理有許多優勢,其挑戰也相當明顯。一般而言,基層社區的
發展常受到專業人才不足的限制。偏遠社區普遍缺乏能夠寫企劃案的人才,
很難爭取資源,更遑論具備創意巧思、前瞻視野、擁有規劃能力、能意識到
危機、能解決迫切問題的專業人才。而社區中具一呼百諾、協調鼎鼐魅力的
領袖人物,也可遇不可求。因此,社區營造的推廣,往往需要外部介入,從
培養社區營造人才開始,一步一腳印地推動相關理念與做法。人才的培養可
以從社會學習來落實。雖然臺灣社區營造的成果,常常是一窩蜂地複製某些
明星社區的創意,如到處都有獵人學校,到處都在種有機咖啡和有機茶,但
只要動起來,就有機會再強化文化的深度,同時發展新創意。

社區治理另外一個發展的瓶頸,是網絡治理中常見的派系化與利益輸送
問題。在基層組織中,彼此常有親族或血緣關係,人情壓力大,互惠原則也
更具主導性,公私界線不容易清楚區分。根據 Lomnitz(1988)的研究,當
權者給予「方便」的大小,和他與對方的親疏關係等比例,亦即,關係越近
者,互信基礎越深厚,越容易有法外交易,一方面因為道德上的衝突,二方
面這交易也比較安全,比較不會被查獲。換句話說,決策權放到越基層,公
共資源被用來營私舞弊的風險越高。同時,由於社會網絡是基層治理很重要
的元素,決策者容易依照親疏或忠誠度的差別來分配資源,因此容易產生效
忠對象的專屬性的要求,而有派系分裂的趨勢。要控制這些負面因素,社區
成員的「現代性」——包括法治精神的培養與對於公私領域的區隔——成為
重要的成功條件。

綜合而言,以社區為單位的治理,創造發展的契機,需要諸如人際網絡

與社會信任等傳統的元素，也需要法治精神與公私分野等現代化的要求；需要從既有文化資產中找到創新的元素，也需要利用快速發展的科技充分發揮在地優勢，不但連結在地與主流社會，讓資源導入社區，也要防止主流經濟對在地經濟的剝削。臺灣在經歷經濟快速發展與民主化之後，因緣際會之下取得必要的社會條件，達到上述條件的某個均衡點，而能累積可觀的社區發展成就，值得更多學術關注，俾對能在進一步發展的過程中，提供更多有學理基礎的行動指導。

圖 5-4　社區發展是一條「從居民到公民」之路

檢視許多社區發展成功的案例，最關鍵的應該是社區居民是否能培養公民性。社區營造的努力，往往以解決問題、改善生活開始，其過程必然產生許多利益紛爭。當此一過程讓多數居民培養公民性，能夠兼營公益與私利，並能在兩者衝突時取得某種平衡，就比較能看到社區發展的成效，並永續經營下去。圖中劉力學先生在臨海農場致力於推廣廚餘堆肥的製作與自然農法，改善臺灣的食安問題，即為公益與私利兼顧的顯例。（湯京平攝）

參考書目

王本壯、藍欣怡（2014）。〈企業參與社區營造的新趨勢〉，取自 http://sixstar.moc.gov.tw/frontsite/
cms/viewlistAction.do?method=doViewRead&ids=OTgwMDE=|NjAxMDE=$OTc4OTQ=|NjAxM
DI=$OTc4ODc=|NjAxMDI=$OTc2ODg=|NjAxMDI=$OTc1ODc=|NjAxMDE=|NjAx
MDI=$OTY3ODU=|NjAxMDI=$OTY3ODQ=|NjAxMDI=$OTY3ODM=|NjAxMDI=$OTY3NjI=|
NjAxMDI=$OTY3NjE=|NjAxMDI=$OTY3NjA=|NjAxMDI=$OTY3NTg=|NjAxMDI=$OTY3NTI
=|NjAxMDI=$OTYzNDA=|NjAxMDI=&contentId=OTY3ODU=&menuId=NjAx&subMenuId=Nj
AxMDI=

王惠君譯（1997）。《故鄉魅力俱樂部》。臺北：遠流。

李丁讚（2015）。〈社區營造與公民社會〉，收錄於《落地生根：臺灣社區營造的理論與實踐》。臺
北：唐山。

李大川譯（2014）。《政府失能下的新經濟革命：未來 10 年解決社會問題最重要的變革力量》。臺
北：商周。

許主冠（2014）。〈從社區營造到社區不營造──臺灣下一步的新社會解方〉，取自 http://sixstar.
moc.gov.tw/frontsite/cms/viewlistAction.do?method=doViewRead&ids=OTgwMDE=|NjAxMDE=$
OTc4OTQ=|NjAxMDI=$OTc4ODc=|NjAxMDI=$OTc2ODg=|NjAxMDI=$OTc1ODc=|NjAxMDE
=$OTY4NjI=|NjAxMDI=$OTY3ODU=|NjAxMDI=$OTY3ODQ=|NjAxMDI=$OTY3ODM=|NjAx
MDI=$OTY3NjI=|NjAxMDI=$OTY3NjE=|NjAxMDI=$OTY3NjA=|NjAxMDI=$OTY3NTg=|NjA
xMDI=$OTY3NTI=|NjAxMDI=$OTYzNDA=|NjAxMDI=&contentId=OTY3ODQ=&menuId=NjA
x&subMenuId=NjAxMDI=

施聖文、陳東升（2014）。〈以社區／地方參與為導向的「人文創新與社會實踐計畫」〉，取自 http://
www.hisp.ntu.edu.tw/publication/papers/1

郭恬君譯（2015）。《共享經濟時代：從分享房屋、技能到時間，顛覆未來產業與生活的關鍵趨
勢》。臺北：商周。

喻肇青（2014）。〈社區營造的趨勢：我們需要「進得了家門」的「生活營造」〉，取自 http://sixstar.
moc.gov.tw/frontsite/cms/viewlistAction.do?method=doViewRead&ids=OTgwMDE=|NjAxMDE=$
OTc4OTQ=|NjAxMDI=$OTc4ODc=|NjAxMDI=$OTc2ODg=|NjAxMDI=$OTc1ODc=|NjAxMDE
=$OTY4NjI=|NjAxMDI=$OTY3ODU=|NjAxMDI=$OTY3ODQ=|NjAxMDI=$OTY3ODM=|NjAx
MDI=$OTY3NjI=|NjAxMDI=$OTY3NjE=|NjAxMDI=$OTY3NjA=|NjAxMDI=$OTY3NTg=|NjA
xMDI=$OTY3NTI=|NjAxMDI=$OTYzNDA=|NjAxMDI=&contentId=OTY3NjE=&menuId=NjAx
&subMenuId=NjAxMDI=

曾旭正（2014）。〈回看與展望社造之路〉，取自 http://sixstar.moc.gov.tw/frontsite/cms/viewlistAction.
do?method=doViewRead&ids=OTgwMDE=|NjAxMDE=$OTc4OTQ=|NjAxMDI=$OTc4ODc=|Nj
AxMDI=$OTc2ODg=|NjAxMDI=$OTc1ODc=|NjAxMDE=$OTY4NjI=|NjAxMDI=$OTY3ODU=|
NjAxMDI=$OTY3ODQ=|NjAxMDI=$OTY3ODM=|NjAxMDI=$OTY3NjI=|NjAxMDI=$OTY3N

jE=|NjAxMDI=$OTY3NjA=|NjAxMDI=$OTY3NTg=|NjAxMDI=$OTY3NTI=|NjAxMDI=$OTYz
NDA=|NjAxMDI=&contentId=OTY3ODM=&menuId=NjAx&subenuId=NjAxMDI=

湯京平、陳冠吾（2013）。〈民主化、派系政治與公民社會——以嘉義縣的社區營造與「終結派系」為例〉，《臺灣民主季刊》，第 10 卷 2 期，頁 105-137。

黃麗玲（2014）。〈國土計畫、區域差距以及社區營造的新課題〉，取自 http://sixstar.moc.gov.tw/frontsite/cms/viewlistAction.do?method=doViewRead&ids=OTYzNDE=|NjAxMDI$OTYxNDI=|NjAxMDI=$OTYwMDU=|NjAxMDI=$OTQ3NTQ=|NjAxMDI=$OTQ3NTU=|NjAxMDI=$OTQ3NTM=|NjAxMDI=$OTQ3NTI=|NjAxMDI=$OTQ3NTE=|NjAxMDI=$OTQ3NTA=|NjAxMDI=$OTQ3NDk=|NjAxMDI=$OTQ3NDg=|NjAxMDI=$OTQ3NDc=|NjAxMDI=$OTQ2MDk=|NjAxMDI=$OTQ1Nzg=|NjAxMDI=$OTMzNDE=|NjAxMDI=&contentId=OTYwMDU=&menuId=NjAx&subMenuId=NjAxMDI=

楊弘任（2014）。《社區如何動起來：黑珍珠之鄉的派系、在地師傅與社區總體營造》。臺北：群學。

簡旭伸（2012）。〈回應「發展研究特刊序」：從南方看另類發展〉，《都市與計畫》，第 39 卷 2 期，頁 113-120。

Bellah, Robert, Richard Madsen, William M. Sullivan, Ann Swidler, and Steven M. Tipton (1985). *Habits of the Heart: Individualism and Commitment in American Life*. Thousand Oak, CA: University of California Press.

Gibson-Graham, J. K. (2006). *A Postcapitalist Politics*. Minneapolis. MN: University of Minnesota Press.

Hess, David (2009). *Localist Movements in a Global Economy*. Cambridge, MA: MIT Press.

Lomnitz, Larissa Adler (1988). Informal Exchange Networks in Formal Systems: A Theoretical Mode, *American Anthropologist,* 90 (1): 42-55.

Pieterse,Jan Nederveen (1998). My Paradigm or Yours? Alternative Development, Post-Development, Reflexive Development, *Development and Change,* 29 (2): 343-373.

Thrupp, Loris Ann (1989). Legitimizing Local Knowledge: From Displacement to Empowerment for Third World People, *Agriculture and Human Values,* 6 (3): 13-24.

第六章
從個體與性別不平等思考人類發展

李碧涵
國立臺灣大學國家發展研究所教授

蕭全政
國立臺灣大學政治學系暨研究所教授

1. 緒論

繼國際、國家、區域、都市與社區尺度的發展議題之後，本章將由身體尺度，主要是個體和性別不平等，來思考人類發展的問題。

我們將由1998年諾貝爾經濟學獎得主沈恩提出的個體能力途徑（capability approach）和發展即自由（Development as Freedom）談起。沈恩主張人類發展的目的在於個體自由的增進，而發展過程是要建構個體能力與自由，讓每個人都能享有自由選擇與機會平等。發展概念必須超越財富積累、GDP與技術進步等經濟變數，而更關注個體的生活品質與自由民主提升，例如，婦女就業自由。個體能力建構牽涉個體可享有的工具、資源和社會機會，也與社會環境和制度緊密關連。

本章第2節將評析沈恩的個體能力分析架構與發展即自由的理論文獻，以及有關不平等與經濟成長的研究新發現。第3與第4節則將分別從人類發展指數與個體不平等和選擇自由，及性別發展指數與性別身體自由和不平等，思考過去二十多年來有關人類發展的不平等問題。最後，結論也將針對個體與性別不平等已成為當前人類發展的主要絆腳石，提出我們要立即著手改革的必要性。

2. 理論和研究文獻評析

2.1 沈恩的個體能力途徑與發展即自由

2.1.1 個體能力與自由分析架構

哈佛大學經濟學家與哲學家沈恩（Sen, 1993, 1995, 1999）認為發展在於增進個體自由，主張要由個體能力來分析衡量人類福祉與發展。他提出個體能力與自由分析架構，聚焦在個體要有自由與機會（能力），過他們想過的生活，做他們想做的事，成為他們想成為的人；而且，此分析架構著重在福祉與發展之工具（means）與目的（ends）的不同，以及實質自由（能力）

與結果（達到作用）的差異，如圖 6-1 所示。個體達成的作用（achieved functionings）主要來自於兩個工具面向：1. 個體轉換因素，如性別、技能，資源和所得，以及 2. 社會轉換因素，如公共政策、社會規範、性別角色、社會層級、權力關係，和環境氣候等。故個體能取得的貨品與服務並非是人們唯一的工具，其他工具如社會脈絡，包括社會制度、社會和法律規範、他人的行爲特質，及環境因素等，也是能力擴張的重要投入（inputs）（Clark, 2005; Robeyns, 2005）。

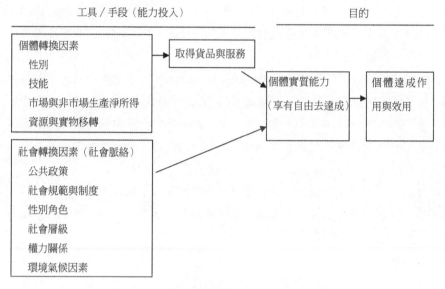

圖 6-1　沈恩的個體能力與自由分析架構

資料來源：李碧涵、蕭全政（2016）。

　　沈恩提出的個體能力與自由分析架構，主張只有發展目的具有內在重要性，工具只是有助於達成福祉增加與發展。沈恩提問：個體是否有足夠的工具或支援，以建立其能力與自由。個體能力的投入，也包含財政資源、經濟生產和政治制度等，能否有效保證思想自由、政治參與、社會文化實踐，及公共財等。沈恩是當前個體研究的先驅，尤其在教育與健康研究方面。沈恩提出新制度論的個體能力與自由分析架構，認爲個體能力的建構，主要來自於制度（安排）能否給予個體足夠的工具、資源和社會機會，讓個體能有充分的選擇自由，進而達到個體的成就。沈恩批判既有的福利經濟學全然只看

效用（utility），排除非效用資訊，如男女是否同工同酬（Robeyns, 2005）；他也批判傳統的新古典學派很少探討經濟體系的制度與結構問題。

新制度學派對人類發展的新看法

1998 年諾貝爾經濟學獎得主沈恩（Amartya Sen）

1993 年諾貝爾經濟獎得主諾斯（Douglass C. North）以降的新制度學派，包括諾斯本身、1998 年諾貝爾經濟學獎得主沈恩（Amartya Sen）、2001 年諾貝爾經濟學獎得主史迪格里茲（Joseph E. Stiglitz）和享譽國際的丹麥社會政策學者 Gøsta Esping-Andersen，都根據社會學家博蘭尼（Karl Polanyi）的《鉅變》（*The Great Transformation*）一書中市場經濟的制度分析。博蘭尼提出經濟的社會鑲嵌（social embeddedness of the economy）概念，認為市場是鑲嵌在整體社會，市場並不是完全依據供需法則而自主運作的實體，而且國家政策對現代資本主義的興起是不可或缺的。諾斯提出由制度變遷的角度分析經濟史，強調資本主義發展過程中制度過程對個人行為和組織運作的重要性。

沈恩則主張發展必須同時考慮自由與效率，以及自由與不均問題。市場效率本身並不保證公平分配，市場機制必須基於社會公平與正義，要透過社會機會的創造與普及來加以補充。市場的整體成就完全取決於政治和社會制度安排。

史迪格里茲認為人類為新自由主義全球化所付出的代價實在太高了，因為商業利益考量凌駕對社會公平正義、人權、民主，乃至環境的關切，全球發展只造福富人卻犧牲窮人，造福少數人而犧牲多數人。他認為經濟發展表現傑出的國家，採取的是廣泛發展策略，其所涵蓋範疇不只是資源與資本，還有整體社會轉型（以上請參見李碧涵、徐健銘，2010）。

Esping-Andersen（1987）提出 Polanyi 教導我們資本主義的存活是需要有社會保障的形式。因此若沒有某種程度去商品化，動態經濟是無法運作。國家可透過國家行動（stateaction）與政策，管制（regulate）或再製（reproduce）社會經濟制度（請參見李碧涵，2000）。

圖片來源：https://en.wikipedia.org/wiki/Amartya_Sen#/media/File:Amartya_Sen_NIH.jpg

沈恩則強調制度因素的必要性與重要性，包括政府必須提供公共財，如學校、公園、交通設施，而資本主義必須走向混合經濟（mixed economy）模式，其目標是透過促進平等與效率，以維護資本主義體系的穩定。資本主義要有更具公平性的措施，讓市場運作更為理想，而市場的整體成就完全取

決於政治與社會的安排。沈恩反對資本主義市場經濟的無限擴張，也反對社會主義國有制，主張改革資本主義，以謀求更大的平等與人性尊嚴。他強調**自由市場**要受規範，例如企業如果享有完全的自由市場則，可能會用低薪僱用勞工，故制度安排，例如《勞基法》的勞資規範，是很重要的（劉楚俊譯，2001a；Sen, 1999）。

　　沈恩認為市場分配導致貧富不均，而教育、健康與所得不均轉換成個體能力不足，也使得個體的機會與選擇受到限制。故市場必須結合社會機會的發展，要透過制度保障與社會安排，防止個體能力被剝削，確保個體立足點平等與選擇自由。創造社會機會是各國發展的核心議題，例如東亞經濟成就，來自於發展初期就進行教育及醫療擴張，突破個體社會機會不平等，而造就教育與**人力資源**發展的結果（劉楚俊譯，2001b）。

2.1.2 發展即自由

　　沈恩主張發展是擴張人們享有真實自由的過程，發展不只是經濟成長，尚包含社會機會的擴張與民主政治權利和自由的增進。自由的真諦，在於個人有能力做他認為有價值的事；貧窮是基本能力的剝奪，而不僅是低所得。故沈恩提出人類發展是要全面性的而不是只有經濟面，（經濟）發展的目的不是在追求經濟利潤極大化，而是在於追求個體自由的極大化。

　　因此，沈恩提出要採取寬廣且多面向的方式來分析人類發展，包括市場功能、**政府或國家角色**，及政治和社會制度等。他認為要多方面利用市場，並且結合社會機會發展，尤其強調各類型的自由，包括民主權益、安全保證、合作機會等。沈恩指出個體要享有五種工具自由：1. 政治自由，2. 經濟便利，3. 社會機會，4. 透明度保障，和5. 安全保障（劉楚俊譯，2001b）。

　　「政治自由」包括公民權，指個體有機會決定統治人選和治理原則，也可對當局提出批評。「經濟便利」指個體為了消費、生產和交換目的，能享有經濟基本權利和經濟資源的機會。「社會機會」指教育和醫療等社會安排，其影響個體追求生活品質的實質自由。「透明度保障」指個體在公開和透明度保障下，能與他人互動的自由。「安全保障」指提供社會安全網的制度安排，例如失業津貼、貧困補助和解救飢荒等，避免個體陷入生活困境。

自由市場
（free market）
指一國、區域或全球經濟體制完全尊重市場機能，讓市場依據供（給）需（求）法則而自由運作，相對於完全由政府掌控的中央計畫經濟。

人力資源
（human resources）
指一國勞動力的數量多寡和素質高低，例如勞動市場的人力資源指15-64歲之勞動力，可依其性別、年齡層、教育程度、婚姻、職業和國籍等狀況，加以探究其勞動力特質。

政府或國家角色
（governmental or state role）
指一國的政府或國家機關在政治經濟、社會文化和法律等各個面向扮演之角色。1929年經濟大蕭條後，凱因斯（John Maynard Keynes）提出當需求不足時，政府可透過公共工程建設創造需求，使經濟復甦。

這些工具自由，幫助個體可有自由生活的能力（劉楚俊譯，2001b）。

沈恩認為在當代資本主義制度下，個體自由權利可能因為階級或性別而受到壓制或侵犯，個人失業與貧窮也都是個體能力被剝奪的結果，而不只是沒有收入或低所得的問題而已；而且有些低薪勞工別無選擇；中東女性則被剝奪受教育的自由與權利；家庭婦女只能成為家務工，而無法到外面找工作，工作機會受到壓制；有些人出生低下階級，一輩子得到的社會機會就很少。故在勞動自由權方面，沈恩提出就業自由發展，例如女性要能尋求家庭外就業的自由，不過有些文化系統單向否定女性自由，嚴重侵害女性自由權及性別平等，不但妨礙女性經濟獨立與權益，也影響女性在家庭內的分配地位（劉楚俊譯，2001b）。

Box 6-2

諾貝爾和平獎得主（巴基斯坦） 瑪拉拉爭取女性受教權

2014 年諾貝爾和平獎得主之一——瑪拉拉（李碧涵翻拍自網路）

巴基斯坦少女瑪拉拉·尤沙夫賽（Malala Yousafzai）於 2012 年 10 月因為捍衛女性受教權，勇敢挺身對抗神學士威脅而遭神學士槍擊一度命危，兩年後（2014 年）年僅 17 歲的瑪拉拉成為諾貝爾和平獎得主之一。

瑪拉拉的家鄉位在巴國西北部普什圖部族地區，當地女性傳統地位低落、無法抒發己見，只能待在家中。瑪拉拉為爭取女性受教權遭神學士槍擊幸運生還後，已成為當地反抗好戰組織的象徵。

2013 年 7 月 12 日，瑪拉拉 16 歲生日當天，在聯合國演說時表示，「恐怖分子以為他們可以改變我們的目標，阻止我們的雄心壯志，但除了軟弱、恐懼和絕望消失，堅定、力量和勇氣誕生之外，我的生命並無任何改變。」瑪拉拉還說，她並不憎恨開槍射擊她的神學士槍手，就算她手裡有槍，而槍手就站在面前，她也不會開槍。「智者有云，『筆較劍更鋒利』一語是真的，極端分子害怕書和筆，因為教育的力量令他們膽寒，他們也害怕女性，女性聲音的力量讓他們恐懼。」聯合國秘書長潘基文更把瑪拉拉的生日訂為「瑪拉拉日」。瑪拉拉 2013 年獲歐洲議會頒發表彰人權的「沙卡洛夫獎」。

瑪拉拉獲得諾貝爾和平獎，無疑是提醒世人，伊斯蘭世界還有無數婦女生活在極端組織控制和社會政治制度規範下，根本無身體自由可言，她們亟需全世界投以同樣的關注，伸出援手。

2014 年 7 月，瑪拉拉（中）造訪奈及利亞首都阿布札，與逃出激進組織「波可哈蘭」魔掌的女學生同臺，一起聲援仍被綁架的女學生。（李碧涵翻拍自網路）

參考資料

17 歲瑪拉拉獲諾貝爾和平獎史上最年輕
http://news.ltn.com.tw/news/world/paper/820582
瑪拉拉護女權挨槍也不怕
http://www.chinatimes.com/newspapers/20141011000305-260102
喚醒世人關注伊斯蘭女權問題
http://www.chinatimes.com/newspapers/20141011000305-260102

　　本章作者認為，真正的自由不是像美式自由只談論個體自由與政治民主自由，還有經濟民主和社會民主。經濟民主指經濟生產與利潤的公平分配。資本主義事實上是隱含不公平的分配體制，尤其美式自由主張個體或企業在市場中努力的多就會得的多，而其經濟民主只強調員工分紅入股。但北歐認為企業獲利不只是基於個體或企業的努力，而是社會總體發展的結果，因此其經濟民主強調企業所有權與獲利是要與勞工共享的。

　　經濟民主是比政治民主又往前跨了一大步，但還是不夠的。Esping-Andersen（1990, 1999, 2002）提出北歐社會民主國家透過生產主義（productivism），提供個體要做任何事情的資源。例如失業時政府會免費提供教育或訓練機會，而可接受教育或學得第二專長；還有失業津貼是基於公民權而給予的福利。

　　沈恩談論的社會民主，是指基於公民權，讓每個個體都能享有社會權，如工作權、受教權、性別關係、生活權、環境權、醫療權利及福利，包括兒童福利、老人福利和社會救助等。國家要提供社會機會及公共財，讓個體有能力工作或做其他事情（劉楚俊譯，2001b）。社會權如親職假與育嬰假，是尊重個體自由安排其個人與家庭生活。另外，北歐的教育和醫療完全免費，提供給個體完全平等的教育與醫療機會。

圖 6-2　澳洲昆士蘭大學學習之旅（2006）
國家與社會要給予個體足夠的資源與機會做個人學習與獨立發展。（李碧涵攝）

　　沈恩的個體能力途徑與發展即自由是廣泛的概念架構與理論典範，是人類發展的理論基礎，也可評估個人或團體福祉程度（例如不平等、貧窮）、社會安排、政策設計，及社會變遷提議（Robeyns, 2005）。聯合國發展計畫署根據沈恩的個體能力途徑，自 1990 年發展出人類發展指數、性別發展指數及性別不平等指數（Gender Inequality Index, GII），並每年出版人類發展報告（human development report），其各年報告都強調經濟增長本身並不能自動轉化為人類發展進步；只有憑藉大量投資於個體的教育、健康和工作技能等的發展政策和脫貧的社會政策，才能確保人類發展持續進步。

2.2 有關不平等與經濟成長的研究新發現

　　歐盟執委會（European Commission, 2014）最新研究發現指出，不平等不利於經濟成長，以及經濟成長最重要的因素是人力資源。此項研究結果包括：1. 單靠經濟成長本身是不足以帶動就業的增加，2. 就業成長不一定帶來足夠的所得成長，和 3. 稅和所得移轉不一定確保足夠的所得重分配。研究建議我們反向思考：為何勞動市場的失業，及不平等和貧窮，會影響 GDP 成長呢？也就是為何社會和勞動市場的不平等會影響 GDP 成長？主要原因有三：短期而言，較高的失業率、不平等和貧窮，會經由制約購買力與消費，而不利於 GDP 成長；中期而言，缺乏財務資源會導致家戶無法負擔債務，而危及未來 GDP 成長；長期而言，較高度的不平等和貧窮，會使許多

家戶沒有機會得到教育和健康服務，而衝擊人力資源，終而影響潛在 GDP
成長（李碧涵、蕭全政，2016）。

值得一提的是歐盟執委會（European Commission, 2014）得到的二項研
究結論是：1. 較平等的社會在成長與就業復甦方面表現得較好，因為在短期
有助於消費，且在教育機會與健康服務的差異會影響人力資本與長期經濟成
長；2. 高度就業的社會有較嚴格的就業保障立法，及社會保障結合勞動市場
積極化政策（activation policy，主要是就業服務和訓練）。研究建議我們要
有更多公共支出與社會投資，尤其在教育、積極勞動市場計畫（指政府針對
接受所得給付者或可能被永遠擠出勞動市場者，設計各種政策與措施，以取
代消極的所得或失業給付；其目的是希望透過教育、職業訓練或再訓練、團
體互助過程、講習或實習計畫，甚至是貨幣性資源的給付等，幫助標的團體
進入或再進入勞動市場（李碧涵，2002））、訓練，以及健康方面。

OECD 最新研究發現也指出，所得不平等降低將會提振經濟成長，而且
所得不平等降低的國家較不平等加大的國家反而能成長更快。影響成長的單
一且最大因素是中下階級和貧窮家戶與社會其他階級間鴻溝擴大，而教育是
關鍵，因不平等傷害成長，其背後的要素是窮人缺乏教育投資。若一國提倡
所有人從幼年開始都有平等機會，則此國就能成長繁榮。墨西哥和紐西蘭在
全球金融危機發生前的二十年間，因不平等擴大而使成長率減少 10%；同
期義大利、英國和美國所得差距若不擴大的話，可使成長率提升 6-9%；瑞
典、芬蘭和挪威也是一樣，雖然其所得不均從很低的水準開始。另一方面，
危機前的西班牙、法國和愛爾蘭則是更為平等，而有助於增加人均國內所
得。不平等對成長的衝擊在於最底層的 40% 和社會其他階層間的鴻溝，而
不只是最窮的 10%，因此對抗貧窮計畫是不夠的。現金移轉和公共服務，
例如高品質的教育、訓練和健康照護，都是主要的社會投資，長遠而言，
可創造更大的機會平等。至於所得重分配政策（如稅和社會給付），若有良
好設計、目標導向和執行的話，並不會傷害經濟成長（Cingano, 2014；李碧
涵、蕭全政，2016）。

2001 年諾貝爾經濟學獎得主史迪格里茲（李明譯，2010；Stiglitz,
2002）早就指出，世界銀行最新研究發現分配公平與經濟成長可以兼顧，而

且較均等的政策似乎更有利於成長。各國政府仍具有自主權力選擇應該實行的政策，以達成永續、公平與民主的成長，而這正是發展的目標。發展應該要讓整個社會轉型，改善窮人生活，讓人人都有成功的機會，也都能享受良好的醫療與教育（李碧涵、徐健銘，2010）。

2008 年全球金融危機後，史迪格里茲（羅耀宗譯，2013；Stiglitz, 2012）認為政治體系無法矯正**市場失靈**，經濟和政治體系從根本上就不公平，而分配不公是政治體系失能的因和果，導致經濟體系不穩定，而這又造成分配不平等的情況惡化。我們為分配不均付出很高的代價——經濟體系不穩定、效率和成長減緩，並且陷民主體制於岌岌可危之際；而且當總體經濟政策失敗、失業激增時，底層受害最烈（李碧涵、蕭全政，2014；2016）。

由上述相關理論與研究文獻，我們可知不平等已成為當前多項問題的核心。本章將運用聯合國發展計畫署各年的人類發展報告及其他研究資料，分析臺灣與全球的個體與性別不平等問題。

> **市場失靈**
> （market failure）
> 指市場之供給、需求與價格間的自由運作出現問題，其原因包括資訊不充分、經濟權力的存在、公共財的提供，及市場不確定性風險等。

問題與討論 6-1

請討論不平等與經濟成長的關係為何？請以實例說明為什麼平等會有助於經濟成長呢？

---

3. 人類發展指數與個體不平等和選擇自由

3.1 人類發展指數與發展轉型的重要因素

聯合國發展計畫署的人類發展指數（HDI）有三個面向：壽命、教育程度和資源掌控（以收入衡量）。2012 年 HDI 全球平均值為 0.694，如表 6-1 顯示，以區域而言，HDI 值最高的是歐洲和中亞為 0.771，其次是拉丁美洲和加勒比海地區 0.741，再其次為東亞和太平洋地區 0.683，最低的是撒哈拉以南非洲 0.475，次低的是南亞 0.558。就內容而言，生命期望值以極高 HDI 群組（此群組主要有挪威、澳洲、美國、荷蘭、德國、紐西蘭、愛爾蘭、瑞典、瑞士、日本、加拿大、南韓、香港、冰島和丹麥）80.1 年為最高，

比低度 HDI 群組 59.1 年高出三分之一。平均教育年限以極高 HDI 群組 11.5
年爲最高，比低度 HDI 群組 4.2 年高出近三倍。預期受教育年限顯示低度
HDI 群組爲 8.5 年，將接近高度 HDI 群組的平均教育年限 8.8 年。人均國民
所得以極高 HDI 群組 33,391 美元爲最高，比低度 HDI 群組 1,633 美元高出
二十多倍（UNDP, 2013）。

表 6-1　人類發展指數與內容，依區域和 HDI 群組分，2012 年

區域和 HDI 群組	人類發展指數（HDI）	生命期望值（年）	平均教育年限	預期受教育年限	人均國民所得（2005 年購買力平價／美元）
區域					
阿拉伯國家	0.652	71.0	6.0	10.6	8,317
東亞和太平洋地區	0.683	72.7	7.2	11.8	6,874
歐洲和中亞	0.771	71.5	10.4	13.7	12,243
拉丁美洲和加勒比海地區	0.741	74.7	7.8	13.7	10,300
南亞	0.558	66.2	4.7	10.2	3,343
撒哈拉以南非洲	0.475	54.9	4.7	9.3	2,010
HDI 群組					
極高	0.905	80.1	11.5	16.3	33,391
高度	0.750	73.4	8.8	13.9	11,501
中度	0.640	69.9	6.3	11.4	5,428
低度	0.466	59.1	4.2	8.5	1,633
全球	0.694	70.1	7.5	11.6	10,184

資料來源：United Nations Development Programme（2013）。

聯合國發展計畫署（UNDP, 2013）特別提出開發中國家有三個發展轉
型的重要因素能成功改變人類發展前景，包括政治面積極主動的發展型政
府、經濟面不斷開發的全球市場，和社會面堅定不移的社會政策創新。首
先，積極的發展型政府必須提出有效的產業政策而形成國家競爭優勢，並以
人爲本創造更多發展機會，而且政府要增加公共投資，尤其在醫療、教育和
各種公共服務領域，以提高個體能力，並實現公平和持續性的發展；其次，
政府必須持續開放國內市場與拓展國外市場，且承諾機會平等，使個體能平
等享受發展成果，如此才是成功的發展策略；再者，各國要提供足夠的社會
服務與公共服務，並且要有寬廣的發展策略以增強社會凝聚力，促進社會融
合，解決不平等問題。

聯合國發展計畫署（UNDP, 2013）認為此三個發展轉型的要素讓開發中國家如巴西、印度和中國，有獨特的發展轉型經驗，在全面國家介入與英美倡導的華盛頓共識──新自由主義完全自由市場間，做成功的政治經濟和社會政策選擇。

3.2 個體不平等與選擇自由滿意度

聯合國發展計畫署（UNDP, 2013）指出，過去二十年全球大部分區域收入不平等現象加劇，而健康和教育不平等則已較為緩和，可見圖 6-3。1990-2010 年全球由非洲、南亞、亞洲到先進國，健康不平等都是下降的趨勢，意味個體可使用的健康資源越來越均等。全球健康不平等以非洲為最高，歐洲與先進國家最低，東亞居中。同期各國或區域教育不平等遞減，即個體的教育機會越來越平等，全球以歐洲教育最為平等，阿拉伯國家教育平等改善比非洲多，南亞例如印度、斯里蘭卡和孟加拉等教育不平等最為嚴重。

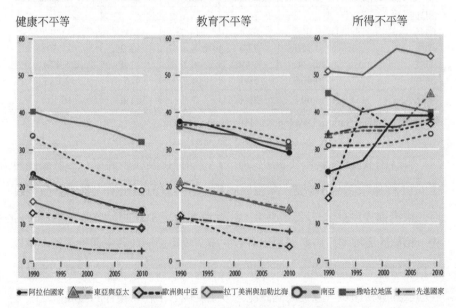

圖 6-3　1990-2010 年各區域的健康、教育和所得不平等

資料來源：United Nations Development Programme（2013），p. 32。

與上述健康與教育不平等改善趨勢相反的是，過去二十年各區域所得不平等持續擴大。拉丁美洲國家所得不平等幾乎為全球最高，其**所得分配吉尼係數**都在 0.60 上下。圖 6-3 顯示 1995-2002 年拉美國家所得不平等惡化，之後稍有趨緩。東亞則自 2003 年所得不平等快速惡化，阿拉伯國家所得不平等也擴大。全球以南亞國家所得最為平等，例如越南和緬甸。歐洲所得不平等僅次於南亞，1990-1995 年所得不平等急速擴大，之後已趨緩。其他先進國家所得不平等比歐洲稍微高些。

聯合國發展計畫署（UNDP, 2013）進而提出依不平等調整的人類發展指數（Inequality-adjusted HDI, IHDI），2012 年 IHDI 數值和全球排名如表 6-2 顯示。各國 IHDI 數值都降低，因各國都有或多或少不平等。IHDI 和 HDI 全球排名不變的如挪威（第 1）、澳洲（第 2）、荷蘭（第 4）和德國（第 5）。IHDI 排名比 HDI 排名退步的如美國（由第 3 退至第 16）和南韓（第 12 退至第 28），前進的如北歐瑞典（由第 7 進至第 3）、冰島（第 13 進至第 8）、丹麥（第 15 進至第 9）和芬蘭（第 21 進至第 11），及斯洛維尼亞（第 21 進至第 10）。

所得分配吉尼係數
（income distribution Gini coefficient）
指測量Lorenz曲線（戶數、所得累積百分比各為橫、縱軸的所得分配曲線）與完全均等直線間之面積，對完全均等直線以下三角形面積之比率。係數越大，表示家戶所得分配越不平均。

表 6-2　2012 年依不平等調整的人類發展指數（IHDI）數值和排名

人類發展指數 (HDI)		依不平等調整的人類發展指數（IHDI）	
HDI 排名	數值	數值	排名
1 挪威	0.955	0.894	1
2 澳洲	0.938	0.864	2
3 美國	0.937	0.821	16
4 荷蘭	0.921	0.857	4
5 德國	0.920	0.856	5
6 紐西蘭	0.919	-	-
7 愛爾蘭	0.916	0.850	6
7 瑞典	0.916	0.859	3
9 瑞士	0.913	0.849	7
10 日本	0.912	-	-
11 加拿大	0.911	0.832	13
12 南韓	0.909	0.758	28
13 香港	0.906	-	-
13 冰島	0.906	0.848	8
15 丹麥	0.901	0.845	9

資料來源：United Nations Development Programme（2013）。

　　表6-3顯示因不平等造成HDI值降低的區域主要仍在低度HDI群組，2012年降幅達33.5%，極高HDI群組只降低10.8%；就區域而言，HDI值降低最多的是撒哈拉以南非洲地區降35.0%，次多的是南亞降29.1%，可見非洲與南亞存在著極高不平等。表6-3也顯示2007-2011年選擇自由滿意度以極高HDI群組的選擇自由滿意度81.5%為最高，低度HDI群組只有61.8%；以區域言之，阿拉伯國家選擇自由滿意度54.6%為最低，顯見阿拉伯國家仍有很多對個體選擇自由的限制；但令人訝異的是次低滿意度為歐洲與中亞58.5%。另外，2007-2011年社區滿意度以極高HDI群組回答對社區滿意者85.9%為最高，低度HDI群組只有72.2%；以區域而分，社區滿意度最低的是撒哈拉以南非洲地區65.2%，次低的是阿拉伯國家67.6%。

表6-3　個體不平等與選擇自由和社區滿意度

HDI 群組和區域	因不平等造成 HDI 值降低 (%) 2012 年	選擇自由滿意度 (回答滿意 %) 2007-2011 年	社區滿意度 (回答是 %) 2007-2011 年
HDI 群組			
極高	10.8	81.5	85.9
高度	20.6	66.3	76.4
中度	24.2	77.8	79.9
低度	33.5	61.8	72.2
區域			
阿拉伯國家	25.4	54.6	67.6
東亞和太平洋地區	21.3	78.7	80.1
歐洲和中亞	12.9	58.5	76.5
拉丁美洲和加勒比海地區	25.7	77.9	79.0
南亞	29.1	72.9	83.2
撒哈拉以南非洲	35.0	69.1	65.2
全球	23.3	73.9	79.0

資料來源：United Nations Development Programme（2013）。

　　聯合國發展計畫署（UNDP, 2013）認為，過去數十年全球已朝向更高人類發展指數邁進，尤其中低指數國家進步最快；但人類發展若伴隨所得不平等、消費低落、高額軍費支出和社會凝聚力下降，則這種人類發展將無法讓人滿意或持續。不過這些年來先進國家失業率居高不下，勞動者實質工

資沒有明顯增長，而高收入階層的收入卻持續大幅增加，使得不平等現象日趨嚴重。儘管來自公民社會的強大壓力，如南歐國家或歐元區國家（除了德國），政府關心的主要議題仍是財政緊縮，而大幅削減社會保障。英國的公共投資削減額約為國內生產總值的 2%。各國削減支出會降低社會總體需求，加上嚴重的收入不平等現象，使得經濟很難完全復甦，失業者也更難重返工作崗位（UNDP, 2013）。

3.3 臺灣個體不平等與選擇自由

關於臺灣個體不平等與選擇自由，我們將分別檢視其**非典型就業**增加、低薪與工作貧窮、家戶所得分配惡化，和個體社會權受限等問題。

本世紀以來，臺灣非全時或非永久性的非典型工作者逐年遽增，包括部分工時（由受訪者自行認定工作時間是遠低於全時工作者）及臨時性或人力派遣工作者，已由 2008 年 65.0 萬人增加至 2013 年 75.9 萬人，占總就業者 6.94%（行政院主計總處，2015）。而且根據 2014 年 5 月勞動部調查資料顯示，部分工時工作者中，有 37.4% 是工時不足而希望增加工作時數，其中 21.9% 因收入不高而希望增加收入，4.1% 希望成為全時工作者。值得注意的是非自願性的部分工時工作者，占部分工時總就業者有 4.3%，其中 2.0% 找不到全時工作，1.5% 因家庭因素無法擔任全時工作；而且壯年（25-44歲）及中高齡（45-60 歲）之非自願部分工時就業的比例較高，各占 6.7% 及 6.4%，其中因找不到全時工作的壯年有 3.5%，中高齡有 3.0%；就身分而言，家庭主婦（夫）非自願的比率占 8.1% 較高，其中 5.1% 是因家庭因素無法擔任全時工作，這些勞動個體的就業機會嚴重受限（勞動部，2015）。

在勞動個體低薪方面，2014 年受僱者每月平均實質薪資是 45,494 元，仍不如 1999 年的 46,040 元，受僱者薪資倒退到十五年前水準（行政院主計總處，2014a）。同年受僱者每月薪資不到 3 萬元共 348.3 萬人，占整體受僱者 40%（行政院主計總處，2015）。如前述 OECD 最新研究結果指出，貧窮已經不是所得最低 10% 的問題，而是最低 40% 中下層與社會其他階層間的鴻溝（Cingano, 2014；李碧涵、蕭全政，2016）。

非典型就業（atypical or non-standard employment）
指部分工時及臨時性人力派遣。前者依 OECD 定義是主要工作每週平均工作時數少於三十小時，後者具有三方勞動關係，即派遣機構（如1111人力銀行）、要派機構（如企業單位）和派遣勞動者。

在所得分配方面，臺灣所得分配吉尼係數自 1980 年代後期開始一路飆升，顯示家戶所得分配不均不斷惡化。1988 年吉尼係數超過 0.3（是 0.303），家戶可支配所得第五分位組為第一分位組之 4.85 倍。2000-2001 年全球經濟同步不景氣和網路經濟泡沫化後，2001 年吉尼係數高達 0.350，家戶可支配所得五分位倍數遽升為 6.39 倍，之後降至 6.0 倍左右，但 2008 年全球金融危機後，2009 年吉尼係數又高達 0.345，家戶可支配所得五分位倍數激增至 6.34 倍。2013 年吉尼係數稍降為 0.336，所得五分位倍數為 6.08 倍（行政院主計處，2013；李碧涵、蕭全政，2016）。

其次就家庭可支配所得五分位分配比而言，2013 年最高所得第五分位組掌控高達 39.96% 家庭可支配所得，也就是有四成的家庭可支配所得是掌控在最高 20% 家戶；其次，第四分位掌握 23.60% 家庭所得；第三分位只擁有 17.49% 家庭所得；第二分位與第一分位更分別只僅有 12.38% 和 6.57% 家庭可支配所得（行政院主計處，2013）。另外根據財政部統計，2013 年綜合所得按高低分成 20 等分，所得最低 5% 家庭平均年所得只有 4.4 萬元，所得最高 5% 家庭平均所得高達 437.3 萬元，所得差距飆升至 99.39 倍，創歷史新高（自由時報，2015/07/01）。

至於個體社會權方面，臺灣與全球其他國家相同的境遇是政府財政緊縮和市場化措施而造成個體的社會權受限，包括教育權受限，因學費飆漲；醫療權受限，因醫院營利取向使醫療費用高漲；居住權受限，因外資／資本家炒作房地產，房價高漲數倍；工作權受限，因勞工任意被資方解僱、壓低薪資、剝奪勞健保與退休福利；生活品質權受限，因生活水準倒退、個人／家庭陷入貧窮。各國如何在市場、國家，以及家庭／社區之間做出最適選擇、平衡經濟成長與社會分配、護衛人民社會權、縮小貧富差距，和維持生活品質，端視政府是否能做出智慧的政策選擇（李碧涵、蕭全政，2014）。

問題與討論 6-2

試列舉臺灣個體不平等主要呈現在哪些面向呢？與其他國家可能有哪些不同呢？

4. 性別發展指數與性別身體自由和不平等

4.1 性別發展指數與性別不平等

聯合國發展計畫署在 1995 年人類發展報告中,以專刊分析性別與人類發展,並提出以性別發展指數(GDI),和性別賦權衡量(gender empowerment measurement, GEM)來測量性別不平等。

GDI 有四個測量內容,包括兩性所得比率、生命期望值、成人識字率,和小學至高教總註冊率,全球排名前 10 名分別是瑞典、芬蘭、挪威、丹麥、美國、澳洲、法國、日本、加拿大和奧地利,如表 6-4 所示。女性占所得比例以瑞典 41.6% 為最高,接著為芬蘭 40.6%、捷克 40.5%、丹麥 39.8%,美國女性占所得比例只有 34.6%,義大利則更低只有 27.6%。女性生命期望值都高於男性;成人識字率方面則兩性都一樣高達 99%,除巴貝多之外;小學至高教總註冊率則是女性高於男性,除了日本與奧地利是男性高於女性,加拿大則兩性都是 100%。

至於 GEM 有四個測量內容,包括女性國會議員席次比例,女性行政職與經理比例,女性專技人員比例,和女性占所得比例,如表 6-5 所示。1995年 GEM 全球排名前 4 名依序為北歐瑞典、挪威、芬蘭和丹麥。就性別賦權衡量的內容而言,1994 年女性國會議員席次比例以挪威 39.4% 為最高,其次是芬蘭 39.0%,瑞典 33.5% 和丹麥 33.0%。1992 年女性行政職與經理比例以加拿大 40.7% 為最高,其次依序為美國 40.2%、瑞典 38.9% 和義大利 37.6%。1992 年女性專技人員比例的前 4 名都是北歐國家,以瑞典 63.3% 為最高,其次為丹麥 62.9%、芬蘭 61.4% 和挪威 56.5%。1992 年女性占所得比例,以瑞典 41.6% 為最高,其次為芬蘭 40.6%、丹麥 39.8% 和挪威 37.8%,美國女性占所得比例只有 34.6%,義大利更低為 27.6%,荷蘭也只有 25.2%。

表 6-4　1995 年性別發展指數（GDI）全球排名與數值前 15 名

1995 年性別發展指數排名／數值	性別發展指數 (GDI)							
	兩性所得比例 (%)		1992 年生命期望值		1990 年成人識字率 (%)		1992 年小學至高教總註冊率 (%)	
	女	男	女	男	女	男	女	男
1. 瑞典 (0.919)	41.6	58.4	81.8	75.4	99.0	99.0	79.3	76.7
2. 芬蘭 (0.918)	40.6	59.4	79.6	71.7	99.0	99.0	100.0	90.6
3. 挪威 (0.911)	37.8	62.2	80.3	73.6	99.0	99.0	88.6	86.4
4. 丹麥 (0.904)	39.8	60.2	78.2	72.5	99.0	99.0	85.6	82.3
5. 美國 (0.901)	34.6	65.4	79.3	72.5	99.0	99.0	98.1	91.3
6. 澳洲 (0.901)	36.0	64.0	80.6	74.7	99.0	99.0	80.3	77.5
7. 法國 (0.898)	35.7	64.3	80.0	73.0	99.0	99.0	87.5	83.5
8. 日本 (0.896)	33.5	66.5	82.5	76.4	99.0	99.0	76.3	78.4
9. 加拿大 (0.891)	29.3	70.7	80.7	74.2	99.0	99.0	100.0	100.0
10. 奧地利 (0.882)	33.6	66.4	79.2	73.0	99.0	99.0	82.0	85.9
11. 巴貝多 (0.878)	39.4	60.6	77.9	72.9	96.3	97.8	73.1	74.8
12. 紐西蘭 (0.868)	30.9	69.1	78.6	72.5	99.0	99.0	85.6	83.5
13. 英國 (0.862)	30.8	69.2	78.7	73.6	99.0	99.0	77.4	76.1
14. 義大利 (0.861)	27.6	72.4	80.6	74.2	99.0	99.0	70.3	69.0
15. 捷克 (0.858)	40.5	59.5	74.9	67.2	99.0	99.0	69.0	67.6

資料來源：李碧涵、蕭全政（2016）；原始資料來自 United Nations Development Programme（1995）。

表 6-5　1995 年性別賦權衡量（GEM）全球排名與數值前 10 名

1995 年性別賦權衡量全球排名／數值	性別賦權衡量（GEM）			
	1994 年女性國會議員席次比例 (%)	1992 年女性行政職與經理比例 (%)	1992 年女性專技人員比例 (%)	1992 年女性占所得比例 (%)
1. 瑞典 (0.757)	33.5	38.9	63.3	41.6
2. 挪威 (0.752)	39.4	25.4	56.5	37.8
3. 芬蘭 (0.722)	39.0	23.9	61.4	40.6
4. 丹麥 (0.683)	33.0	14.7	62.9	39.8
5. 加拿大 (0.655)	17.3	40.7	56.0	29.3
6. 紐西蘭 (0.637)	21.2	32.3	47.8	30.9
7. 荷蘭 (0.625)	29.3	13.5	42.5	25.2
8. 美國 (0.623)	10.3	40.2	50.8	34.6
9. 奧地利 (0.610)	21.1	16.4	48.0	33.6
10. 義大利 (0.585)	13.0	37.6	46.3	27.6

資料來源：李碧涵、蕭全政（2016）；原始資料來自 United Nations Development Programme（1995）。

　　聯合國發展計畫署近年來則另以五個指標來測量全球性別不平等，包括產婦死亡率、青少年生育率、女性國會議員席次比例、高中教育程度比例，和勞動參與率，如表 6-6 所示。性別不平等指數數值越低表示性別越平等，2012 年 GII 數值最低的全球排名前 15 名依序是：1. 荷蘭、2. 瑞典、3. 瑞士、丹麥、5. 挪威、6. 德國、芬蘭、8. 斯洛維尼亞、9. 法國、10. 冰島、11. 義大利、12. 比利時、13. 新加坡、14. 奧地利和 15. 西班牙。另外還有排名 18. 加拿大、21. 日本、27. 南韓、31. 紐西蘭、34. 英國和 42. 美國。

表 6-6　2012 年性別不平等指數（GII）全球排名

2012 性別不平等指數全球排名／數值	性別不平等指數（GII）							2012 HDI 排名
	孕產婦死亡率（人／10 萬活嬰）	未成年（15-19 歲）生育率（‰）	女性國會議員比率（%）	2006-2010 年中等以上教育程度占 25 歲以上人口比率（%）		2011 年 15 歲以上勞動力參與率（%）		
	2010	2012	2012	女	男	女	男	
1. 荷蘭 (0.045)	6	4.3	37.8	87.5	90.4	58.3	71.3	4
2. 瑞典 (0.055)	4	6.5	44.7	84.4	85.5	59.4	68.1	7
3. 瑞士 (0.057)	8	3.9	26.8	95.1	96.6	60.6	75.0	9
3. 丹麥 (0.057)	12	5.1	39.1	99.3	99.4	59.8	69.1	15
5. 挪威 (0.065)	7	7.4	39.6	95.6	94.7	61.7	70.1	1
6. 德國 (0.075)	7	6.8	32.4	96.2	96.9	53.0	66.5	5
6. 芬蘭 (0.075)	5	9.3	42.5	100.0	100.0	55.9	64.2	21
8. 斯洛維尼亞 (0.080)	12	4.5	23.1	94.2	97.1	53.1	65.1	21
9. 法國 (0.083)	8	6.0	25.1	75.9	81.3	51.1	61.9	20
10. 冰島 (0.089)	5	11.6	39.7	91.0	91.6	70.8	78.4	13
11. 義大利 (0.094)	4	4.0	20.7	68.0	78.1	37.9	59.6	25
12. 比利時 (0.098)	8	11.2	38.9	76.4	82.7	47.7	60.6	17
13. 新加坡 (0.101)	3	6.7	23.5	71.3	78.9	56.5	76.6	18
14. 奧地利 (0.102)	4	9.7	28.7	100.0	100.0	53.9	67.6	18
15. 西班牙 (0.103)	6	10.7	34.9	63.3	69.7	51.6	67.4	23

資料來源：作者修改自 United Nations Development Programme（2013）。

就上述五個 GII 詳細言之，表6-6顯示：（一）孕產婦死亡率較低的六國依次是新加坡、瑞典、義大利、奧地利、芬蘭和冰島；（二）青少年生育率較低的六國是瑞士、義大利、荷蘭、斯洛維尼亞、丹麥和法國；（三）女性國會議員席次比例較高的則是北歐五國（瑞典44.7%、芬蘭42.5%、冰島39.7%、挪威39.6%、丹麥39.1%），臺灣為34.0%（根據中央與地方公職人員選舉婦女當選保障名額之規定，而保障婦女參政權），高於德國32.4%，但低於西班牙34.9%；（四）高中教育程度比例最高者為芬蘭和奧地利，女男都是100%，丹麥則是女性99.3%、男性99.4%，義大利和西班牙女性高中教育程度比例偏低分別只有68.0%和63.3%；和（五）2011年女性勞動參與率全球較高前六名依序是冰島70.8%、挪威61.7%、瑞士60.6%、丹麥59.8%、瑞典59.4%和荷蘭58.3%，義大利則超低，只有37.9%，臺灣女性勞參率2012年為50.19%，仍低於德國53.0%，西班牙51.6%和法國51.1%；而全球男性勞參率較高前六名分別是冰島78.4%、新加坡76.6%、瑞士75.0%、荷蘭71.3%、挪威70.1%和丹麥69.1%，但同樣地義大利只有59.6%。

4.2 性別身體自由與就業選擇限制

性別身體自由包括女性在家庭（家戶）、職場或公共場所是否被剝奪身體自由。有些婦女因社會文化規範的家庭照顧責任而無法外出就業，被剝奪工作權與就業自由，例如中東或南歐婦女。又若在職場兩性工作機會不平等（如升遷、部分工時就業）或同工不同酬，都形成性別工作選擇與機會的不平等。

Box 6-3

沙烏地阿拉伯女性的身體自由及首次有參政權

沙烏地阿拉伯港市吉達一名女子，2015 年 8 月 30 日前往當地投票站登記，打算參與 12 月舉行的市議會選舉投票。這是沙國首次開放女性參與選舉（李碧涵翻拍自網路）

　　沙烏地阿拉伯已故國王阿布杜拉（Abdullah）任內推動改革婦女教育和參政權，讓保守的沙國走向現代化。沙國是全球最大原油輸出國，但仍有貧富差距問題，且兩千萬人口中，60% 為 30 歲以下的年輕人，亟需工作、住屋和教育機會。阿布杜拉認為要解決這些問題，須培養更多高技能勞工和開放更多女性可參與的領域。他力倡教育，廣設大學院校，並成立阿布杜拉國王科技大學（KAUST），讓男女在校園合班上課。

　　阿布杜拉也開放婦女參政權，包括 2015 年允許女性參加市議會選舉和投票，為國王和政府提供建言的非民選諮議會（Shura Council）下屆也將首度遴選女性成員。少數女性也首度被授予律師執照。2009 年他任命沙國史上首位女性副部長。2012 年沙國更史無前例派遣兩位女運動員參加倫敦奧運。2011 年掀起阿拉伯之春革命浪潮，多位伊斯蘭國家元首遭罷黜，阿布杜拉為贏得民心撥款 1,100 億美元，當作社會福利、建設新屋和增加就業機會等經費。

　　沙烏地阿拉伯 2015 年 12 月將舉行地方選舉，首度開放女性參與選舉，允許女性可以註冊投票資格或登記成為候選人，創下沙國女性參政記錄。但沙國至今對女性還有諸多限制，像是禁止女性開車，在公眾場所必須穿著罩袍，將全身包裹住。女性外出遊行、工作、申請護照或結婚，則需徵得男性監護人的同意。

參考資料

阿布杜拉致力提升婦女地位
http://www.chinatimes.com/newspapers/20150124000904-260108
沙烏地阿拉伯女性首度獲參政權
http://news.ltn.com.tw/news/world/paper/911879

　　以下我們將探討女性身體自由和權利意識覺醒、各國性別就業和薪資差距，及女性部分工時就業增加對女性地位影響等問題。

4.2.1 女性身體自由和權利意識覺醒

　　沈恩主張中東女性需要有基本權利（如接受教育、外出工作和經濟自主）的認知與意識覺醒，才能提升在家庭內的分配地位，也才可能參與日常

經濟事務且擁有經濟資源,而且女性的經濟參與可降低女性在家庭決策受到的性別歧視,也是社會發展的主要力量(劉楚俊譯,2001c)。

尤其在女性勞動自由權方面,沈恩提到有些家庭婦女只能成為家務勞動者,而無法到外面找工作,工作機會受到壓制。故沈恩提出就業自由發展,女性要能尋求家庭外的就業自由,但是有的文化系統單向否定女性自由,嚴重侵害女性自由權及性別平等,不但妨礙女性經濟獨立與權益,也影響女性在家庭內的分配地位(劉楚俊譯,2001c)。

Esping-Andersen(2009)也指出,雖然近半世紀以來婦女角色革命使得婦女不論在家庭或就業都扮演嶄新角色,但只有北歐社會達到性別平等的最適狀況,因為北歐性別平等革命的豐碩成果來自男性生命過程女性化(feminization of the male life course),也就是男性生命過程是與女性共同負擔家務、洗碗盤、照顧小孩與年長者、請育嬰假和親職假,或為小孩講睡前故事等;北歐福利國家也為調適新的**婦女角色**,而提供充足的家庭服務與支持政策,而且政府部門特別給予婦女的就業機會,都有助於婦女人力由家庭釋放,並投入勞動市場就業,這些發展都非常有助於性別平等。

婦女角色
(women's role)
指一國以社會文化、歷史制度或法律,規範婦女的身體自由和角色扮演,也及於其價值思維、受教權、工作權、參政權,和生活中的各項機會,如開車。

家庭主義(familialism)
指要求婦女以家庭為生活核心,提供其勞務與幫忙家庭事務,例如做家事、照顧小孩與老人等。在歐陸、南歐,和亞洲,家庭主義經常限制婦女的獨立自主,尤其是其就業及專業發展。

圖 6-4
女性要有權利意識覺醒,勇於創造機會,實現夢想(1977)。(李盈興攝)

但是歐陸與南歐國家的**家庭主義**造成婦女就業的限制,Esping-Andersen(2009)認為,歐陸國家因強調家庭主義,以制度規範婦女要處理家事與照

顧小孩和老人，已婚婦女就業多半是部分工時工作，而且國家並未充分提供家庭服務與婦女支持，包括缺少托育措施，而婦女選擇不生育，則產生低生育率問題。同樣地，南歐家庭主義也使婦女無法外出就業，或大多數只是有臨時或部分工時的彈性工作，形成低就業、低所得問題。

4.2.2 各國兩性勞動參與率差距

　　表 6-7 顯示 2013 年臺灣兩性勞參率差距為 16.3%，低於韓國 23.0% 和日本 21.6%，但高於美國 12.5%。表 6-7 和圖 6-5 都顯示韓國 25-29 歲女性勞參率是 71.8%，30-39 歲之後陡降，但 40-59 歲又稍有回升，45-49 歲高達 68.0%，55-59 歲仍維持 56.0%。日本女性勞參率趨勢與韓國類似，但都比韓國高，美國女性勞參率則大致又比日本更高。臺灣女性勞參率以 25-29 歲 90.3% 為高點，但 30 歲之後一路降低，50-54 歲女性勞參率只有 54.5%，55-59 歲再降為 38.4%，60-64 歲更降至 19.1%。顯示臺灣 25-44 歲女性勞參率雖高於日、韓，但 45 歲以上女性勞參率則明顯低於日、韓及美國，而且臺灣男性勞參率在 50-65 歲以上明顯低於日、韓及美國，故臺灣兩性中高齡勞動力都是低度運用的狀況。

表 6-7　2013 年臺灣、韓國、日本與美國兩性勞動參與率

項目別	臺灣			韓國			日本			美國		
	男性	女性	兩性差距(男-女)%	男性	女性	兩性差距(男-女)%	男性	女性	兩性差距(男-女)%	男性	女性	兩性差距(男-女)%
總計	66.7	50.5	16.3	73.2	50.2	23.0	70.5	48.9	21.6	(1)69.7	(1)57.2	12.5
15-19 歲	8.4	7.8	0.7	6.6	8.7	-2.1	15.5	15.6	-0.1	(2)34.2	(2)34.7	-0.5
20-24 歲	51.5	53.9	-2.5	42.2	52.2	-10.0	67.7	70.3	-2.6	73.9	67.5	6.4
25-29 歲	94.8	90.3	4.5	76.3	71.8	4.5	93.8	79.0	14.8	87.6	73.7	13.9
30-34 歲	94.6	79.1	15.5	92.2	58.4	33.8	95.6	70.1	25.5	90.7	73.3	17.4
35-39 歲	94.1	74.6	19.5	94.2	55.5	38.7	96.5	69.6	26.9	90.9	73.8	17.1
40-44 歲	94.6	73.8	20.7	94.1	63.9	30.2	96.3	73.1	23.2	90.6	74.2	16.4
45-49 歲	91.3	68.0	23.3	93.5	68.0	25.5	96.2	76.1	20.1	87.3	75.3	12.0
50-54 歲	82.3	54.5	27.8	91.2	64.0	27.2	95.3	74.9	20.4	83.9	73.0	10.9
55-59 歲	68.6	38.4	30.2	85.5	56.0	29.5	92.7	66.5	26.2	78.0	67.2	10.8
60-64 歲	48.6	19.1	29.5	73.0	45.0	28.0	76.0	47.4	28.6	60.5	50.0	10.5
65 歲以上	12.8	4.4	8.4	42.6	23.4	19.2	29.4	13.8	15.6	23.5	14.9	8.6

資料來源：作者修改自勞動部（2014）。

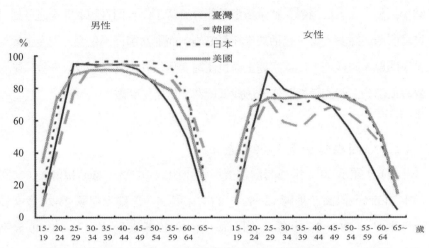

圖 6-5　臺灣、韓國、日本與美國兩性勞動參與率，2013 年

資料來源：作者修改自勞動部（2014）。

　　歐盟在本世紀初至全球金融危機前，15-64 歲兩性就業率的鴻溝已緩慢縮小，全球金融危機後至 2009 年更大幅下降，如圖 6-6 顯示。2002 年兩性就業率差距是 16%，2008 年降至約 14%，2012 年更降低至 11%，主要因為女性在部分工時與全時就業率上升。

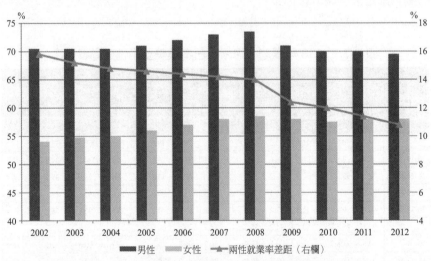

圖 6-6　2002-2012 年歐盟 15-64 歲兩性就業率差距

資料來源：作者修改自 European Commission（2013）。

4.2.3 女性部分工時就業增加對女性地位影響

世界各國女性就業者占總就業者之比率持續成長，2013 年以法國 47.9% 為最高，加拿大 47.6%、瑞典 47.5%（2003 年曾高達 47.9%）、美國 47.0%、英國 46.5%、荷蘭 46.4%、德國 46.3%，臺灣為 44.2%，高於日本的 42.8%、韓國 41.9% 及義大利 41.6%（行政院主計總處，2014b）。

但各國女性就業者占總就業者之比率持續成長，是拜部分工時就業的增加。世界各國部分工時就業者（此處根據 OECD 統計，採主要工作週工時少於三十小時為標準）中仍以女性居多，圖 6-7 顯示 2013 年女性所占比率以德國 78.2% 為最高，其次為法國 76.9%、義大利 74.0%、英國 73.8%、西班牙 73.4%、荷蘭 73.2%、日本 70.3%，臺灣則為 61.4%，略高於韓國 60.5%。

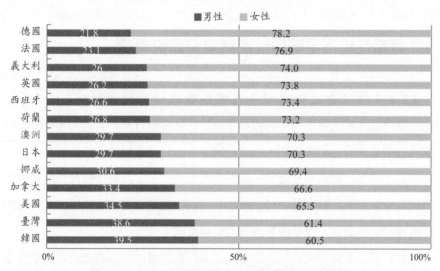

圖 6-7　2013 年各國部分工時就業者兩性結構

資料來源：作者修改自行政院主計總處（2014b）。

國際勞工組織（International Labour Organization, ILO）（2012）探討婦女部分工時就業是否有助於兩性平等，因為即使婦女就業率持續提升，但其就業地位、低度就業與工資都比男性差一截。圖 6-8 顯示 2003-2013 年日本、美國與臺灣兩性平均薪資差距（男性平均薪資減女性平均薪資）雖然逐年縮小（除了韓國 2006-2011 年兩性平均薪資差距擴大），但日本兩性平均

薪資差距高達 33.9%，韓國 31.0%、美國 17.9%，臺灣兩性平均時薪差距由 2003 年 20.1% 降爲 2013 年 16.1%。

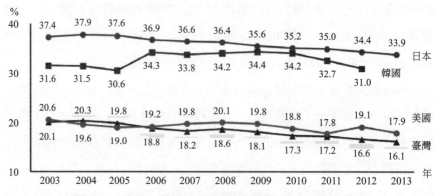

圖 6-8　日本、韓國、美國與臺灣兩性平均薪資差距

資料來源：作者修改自政院主計總處（2014b）。

4.3 臺灣性別不平等與性別就業和薪資鴻溝

4.3.1 臺灣社會文化對婦女在家庭與職場的機會限制

　　臺灣社會文化給予婦女的機會限制包括在家庭方面，家庭主義仍給予婦女角色相當多的規範與限制，以及在職場方面仍存在相當多的性別不平等，例如工作機會、薪資和升遷等。雖然在教育方面，尤其高等教育的性別機會已相當平等，但家庭與職場仍然無法有性別中性的看法，而無法讓女性有獨立人格和平等機會，以積極發展其潛能與專業。

　　我們認爲臺灣婦女地位的提升，並非只在於增加全時就業或非典型就業參與，更要積極協助婦女充分發展工作技能和專業成就（李碧涵、賴俊帆，2009），也要完全採納 ILO 和 WTO（2011）提出的政策建議，包括將性別關注整合入經濟社會政策、增加投資在婦女身上以增強就業能力，以及提倡婦女有同等機會享有企業信貸、創業發展和社會保障，才可能紓解性別不平等（李碧涵、蕭全政，2016）。

圖 6-9　狗兒專用推車

家庭主義常造成政府的家庭支持措施不足，導致現代獨立女性選擇不婚或婚後也不生小孩，我們常見嬰兒車內推的是狗兒而不是嬰兒。

圖片來源：李碧涵翻拍自網路。

4.3.2 部分工時就業仍以女性居多，中高齡女性勞動力仍未由家庭完全釋出

　　臺灣性別就業與歐盟的相同之處，是都受金融危機影響而男性就業率下降，且女性不論在全時與部分工時就業均增加，使得全球金融危機期間兩性勞動參與率差距有逐年縮減的趨勢。1994 年臺灣兩性勞參率仍高達 27.0%，2008 年兩性差距降為 17.4%；2013 年臺灣兩性勞參率差距縮小為 16.3%；2014 年女性勞參率為 50.64%，男性為 66.78%，兩性差距縮至歷史新低 16.14%（行政院主計總處，2015）。

　　儘管如此，臺灣部分工時工作者中仍以女性居多，2013 年占 61.4%（行政院主計總處，2014b）。而且女性受僱者中從事部分工時比率明顯高於男性；2012 年女性部分工時受僱者為 21.6 萬人，占女性總受僱者之 5.38%，男性部分工時受僱者為 13.8 萬人，占男性總受僱者之 3.02%（行政院主計總處，2015）。另外，非自願性的部分工時就業者占部分工時總就業者有 4.3%；其中，女性非自願性部分工時就業者占 4.5%，略高於男性占 4.1%（勞動部，2015）。

而且臺灣女性中高齡就業率遠低於男性同年齡層就業率，2014年女性30-34歲勞參率為80.62%，較男性之96.07%低了15.45%；55-59歲女性勞參率40.04%，遠低於男性69.43%，兩性勞參率差距擴大至29.39%（李碧涵、蕭全政，2016），如圖6-10所示，顯示臺灣女性勞動力仍未完全由家庭釋出。

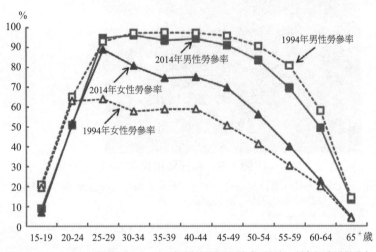

圖6-10　1994年和2014年臺灣兩性勞動參與率（按年齡組分）

資料來源：作者修改自行政院主計總處（2015）。

4.3.3 臺灣性別薪資鴻溝漸縮，但兩性薪資差距明顯

臺灣婦女勞動參與率上升，不代表女性就業能握有經濟權力或經濟自主，並與男性同工同酬。表6-8顯示2003-2013年受僱員工兩性薪資差距變化，2003年女性平均時薪為男性的79.9%，兩性差距為20.1%；2013年女性平均時薪為男性的83.9%，兩性時薪差距降為16.1%。根據張晉芬與杜素豪（2012）的研究建議，若要持續縮小性別薪資差距，應要推動勞動市場性別平權，排除**同工不同酬**及其他歧視性的操作。

同工不同酬（equal work with unequal pay）
指在就業市場中，兩性從事同樣的工作或就相同職位，但卻得到不同的報酬。這牽涉企業或社會文化的性別歧視，即使在北歐強調兩性平等的社會，同工不同酬仍然存在。

表 6-8　2003-2013 年臺灣受僱員工兩性薪資差距變化

年別	男性			女性			女／男（男性=100）(%)	平均時薪比
	總薪資（元）(1)	總工時（小時）(2)	平均時薪（元／小時）(1)(2)	總薪資（元）(3)	總工時（小時）(4)	平均時薪（元／小時）(3)(4)		兩性差距(%)
2003 年	46,691	183.4	255	36,371	178.8	203	79.9	20.1
2004 年	47,467	185.7	256	36,841	180.9	204	79.7	20.3
2005 年	47,830	183.8	260	37,477	179.6	209	80.2	19.8
2006 年	48,015	183.0	262	38,032	178.5	213	81.2	18.8
2007 年	48,874	182.5	268	39,016	178.0	219	81.8	18.2
2008 年	48,994	181.9	269	38,829	177.1	219	81.4	18.6
2009 年	46,376	178.4	260	37,206	174.8	213	81.9	18.1
2010 年	48,716	183.3	266	39,195	178.4	220	82.7	17.3
2011 年	50,045	181.2	276	40,160	175.7	229	82.8	17.2
2012 年	49,935	180.7	276	40,486	175.6	231	83.4	16.6
2013 年	49,931	179.5	278	40,673	174.2	233	83.9	16.1

資料來源：作者修改自政院主計總處（2014b）。

問題與討論 6-3

女性一旦進入職場，就能與男性平起平坐、爭得一席之地嗎？請以各國實況討論之。

5. 結論：未來個體與性別發展改革的新方向

　　未來人類發展不能只是強調經濟成長，更要同時注重經濟自由與公平（經濟民主），以及社會自由與公平（社會民主）；若落實到身體尺度，就是要強調個體與性別的自由發展和公平。但是當前不論先進國家或發展中國家，都呈現個體與性別不平等的問題。其嚴重性在於個體與性別不平等會立即透過教育和醫療機會及所得，衝擊人力素質與生活品質，進而影響一國的創造力、競爭力和經濟成長。

　　故我們首先急需進行政治經濟、社會文化和法律等各層面的改革，要完全去除造成個體與性別不平等的限制和障礙，使個體都能得到公平的教育、健康、所得和就業等各項機會。其次，國家與社會也要提供充足資源與開放機會，讓個體能自由決定與選擇要做的事，並且能全力發展其潛能與專長，造就高品質的人力資源，達成個體與性別的真正平等；如此，人力資源的全面成長，才可能促進全球各國持續的發展。

　　特別針對性別不平等問題，本文建議國家必須扮演重要角色，透過國家、企業和家庭政策，落實兩性工作平等，不但職場薪資要能同工同酬、升遷機會平等，及職場分工無性別歧視，也要全面實施兩性親職假（parental leave），讓雙親共同負擔家務；國家也得要求企業給予員工親職假，如此員工才能在工作時維持最佳的身心狀況；國家也要協助家庭托育和老人健康照護，讓個體與性別擁有身體自由和獨立自主，其勞動力能由家庭釋出，投入勞動市場發揮專長。

　　在 2008 年全球金融危機前，世界各國除了北歐，很少有國家將平等視為國家發展重點；危機後很多研究都發現不平等已成為經濟成長的最大絆腳石，但仍少有國家重視這些新發現且立刻著手改革，甚至各國政府還反其道而行，採取更多有利於富人或資方的減稅、免稅、融資或經濟自由化的新自由主義經濟政策，而鮮少提出真正嘉惠勞工大眾或兩性平等的社會改革，更使個體與性別不自由與不平等持續存在，甚或更加深化。

　　過去二十多年來，世界各國採行經濟自由化與開放市場政策，但任由市場運作的結果，卻只是加深個體與性別不平等。沈恩、史迪格里茲、

Esping-Andersen，或 OECD 和歐盟等的研究，都指出必須有政府的積極介入，並依個體與性別需求而提供各種公共機會與服務，才能舒緩市場化所帶來社會不公平的惡化；也就是說，唯有在市場與國家間取得最適平衡點，才能解決個體與性別不平等的問題，也才有可能使人類發展達到兼顧社會公平正義與經濟穩定成長的雙贏目標。

問題與討論 6-4

請討論未來人類發展，尤其在個體與性別方面，可以有哪些新方向呢？

參考書目

史迪格里茲著，李明譯（2010）。《全球化的許諾與失落》。臺北：大塊文化。（Joseph E. Stiglitz (2002). *Globalization and Its Discontents*. New York: W. W. Norton.）

史迪格里茲著，羅耀宗譯（2013）。《不公平的代價：破解階級對立的金權結構》。臺北：天下。（Joseph E. Stiglitz (2012). *The Price of Inequality: how today's divided society endangers our future*. New York:W. W. Norton.）

沈恩著，劉楚俊譯（2001a）。《經濟發展與自由》。臺北：先覺文化。（Amartya Sen (1999). *Development as Freedom*. New York: Anchor Books.）

沈恩著，劉楚俊譯（2001b）。〈市場、國家與社會機會〉，收錄於劉楚俊譯，《經濟發展與自由》。臺北：先覺文化。

沈恩著，劉楚俊譯（2001c）。〈女性思維與社會變遷〉，收錄於劉楚俊譯，《經濟發展與自由》。臺北：先覺文化。

自由時報，2015/7/1。〈貧富差距 99 倍！最窮 5% 家庭年收 4.4 萬〉，A1 版。

行政院主計處（2013）。〈102 年家庭收支調查報告〉。臺北：行政院主計總處。

行政院主計總處（2014a）。〈102 年度受僱員工動向調查〉。臺北：行政院主計總處。

行政院主計總處（2014b）。〈人力資源調查統計年報 2013 年〉。臺北：行政院主計總處。

行政院主計總處（2015）。〈人力資源調查統計年報 2014 年〉。臺北：行政院主計總處。

勞動部（2014）。〈性別勞動統計分析〉。臺北：勞動部。

勞動部（2015）。〈部分工時勞工就業實況調查〉。臺北：勞動部。

李碧涵、徐健銘（2010）。〈新自由主義式全球化的批判：發展理論的新領域與社會發展研究的新議題〉，論文發表於「第二屆發展研究年會」。臺北：國立臺灣大學建築與城鄉研究所。

李碧涵、賴俊帆（2009）。〈婦女就業與彈性工時〉，《臺灣勞工季刊》，第 17 期，頁 42-49。

李碧涵、蕭全政（2014）。〈新自由主義經濟社會發展與分配問題〉，《國家發展研究》，第 14 卷 1 期，頁 33-62。

李碧涵、蕭全政（2016）。〈從制度觀點探討個體和性別的不平等〉，《國家發展研究》，第 15 卷 2 期，頁 43-89。

張晉芬、杜素豪（2012）。〈性別間薪資差距的趨勢與解釋：新世紀之初的臺灣〉，收錄於謝雨生，傅仰止主編，《臺灣的社會變遷 1985-2005：社會階層與勞動市場》。臺北：中央研究院社會學研究所。

Cingano, Federico (2014). Trends in Income Inequality and its Impact on Economic Growth, OECD Social, Employment and Migration Working Papers, No. 163, OECD Publishing. http://dx.doi.org/10.1787/5jxrjncwxv6j-en

Clark, David A.(2005). The Capability Approach: Its Development, Critiques and Recent Advices. GPRG-WPS-032 ESRC (Economic and social Research Council) Global Poverty Research Group, Website: http://www.gprg.org/

Esping-Andersen, Gøsta (1990). *The Three Worlds of Welfare Capitalism.* Cambridge: Polity Press.

Esping-Andersen, Gøsta (1999). *Social Foundations of Postindustrial Economies.* New York: Oxford University Press.

Esping-Andersen, Gøsta (2002). Toward the Good Society, Once Again? In GøstaEsping-Andersen, Duncan Gallie, Anton Hemerijck and John Myles (eds.), *Why We Need a New Welfare State.* New York: Oxford University Press.

Esping-Andersen, Gøsta (2009). *The Incomplete Revolution: Adapting to Women's New Roles.* Cambridge: Polity Press.

European Commission (2013). EU Employment and Social Situation, *Quarterly Review* (September 2013). Brussels: European Commission.

European Commission (2014). EU Employment and Social Situation, *Quarterly Review* (December 2014). Brussels: European Commission.

Grugel, Jean &PíaRiggirozzi (2012). Post-neoliberalism in Latin America: Rebuilding and Reclaiming the State after Crisis, *Development and Change*, 43(1): 1-21.

ILO& WTO (2011). *Making Globalization Socially Sustainable.* Geneva: International Labor Office.

ILO (2012). Gender Equality, Employment and Part-time Work in Developed Economies (Chapter 1 B). In ILO, *Key Indicators of the Labor Market* (KILM), 7th Edition, Geneva: International Labor Office.

Robeyns, Ingrid (2005). The Capability Approach: ATheoretical Survey, *Journal of Human Development*, 6(1)(March): 93-114.

Sen, Amartya (1993). Capability and Well-being. In M. Nussbaum and A. Sen (eds.), *The Quality of Life*, Oxford: Clarendon Press.

Sen, Amartya (1995). Gender Inequality and Theories of Justice, in M. Nussbaum and J. Glover (eds.), *Women, Culture and Development: AStudy of Human Capabilities*, Oxford: Clarendon Press.

Sen, Amartya (1999). *Development as Freedom.* New York: Knopf.

United Nations Development Programme (UNDP) (1995). *Human Development Report 1995- Gender and Human Development.* New York: United Nations Development.

United Nations Development Programme (UNDP) (2013). *Human Development Report 2013- The Rise of the South: Human Progress in aDiverse World.* New York: United Nations Development.

Part 2

經濟與產業

第七章

區域經濟整合：從全球化到區域化

童振源
國立政治大學國家發展研究所教授

1. 前言

「經濟全球化」是指商品、服務、資本、人員、技術、資訊的跨國流動，使世界各國經濟的相互依賴性增強。從 1945 年第二次世界大戰結束後，各國透過關稅暨貿易總協定（General Agreement on Tariffs and Trade, GATT）協商逐步調降關稅與減少貿易障礙，及交通與通訊技術的快速進步而降低貿易成本，世界出現新一波的經濟全球化浪潮。GATT 總共進行八回合的貿易談判，1948 年第一回合的日內瓦回合參與會員經濟體有二十三個，到 1994 年烏拉圭回合談判完成時已經有一百二十四個經濟體參與，並達成協議成立 WTO。

1980 年代末期冷戰結束，世界兩大敵對陣營的政治藩籬崩解，更加促進全球市場與生產要素的整合，加速全球化進程與幅度。全球化最重要的里程碑無疑是 WTO 在 1995 年成立，持續推動多邊貿易自由化與全球經濟整合。然而，WTO 有一百六十個成員經濟體，多邊協商難以達成一致性的共識，導致協商難有實質進展。最新的杜哈回合貿易談判，是 WTO 於 2001 年 11 月在卡達首都杜哈開始新一輪多邊貿易談判。議程原定於 2005 年 1 月 1 日前全面結束談判，但至 2008 年 7 月 29 日，杜哈回合談判正式宣告破局。

最近二十多年，全球開始興起一股簽訂區域經濟整合協定（Economic Integration Agreement, EIA）的風潮，促進區域經濟快速整合，取代多邊協商經濟整合的進程。EIA 包含各種經濟整合協定的名稱，例如自由貿易協定（Free Trade Agreement, FTA）、區域貿易協定、經濟夥伴關係、優惠貿易協定等等。至 2014 年 1 月底，全球共有五百八十三項 EIA 向 WTO 登記，有三百七十七項 EIA 還在執行。至 2014 年 2 月為止，全世界二百一十八個經濟體，除了七個經濟體之外，所有 WTO 會員國都積極展開區域貿易協定之談判與簽署（七個經濟體至今都沒有簽署任何經濟整合協議，包括 Democratic Republic of the Congo, Djibouti, Mauritania, Mongolia, Palau, Sao Tome and Principe. World Trade Organization, http://rtais.wto.org/UI/publicPreDefRepByCountry.aspx, 2014 年 3 月 1 日下載）（見圖 7-1）。

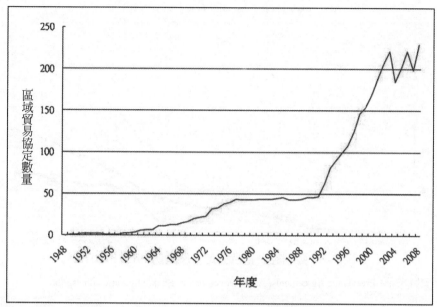

圖 7-1　通知 GATT ／ WTO 的執行中區域貿易協定：1948-2008

資料來源：World Trade Organization (2008). Facts and Figures, http://www.wto.org/english/
tratop_e/region_e/regfac_e.htm

World Trade Organization (2009). http://www.wto.org/english/tratop_e/region_e/
region_e.htm

　　最近幾年，快速的東亞經濟整合已經成為東亞與全球經濟發展的重要動力。2007 年底，全球正在協商或考慮的區域貿易協定共有二百零五個，亞洲國家便有一百零九個，占了全球一半以上的案例。特別是，**東南亞國協**與中國都非常積極提倡區域貿易協定，希望主導東亞自由貿易體制的成形。

　　亞洲經濟整合體制的發展速度實在非常驚人。亞洲地區的經濟整合從 1990 年代初期有一波發展的動力，總共簽署與生效的 EIA 從 1991 年的七項增加到 2000 年的四十五項。從 2001 年以後，亞洲各國包括日本、大陸與韓國都加速推動協商 EIA，協商中的 EIA 數量從 2001 年的八項蓬勃發展到 2014 年底的七十一項，簽署與生效的協定數量從 2001 年的四十七項增加到 2014 年的一百四十三項（見圖 7-2）。

東南亞國協
（Association of Southeast Asian Nations, ASEAN）
1967年8月8日，印尼、馬來西亞、新加坡、菲律賓、泰國五國外長在曼谷宣告東南亞國協成立，簡稱為東協。東協成立初期，基於冷戰背景，主要任務之一為防止區域內共產主義勢力擴張，合作側重在軍事安全與政治中立。目前，東南亞國協包括印尼、馬來西亞、菲律賓、新加坡、泰國、汶萊、越南、寮國、緬甸、柬埔寨。

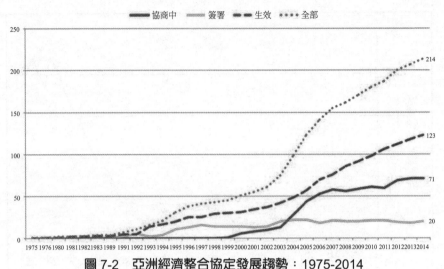

圖 7-2　亞洲經濟整合協定發展趨勢：1975-2014

資料來源：Free Trade Agreements, Asian Development Bank, http://aric.adb.org/fta.

　　然而，因為中國的政治阻撓，在 2012 年時身為全球第二十七大經濟體與全球第十八大貿易夥伴的臺灣，卻被排除在這一波的東亞經濟整合協定之外。截至 2014 年底，臺灣只有與巴拿馬、瓜地馬拉、尼加拉瓜、薩爾瓦多、宏都拉斯、紐西蘭及新加坡簽訂 EIA。兩岸已經簽訂**兩岸經濟合作架構協議**及服務貿易協議，但是後者還在等候立法院審議。

　　以下先闡述區域經濟整合協議的規範與內涵，再分析區域經濟整合協議的貿易與投資效應。其後，本文將分析 ECFA 的內容與成效。最後則是結論。

兩岸經濟合作架構協議
（Economic Cooperation Framework Agreement, ECFA）
兩岸在2010年6月29日簽署ECFA，主要的內容包括：早期收穫計畫、未來談判議題及雙方合作與協商機制。ECFA生效後，兩岸在六個月內啟動貨品貿易協議、服務貿易協議、投資協議、爭端解決等四項議題協商。

Box 7-1

1. 關稅暨貿易總協定（GATT）：為規範和促進國際貿易和發展而締結的國際協定，二十三個國家於 1947 年簽署這項協定，並於 1948 年在日內瓦展開第一回合貿易自由化的談判。GATT 談判的主要原則有二：貿易自由化與非歧視原則。非歧視原則包括最惠國待遇與國民待遇兩項原則，亦即任何貿易優惠必須對所有 WTO 會員國一體適用，而且不能對本國與外國企業有差別待遇。直到 1994 年達成烏拉圭回合的談判時，共有一百二十五個國家參與談判，並且同意在 1995 年建立 WTO 取代 GATT。

2. 世界貿易組織（WTO）：是推動全球貿易自由化協商與確保各會員經濟體享有公平的國際貿易機會之國際組織。WTO 總部位於瑞士日內瓦，監督各種貿易協議執行與處理國際貿易紛爭。WTO 前身是 1948 年起實施的關稅暨貿易總協定，截至 2014 年 6 月，世界貿易組織共有一百六十個成員。WTO 是當代最重要的國際經濟組織之一，其成員間的貿易額占世界貿易額的絕大多數，被稱為「經濟聯合國」。WTO 的決策為會員的共識決，最高決策機制為部長級會議，大約兩年開會一次。

2. 全球化爭議與區域化規範

2.1 發展中國家工業化戰略之爭議

　　1950-1970 年代，發展中國家普遍認為他們的出口太過集中在少數農產品或原物料，但是這些商品的出口價格持續下降，而且需求量減少，導致他們的出口收益不斷下降。發展中國家強調，他們的製造業仍處於發展初期，競爭力無法與已開發國家相比，因此他們需要透過進口替代工業化戰略發展製造業，才能改變國際貿易的不利格局與促進經濟成長。然而，ISI 戰略並沒有促成發展中國家的製造業快速發展，反而造成經濟停滯與國際收支危機。因此，在 1980 年代初期，發展中國家開始轉向為出口引領工業化（export-led industrialization, ELI）戰略。

　　ELI 戰略的優勢乃是基於新古典自由貿易理論的五項結論：1. 透過比較利益分工，各國均將從貿易中獲利；2. 隨著機會成本的遞增，完全專業分工將不會發生；3. 在各國生產技術均同的前提下，國際貿易將導致生產要素價格均等化，有助於縮小國際收入差距；4. 豐富生產要素相對於稀缺生產要素

的報酬將提高,因此貿易有助於國內所得分配均等;5. 透過貿易取得資本與消費財將促進經濟成長。然而,發展中國家並不認為全球化進程完全有利於本身的工業化戰略,新古典主義的假設並不符合現實,相關的爭議請參考Todaro 與 Smith(2011: 563-637)的論述。

首先,生產要素無論在質與量上都不固定,生產要素稟賦與比較利益不是固定的,而是處於變動過程,而且通常是由國際分工的本質與特性決定,而不是他們決定國際分工的本質與特性。初始的資源稟賦不平等將受到國際貿易的強化與惡化,導致高階生產資源(包括高階勞動力與資本)流向已開發國家,讓發展中國家的貧窮低度發展更加嚴重與永久化。

第二,已開發國家生產人造初級產品的技術,將衝擊發展中國家的出口收益。此外,已開發國家龐大金融資源的廣告活動將創造與強化消費者的偏好,進而主宰發展中國家的當地市場。

第三,貿易所產生的經濟結構調整存在制度上與政治上的困難,甚至僵固性,造成發展中國家巨大的轉型成本。而且,很多國際貿易的產業存在規模經濟效應,使得先進國家的企業得以透過壟斷與寡占等市場力量,甚至跨國公司運用其政治影響力,主導世界市場,讓發展中國家企業處於不利、不平等的競爭地位。

第四,已開發國家政府的產業政策,設立關稅、非關稅貿易障礙、補貼特定產業、甚至操控世界原物料價格,導致國際貿易的規則不利於發展中國家的發展,讓不公平的貿易獲利很容易持續。

第五,新古典自由貿易理論假設國際貿易是均衡的,而且沒有國際資本流動。現實上,發展中國家長期處於國際貿易赤字與外債嚴重的狀態,經常發生國際收支危機,造成匯率巨幅貶值而影響到正常國際貿易。

第六,貿易獲利沒有讓發展中國家國民均霑,反而讓跨國公司透過國際投資主導開發中國家的出口部門而控制利潤。

2.2 區域經濟整合的興起

儘管發展中國家認為應該採取外向型經濟促進經濟發展,但是他們普遍

認為，如果他們能團結一起，透過區域經濟整合協議凝聚發展中國家的共識與力量，會對他們經濟發展有更大的幫助，而且有助於利用團體力量與已開發國家進行協商國際貿易規則，才能扭轉當前不利於他們的國際貿易體制。

更全面性而言，各國之所以如此積極促成、簽署區域貿易協定，其原因包括經濟與政治雙重目的。簡而言之，區域貿易協定的簽訂可能達成兩項目標：發展與安全（World Trade Organization, 2003: 49-50; Feridhanusetyawan, 2005: 13-15; Schiff and Winter, 2003: 6-10）。

從經濟的角度而言，如果一國簽訂區域貿易協定的對象是其主要貿易夥伴，則可以促進貿易創造（trade creation），有助於該國經濟福祉的提升。其次，參與區域貿易協定有助於增加國際競爭與技術移轉、擴大參與國的市場腹地與整合生產要素，提升經濟效率與形成經濟規模效應，進而促進該國企業發展與吸引更多外商投資。第三，參與區域貿易協定有助於推動參與國的經濟改革進程與落實制度化建設。第四，參與區域貿易協定也是避免被排除在區域經濟整合外的必要途徑，防範本國經濟在區域競爭中處於不利的地位。第五，參與區域貿易協定可以促進多邊經濟自由化，以達成個別國家經濟自由化的目標，避免該國單方面經濟自由化的轉型代價。

從政治的角度而言，區域貿易協定將有助於促進區域和平與安全。更緊密的經貿關係有助於加強參與國之間的彼此互信與共同經濟利益，使各國傾向以和平的方式解決彼此的爭端。再者，如果區域貿易協定可以促進經濟成長，將有助於穩定鄰近的會員國，避免該鄰近國家的社會不穩定擴散與人口偷渡到自己的國家（根據 Edward D. Mansfield 與 Jon C. Pevehouse 的研究，如果區域貿易協定的會員之間貿易擴大，他們爆發武裝國際衝突的機會平均減少 50%）（World Bank, 2005: 38）。其次，區域貿易協定將強化參與國之間的整體協商力量，以便在雙邊或多邊的協商中發揮更大的影響力。特別是，當多邊貿易體制協商進度陷入泥淖時，不少國家轉向協商區域貿易協定，以達成區域貿易自由化的目標，進而以此施壓其他非會員國在多邊貿易自由化談判的過程當中，得以採取更積極與妥協的態度。

2.3 區域經濟整合之規範與內容

本質上，區域經濟整合協議是排他性的，僅適用於少數締約國，違反WTO所揭櫫的最惠國待遇原則。不過，GATT與WTO並不禁止區域經濟整合協議，而是希望設立一套規則讓區域經濟整合協議有助於推動全球貿易自由化。目前，WTO有三套規則規範區域經濟整合協議：

2.3.1 GATT 第二十四條

GATT第二十四條同意各國形成關稅同盟與自由貿易協定，且針對兩個或兩個以上的關稅領域之間締結自由貿易區或關稅同盟准予排除最惠國待遇的條款；區域內或同盟國家間的貿易可以彼此適用零關稅，但對區域外或同盟以外的國家仍維持他們原來對GATT承諾的關稅。但引用這個排除條款必須有兩個前提：第一是區域內經濟體間的免稅貿易範圍必須涵蓋大部分的商品；第二是這項協議不能因此提高結盟國對其他貿易對手的貿易障礙。

2.3.2 授權條款

1979年GATT通過的「授權條款」（Enabling Clause）同意發展中國家之間的商品貿易優惠貿易協定，准許低度開發國家彼此間相互減免關稅，而且只涵蓋部分商品項目，以促進彼此間的貿易，不必受最惠國待遇的約束。這個條款同時授權已開發國家對發展中國家提供較優惠的稅率，不受最惠國待遇的約束。

2.3.3 GATS 第五條

服務貿易總協定（General Agreement on Trade in Services, GATS）第五條同意經濟整合可以享有WTO最惠國待遇之例外，使各會員得針對服務貿易簽署廣泛之區域服務貿易整合協議。

截至2014年2月底為止，通知GATT／WTO還在執行的全部區域貿易協定共有三百七十七項，其中根據自由貿易協定條款生效的協議共有二百零六個案例，根據關稅同盟生效的協議有十七個案例，根據授權條款生效的

協議有三十七個案例，根據服務貿易總協定生效的協議共有一百一十七個案例（見表 7-1）。

表 7-1　通知 GATT ／ WTO 的執行中區域貿易協定

貿易協定	加入	新區域貿易協定	全部
自由貿易協定	1	205	206
關稅同盟	7	10	17
授權條款	2	35	37
服務貿易總協定	4	113	117
全部	14	363	377

資料來源：World Trade Organization. Some Figures on Regional Trade Agreements Notified to the GATT/WTO and in Force, http://rtais.wto.org/UI/publicsummarytable.aspx.

全球化的演進早已超越國際商品與服務貿易整合，更擴展到資本、人員與技術的跨國界往來，同時觸及各國境內的政策與規範。目前，雖然有些經濟整合協定仍以 FTA 為名稱，但是這些協議已經超越國際貿易層面，擴及到資本、人員與技術的國際流動，甚至包括社會政策與競爭政策。例如，目前東亞各國正在推動或即將推動的區域經濟整合協定，大部分稱為經濟夥伴協定（economic partnership agreements, EPAs），包括更多的區域經濟整合與政策合作面向。

傳統上，FTA 內容主要是免除商品關稅，EPAs 內容則是包含商品關稅減免、貿易便利化、開放服務貿易、開放投資領域、保障智慧財產權、開放政府採購、開放生產要素移動、推動電子商務、開放交通與通訊、協調競爭政策、統一產品與檢疫標準、相互承認專業認證、提供法律協助及其他經濟合作議題等等（Feridhanusetyawan, 2005: 26）。

不過，根據 Crawford 和 Fiorentino（2005）與 World Bank（2005）的研究，很多 FTA 的協定內容經常超出 WTO 的規範架構，而包括貿易便捷化、投資、政府採購、競爭、智慧財產權、環境與勞動力等議題，這些議題稱之為「WTO-plus」議題。一般而言，這些議題通常包含在已開發國家與發展中國家的 FTA 當中，可能突顯已開發國家對這些議題的重視。

各國簽署區域經濟整合協議，如何評估這些協議的經濟效應？實際效應如何？以下將分析區域經濟整合的經濟效應。

3. 區域經濟整合的經濟效應

3.1 貿易創造 vs. 貿易轉向

從國際貿易的角度而言，經濟整合協定影響各個國家經濟福祉的評估基礎在於「貿易創造」（trade creation）與「貿易轉向」（trade diversion）。「貿易創造」效果是指，因經濟整合協定的作用，導致原先由較高成本的國內生產者所提供的產品，移轉至較低成本的其他會員國生產。這可以改善生產的效率，對所有會員國都是有利的。至於「貿易轉向」效果則為，經濟整合協定的作用，將原先自較低成本的非會員國生產者進口的產品，移轉至較高成本的會員國生產者進口的產品，也就是原本從生產效率較高的非會員國進口的產品，因關稅免除轉而自生產效率較低的會員國進口。這對所有的會員國都是不利的，會員國降低進口非會員國生產成本較低的產品，反而必須消費會員國生產的較高成本產品。

當「貿易創造」效果大於「貿易轉向」效果時，參與 EIA 的會員國之經濟福祉將較未參加前增加；反之，則減少。所以，從國際貿易的角度而言，參加 EIA 對會員國不見得都有利，這必須端視「貿易創造」與「貿易轉向」的效果而定。當然，區域經濟整合勢必帶動經濟結構的調整，也將引發經濟利益分配與產業調整的成本。一般而言，在主要貿易夥伴之間形成的 EIA，比較能夠達到「貿易創造」的正面效果。再者，對沒有參加 EIA 的非會員國而言，「貿易創造」對非會員國不會有影響，但是「貿易轉向」將造成原本會員國從某非會員國進口的產品不再進口，轉移到其中一個會員國生產，對該非會員國造成不利。

可計算一般均衡模型（computable general equilibrium model, CGE 模型）分析全球貿易資料，以評估貿易自由化與經濟整合對於國家經濟利益與發展的影響。在進行外生變數（例如貿易自由化）變動之模擬分析時，CGE 模型可以同時探討該變動對各國各部門生產、進出口、商品價格、要素供需、要素報酬、GDP 與社會福利水準之變化。

3.2 經濟整合協定之量化分析

然而，「貿易創造」與「貿易轉向」效果不容易觀察與衡量。分析經濟整合協定影響最直接的方式，是透過貿易量化模型來評估其效應。目前，經濟學界最常使用**可計算一般均衡模型**（童振源，2009：63-64）。雖然 CGE

模型提供具體的模擬數據，做為我們事前理解經濟整合協定的效應，但是 CGE 模型的分析仍存在一些模型設計的問題與估算的侷限與缺陷。CGE 模型是貿易自由化前（ex ante）的模擬分析，而不是以貿易自由化後（ex post）的貿易資料進行計量經濟分析。雖然這樣的分析方式滿足了我們預判未來各國貿易體制變動的模擬後果，而且是一般均衡的分析，但是也存在許多缺陷，包括很多假設不符合現實，很多參數取得不易，沒有投資與服務貿易的數據。而對 CGE 模型的詳細檢討，請見童振源的研究（2009：74-77）。

　　根據 Piermartini 和 The（2005）對 CGE 模型建構方法的評估，CGE 模型的模擬數據結果應該只能當作政策變動對經濟福祉影響的幅度。這些數據仍需要透過**重力模型**分析貿易自由化後的實際數據，釐清經濟整合協定的實際效果。在這個架構之下，透過模型中被設定為國家參與經濟整合協定的虛擬變數（dummy variable），可以實際估算生效的經濟整合協定所造成的「貿易創造」或「貿易轉向」效應（Dee and Gali, 2003: 13-14; Piermartini and The, 2005: 52）。

重力模型
（gravity model）
兩個國家之間的貿易量可以類比為兩個物體之間的萬有引力，亦即國際貿易是國家之間的GDP乘積與距離的函數，再加上其他解釋的變項，包括共同邊界與語言。理論上，國家間的貿易與國家之間的GDP乘積成正比，但與距離成反比。

3.3 經濟整合協定對外商投資影響

　　1990 年代以來，區域經濟整合協定的內涵，逐漸從過去的商品貿易自由化條款加入更多條款，包括服務業貿易、投資、競爭政策、政府採購、電子商務、勞動與環境標準等。這些條款對於國際投資的影響遠比傳統的商品貿易自由化要大（Adams, Dee, Gali, and McGuire, 2003）。然而，既有的經濟文獻在區域經濟整合協定對於國際投資影響的效應分析相當有限，而且比較強調區域經濟整合協定對其會員國的影響，而不是對非會員國的影響。

　　整體而言，經濟整合協定對國際直接投資影響可以分成五個面向討論：經濟整合協定投資條款的直接效應、貿易流向轉變的間接效應、改善投資環境、創造更大市場、促進長期成長效應（Adams, Dee, Gali, and McGuire, 2003）。

　　雖然大部分研究都指出，經濟整合協定有助於會員國吸引外資，但是並不是每個會員國都吸引一樣多的外資。外資比較會流入具有區位優勢與良好

投資環境的經濟整合協定會員國，例如具有良好的基礎設施與法律制度、較高教育水平與金融穩定的會員國，或者在經濟整合區內鄰近大會員經濟體的會員國（Jaumotte, 2004; teVelde and Bezemer, 2006）。

　　一般而言，區域經濟整合協定應該是有利於會員國吸引外國直接投資。例如，加入歐洲聯盟的西班牙與葡萄牙與加入北美自由貿易協定的墨西哥，都因此吸引不少外資。1980 年代同時，東南亞區域經濟整合協定也影響外商直接投資的選擇，對區域內較先進的會員國有利、對較落後的非會員國不利（Brenton, Mauro, and Lucke, 1999; Markusen, 2004; Clegg and Scott-Green, 1999; Brende-Nabende, Ford, and Slater, 2001）。

　　根據經濟整合理論與實證分析，經濟整合協定應該有助於會員國的貿易創造與投資增加。相對地，如果無法參加，非會員國可能面臨貿易轉向與投資減少。為了避免臺灣無法參加亞太區域經濟整合而面臨經濟邊緣化的危機，馬英九總統推動臺灣與中國簽署 ECFA，期盼突破臺灣與其他國家簽署經濟整合協議的政治障礙。以下便分析 ECFA 的內容與成效。

4. 兩岸經濟合作架構協議的內容

4.1 亞太經濟整合體制之發展趨勢

　　區域經濟整合體制的發展速度實在非常驚人。民進黨執政時（2000-2007），全球平均每年生效 5.5 項 EIA，在馬英九總統執政六年期間（2008-2013），全球每年生效 29.7 項 EIA。以亞洲經濟整合協定簽署的速度而言，民進黨執政時期平均每年生效 5.8 項 EIA，馬總統執政時期平均每年生效 6.3 項 EIA。

　　特別是，截至 2015 年初，臺灣的主要經濟競爭對手韓國已經簽署十五個 EIA，包括與東協、印度、歐盟、美國及澳洲的 EIA，同時正在與多個經濟體洽談 EIA。韓國與中國在 2015 年 6 月 1 日簽署自由貿易協定，並於同年 12 月 20 日生效。中國零關稅的產品將達到稅目的 91%，進口額的

85%，韓國零關稅的產品將達到稅目的92%、進口額的91%。雙方將進一步談判服務貿易與投資協定。此外，中日韓自由貿易協定已經進行三輪談判，但是受到政治分歧的影響，談判的速度較為緩慢。

此外，亞太各國均積極參與**區域全面經濟夥伴關係**或**跨太平洋戰略經濟夥伴關係協議**的協商。各經濟體主要談判的項目包括商品、服務與投資，談判內容包括貿易便利化、市場准入、智慧財產權保護、競爭政策、經濟和技術合作及爭端解決機制。而在TPP的談判過程當中，農業、智慧產權、服務與投資等議題是主要的爭議。經過七年談判，TPP的十二個經濟體在2015年10月5日完成協商，預計在未來一兩年經各國批准後生效。中國表示願意研究加入TPP的可能性，美國政府也表示歡迎（見圖7-3）。

區域全面經濟夥伴關係（Regional Comprehensive Economic Partnership, RCEP）
目前參與RCEP談判的國家共有十六個，包括東協十國、中國、日本、韓國、澳洲、紐西蘭及印度，也就是東協加六，這些經濟體占世界貿易總額的27.7%，世界GDP比重的28.4%。

跨太平洋戰略經濟夥伴關係協議（Trans-Pacific Partnership Agreement, TPP）
目前參與TPP談判的國家共有十二個，包括汶萊、智利、紐西蘭、新加坡等發起國在2005年6月成立，美國、澳洲、祕魯、越南在2008年加入談判，馬來西亞、墨西哥、加拿大及日本都相繼加入談判，這些經濟體占世界貿易總額的25.3%，世界GDP比重的37.8%。

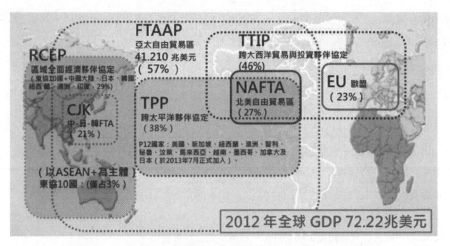

圖7-3 各區域經濟整合協議會員占全球GDP比重

資料來源：林祖嘉，「兩岸經濟競合與國際經貿整合的關係」，中央研究院經濟研究所，「總體經濟計量模型研討會」，2014年12月4日。

面對區域經濟整合體制的快速發展，臺灣卻因為中國的政治阻撓，而被排除在這一波的東亞經濟整合體制之外。截至2007年底，臺灣只有與巴拿馬、瓜地馬拉、尼加拉瓜、薩爾瓦多及宏都拉斯簽訂FTA。然而，這些國家與臺灣的貿易金額只占臺灣貿易總額的0.2%，對臺灣經濟的整體福祉沒有太大幫助。目前臺灣自由貿易比重只有9.7%；即使臺灣未來與中國簽署貨品貿易協議，臺灣自由貿易比重僅有17.3%。如果正在協商的協議都完

成，韓國的自由貿易比重將達到 83.4%，日本將達到 71.2%，新加坡將達到 87.3%（見表 7-2）。

表 7-2　亞洲各國洽簽 FTA 情形

	韓國		日本		新加坡		臺灣	
	國家	占其貿易額 %	國家	占其貿易額 %	國家	占其貿易額 %	國家	占其貿易額 %
已簽署	共 51 國 (13 個 FTA)	62.66%	共 51 國 (13 個 FTA)	18.21%	共 60 國[註2] (22 個 FTA)	86.38%	共 8 國 (7 個 FTA)	9.68%
已生效	共 47 國 (9 個 FTA)	37.95%	共 15 國[註1] (13 個 FTA)	18.21%	共 32 國 (21 個 FTA)	76.69%	共 8 國[註3] (7 個 FTA)	9.68%
洽簽中	1. 墨西哥	1.25%	1. 韓國	5.68%	1. 加拿大	0.27%	1. 中國大陸	17.32%[註4]
	2. 紐西蘭	0.31%	2. 海灣合作理事會	11.4%	2. 巴基斯坦	0.14%		
	3. 日本	7.86%	3. 澳洲	4.18%	3. 烏克蘭	0.03%		
	4. 中日韓	28.59%	4. 蒙古	0.02%	4. 墨西哥	0.43%		
	5. 海灣合作理事會	11.3%	5. 加拿大	1.24%	5.TPP	30.04%		
	6.RCEP	46.33%	6. 哥倫比亞	0.12%				
	7. 越南	2.61%	7. 歐盟	9.99%				
			8. 日中韓	25.74%				
			9.RCEP	45.93%				
			10.TPP	27.54%				
	合計 (已扣重複國)	83.39%	合計 (已扣重複國)	71.24%	合計 (已扣重複國)	87.25%	合計 (已扣重複國)	27.01%

註 1：日本—東協整體經濟夥伴協定中，印尼尚未生效，惟日—印尼雙邊 EPA 業於 2008 年 7 月生效。
註 2：已包含已簽署尚未生效之新歐盟 FTA。
註 3：貿易額占比僅計入與中國大陸 ECFA 早收清單部分。
註 4：係以 2014 年 1-6 月我國對中國大陸貿易總額扣除 ECFA 早收清單部分計算得出。
資料來源：林祖嘉，「兩岸經濟競合與國際經貿整合的關係」，中央研究院經濟研究所，「總體經濟計量模型研討會」，2014 年 12 月 4 日。

　　2016 年 1 月，甫當選中華民國總統的蔡英文矢言要加速推動臺灣加入 TPP 及簽署雙邊與多邊 FTA，以參與全球經貿體系，並且降低對單一國家、單一市場（中國）的依賴。她表示，將在立院成立跨黨派 TPP 區域經濟整合推動小組，政院成立 TPP 推動辦公室，發揮統合各部會資源與政策效果，對內則推動產業經濟調整，提升弱勢產業的競爭力，以因應國際開放的壓力。特別是，針對美國要求臺灣開放進口含瘦肉精的豬肉一事，蔡總統在競選時希望參考國際標準、日韓標準來處理，以便促成美國支持臺灣參與 TPP。

4.2 兩岸經濟合作架構協議

　　馬英九總統在 2008 年上臺後，便倡議兩岸先簽署 ECFA，進而取得中國的善意讓臺灣與其他國家簽署 FTA，以突破臺灣在東亞經濟整合體制被孤立的困境。經過將近一年半的談判，兩岸在 2010 年 6 月 29 日簽署 ECFA。

　　ECFA 不是一個實質經濟整合協議，只是一個架構協議，主要的內容包括：早期收穫計畫、未來談判議題及雙方合作與協商機制。首先，早期收穫清單產品的關稅將在三年內降為零，但是必須符合原產地規則，要求適用零關稅產品的附加價值比例必須符合 40-50% 的比例。其次，ECFA 生效後，接下來有關貨品貿易協議、服務貿易協議、投資協議、爭端解決等四項協議在六個月內啟動協商。第三，兩岸同意成立經濟合作委員會，處理與協商 ECFA 後續議題及兩岸經濟合作相關事宜。

　　在貨品貿易早期收穫的內容，兩岸開放幅度並不對稱。在早期收穫計畫中，針對臺灣的出口產品，中國開放五百三十九項，包括中國主動開放的十八項農漁產品，金額達 138.4 億美元（占 2009 年臺灣出口中國總金額的 16.1%）；針對中國的出口產品，臺灣開放二百六十七項，占全部 11,016 項貨品的比例只有 2.4%，金額達到 28.6 億美元（占 2009 年臺灣自中國進口總金額的 10.5%）。不僅如此，最近幾年，臺灣每年對中國擁有貿易順差大約 400 億美元，但臺灣卻違反 WTO 的規定片面限制從中國進口的 2,249 項產品。相較之下，在中國與東協的早期收穫計畫中，中國對東協開放五百九十三項產品，僅占東協對中國出口金額的 1.7%，東協對中國開放四百項，僅占中國對東協出口的 2.1%。

　　在服務貿易早期收穫清單，中國同意對臺灣開放十一項，包括金融服務業三項、非金融服務業八項。中國允許臺灣服務項目包括：會計師臨時許可證有效期由半年延長為一年；獨資軟體服務業提供服務；進行科學與工程學研發；提供會議服務；提供專業設計服務；取消臺灣華語電影片進口配額限制；設立合資、合作或獨資醫院；投資中國航空器維修領域；允許臺灣保險公司組成集團；銀行業營業項目的優惠與便利；給予證券期貨業便利。

　　臺灣同意對中國開放九項，包括金融服務業一項與非金融服務業八項。
臺灣允許中國的服務項目包括：研發服務；會議服務；合辦展覽服務；特製
品設計服務；允許中國十部華語電影在臺映演；經紀商服務；運動休閒服
務；空運服務業電腦定位系統；銀行設立分行優惠待遇（見表 7-3）。

表 7-3　兩岸早期收穫清單

	農產品項目	貨品貿易項目	服務貿易項目
臺灣得到	18 項	石化產品 88 項 運輸工具 50 項 機械產品 107 項 紡織產品 136 項 其他產品 140 項	銀行 1 項（6 細項） 證券期貨 1 項（3 細項） 保險 1 項 非金融業 8 項
	計 18 項	計 521 項	計 11 項
臺灣給予	--	石化產品 42 項 運輸工具 17 項 機械產品 69 項 紡織產品 22 項 其他產品 117 項	銀行 1 項 非金融業 8 項
	計 0 項	計 267 項	計 9 項

資料來源：中華民國經濟部，〈ECFA 早收清單的內容為何？何時生效？〉，2012 年，
http://www.ecfa.org.tw/ShowFAQ.aspx?id=70&strtype=-1&pid=7&cid=15

ECFA 在 2010 年 9 月 12 日正式生效，早收清單從 2011 年分三年實施全部
免關稅。以下將進一步評估 ECFA 的成效。

問題與討論 7-1

1. 在中國反對與抵制的情況下，臺灣如何突破參與亞太經濟整合體制？
2. 臺灣應該先推動參與多邊的區域經濟整合協議，例如 TPP 與 RCEP，
   還是雙邊（例如與美國、日本或其他國家）的經濟整合協議？臺灣推
   動經濟整合的優先順序為何？

5. 兩岸經濟合作架構協議的成效檢討

5.1 兩岸經濟合作架構協議的事前評估

經濟部委託中華經濟研究院（簡稱「中經院」）（2009）進行 ECFA 的經濟效應評估，結論是：一、如果維持既有 2,249 項農工產品管制、已開放的農工產品自由化、中國商品全面零關稅的前提下，兩岸簽訂 ECFA 對臺灣經濟成長率累計增加 1.65%；二、如果維持既有八百七十五項農產品管制、其他工業產品解除進口管制且自由化、中國商品全面零關稅的前提下，兩岸簽訂 ECFA 對臺灣經濟成長率累計增加 1.72%。

中經院的評估報告指出，ECFA 可能造成生產增加的產業包括：化學塑膠橡膠業（約 14.6%）、機械業（約 14.0-14.3%）、紡織業（約 15.7-15.8%）、鋼鐵業（約 7.7-7.9%）、與石油及煤製品業（約 7.7-7.8%）。相對地，ECFA 可能造成生產減少的產業包括：電機及電子產品業（約減少7.2%）、其他運輸工具業（約減少 3.5-3.6%）、木材製品業（約減少 4.0%）。

在就業影響方面，中經院利用 CGE 模型對各產業進行模擬結果，再串連臺灣一般均衡模型包括 2007 年臺灣 161 部門的產業關聯表，資料依總體成長率更新至 2008 年，評估 ECFA 對臺灣總就業人數可望增加 25.7 萬至26.3 萬人。此外，中經院利用簡單迴歸模型，推估若兩岸簽訂 ECFA，臺灣未來七年可能增加的外商直接投資（FDI）流入規模將達 89 億美元（中經院認為，與歐盟及北美自由貿易協定的經驗，成立後三年總計外資流入平均成長超過一倍相比，上述評估結果較為保守）。

在兩岸簽訂 ECFA 二天之後，馬總統在 2010 年 7 月 1 日召開記者會，認為 ECFA 是臺灣經濟發展的新契機，冀望 ECFA 能打開臺灣參與東亞經濟整合體制的大門，讓臺灣可以與其他國簽署 FTA，提升臺灣對中國出口的競爭力，創造更多國內投資與吸引更多外商投資臺灣，臺灣很可能成為各國企業進軍中國的跳板（中華民國總統府，2011）。馬總統對於 ECFA 的預期效應已經超過中經院的評估範圍，因此本文將以此綜合檢討 ECFA 的成效。

5.2 兩岸經濟合作架構協議的實際效益

　　ECFA 並不是一個實質經濟整合協議，只是一個架構協議，臺灣開放二百六十七項貨品項目，占全部 11,016 項貨品的比例只有 2.4%。根據大陸海關的統計，2011 年臺灣對大陸出口總體增長 8.0%，ECFA 早收清單項目產品出口增長 9.9%，僅略微比前者好。2012 年，臺灣對大陸出口總體增長 5.8%，但是早收清單項目卻僅增長 2.3%；2013 年上半年臺灣對大陸出口總體增長 36.8%，可是早收清單項目卻僅增長 13.3%。這三年臺灣對大陸出口的數據都沒有顯現 ECFA 成效。同樣地，大陸對臺灣出口的早收清單成長率也沒有明顯比大陸對臺灣整體出口要好（見表 7-4）。在 2013 年 9 月以後，臺灣政府不再採用大陸海關的數據說明臺灣對大陸出口金額，改採臺灣的海關資料。據此，臺灣政府主張臺灣對大陸的早收清單出口比總體出口表現要好。然而，臺灣政府完全沒有對外說明這項統計資料調整的原因。事實上，兩岸海關對於兩岸貿易的統計有相當大的落差，主要是沒有反應臺灣經由香港到大陸的轉口貿易數據。以 2013 年為例，臺灣海關統計臺灣對大陸出口金額為 818 億美元，但是大陸海關的統計資料卻高達 1,566 億美元，幾乎快要兩倍。2014 年 1 月到 2 月，臺灣海關統計臺灣對大陸出口金額為 117 億美元，但是大陸海關的統計資料卻高達 211 億美元。因此，本文仍採取大陸海關統計資料說明 ECFA 效益。但是，自 2013 年 9 月以後，臺灣政府便不再公布大陸海關統計資料，作者無法取得詳細的統計數據。

表 7-4　ECFA 貨品貿易早期收穫效益

單位：億美元、%

	2011 年		2012 年		2013 年 1-6 月	
	金額	成長率	金額	成長率	金額	成長率
臺灣對大陸出口	1,249.0	8.0	1,321.9	5.8	800.4	36.8
早收清單內出口	198.5	9.9	20.3.1	2.3	110.7	13.3
大陸對臺灣出口	433.8	21.3	408.3	-6.3	209.8	2.9
早收清單內出口	50.4	28.1	47.4	-2.6	23.2	-1.26

說明：臺灣對大陸出口數據為大陸海關統計資料；大陸對臺灣出口數據為臺灣海關統計資料。

資料來源：中華民國經濟部國際貿易局，〈海峽兩岸經濟合作架構協議（ECFA）執行情形〉，2013 年 8 月 9 日，http://www.ecfa.org.tw/ShowNews.aspx?id=683&year=all&pid=&cid=

從臺灣的出口成長率來看，兩岸 ECFA 早收計畫在 2011 年初生效之後，臺灣對大陸出口並沒有明顯比臺灣對其他國家出口成長要快，甚至要比臺灣對東協六國的成長率慢很多。從臺灣的出口比重來看，臺灣對大陸出口占臺灣全部出口的比重在 2010 年達到 41.8% 的高峰，但是 ECFA 生效之後，2011 年的比重反而下跌到 40.2%，2012 年再下跌到 39.4%，2013 年微升到 39.7%（見表 7-5）。

表 7-5　臺灣對主要國家（地區）出口成長率與出口比重：2007-2013

	2007		2008		2009		2010		2011		2012		2013	
	成長率	出口比重	成長率	出口比重	成長率	出口比重	成長率	出口比重	成長率	出口比重	成長率	出口比重	成長率	出口比重
大陸	12.6	40.7	-0.8	39.0	-15.9	41.1	37.1	41.8	8.1	40.2	-4.4	39.4	2.2	39.7
美國	-0.9	13.0	-4.0	12.0	-23.5	11.6	33.6	11.5	15.6	11.8	-9.3	10.9	-1.2	10.7
日本	-2.2	6.5	10.2	6.9	-17.4	7.1	24.2	6.6	1.2	5.9	4.2	6.3	1.2	6.3
歐洲	9.7	11.6	4.6	11.7	-24.6	11.1	30.1	10.7	6.2	10.1	-7.8	9.6	-3.5	9.1
東協六國	16.7	14.5	7.3	15.0	-21.5	14.8	37.2	15.1	22.7	16.5	9.8	18.5	3.9	19.0

註：大陸的數據包括中國大陸與香港。
資料來源：中華民國財政部，2014 年 4 月 12 日下載。

根據總體貿易資料，ECFA 並沒有明顯強化臺灣對中國出口的競爭力。以各國在大陸進口市場的市占率判斷各國對大陸出口的競爭力，從 2000 到 2002 年，臺灣的市占率從 11.3% 增加到 12.9%，2003 年以後每年逐漸下滑，至 2010 年只剩下 8.3%。2011 年初開始實施 ECFA 早收清單計畫之後，2011 年臺灣的市占率反而下跌到 7.2%，2012 年維持在 7.3%，2013 年微幅上升到 8.0%（見圖 7-4）。

其次，馬總統預期 ECFA 能吸引更多外資，但是過去六年臺灣吸引的實際外資金額持續維持低谷。馬總統上臺後，2008 年臺灣吸引的實際外資金額衰退 50.8% 為 66.9 億美元，2009 年衰退 32.3% 為 44.3 億美元，即使 2010 年世界金融危機已經平息，仍衰退 30.1% 到 31.6 億美元，幾乎只有 2001-2007 年每年平均 56.5 億美元的一半。2011 年外商投資成長 37.7% 到 43.6 億美元，仍維持在相當低檔的金額。2012 年外商投資再度陷入衰退，

幅度爲 3.1%，外商投資金額只有 42.2 億美元。2013 年金額爲 34.6 億美元，
顯著衰退 19.2%（見表 7-6）。

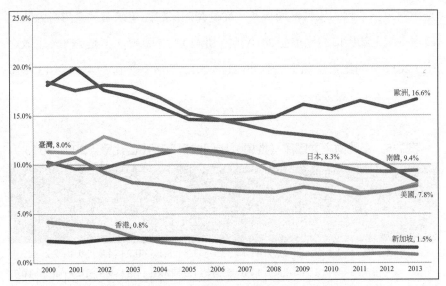

圖 7-4　各經濟體在大陸進口市場占有率：2000-2013

註：圖中各經濟體右側的數值爲 2013 年的占比。
資料來源：CEIC，2014 年 5 月 17 日下載。

表 7-6　外商對臺灣直接投資：2001-2013

單位：百萬美元、%

時間	2001	2002	2003	2004	2005	2006	2007	2008	2009	2010	2011	2012	2013
金額	3,349	1,908	2,724	2,983	3,430	11,576	13,602	6,692	4,427	3,163	4,356	4,223	3,461
成長率	n.a.	-43.0	42.8	9.5	15.0	237.5	17.5	-50.8	-32.3	-30.1	37.7	-3.1	-19.2

註：此表數據爲外商實際投資臺灣的金額，而不是核准金額。
資料來源：中華民國經濟部投資審議委員會，「103 年 2 月核准僑外投資、陸資來臺投
資、國外投資、對中國大陸投資統計速報」，http://www.moeaic.gov.tw

　　再看看國際比較，根據聯合國《世界投資報告》，2000-2007 年臺灣吸
引外資占全世界比重爲 0.3%，在亞洲地區領先澳門、印尼與越南。然而，
臺灣吸引外資占世界比重從 2008 年逐年下降，到 2011 年已經爲 -0.1%，臺
灣吸引外資金額竟是全世界倒數第二。2008-2012 年臺灣吸引外資平均占世
界比重僅爲 0.2%。各國同樣遭受到國際金融危機衝擊，臺灣在 2008-2012
年吸引外資的比重居東亞四小龍之末，香港的比重爲 5.0%、新加坡 2.7%、
韓國 0.7%，甚至比泰國（0.5%）、印尼（0.9%）與越南（0.6%）都低很
多，更不要說大陸（7.6%）（見表 7-7）。

表 7-7 亞洲經濟體吸引外商直接投資占世界的比重：2000-2012

	2008	2009	2010	2011	2012	2000-2007	2008-2012
大陸	6.0%	7.8%	8.1%	7.5%	9.0%	5.6%	7.6%
香港	3.7%	4.5%	5.9%	5.8%	5.5%	3.3%	5.0%
韓國	0.6%	0.7%	0.7%	0.6%	0.7%	0.6%	0.7%
澳門	0.1%	0.1%	0.2%	0.0%	0.1%	0.1%	0.1%
臺灣	0.3%	0.2%	0.2%	-0.1%	0.2%	0.3%	0.2%
印尼	0.5%	0.4%	1.0%	1.2%	1.5%	0.2%	0.9%
新加坡	0.7%	2.1%	3.8%	3.4%	4.2%	1.7%	2.7%
泰國	0.5%	0.4%	0.6%	0.5%	0.6%	0.5%	0.5%
越南	0.5%	0.6%	0.6%	0.4%	0.6%	0.2%	0.6%

資料來源：United Nations, World Investment Report 2013 (New York: United Nations, 2013), pp. 214-215.

如果觀察包括直接投資（對外直接投資及來臺直接投資）與證券投資（資產與負債）的國際資金流動，臺灣的國際競爭優勢正在快速流失。1990 年代，臺灣的淨國際投資（淨直接投資加上淨證券投資）總計 -198 億美元，平均每年為 -19.8 億美元。陳水扁總統執政八年期間總計 -1,058 億美元，每年平均為 -132.3 億美元。馬總統執政的六年期間資金外流共計 2,022 億美元，每年平均 -404.4 億美元，是陳總統時期的三倍。2012 年臺灣的資金外流金額是歷年來最嚴重的一年，高達 523 億美元（見表 7-8）。

表 7-8 臺灣的淨國際投資：1990-2013

單位：億美元

	1990-1999	2000-2007	2008-2013	2008	2009	2010	2011	2012	2013
淨直接投資（總計）	-202.5	-247.8	-520.0	-48.6	-30.7	-90.8	-147.7	-98.3	-103.4
淨證券投資（總計）	4.1	-810.3	-1,502.2	-122.5	-103.3	-206.7	-356.7	-424.5	-292.0
淨國際投資（總計）	-198.4	-1,058.1	-2,022.2	-171.1	-134.0	-297.5	-504.4	-522.7	-395.4
淨國際投資（年平均）	-19.8	-132.3	-404.4	n.a.	n.a.	n.a.	n.a.	n.a.	n.a.

資料來源：中華民國中央銀行（2013），〈國際收支簡表（年資料）〉，http://www.cbc.gov.tw/ct.asp?xItem=2336&ctNode=538&mp=1

ECFA 確實對臺灣與其他國家談判經濟整合協定有些幫助，但沒有根本改善臺灣的國際經濟孤立處境。2013 年 7 月臺灣與紐西蘭簽署經濟合作協定，同年 11 月臺灣與新加坡簽署經濟夥伴協定。但這兩個國家僅占臺灣貿易總量分別爲 0.2% 與 3.6%，對臺灣的助益有限。臺灣至今沒有與主要貿易夥伴美國、日本、歐盟展開 FTA 談判，也無法參與 TPP 或 RCEP 的協商，導致臺灣受到區域經濟整合邊緣化的壓力難以化解。

馬英九政府寄望兩岸簽署服務貿易與商品貿易協議，以強化臺灣的國際經濟競爭力。兩岸在 2013 年 6 月簽署服務貿易協議，但至 2015 年中仍未通過立法院審議。然而，中經院（2013）在 2013 年 7 月公布的評估報告指出，兩岸服務貿易協議對臺灣總體經濟、服務貿易、服務產業及就業的影響，「均爲正面效益，但效益幅度不甚顯著」，僅爲臺灣 GDP 增加 0.025-0.034%，因爲「兩岸目前相互開放之程度仍相對有限，特別是我國對中國大陸的開放程度，仍有相當多部門尚未給予等同於外資之待遇」。而在 2014 年 3 月，臺灣學生發動太陽花學運占領立法院，抗議臺灣政府談判過程不透明、造成部分產業受害及經濟依賴大陸的風險。

問題與討論 7-2

1. 臺灣是否應該擴大推動兩岸經濟整合，包括簽署兩岸貨品貿易協議？
2. 爲何臺灣民眾普遍反對兩岸服務貿易協議？立法院是否應該通過兩岸服務貿易協議？
3. 臺灣很希望加入 TPP 與 RCEP，臺灣需要克服哪些國際、兩岸及國內的問題，才有機會加入這些協議？

---

6. 結論

全球經濟發展在二十世紀末期形成新的趨勢，經濟全球化加速發展，但是多邊體制的經貿談判觸礁，區域體制的經濟整合快速發展，形成推動全球化的重要動力與趨勢。各國積極推動區域經濟整合的目的兼具發展與安全，

而且經濟整合的內容非常廣泛，包括貿易、投資、服務、政策、生產要素流動等等。根據經濟整合理論與實證分析，經濟整合協定應該有助於會員國的貿易創造與投資增加。相對來說，如果無法參加，非會員國可能面臨貿易轉向與投資減少。

　　為了避免臺灣無法參加亞太區域經濟整合而面臨經濟邊緣化的危機，馬英九總統推動臺灣與中國簽署 ECFA，期盼突破臺灣與其他國家簽署經濟整合協議的政治障礙。然而，ECFA 只是一個架構協議，後續簽署的兩岸服務貿易協議開放幅度相當有限。整體而言，ECFA 的成效不彰，兩岸服務貿易協議的預期效益也不甚顯著。在簽署 ECFA 之後，臺灣並沒有明顯強化對中國出口的競爭力、沒有增加吸引更多外資、也未能突破臺灣與主要貿易夥伴簽署經濟整合協議。

　　無法參與區域經濟整合體制是臺灣面對的嚴峻挑戰，各種生產資源（包括人才、資金與技術）正快速流出臺灣，已經危及臺灣經濟的發展優勢與永續發展。目前臺灣政府正在推動加入 TPP 與 RCEP，但都無可避免要面對國內經濟開放與自由化的要求，及必須化解中國對臺灣參與區域經濟整合體制的政治阻撓。臺灣必須參與區域經濟整合體制，但如何採取適當的國際經濟戰略、建立國內共識、建構完善的配套措施，將是臺灣能否在最近幾年參與區域經濟整合體制的關鍵。

參考書目

中華經濟研究院，〈「兩岸經濟合作架構協議之影響評估報告」報告〉簡報檔案，2009 年 7 月 29 日，取自 http://www.ecfa.org.tw/EcfaAttachment/ECFADoc/05.pdf

中華經濟研究院，「兩岸服務貿易協議經濟影響評估報告」，2013 年 7 月 15 日。

童振源（2009）。《東亞經濟整合與臺灣的戰略》。臺北：政大出版社。

Adams, Richard, Philippa Dee, JyothiGali, and Greg McGuire (2003). The Trade and Investment Effects of Preferential Trading Arrangements-Old and New, *Productivity Commission Staff working paper* (Australia), No.11.

Brende-Nabende, Anthony, Jim Ford, and Jim Slater (2001). FDI, Regional Economic Integration and Endogenous Growth: Some Evidence From Southeast Asia, *Pacific Economic Review*, 6(3): 383-399.

Brenton, Paul, Francesca Di Mauro, and Matthias Lucke (1999). Economic Integration and FDI: An Empirical Analysis of Foreign Investment in the EU and in Central and Eastern Europe, *Empirica*, 26(2): 108.

Clegg,Jeremy, and Susan Scott-Green (1999). The Determinants of New FDI Capital Flows into the EC: A Statistical Comparison of the USA and Japan, *Journal of Common Market Studies*, 37(4): 597-616.

Crawford, Jo-Ann,and Roberto V. Fiorentino (2005). The Changing Landscape of Regional Trade Agreements, *World Bank Discussion Paper*, No. 8.

Dee, Philippa, and JyothiGali (2003). The Trade and Investment Effects of Preferential Trading Arrangements, *NBER Working Paper*, 10160: 12-13.

Feridhanusetyawan, Tubagus. (2005). Preferential Trade Agreements in the Asia-Pacific Region, *IMF Working Paper*, WP/05/149.

Jaumotte, Florence (2004). Foreign Direct Investment and Regional Trade Agreements: The Market Size Effect Revisited, *IMF Working Paper*, WP/04/206.

Markusen, Jim (2004). Regional Integration and Third-Country Inward Investment, *Business and Politics*, 6(1), Article 3.

Piermartini, Roberta, and Robert The (2005). Demystifying Modeling Methods for Trade Policy, *WTO Discussion Paper*, No. 10.

Schiff, Maurice, and L. Alan Winters (2003). *Regional Integration and Development*. Washington, DC: World Bank.

te Velde, Dirk Willem, and D. Bezemer (2006). Regional Integration and Foreign Direct Investment in Developing Countries, *Transnational Corporations*, 15(2).

Todaro, Michael P., and Stephen C. Smith (2011). *Economic Development*, 11th ed. Harlow, England: Pearson.

World Bank (2005). *Global Economic Prospects: Trade, Regionalism, and Development*. Washington, DC: World Bank.

World Trade Organization (2003). *World Trade Report 2003*. Geneva: World Trade.

第八章

技術變遷：後進國家的技術學習

陳良治
國立臺灣大學建築與城鄉研究所副教授

朱凌毅
國立臺灣大學建築與城鄉研究所博士生

1. 前言

技術——指人類應用知識與工具以達特定目的的行為——在發展中的角色長久以來已有許多討論。許多既有文獻發現，具有較高技術能力的國家，均展現出較高的社會及經濟發展水準。也因此，在關於解決落後發展的研究中，許多學者將焦點放在討論開發中國家如何建立產業發展所需的技術能力，並進一步指出，這一切更需要他們從學習先進國家的技術與知識開始。其中，早期的文獻聚焦於探討外來直接投資（foreign direct investments）對開發中國家來說，是否為適當的技術移轉機制。然而隨著資通訊科技的進步以及全球貿易自由化，先進國家的企業已更有能力將營運活動進行更複雜及全面的跨國布局，在這狀況下，開發中國家的廠商便得到許多機會加入跨國企業所建構的**全球價值鏈**，或與其進行不同型式的合作，進而從中取得本地所欠缺的先進技術。

但是許多文獻卻也指出，開發中國家與先進國家間的貿易或生產合作交流，並不見得讓前者能藉以自然而然地建立或深化技術能力。雖然學者都已同意，後進國家的技術變遷多起因於先進國家的技術輸入，但對於後進發展過程[1]如何實質受惠於跨國技術流動，則呈現二種不同的看法。當中一種是基於新古典經濟學的觀點，認為廠商知道市場上有哪些技術可以提供，並得以在價格機制下選擇他們所需要的適當技術。在這過程中，技術就如一項貨品，購買者取得之後馬上就可以使用。根據這些學者的看法，開發中國家的技術落後是來自於與技術提供者的接觸（access）不足，只要能建構一個穩定及開放的自由經濟市場，透過擴大與先進國家的經濟互動，他們的廠商便能從中選擇並取得發展所需的技術知識，在這個狀況下，落後國家的技術進步便會自然發生。但另一群以技術能力（technological capability）為研究重點的學者則主張，單靠市場不能解決國家技術能力不足的問題，尤其從一些

全球價值鏈
（global value chain）
指涉不同地方廠商經由某項商品的設計、製造、銷售、配送和服務等加值過程而連繫起來。研究者關注商品或服務如何進行全球調控，並認為不同的價值鏈將決定其中廠商和所處地域的升級與發展機會。

---

1 關注後進國家尋求發展過程中所遇到的特殊問題及其可能的因應方式。由於尖端科技的研發以及市場中的主要客戶都位於先進國家，後進國家的廠商將面臨在技術、市場與制度同時存在落差的發展劣勢，被認為很難靠自身力量克服而需要依靠市場之外的趨動力。另一方面，學者也指出後發優勢的存在：能夠以先進國家的發展經驗為借鏡，設定明確學習目標，避免重覆同樣錯誤，因而有機會實現快速追趕。

開發中國家工業化的實證經驗研究中發現，要克服與先進國家間的技術落差，需要這些國家的政府及廠商在技術學習方面實施特別的作爲。他們批評前一種主流經濟學觀點將開發中國家對於外來技術的學習及利用看得過於簡單，也忽略其廠商所面臨的現實處境。首先他們指出，開發中國家的廠商實際上對於其所需要的技術及來源根本欠缺足夠的知識，因此需要花費極大的搜尋成本，更常在資訊不完整的狀況下進行技術交易。而要吸收及有效應用外來移入的技術，尤其是獲取技術移轉過程中最爲關鍵的**緘默知識**，更需要廠商有長期的學習行動。舉例來說，機器設備能被購買，但如何有效率使用的知識，就無法經由購買而快速取得。而 know-how（譯作：實際知識、技術及技能）更常是鑲嵌在組織結構（包括公司、網路、制度等）當中，要將其從一個環境移轉到另一個環境也是非常困難且相當耗費成本。簡而言之，對於技術能力派的學者來說，技術不該被視爲一種能被準確定義，並在市場中容易取得且迅速精通（master）的知識。如果要眞正認識開發中國家如何透過學習國外技術以促進技術發展，我們必須深入探討其技術能力建立的內涵與過程。也就是基於這個觀點，本章的主要目的是要介紹影響開發中國家

> **緘默知識**
> （tacit knowledge）
> 指涉不能透過語言、文字、圖表或符號明確表述的知識類型。緘默知識的擁有者和使用者不容易清晰表達與傳遞知識內容，需要依託特定的情境、文化或場合，例如透過面對面接觸或做中學的方式進行知識的傳遞與學習。

圖 8-1　有效操作機器設備技巧通常是緘默知識

圖片來源：https://commons.wikimedia.org/wiki/File:Dreher_an_einer_Drehbank.jpg
（Licensing: As a work of the U.S. federal government, the image is in the public domain.）

之技術能力的重要因素，讓讀者更能清楚思考關於後進發展在技術變遷方面的議題。我們先從介紹有關後進工業化過程中的技術學習與創新等基本概念開始，接著討論後進國家的技術學習的管道與機制，最後則討論國家在後進國家技術建立過程中所扮演的角色。

> **問題與討論 8-1**
>
> 英國科學史學者李約瑟（Joseph T. M. Needham）提出了著名的一問：「儘管中國古代對人類科技發展做出重要貢獻，但為什麼科學和工業革命沒有在近代中國發生？」請試著回應李約瑟的難題，推想有哪些因素會造成技術落後？

2. 後進發展、技術學習與創新

為什麼不同國家會有不同經濟發展成果上的差別？最早在 1940 年代的一些經濟學家主張，一個經濟體的成長主要是來自資本累積（例如機器設備的購置），以及儲蓄水準所合併產生的效果。然而到了 1950 年代，Abramowitz 及 Solow 等學者的研究則發現，比起資本累積，技術變遷這項變數更能合理解釋美國二十世紀上半期的經濟成長。另外，基於歐洲幾個國家的發展經驗，經濟歷史學者 Gerschenkron 也強調，不同國家的平均所得水準，受到國家之技術水準的極大影響。換言之，造成已開發、開發中及未開發國家間經濟發展程度落差的原因，除了一般大家所知道的資本外，還包括這些國家間技術能力的差距。也因此在處理低度發展的議題上，我們便需要討論：如果窮國之所以窮，是因為他們的技術落後於富國，那這些窮國如何改善自己的技術落後？或者我們也可這麼問，這些窮國如何建立及強化技術能力來趕上技術較為先進的富國？

針對這個問題，我們在前節已簡單說明開發中國家的技術進步有相當大的部分是來自於先進國的技術擴散，並討論技術能力派學者對於主流經濟學者只強調市場機制，忽略開發中國家進行技術移轉及學習過程中之複雜性的批評。本節接著討論開發中國家的技術變遷所呈現與先進國家不同之面向及

內涵。我們首先介紹理解技術能力建立與學習時需具備的基本概念，接著分析開發中國家技術能力建立的進程。此外，由於現在越來越強調「創新」在產業及經濟發展上的重要性，在本節的最後，我們將從不同面向來分析創新這個概念，並特別討論後進國家產業在技術追趕過程中所呈現的創新。

2.1 技術能力建立與學習的重要基本概念

何謂技術能力？一般常用韓國學者金仁秀（Kim, 1997）的定義，將技術能力界定爲有效利用技術知識，以吸收、使用、調適（adapt）或改變既有技術的能力。而有了技術能力，我們也會更有能力來創造新知識，並面對變動的環境而創造出新產品或技術。現在我們已了解，對開發中國家來說，他們的技術能力建立與發展主要是透過向先行者——尤其是已開發國家——進行技術學習。只是不僅是技術較落後的開發中國家，相信大家都會發現，就算是已開發國家的產業或廠商，也常有必要對外學習以強化技術能力。如果是這樣，我們爲什麼在討論開發中國家的產業發展時，要特別強調技術學習這個面向？其實這與技術學習在開發中國家技術能力建立過程中所扮演的角色，以及他們在從事學習活動時所面對的處境有關。首先，學者指出西方先進國家的工業化是基於技術創新，開發中國家則從技術學習開始。另外，不像已開發國家，開發中國家的產業多是在一個發展較不健全的環境中運作，例如本國廠商的技術水準較低，而國內的產業網絡、市場及相關制度也仍不完整，因此他們的技術學習會是一項更爲艱難的任務。也因此若要了解開發中國家如何建立及發展技術能力，我們要先從掌握技術學習這個概念開始，並對技術學習與技術能力建立活動在後進發展脈絡下進行時，所呈現之特性有所認識。針對這個部分，我們參考學者 Lall（1996, 2001）的看法，歸納出幾點需要具備的重要基本觀念。

首先，技術學習主要是來自有意識及目的性的行動，我們不該認爲它會自動發生。前面已經提到主流的新古典經濟學就忽略了這個問題，他們假定廠商對既有可被利用的技術有完全知識，也能馬上懂得運用引進的技術。然而實際的狀況是，廠商對於市場上的各種技術方案常欠缺充分資訊，而且常

在進行操作時，對於使用的科技處在一種不完整及模糊的狀態。此外，廠商會因爲在技術建立方面之努力程度與結果的差異，而經歷不同的學習曲線，使得就算於同一時期使用相同科技，廠商間也會呈現不同的技術熟練度。

第二，廠商也許根本不知道如何建構所需的技術能力，如何進行學習這件事本身也是需要學習的（learning itself often has to be learned）。而對開發中國家來說，由於沒有關於欲引進技術的先前利用經驗，加上國內既有的技術知識較爲傳統、簡單，也可能不足以做爲精通先進科技的基礎，也因此廠商的技術學習過程會面對極高的不確定性與風險。

第三，爲了應付技術學習過程中的不確定性，廠商並非從最大化已知目標的方式下手，而是經由新資訊的蒐集、從經驗中學習或者模仿其他廠商的過程，不斷進行調適，進而發展出組織及管理等方面較爲理想的常規活動（routine）。由於廠商過去的學習活動會影響其未來技術改變的方向，而這些改變的經驗又會強化其現有的技術根基，因此廠商的技術學習是種**路徑依賴**及累積的過程，其技術發展更常依循著特定的軌跡。

第四，不同技術會有不同的學習要求，使得學習過程具有高度的技術特定性（technology specific）。舉例來說，以製程技術（process technology）爲主的產業（如化學或化工業），因技術知識多爲**符碼知識**且已包含在生產設備中，其技術能力的取得就比具有較多緘默知識成分的工程技術（engineering technology）產業（如機械或汽車業），顯得容易多了。另外，不同的技術對於外部資訊與知識來源，例如其他廠商、顧問、設備供應商或技術機構等的依賴程度也會有所差別。也因此，我們若要制定政策來協助產業建立技術能力，就必須要體認技術特性上的差異，會影響不同產業部門進行技術學習活動時所面對的成本、風險及期程等。

第五，廠商爲建立技術能力所進行的活動，除了從事研發來開發新技術與產品之外，還應包括在現場實作、製程與產品工程（process and product engineering）、品質管理、維修保養、採購、庫存控制、物流，以及維繫與其他廠商或組織間關係等不同層面的各種努力。但隨著廠商使用的技術越加複雜，研發會越加重要。

第六，廠商的技術學習不會只是孤立地在廠內發生，有許多是來自他們

路徑依賴
（path dependency）
路徑依賴強調歷史對於當前及未來發展的影響力，歷史事件將在一定時期內持續框架後續進展條件，猶如進入一種特定的「路徑」。已建立的制度，將會阻礙改變初始選擇的意圖。當國家或區域沿著某一特定路徑發展，儘管同時存在其他的路徑選擇，但轉換發展路徑的成本將非常高。

符碼知識
（codified knowledge）
符碼知識意謂能夠以一定符碼系統──包括語言、公式或圖表等各種符號──加以完整表述的知識類型。符碼化使知識能透過任何承載符碼的媒介，例如操作手冊或技術規範跨越距離進行傳遞。

與外部相關行動者間的互動連結（inter-links）上。具體來說，廠商技術學習的重要連結就包括與零件或設備供應商、競爭對手、客戶、顧問或技術供應者的直接互動，也包括與其他相關或非相關產業、技術機構、大學及推廣教育單位、產業協會及培訓組織等的交流。而且一旦資訊與知識在這些連結中密集地流動，使得有利於整體合作學習的氛圍出現，即會促成產業群聚（industrial clusters）的形成。

圖 8-2　新竹科學園區的高科技產業群聚

圖片來源：https://upload.wikimedia.org/wikipedia/commons/f/f3/ITRI_chungsin.jpg
　　　（Licensing: The copyright holder of this work allows anyone to use it for any
　　　purpose including unrestricted redistribution, commercial use, and modification）

　　最後，對開發中國家而言，來自先進國的技術常是他們進行技術學習初期的最重要投入要素。而隨著科技不斷變化及發展，持續接近國外的創新來源，也是開發中國家能否維持技術進步動能的關鍵。但有一點需要特別注意，這些外來的技術輸入絕不能取代本地發展技術能力，尤其開發中國家能否有效利用外來知識與技術，亦取決於他們自身所既有的技術能力與吸納能力。也就是說，在建立技術能力這項任務上，本國的技術努力與外國的技術輸入應為互補。

2.2 技術能力建立進程

對廠商來說，他們需要建構的技術能力可區分為生產能力（production capability）、投資能力（investment capability）及創新能力（innovation capability）等三個層面。其中，生產能力指的是關於處理生產相關議題，例如生產管理、生產工程（production engineering）、設備維修以及產品應用等方面的能力。有了這個能力，廠商才能有效操作設備進行生產，以及隨著市場競爭環境的變化來調整生產方式。而投資能力則是研擬及管理計畫方案的能力，其讓廠商得以為了營運需要，進行新的生產設備投資，也能依據投資狀況的變化修正方案。創新能力則是創造新技術，並將其投入商業利用的能力。在當今的競爭環境中，廠商更需有創新能力來開發新產品或服務，以滿足市場需求。

至於生產、投資及創新等三種技術能力的建立是否有先後？研究發現，已開發國家與後進國家在這三種能力的發展順序有些不同。簡單而言，依早期已工業化國家的經驗，他們是藉由開發全新技術來建構技術能力，所以其步驟是從創新開始、接著到投資、再到生產。但對開發中國家來說，由於工業化是從取得既有的技術開始，造成他們技術能力建構出現相反的程序，也就是從發展生產能力開始，接著以此為基礎，逐漸發展出投資及創新能力。然而這個後進國家技術能力發展進程的主張，近來則受到一些挑戰。特別是像臺灣與南韓等國家在資訊及電子產業技術追趕的成功，就讓大家發現後進國家技術能力建立，不一定會依循前述之固定或與先進國相反的程序。事實上，這些新興國家在高科技產業上的發展與追趕，便出現一種新的或者跳躍式的路徑。簡單來說，這是因為在如資訊科技產業般的高科技業中，從事製造所需工程與組織方面的技能，不見得需要長時間的學習過程。特別是這個產業的許多關鍵技術，是屬於較能透過上課、閱讀技術文件，或在實驗室研發所學習到的科學及符碼化知識，這讓具高素質工程人力資本的臺灣及南韓等國家，能迅速吸收技術知識。再加上政府在最新軟硬體方面的策略性投資，這些國家便得以跳過舊科技，直接投注在新科技產業的發展，並快速追趕上先進國。但我們仍需要知道，這種**蛙躍式追趕**，對許多重要技術為緘默

蛙躍式追趕
相對於循著特定路徑以持續漸進改善的方式拉近與技術前沿的差距，蛙躍式追趕意謂在學習路徑上繞過某些進程或開闢出新的路徑，而達到快速跨躍追趕。

性知識的產業，特別是一些強調技術學習需長期實務操作及經驗累積的傳統產業，例如機械業，則比較不容易發生。在這些產業中，廠商似乎仍不可避免地需從累積製造經驗及能力開始，逐漸進步到發展出投資與創新能力，也因此他們的技術學習及技術能力建立，將會是數十年而非數年的任務（請參考 Box 8-1）。

Box 8-1

臺灣與南韓的技術學習

後進國家技術能力建立進程可能循著不同的路徑。臺灣與南韓分別有不少廠商是循著「OEM ─ ODM ─ OBM 途徑」實現技術追趕與升級。OEM 為「原始設備製造商」（original equipment manufacturer），通常也被稱為純代工製造，這是指生產設備和技術從國外領導廠商獲得，接受國外大廠委託生產標準化零組件或成品。臺灣早期有許多外銷成衣廠，即是循 OEM 模式替知名服飾品牌商代工製造。透過代工生產關係，廠商自國外大廠取得技術學習管道，得以逐漸累積製程改良、發展產品設計與資源整合能力，將有機會朝向 ODM 升級。ODM 即為「原始設計製造商」（original design manufacturer），亦稱代工設計製造，係指接受買家委託生產，並且一手包辦產品設計與製造的廠商。產品完成後貼上買家的品牌，交由買家行銷。臺灣的寶成工業成功扮演 ODM 角色，替 Nike、Adidas、New Balance 等國際品牌設計鞋款並負責製造。此外，還有些廠商進一步替代原本由領導廠商保留的研發創新與市場行銷核心能力，建立自有品牌，晉升為「自有品牌製造商」，即 OBM（own brand manufacturing）。從 OEM、ODM 到 OBM，為一種後進廠商實現技術升級的重要路徑。臺灣的宏碁、華碩與宏達電，正是循著從代工廠向自有品牌廠商轉型升級的代表案例。

雖然臺灣與南韓的技術能力建立進程相似，但由於政治經濟狀況的差異，也使得兩國在技術學習路徑也呈現不同的演化趨向。臺灣早期產業結構以中小型廠商為主體，不少廠商傾向循著漸進改善的學習路徑，從生產製造端持續改良升級，培養出產品設計開發及全球資源整合調度能力，進而成為不以自有品牌為重，而是替領導品牌提供「專業製造服務」（Electronic Manufacturing Services, EMS）的廠商，鴻海／富士康即為其中翹楚。相對地，南韓則是由高度垂直整合的大型企業集團（chaebol）所主導。在國家的支持協助下，大型企業集團傾向採取高負債、高槓桿的擴張策略，投入大量資源取得關鍵技術及行銷管道，因此能夠直接參與全球品牌競爭。以三星（Samsung）為例，透過集團資源整合快速發展，成為消費型電子與半導體產業的全球領導品牌。

2.3 後進發展與創新

在全球化知識經濟時代,「創新」已被認爲是驅動經濟發展及影響廠商競爭力的最重要因素。對開發中國家及其廠商而言,如何建構創新能力更是他們在發展技術能力這項工作上的極大挑戰。在全球的產業體系中,開發中國家多是技術的跟隨者,被動地利用從先進國引進的創新觀念、技術或產品。而欠缺技術創新能力也被認爲是開發中國家廠商的普遍特質,更是他們無法追趕上先進國的重要原因。雖然我們不能否認當前許多重要的技術發明及突破,多源自於先進國的創新,但身爲技術學習者的開發中國家,是否眞的只是應用或學習這些成果而毫無創新能力?這種認爲後進國家廠商無創新能力的觀點,已被學者批評是對於創新的內涵有過於狹隘的認知。事實上,在進行技術學習及追趕時,後進國家就發揮了相當的創新,也逐漸累積這方面的能力。要理解這個過程,我們必須釐清創新的不同形式及本質。

一般認爲創新係利用既有知識上的進步,而發展出解決問題的全新想法或技術。就近來的歷史經驗,此類創新常是由具最先進技術之廠商及其研發人員所發展出來的。基於這個概念,創新是一種高深的技術活動,欠缺技術與研發能力的多數開發中國家廠商,當然在這項工作上力有未逮。但許多學者認爲,創新應該被給予更寬廣的定義,也就是除了技術的全新突破外,運用全新或改良過的產品或方法來解決問題,同樣可視爲是創新的一環。據此,創新的內涵就可以被進一步的細分。例如我們可把創新分爲產品創新(product innovation)、製程創新(process innovation)及組織創新(organizational innovation)等幾種類別(請參考 Box 8-2)。根據這個分類,學者就指出,以技術學習與模仿爲技術能力建立起點的後進國家廠商,雖然少有產品創新方面的貢獻,卻常是製程及組織創新的要角。舉例來說,身爲全球汽車產業後進國的日本,能在全球汽車產業上趕上先進國,就歸功於日本廠商在生產製程及組織上創新,例如日本汽車廠商最著名的**及時生產系統**。而臺灣半導體廠商的製程創新能力,也造就了臺灣半導體產業在全球的競爭力。

及時生產系統
(just in time)
致力於減少物料與時間的閒置耗費,以提高生產效率的一種生產管理系統。日本豐田汽車是著名的及時生產系統採用者,他們高效率的生產模式已被視爲業界典範。

產品創新、製程創新與組織創新

　　我們可以從不同的生產構面來觀察主要的創新突破是發生在什麼地方。廠商一方面可以在製程技術或組織管理方式上尋求改良與創新，另一方面也有可能尋求更好地利用既有的技術與資源，開發出符合不同市場需求定位的產品。

　　所謂「產品創新」是指廠商利用近似的製程技術，在既有的企業組織方式下，開發出創新性的產品。觀察蘋果公司推出 iPod、iPhone 與 iPad，可以發現這些產品的基本製程技術和模組架構有共通性，但可以從改變產品的外型、體積，或是增加、專精於特定功能，而衍生創新產品。

　　「製程創新」則是指對於同樣的產品，以創新性的製程技術來製造。以台積電為例，它始終專注於晶圓代工製造此單一範疇產品，但是它的製程技術卻從次微米向奈米級製程不斷精進，可以視為在製程上突破創新的代表案例。

　　至於「組織創新」則是指相同的產品及技術製程，以創新的組織型態來進行生產。組織創新方式可能朝向扁平化，以減少不必要的科層架構，或者是以專案組織型態因應彈性需求。此外，還有不少跨國公司僅保留品牌行銷的核心能力，而將製造或設計端委外由 OEM 或 ODM 代工。

　　雖然在概念上我們可以區分出產品、製程與組織等不同生產構面上的創新，但這些創新形式經常相互關聯、彼此牽動，很可能同時發生。例如要開發體積更小、功能更多的產品，很可能需要製程技術的突破；即使是在同樣的模組架構下開發衍生產品，亦可能需要尋求更好的企業組織方式，以提高生產效率、因應市場需求變動或重新定位企業核心競爭力。

　　除了上面的分類方式，我們還可以依據技術創新的程度，將創新分為**激進式創新**及**漸進式創新**二種。其中激進式創新，例如像資訊科技般的全新技術或設備發明，常造成技術或產業的革命，更對整個經濟系統帶來顯著的衝擊，也因此得到較多的關注與討論。但即使如此，我們不能就這樣忽略漸進式創新的重要性。許多產業及經濟的發展，事實上是來自漸進式創新的連續性與累積性的影響，而一些激進式創新，更常是基於一連串的漸進式改良後才能夠發生。

　　最後，如果我們把發展的脈絡納入考量，創新則又可分為世界性創新（new to the world innovation）及地方性創新（new to the area innovation）。舉例來說，某甲開發出一項全新技術，後來為某乙所學習並在另一個脈絡下應用這項技術。在這個狀況下，甲乙二人都可被稱為創新者嗎？相信這時大

激進式創新
（radical innovation）
強調與當前市場需求或技術趨勢截然不同，並有可能對現有市場或技術造成顛覆效果的創新活動，又稱為斷裂型創新或破壞性創新。例如資料儲存設備從錄音帶、磁碟片、光碟片到隨身碟的發展就是一連串激進式創新的成果。

漸進式創新
（incremental innovation）
相較於激進式創新，漸進式創新是在現有的市場基礎與技術發展路徑上，對於產品、製程或組織方式持續漸進地做出改善。例如電腦中央處理器（CPU）的複雜度、尺寸、結構與型態在這六十年間劇烈改變，它的基本設計與功能仍大致相同。

家多會主張，甲是創新者，而乙是模仿者。而這類在一個新的地區應用既有科技的過程，也常被認定是模仿或是技術移轉而非創新。但是在研究後進發展的文獻中，一些學者就強調在一個新脈絡下應用既有科技，應該也被視為創新。因為要在不同地方推出新產品，廠商常會需要發揮漸進式創新及組織創新的能力，例如使用不同的原料零件或採用不同的生產型態，使他們能調適當地的狀況來進行生產及銷售。更重要的是，研究也發現，許多開發中國家廠商及產業在製造能力及競爭力的提升，通常多是受到這種類型的創新所帶動。

3. 技術學習管道

在了解技術學習對開發中國家發展的重要性及其內涵後，我們接著就以實際的例子，解釋他們的產業或廠商是透過哪些管道與機制進行技術學習，並分為廠商內部（intra-firm）及廠商外部（extra-firm）二個層面來說明。

3.1 廠商內部的技術學習

3.1.1 研發

產業或廠商需要進行研發，以開發新技術或提升技術能力似已成為常識。但由於開發中國家的廠商多不是技術的創造者，而僅是技術的使用者，在這個狀況下，他們的研發多不像先進國廠商是為了探索新技術或科學知識，而主要是為了處理生產過程中所碰到的問題。研發部門成立的目的也是為了進行技術學習，尤其是擔任技術守門人（technological gatekeepers），負責指認、取得、調整及應用外來引進的技術與知識，再將其擴散至廠內其他單位。只是對還擁有其他各種替代之學習管道的開發中國家廠商而言，透過研發進行技術學習，意味需要一些效益常不甚明顯的特別投資，因此他們投入這項工作的意願通常不會太高。也因此許多研究發現，有組織的研發在後進國家技術進步過程中，往往只扮演少部分的角色。但學者也指出，隨著科

技發展越加快速及複雜，開發中國家廠商增加研發投資，以增加對於新技術的吸納能力，已是他們難以閃躲的任務。更何況這些廠商之中，有些已逐漸縮小與市場領導者的技術差距，也不再只是技術的跟隨者，他們因此也必須開始積極從事先端技術及產品的研發，才能在當今全球競爭環境中生存，並取得更有利的發展位置。

3.1.2 做中學（**Learning by doing**）

在研究產業技術變遷的文獻中，學者很強調一種「做中學」的技術學習機制，主張廠商一旦投入生產實作，會因為操作經驗的累積以及對於問題不斷進行改善的過程，進而發展出更高的技術能力。最早提出這個概念的Arrow（1962）就主張，已開發國家產業的生產力提升，就是經由做中學而帶來的技術進步。事實上，對於開發中國家來說，做中學更是廠商建立技術能力的重要廠內學習方式。尤其 Bell（1984）就強調，做中學有三種特性：1. 它是被動產生的，只要少許甚至不特別的明確作為；2. 它是自發性的，只要一段時間的實作，技術學習就會發生；3. 它幾乎是免費的，因為它是從事製造過程中所衍生的副產品。也因此只要有機會投入製造，開發中國家中資源有限的廠商，就得以在不需太多特別投資的狀況下，透過做中學的機制，自然而然取得及累積所需的技術能力。除此之外，在許多強調實作的產業中，做中學也被認為是廠商取得核心知識的重要機制。我們在前節就已提醒，技術學習過程具有高度的技術特定性，對產品製造與開發技術包括許多緘默知識的廠商而言，做中學就是更為關鍵且不可避免的學習活動。

3.1.3 模仿

「模仿」則是另一個開發中國家廠商指認出的重要廠內學習活動。一般人們都會認為模仿是欠缺才能（特別是創新能力）的表現，但日本成功的工業化經驗——即藉由拷貝國外產品來吸收先進技術，進而推出改良進口產品的漸進式創新以逐步發展產業競爭力——則讓我們重新思考模仿與創新間的關係，以及其對產業發展的意義。事實上，對廠商來說，模仿就是他們學習創新的第一步，更何況若想成功模仿國外技術或產品，他們還得展現相當的

創意才行。例如他們需要創新的生產技術，才能製造出比進口貨更簡化及便宜的產品。他們也需要創新的設計能力，才能在不提高價格的狀況下，將產品品質予以改善。舉一個具體的例子，我們常會發現許多開發中國家廠商所推出的產品及其設計，好像都是模仿市場上的領導產品。這些廠商就是利用所謂逆向工程（reverse engineering）的方式，先對他們想要模仿的產品進行技術規格的分析或將其拆解，再根據所得的資料重新製造出複製品。接著，他們進一步想辦法對這個複製品予以局部改良，例如增加或減少一些功能，或是選用不同的材質或零件等，藉以配合本國的生產環境或切入特定的利基市場。而要讓這項「山寨」工程能夠順利完成，廠商不只要對產品進行重新設計，同時也得處理重新設計後所衍生出的技術問題。除了培養與刺激他們的創新能力外，這種模仿及重新製造的方式，也讓開發中國家的廠商累積關於製造方面的知識與經驗，尤其是經由持續重新設計及問題解決的過程，廠內的技術能力也隨之逐步強化。

3.2 廠商外部的技術學習

雖然透過組織內部的技術學習，是廠商建立及厚植技術根基的重要方式，但對資源有限的開發中國家廠商來說，他們更需要不斷發掘外部的知識與技術，協助他們克服後進發展的劣勢，並有能力回應快速變動之全球市場所帶來的挑戰。許多研究因此指出，後進國家廠商技術能力的發展更是來自跨組織的技術學習，並發生在跨國及國內的二種廠商外部學習管道。

3.2.1 跨國技術網絡

從 1960 與 1970 年代的日本，到近來東亞新興工業化國家的產業發展成功經驗，都顯示一種透過國外廠商的技術移轉來扶植本國技術能力的後進工業化模式。一般來說，這些後進國家所採用的跨國技術學習管道，主要有以下幾種型式：

・外來投資

　　為了降低生產成本或開發更廣大的市場，已開發國家的跨國企業常選擇在開發中國家透過直接投資或與當地廠商合資（joint ventures）的方式進行投資。為了滿足營運需要，這些跨國企業會將一些必要的生產與管理知識，傳授給他們在國外的子公司或合作夥伴，經由這個過程，開發中國家的廠商便藉此得到本地所欠缺的技術。而這些獲取的新技術，接著又透過不同機制擴散至整個生產體系，最後使開發中國家的產業因為這些外來投資而得到發展的動能。臺灣的縫紉機業就是最好的例子，這個產業能在臺灣發展起來，就受益於來自美國的勝家（singer）及日本的車樂美（Janome）等跨國公司在臺灣所進行的投資。然而在這裡需要提醒，外來投資也可能只會造成資源的剝削，而不見得有利於開發中國家技術能力的發展。例如開發中國家的既有廠商可能因不敵外來競爭而消失，反而使得本地產業發展受到傷害。而為了維持本國總部的技術優勢，外商對開發中國家廠商的技術移轉常是有所保留的，因此對後者技術升級的幫助可能極為有限。雖然對於外資在開發中國家產業發展過程中是否扮演正面角色仍有爭議，但學者至少都不否認外資是很重要的影響因素，也同意若要讓外資能帶動後進發展，需要特別的制度安排，尤其是國家的介入。針對這點，我們會在第 4 節補充。

・技術授權（licensing）

　　除了外來投資的知識外溢，開發中國家為取得產業所欠缺的技術，亦得利用技術授權的方式，向國外的技術擁有者購買產品或製程上的知識。在前面所提由外資帶動的技術學習機制當中，開發中國家這一方往往只是被動地接受知識，然而技術授權則讓他們擁有對於外來先進技術之運用的主控權，更是讓他們的廠商在短期內取得技術知識，以及建構自身能力的有效策略。臺灣與韓國的電子或資訊等高科技產業的發展，都有利用技術授權克服投入產業所面臨之技術障礙的案例。不過，在技術授權如何影響開發中國家技術學習這項議題上，我們仍需注意，技術授權只代表取得使用技術的合法權利，如果與技術授權者簽訂的合約中，不包括提供該項技術在工程及科學上的知識，則技術授權則不必然出現關鍵技術的移轉，例如開發中國家最後只

得到 know-how，對於更重要的 know-why（譯作：理論知識技術原理）仍所知有限。

・全球價值鏈

另一個開發中國家的重要跨國技術學習機制，則是近來關於新興工業化國家產業升級方面的文獻所強調，本地廠商得以透過加入全球價值鏈，學習新技術。具體來說，由於經濟及製造活動的全球化，一些開發中國家的廠商開始被納入由已開發國家之跨國企業所建構的價值鏈中，因此得到更多接近先進知識與技術的機會。而成為跨國企業的生產夥伴或供應商，不僅讓開發中國家廠商的財務營收得到改善，更重要的是，全球價值鏈當中鑲嵌著重要的技術擴散機制，讓這些一開始處在供應鏈最低位階的廠商，能藉由與領導廠商的互動學習逐步提升製造能力，更發展出在投資與創新等層面的技術能力。臺灣許多具競爭力的外銷產業，例如資訊科技業、成衣業、鞋業及腳踏車業等，都是透過加入全球價值鏈，從本來是只懂 know-how 的 OEM，進步到掌握相當 know-why 的 ODM，有些後來甚至升級成為 OBM，例如腳踏車業的捷安特、電腦業的宏碁及華碩、手機業的宏達電，已有能力在全球市場中與先進國廠商直接競爭。

除了前述三種型態，開發中國家進行國外技術學習的管道，還包括對於生產機械設備等資本財（capital goods）的進口。對於一些相當倚賴機械設備的製造業，由於其產業的最新技術常含括在其資本財當中，因此只要透過購置國外先進設備，廠商隨即就能取得技術，並建立相當程度的製造能力。之後在機器操作過程中，也會逐漸累積相關生產知識與經驗，以及對於新科技的進一步理解。臺灣、韓國或馬來西亞等國家的電子業發展，都是利用進口資本財以技術學習的著名案例。另外，由於透過以上介紹之管道所學習的通常為符碼知識，為取得產業發展更為關鍵且難以移轉的緘默知識，開發中國家也得直接輸入擁有這些知識的國外技術人力。這種所謂的聘僱中學習（learning by hiring），更是近來中國及韓國大企業進行跨國技術移轉時常採取的學習策略。而關於臺灣、以色列及中國等國的高科技業發展研究，則另外指出這些國家之海外歸國人才所組成的跨國技術社群（transnational technological communities），也在促進跨國技術流動過程中扮演重要角色。

3.2.2 本國技術網絡

・產業群聚

對於產業多由中小企業所組成的開發中國家來說，產業群聚被認為是有利於他們的產業與廠商進行技術學習的一種空間組織型態。而這種廠商群聚的現象，除了是臺灣電子資訊、自行車、機械等重要產業的特色外，更被視為是這些產業全球競爭力的來源。一般來說，由於規模小，中小企業通常欠缺足夠的人力、資金或設備等資源，也難以享受內部規模經濟。但他們一旦能聚集在某個空間區位，就可受益於聚集經濟（economies of agglomeration）所帶來的生產優勢。廠商之間更容易建構出綿密的垂直與水平互動網絡，有助技術交流。而這種產業群聚促進開發中國家廠商技術學習的機制，則會發生在廠內及廠外二個層次。首先，因為產業群聚的關係，這些廠商會有較高的生產效率，並在國內外市場中取得有利的競爭位置。而持續的成功銷售，則讓他們有許多累積製造方面經驗的做中學機會。藉由做中學的過程，這些開發中國家的中小企業不只製造能力不斷進步，在產品與製程上的創新能力也逐步建立。在廠外的技術學習方面，由於群聚內廠商通常是既競爭又合作，更容易刺激技術創新。而群聚內部更存在各種知識外溢的管道，也有助廠商累積及交換在地的緘默知識。在這裡我們說明其中二種產業群聚研究常強調的在地學習機制：

（1）群聚內漫布的資訊

由於產業群聚內充斥著有關產業及技術發展的各種資訊或流言（buzz），因此只要置身在群聚中，廠商很輕易就能意識或警覺到外部情勢的變化。具體來說，因為彼此之間的空間及社會鄰近性（spatial and social proximities），群聚的廠商經由在各種不同場合的碰面、利用他們在地的社會網絡，或透過他們的生產或行銷夥伴的協助等方式，得知他們所參與之產業領域中各種訊息，例如哪間公司最近在哪個市場或產品項目做得比較好（差）、哪間公司開發了新產品或引進了新技術、哪間公司進行了營運組織的調整等。也因為這種群聚內部到處漫布的知識，讓多數欠缺市場研究及行銷資源的開發中國家廠商，能在沒有進行特別投資的狀況下，獲取面對快速變動的市場與技術環境所需的關鍵決策資訊。

（2）在地生產網絡間的知識交流

產業群聚最常被強調的一個特色，是廠商間會建構出網絡式的生產組織。例如在臺灣的產業群聚研究中，我們常聽到廠商是依賴所謂的「協力網絡」進行生產。在這種網絡中，個別廠商只要負責生產過程中的某些環節，例如設計、零件供應、加工或組裝等，並透過彼此密切的分工合作，而達到極高的整體生產效率及彈性。另外，在這種分工網絡中，由於廠商只要投注心力在其專長的技術及產品上，則有助他們發展出專業化的技能。這個群聚的在地生產網絡除了帶來製造上之**彈性專業化**的優勢外，也提供許多重要的知識學習及散布機制。首先，網絡中使用者與生產者間的交流（user-producer interaction），就對刺激廠商技術進步有極大幫助。例如一些研究就指出，技術較先進的在地使用者，因為具備較高的問題指認及解決能力，他們在協助本國生產者改進技術能力的過程中就扮演重要角色。此外，由於空間鄰近的關係，群聚中某個生產者的技術進步或創新，也能很快藉由生產網絡散布到其他使用者。而群聚內也聚集了一批在相同或相關領域內就業的勞工，這些勞工因為彼此的居住與工作地點相近，群聚內所發展出的新技能也很快會在他們之間散布（請參考 Box 8-3）。

彈性專業化
（flexible specialization）
因應需求快速多樣變化的一種生產方式，而與尋求大規模標準化生產方式對立。廠商為能靈活提供不同產品，通常採取垂直或水平分工於協力廠商，採用多功能的設備或製程，其勞工以非長期或不固定工時的條件聘僱。

• **公共研究機構**

在關於如何促進後進國家產業發展的討論中，一些文獻特別強調國家設立的公共研究機構，對引導或協助本地產業技術建立所扮演的重要角色。一般政府設立公共研究機構主要有兩個目標：第一是做為國內發展新技術與新產業所需的基盤設施。第二則是協助並鼓勵國內欠缺資源的中小企業投入研發活動。而對於急切進行技術追趕的開發中國家來說，公共研究機構更顯得格外重要。關於東亞新興工業化國家的研究就發現，利用設立公共研究機構來獲取先進技術，例如透過國外技術授權或自行研發，這些後進國家得以策略性地讓僅具有限技術及研發能力，且無法獨立排除技術障礙的國內產業或廠商得到發展所需的技術知識。臺灣電子業的發展就是一個最好的例子。簡單來說，為了推動臺灣電子產業的發展，臺灣政府首先創設了一所公共研究機構——工業技術研究院（簡稱為工研院），接著工研院得到政府資金的補助，進行一系列技術研發計畫，以取得國內產業發展所需的外國先進技術，

並將該技術擴散至私部門。在此同時，政府又設立了新竹科學工業園區，負責安置國內開始出現的電子廠商，並提供這些廠商在財務或行政等方面的支援。而爲了促進產業內的技術學習與擴散，政府更鼓勵工研院與民間廠商成立技術開發的合作研發聯盟。經由這些政府的積極作爲，造就了臺灣電子業的快速發展，更讓這個由工研院所帶領的成功產業發展經驗，被稱爲所謂的「工研院模式」（ITRI model），並成爲一種開發中國家以公共研究機構扶植本國廠商建立技術能力的典範。

Box 8-3

臺灣中部的工具機產業群聚

　　臺灣目前是全球第四大工具機出口國與第六大生產國。不同於德國、義大利、日本與美國等具悠久歷史的工具機生產先進國家，臺灣是新興工業化國家，工具機產業發展也相對較晚，從1940-50年代才開始隨著工業設備維修與零組件需求而零星出現。臺灣中部地區於1960年代開始出現縫紉機及自行車產業，母廠釋出大量零組件外包生產機會，帶動協力裝配組件廠商在中部一帶形成機械與金屬加工產業群聚。自1970年代末期更有不少工具機業者採取外購零件再加工及組配的生產模式，工具機產業生產網絡逐漸在臺灣中部地區深化。

　　當廠商形成產業群聚，不但可以降低運輸與交易成本，共享資源與設備，也可能聚集相關專業技術人才，促進知識的外溢擴散。然而，中臺灣工具機聚落的知識交流型態跟新竹科學園區有所差異，不像竹科在政府大力支持下可以吸引許多跨國專才自國外帶回最新技術，或者透過工研院有效進行技術移轉。這其實跟工具機技術形式有關，相對於高科技產業知識可以透過技術文件與專利移轉，工具機技術通常是在實際操作試練中累積精進。因此，工具機產業的知識擴散需要有長期互動信任爲基礎。中臺灣工具機業者經常與供應商及客戶維持長期合作關係，因應需求調整改良機具設計，並擬定技術發展方向。另一方面，正是由於缺乏交流互動，工研院機械所早期開發的產品與業界現況脫節，被國內業者認爲既不成熟也欠缺利用價值。

　　事實上，中臺灣工具機聚落在競爭廠商之間的水平互動，不像在垂直上下游廠商之間那麼密切，對於當地的技術學習創新有不利影響。因此，舉辦工具機商展不但可以提升產業聚落的全球能見度與跨國知識交流，同時也是本地競爭廠商之間難得可以相互觀摩學習的場合，創造廠商進一步尋合技術合作的機會。例如臺灣在電腦數控科技（computer numerical control, CNC）工具機取得突破發展，公私研發聯盟的成立相當關鍵，在廠商之間以及廠商與工研院之間，形成更密切的研發創新夥伴關係。這種社會資本的形成，讓臺灣中部的工具機產業群聚得以朝向學習型區域發展。

圖 8-3　臺灣重要公共研究機構：工業技術研究院

圖片來源：https://upload.wikimedia.org/wikipedia/commons/e/e0/%E5%B7%A5%
E7%A0%94%E9%99%A251-52-53%E9%A4%A8.jpg（Licensing: The copyright
holder of this work allows anyone to use it for any purpose including unrestricted
redistribution, commercial use, and modification.）

問題與討論 8-2

有人認爲雷軍的小米手機從產品設計到舉辦發表會，只不過是山寨版的
iPhone 以及對賈伯斯的模仿；請試著藉由報章雜誌等相關資料，分析這
家廠商透過哪些技術學習管道得以快速跟進，並有何創新作爲？

---

4. 後進國家技術學習過程中的國家角色

　　雖然隨著全球經濟自由化，開發中國家似乎得到更多機會與先進國進行
貿易或建立生產上的合作關係，並從中得到產業發展的動能。然而，事實上
只有少數開發中國家成功受益於這種全球化趨勢，而許多經驗研究更發現，
過去幾十年來，能在經濟全球化中得利的開發中國家，多存在共同的特色
——即是他們的政府均實施了策略性的產業政策，協助及驅使國內產業及廠
商投注於發展及深化技術能力。爲了誘發產業的技術升級，這些國家的政府

可能採取一系列扭曲市場價格的政策工具，例如：

• **租稅獎勵**：以租稅減免為誘因，引導廠商增加資本投資、投入研發活動或進行人才培育。

• **市場管制**：透過阻礙進口或促進出口的管制方式，增加本國廠商利潤空間，以提高競爭優勢。其中保護本國市場的措施包括了直接限制進口、管制進口配額、實施保護性高額關稅或規定產品的自製率等；而促進出口的政策工具則包括匯價補貼、出口退稅或外銷低利貸款等。

• **財政補貼與融資優惠**：對於被國家認定的重要產業部門、具潛力的廠商或關鍵的研發活動，則動支政府預算或透過開發基金進行補貼或投資。同時政府也可能對金融部門施加影響力，讓策略性產業活動可以獲得較優惠的融資條件。

　　從1960年代的日本到1970年代晚期的東亞四小龍，這些國家的政府均以在經濟發展與技術升級過程中，扮演了積極角色而聞名，並被視為發展型國家的範型。不過在東亞發展型國家之間，由於歷史制度文化差異與路徑依賴演化的影響，而出現不同的經濟發展特徵，其廠商的技術學習型態也有所區別。舉例來說，南韓的特徵是一種以大型企業主導的發展模式，由發展型國家結合國有銀行體制和大型財閥為主軸的產業結構。為刺激國家選定之策略性產業的發展，南韓政府紅蘿蔔與棍棒齊發，由國家掌控銀行體系，並以金融特許及查稅等行政手段來約束企業。而對於符合國家要求和期望標準的企業，則可獲得高度優惠的融資條件，得以不斷擴大規模，並在受保護的環境中快速崛起。為能享受**規模經濟**及**範疇經濟**的好處，這些被國家挑選的企業傾向於公司內部發展及生產零組件，並透過兼併其他相關的中小企業，形成高度垂直整合的企業組織。也憑藉著雄厚的財力與規模，南韓的大型財閥積極學習及模仿國外技術，快速向產業的技術前沿逼近。

　　而另外一個成功後進工業化的國家——臺灣，則以活躍的中小企業為其經濟發展的一大特徵。臺灣政府在推動國內產業發展時，秉持的是「發達國家資本、節制私人資本」的理念範型。雖然與南韓相同，都會挑選策略性產業鼓勵廠商進入，但臺灣政府通常不會扶持個別廠商，甚至為了避免私人大型企業往產業上游擴張，更委任國營企業負責能源、電力及原料等的供應。

規模經濟
（economies of scale）
隨著生產規模的擴大而越具經濟效益的現象。從單一廠商的角度來說，由於廠房、機具與設備等固定成本變動不大，因此在一定範圍內增加產量可以降低產品的平均成本。

範疇經濟
（economies of scope）
廠商能夠同時提供多種產品或服務的成本優勢。這種成本優勢可能來自廠商共用內部既有研發、製造、採購、運籌、行銷或品牌資源，得以在投入成本變動不大的狀況下開發新產品或服務，以因應多樣消費需求、擴大市場份額與減少經營風險。

而在金融及市場壓抑下，臺灣的私人企業普遍傾向採取保守、低負債的經營策略，更不像南韓財閥得以在政府支持下以高負債、高槓桿策略進行市場擴張，使得即使是臺灣最大型的企業集團，其規模通常也遠不及南韓財閥。但臺灣這些中小型規模的企業，卻也能憑藉他們在營運上的靈活彈性，加上產業群聚所帶來在製造及學習等方面的綜效，創造臺灣製造業在國際市場上的競爭優勢。而為促進本國中小企業的技術建立與升級，臺灣政府則提供資金及技術等方面的協助，其中主要包括補貼廠商的研發活動、委任公共研發機構進行研發並將技術擴散、以及推動公私部門的合作研究計畫等三種策略。

然而，上述這些強調政府介入有利開發中國家廠商技術能力發展的看法，有些學者則給予質疑，尤其是政府到底有沒有足夠的資訊與能力扮演好這樣的角色。以拉丁美洲國家二次大戰後長期實施的進口替代政策為例，他們的政府就未能考量不同產業的效率、規模及專業性，也忽略當地資本與人力的限制，這個時候，政策干預反而對整體資源配置提供了錯誤的訊息，造成產業升級與經濟發展的負面影響。對於這個同樣政府介入，卻產生截然不同之後進技術追趕結果的問題，世界銀行的一批經濟學者則提出一種說法。他們認為可以把政府介入的方式區分為「功能性政策」（functional policy）及「選擇性政策」（selective policy）二種。前者基本上是以提供市場友善的環境為主，內容包括人力資本的形成、開放資訊流動以及促進外銷等，其被認為有助於提升後進國家產業的技術發展及全球競爭力。至於選擇性政策則是由政府直接干預資源配置，挑選或創造「贏家」。這種政策的實施則會扭曲市場，反而造成更大的風險。依這些世界銀行學者的看法，東亞國家製造業的成功發展，就是因為政府採取了功能性政策，尤其他們的政策內容能夠充分納含市場競爭機制。

前述世界銀行學者對於政府角色的看法，仍然基於主流經濟學觀點，則不為技術能力派學者所認同。後者強調，由於市場失靈的存在，自由市場無法保證資源的有效配置。特別在後進發展的脈絡下，開發中國家的本國廠商因為無法克服國外先行者所享有的既有技術優勢，若只依賴市場機制，他們將難從技術投資得到合宜的回饋，進而不願在先進技術上進行投資，造成技術能力發展及深化的不利影響。另外，由於後進國家廠商投入的經常是技術

成熟的技術或產品，他們在市場上亦面臨高度競爭及利潤不斷下滑的挑戰。要克服這些為追求產業發展及升級過程所碰到的重重障礙，就需要依靠國家的積極介入來提供市場之外的推動力，才有機會予以突破。此外，這些學者同時批評功能性政策與選擇性政策的分類並不明確，例如投資在基礎教育與科學研究或可視為「功能性」，但從中培養出專業人才則有「選擇性」的意涵，所以這樣的區分未必具有實質意義。

　　除了從過去東亞與拉丁美洲國家的經驗來論辯產業政策的內涵及重要性，目前討論後進國家產業發展有一項更重要的議題：就算我們同意選擇性產業政策的實施對促進開發中國家的工業化有其必要性，在當前時空環境下，國家能否在產業與技術發展過程中，持續扮演具影響力的角色？首先，因為全球化政治經濟環境的轉變，過去有利於東亞發展型國家施展特定政策的脈絡似已不再存在。舉例來說，在各國應參與推動全球貿易自由化的共識下，開發中國家很難再實施關稅保護或出口補貼等方面的政策，保護本國幼稚產業免於外來競爭以協助其技術發展。而來自先進國家對智慧財產權保護的強力要求，更讓開發中國家政府對本國廠商透過抄襲國外技術或產品而進行的技術學習行為，不能再如過去一般採行較為寬鬆的管制。除了政策施展空間的限縮，開發中國家政府引領導廠商的能力也開始受到質疑。特別是一些本國成功發展的產業已逐漸從技術追趕邁向創新，在這個狀況下，廠商可能本身已經累積足夠的能力進行研發及制定技術發展策略，根本無需政府干涉。而就政府而言，由於產業邁向創新就是投入開創未存於市場的前沿科技，不再像以前從事技術追趕時有明確的仿效目標，此時官員也未必比廠商更具備足夠的資訊和能力進行決策。

　　然而面對這些新的局勢，學者指出這些後進國家的政府不能就此退位，而是需要進行角色的轉變。隨著全球化競爭態勢變動得更快速而激烈，加上新興產業技術進入門檻不斷拉高，後進國家廠商會更需要政府從專業教育到整體科技環境的塑造，提供系統性的支援。為協助其廠商切入全球市場，政府也需要策略性地選擇利基領域，連結重要的行動者，以強化本地的技術能力和形塑有利產業創新的氛圍。只是不同於過去強調政府主導介入生產活動，當前的技術發展範型則更重視由私部門或廠商擔任領導者，政府則轉型

做爲相關行動者間的中介。王振寰（2010）所提出的「平臺型國家」概念，就主張國家應由主導技術追趕的領導角色，逐漸轉變爲促進產官學合作的鑲嵌角色。具體來說，政府應建構一個讓科學家（工程師）、廠商、研究單位以及金融機構之間資訊與資源流通的網絡平臺，使得產業的技術升級與創新能夠透過交流而發生。相對於先前發展理論主張國家越落後、政府越有干預空間，平臺型國家概念則強調，隨著追趕落差縮小，國家角色越需轉爲中立平臺的性質。

問題與討論 8-3

你是否同意「減少政府對於自由市場的干預才能確保經濟發展」之觀點？請以我國政府正推動「自由經濟示範區」政策爲例，討論這項政策是否爲另一種「政府干預」？其中有哪些措施你認爲有助於朝向「平臺型國家」發展？

---

5. 結語

透過本章，我們知道爲什麼自由貿易及市場機制的推動，不必然能自動促成開發中國家產業及廠商的技術能力發展。我們也認識了開發中國家進行技術學習的內涵和所面臨的特殊處境，以及他們的廠商爲取得所需的技術，在廠內／廠外、國內／國外進行的各種技術學習活動型態，並且理解先進國家介入如何影響後進國家的產業發展及技術追趕。但是在文章中所呈現的內容，多是基於東亞新興工業化國家戰後 1960 年代到 2000 年初期的發展經驗與研究發現。事實上，我們仍有二個很重要的問題，沒能在本文當中予以探討及回答。第一，這些東亞經驗的可複製性。我們在國家角色一節已簡要提到，由於全球化政治與經濟情勢的變化，國家已不被允許實施過於明顯的選擇性政策，造成一些過去東亞國家爲人稱許的產業扶植政策難以在目前的環境下被採行。當前新一輪的多邊貿易協定，例如 TPP，對於智慧財產權保護採取更嚴格的規範，傾向於保障先進國家跨國企業利益，因而也限制了後進

國家廠商模仿學習的機會；並且，進一步框限地主國透過制定相關法規形成技術性貿易壁壘，以扶持國內產業發展的主權行使空間。

　　另外，當前的科技特色及發展趨勢，也帶給開發中國家有別於他們的東亞前輩，在進行技術建立這項任務上的機會與限制。舉例來說，資訊科技的發達，除了提供更大的誘因及能力加速知識的符碼化外，也強化知識散布的效率，這都讓開發中國家得以用更快速及低成本的方式獲取所需的外來技術，有助降低他們與先進國之間的技術落差，並加速技術追趕。而由於資訊科技的導入，也讓一些開發中國家的傳統產業得到再發展的動能，甚至跨越技術升級的障礙。只是另一方面，隨著高科技產業似已成為國家經濟發展的核心，後進國家要跨入高科技產業的領域，卻也必須面對關於科學知識及技術的更高門檻。而在這種新的科技範型之下，他們將難以如過去東亞國家般，利用投入製造的做中學方式來逐步累積不同的技術能力，也可能需要不同的技術建立及產業切入策略。

　　第二個問題則是東亞模式的延續性。第一代成功發展的東亞後進國家，透過學習先進國轉移的技術，再以此為基礎進行漸進式改良的這種「跟隨式創新」的發展模式也開始碰到瓶頸。不論是為了加入領先群，或是為了擺脫其他開發中國家的追趕，這些第一代後進國家正面臨產業升級的挑戰，其中最具體的任務便是提升在全球不同產業價值鏈中的位階，甚至成為在該產業中的品牌或創新的領導者。只是這些後進國家的意圖，將會威脅到既有先進國的利益，因此會受到後者的阻撓。在這狀況下，相信要從本章所討論之跨國學習管道來取得重要技術的機會可能越來越少。除此之外，要讓本國廠商及產業建構出品牌及創新等方面能力，又需要學習或建構哪些層面的技術知識，以及需要何種政策與制度促進這個過程，種種關於東亞模式面對新的發展局勢將如何延續或產生演變，也都值得閱讀完本章後繼續深入探討。

參考書目

王振寰（2010）。《追趕的極限：臺灣的經濟轉型與創新》。臺北：巨流圖書。

Arrow, K. (1962). The Economic Implications of Learning by Doing, *Review of Economic Studies*, 29 (3): 155-173.

Abramovitz, M. (1986). Catching up, Forging Ahead, and Falling Behind, *The Journal of Economic History*, 46 (2): 385-406.

Amsden, A. (1989). *Asia's Next Giant: South Korea and Late Industrialization*. New York: Oxford University Press.

Amsden, A. and Wan-Wen Chu (2003). *Beyond Late Development: Taiwan's Upgrading Policies*. Cambridge: MIT Press.

Aoki, M., Hyung-Ki Kim and M.Okuno-Fujiwara (1997). *The Role of Government in East Asian Economic Development: Comparative Institutional Analysis*. New York: Clarendon Press.

Archibugi, D. and J.Michie (1998). *Trade, Growth, and Technical Change*. New York: Cambridge University Press.

Bell, M. and M.Albu (1999). Knowledge Systems and Technological Dynamism in Industrial Clusters in Developing Countries, *World Development*, 27 (9): 1715-1734.

Bell, M. and K. Pavitt (1993). Technological Accumulation and Industrial Growth: Contrasts between Developed and Developing Countries, *Industrial and Corporate Change*, 2 (1): 157-210.

Dahlman, C. J., Ross-Larson, B., and L. E.Westphal (1987). Managing Technological Development: Lessons from the Newly Industrializing Countries, *World Development*, 15 (6): 759-775.

Enos, J. L. (1991). *The Creation of Technological Capability in Developing Countries*. New York: Pinter Publishers.

Fagerberg, J. (2005). *The Oxford Handbook of Innovation*. New York: Oxford University Press.

Forbes, N. and D. Wield (2002). *From Followers to Leaders: Managing Technology and Innovation in Newly Industrializing Countries*. London: Routledge.

Fransman, M. and K. King (1984). *Technological Capability in the Third World*. London: Macmillan.

Freeman, C. (1987). *Technology, Policy, and Economic Performance: Lessons from Japan*. New York: Pinter Publishers.

Gereffi, G. and M.Korzeniewicz (1994). *Commodity Chains and Global Capitalism*. Westport: Greenwood Press.

Gerschenkron, A. (1962). *Economic Backwardness in Historical Perspective*. Cambridge. MA: Harvard University Press.

Hobday, M. (1995). *Innovation in East Asia: The Challenge to Japan*. Brookfield, MA: Edward Elgar.

Humphrey, J. and H. Schmitz (2002). How Does Insertion in Global Value Chains Affect Upgrading in Industrial Clusters? *Regional Studies*, 36 (9): 1017-1027.

Katz, J. (1987). *Technology Generation in Latin American Manufacturing Industries*. London: Macmillan.

Kim, L. (1997). *Imitation to Innovation the Dynamics of Korea's Technological Learning*. Boston: Harvard Business School Press.

Kim, L. and R. R. Nelson (2000). *Technology, Learning and Innovation: Experiences of Newly Industrializing Economies*. New York: Cambridge University Press.

Lall, S. (2001). *Competitiveness, Technology and Skills. Northampton*. Brookfield, MA: Edward Elgar.

Lall, S. and S. Urata (2003). *Competitiveness, FDI and Technological Activity in East Asia*. Northampton: Edward Elgar.

Lall, S. (1996). *Learning from the Asian Tigers: Studies in Technology and Industrial Policy*. New York: St. Martin's Press.

Malerba, F. and R. Nelson (2011). Learning and Catching up in Different Sectoral Systems: Evidence from Six Industries, *Industrial and Corporate Change*, 20 (6): 1645-1675.

Mathews, J. (2006). Catch-up Strategies and the Latecomer Effect in Industrial Development, *New Political Economy*, 11 (3): 313-335.

Morrison, A., Pietrobelli, C., and R.Rabellotti (2008). Global Value Chains and Technological Capabilities: A Framework to Study Learning and Innovation in Developing Countries, *Oxford Development Studies*, 36 (1): 39-58.

Nelson, R. and S. Winter (1982). *An Evolutionary Theory of Economic Change*. Cambridge: Harvard University Press.

Robertson, P.L. and D. Jacobson Eds. (2011). *Knowledge Transfer and Technology Diffusion*. Cheltenham: Edward Elgar.

Scott, A. J. and G.Garofoli (2007). *Development on the Ground: Clusters, Networks and Regions in Emerging Economies*. New York: Routledge.

Soete, L. (1985). International Diffusion of Technology, Industrial-Development and Technological Leapfrogging, *World Development*, 13: 409-422.

第九章
勞動參與：發展變遷中勞動者的角色

黃德北
世新大學社會發展研究所教授

1. 前言

十九世紀以來，人類社會逐漸進入資本主義社會，資本主義生產方式大幅提高生產力的發展，使人類得以享受空前未有的物質生活。在資本主義的發展過程中，勞工是付出最多的群體，但卻無法分享經濟成長的果實，勞資之間的緊張關係成為當前人類社會的主要矛盾。勞資之間存在著不對等的權力關係，人數眾多是勞工唯一的優勢，因此勞工常常被迫要以集體抗爭的方式來改善自己的勞動條件與生活處境，甚至成為社會變遷的主要動力。不過，勞工要能發揮力量，仰賴勞工要有普遍的**階級意識**，才願意集結起來採取集體行動，勞工的組織更可能會決定勞工的行動是否能夠成功實現。

階級意識
（class consciousness）
人對自己所處社會階級的自覺。包括認識自己所處社會階級的現實狀況及利益，進一步認識自己所處階級與其他階級的差異。

關於「勞動參與：發展變遷中勞動者的角色」這個議題，本文將分為五方面進行探討：從第 2 節開始，對勞工與社會變遷進行比較全面性的歷史分析；第 3 節是探討勞工階級的形成與階級認同的發展；第 4 節說明生產過程中勞動控制與勞工抗爭；第 5 節介紹勞工組織與勞工政治的發展；第 6 節剖析新自由主義全球化發展及其對勞動力市場的影響；第 7 節對社會發展變遷過程中勞動者的角色，提出綜合性的歸納與結論。

2. 勞工與資本主義社會變遷

現今多數人都生活在一個資本主義社會，這種**資本主義生產方式**首先在西歐萌芽、誕生、發展與建立。從十六世紀以來，由於新航路的發現，大量美洲金銀湧入西歐，導致歐洲出現物價革命，土地價格也隨之高漲，以致商人與貴族聯手將長年在土地上耕種的佃農驅離，大量的勞動者喪失生產資料，淪為靠領取工資為生的僱傭工人。隨後資本主義生產方式逐漸由歐洲向外擴張，越來越多國家被納入資本主義世界體系。

資本主義生產方式
（capitalist mode of production）
依照馬克思主義的看法，資本主義生產方式是指以社會化機器大生產為物質條件、生產資料資本家私有制為基礎、以資本剝削僱傭勞動為主要特徵的社會經濟制度。

隨著資本主義的萌芽與發展，西歐資產階級逐漸興起，開始要求與其相適應的政治權力。1688 年爆發的英國光榮革命就是代表資產階級革命取得勝利的開始，此後，英國資產階級開始要求國家機器必須遵守依法而治的統

治原則。憲政主義的政體首先在英國建立，並逐漸向西歐各國擴展。資產階級控制的議會同時開始制定一連串有利於私有產權保障、商業發展與工業革命的法律，促進資本主義的發展。資本主義生產方式更大幅提高生產力的發展，使人類得以享受空前未有的物質生活（馬克思、恩格斯，1848）。不過，資本主義社會工業化所產生的社會化擴大生產，卻與生產資料私人資本所有制之間存在著無法解決的矛盾，私人資本之間的競爭使得市場的供需總是在生產過剩後才達到均衡，尤其資本家之間的競爭常常以削減勞工待遇的方式來降低成本，喪失生產資料而依靠工資維生的勞工不能分享資本主義發展的成果，導致有效需求的不足，因此經濟的週期性危機不斷出現，且日益惡化嚴重。

馬克思是最早從資本主義生產矛盾的角度來分析資本主義的危機，他強調已經喪失生產資料淪為僱傭階級的勞工，是改變資本主義社會變革的主要動力（馬克思，1867）。不過，在馬克思過世時，資本主義的革命尚未在西歐爆發，列寧（1914）隨後指出原因：西歐的資本主義國家為了解決國內的生產過剩與階級矛盾，開始走向帝國主義對外侵略的道路，爭相將亞洲、非洲、拉丁美洲的廣大土地納為殖民地，以為本國過剩的產品與資本尋求出路。這種爭奪海外殖民地的行動，終於導致帝國主義國家之間的對抗，1914年奧匈帝國皇太子在塞拉耶佛被刺身亡，使衝突終於全面爆發，各國議會紛紛投票表決支持本國政府對外宣戰的行動，第一次世界大戰正式開打。各國工人被迫走上戰場，在民族主義大旗動員下，為資本家的利益而戰。

既然當代代議民主政治與資本主義發展有如此緊密的關係，民主政治就無法保證人民生活一定會改善。由資產階級掌握的國家機器，總是制定一系列有利於資本家的政策，使勞動者陷入生活困境，要求變革的力量不斷湧現。十九世紀以來經過工人運動的長期抗爭，改變資本主義的社會主義主張逐漸有系統地被提出。工人運動不但要求普選權的實施，以爭取工人的參政權利；更同時主張推翻資本主義的體制，使社會生產的成果能夠為全體勞動人民分享，包含經濟民主與產業民主的社會主義民主理念成為社會主義革命運動的目標。社會主義民主不但要超越自由主義的代議民主，還要求人民生活實質改善，以及可直接參與的人民民主。可惜此一理想迄今尚未真正實現。

不過，隨著 1917 年俄國革命成功所引發的震撼，迫使歐美國家於一次大戰後紛紛對勞工做出一些讓步，如實施普選權、舉辦醫療與退休養老保險等。二次大戰後全球冷戰體系逐漸形成，資本主義發達國家的資方對勞工做出更全面的退讓，以換取勞工放棄以暴力革命方式進行社會變革。這項「共識政治」（consensus politics）的結果，就是福利國家的出現以及勞工革命性社會變革力量的消退。

Herbert Marcuse 可能是最早看到資本主義發達國家的勞工已經不再具有革命性力量的學者，他的悲觀看法可能還與法蘭克福學派一貫對於資本主義大眾媒體對民眾思考宰制的影響有關（Marcuse, 1964）。Marcuse 認為隨著福利國家的誕生與資本主義文化產業對工人意識的宰制，資本主義發達國家的勞工已經安逸於現狀，喪失對社會的批判意識，成為「單向度的人」（one dimensional man），因此勞工已經不再是社會變革的主要力量。他將社會變革的力量更寄望於婦女、學生與弱勢族裔等群體。

勞工階級運動衰退，專注單一議題的新社會運動逐漸興起。新社會運動雖然改善了女性與弱勢族群的處境，也使環境等問題免於惡化，但因為勞工階級運動的衰退，削弱對資本的制衡力量，因此資本的力量日益強大。另一方面，資本主義福利國家更存在著結構性的矛盾，即政黨要透過選舉才能取得執政的正當性，為了贏得選舉，就必須承諾給予選民各項社會福利，但在資本主義體制下，政府又必須同時滿足資本積累的需求。正當性與資本積累之間的矛盾，最終導致福利國家出現財政危機（OConnor, 1973）。

1970 年代爆發的資本主義經濟危機，不但讓福利國家的危機浮現，也意謂二戰以來歐美國家奉行的凱因斯主義（Keynesianism）失靈，此後新自由主義意識型態逐漸在英、美兩國取得主導權，並在世界各地快速推廣。1979 年、1981 年保守派的政治人物柴契爾夫人與雷根，分別在英國與美國取得政權。他們上臺後立即大幅削減各項社會福利支出，解除資本流動的管制，同時對該國工會組織採取強硬打壓，在英國甚至還推動國有企業私有化政策。這些做法不但使勞工力量衰減，並讓全球資本得以自由流動，形成空前未有的強大資本聯盟，徹底改變全球資本與勞工之間的力量對比。

二次大戰結束後，民族主義思潮興起，許多殖民地紛紛追求獨立，民族

解放運動與勞工運動常緊密結合在一起，勞工在許多第三世界發展過程中扮演著重要的角色。例如近年來南非與巴西的工會在推動國內政治變革過程中，都產生重大的影響作用。

臺灣曾經歷過 1950 年代白色恐怖的高壓統治，左翼思潮與勞工運動的組織者都遭到徹底的清洗，使得工會發展受到高度控制，勞工在臺灣社會變遷過程中被迫禁聲。從二次大戰至 1970 年代初期，經歷一段**資本主義黃金時期**，臺灣恰好搭上這班順風車。1960 年代臺灣採取出口導向的經濟發展模式，使得臺灣的經濟能與歐美資本主義同步發展，一直維持高度的經濟成長。不過，這段期間數百萬勞工辛勤勞動，創造了臺灣經濟奇蹟，卻只能分享經濟成長的極小成果，並且受到各種不合理的待遇。

1984 年，由於臺灣對美國貿易長期出超，美國工會向美國政府遊說要求改善這種局面，在美國的壓力下，臺灣政府被迫制定符合國際標準的《勞動基準法》，該法實施之初因臺灣尚處於戒嚴時期，因此並未被嚴格執行。直到 1987 年解嚴後，《勞動基準法》才逐漸發揮保護工人權益的作用。

1987 年解嚴初期至 1989 年上半年，臺灣曾經出現一段短暫的工運黃金時期（徐雪影，1992），此時臺灣各地紛紛出現工人的「順法鬥爭」，即要求政府與資方依照 1984 年通過的《勞動基準法》標準，給予工人合理的最低工資、加班費與休假。伴隨政治上的解嚴，勞工也積極提出各種要求，希望能改變過去各項不合理的勞資關係與勞動條件。甚至在 1987 年民進黨立法委員王義雄與部分左翼知識分子組成工黨，希望建立一支代表工人階級的政治力量，與國民黨及民進黨分庭抗禮。不過，1989 年 5 月當時最強大的自主工會「遠東化纖工會」抗爭失敗後，臺灣工運的黃金時期也逐漸落幕。

造成臺灣工運由盛而衰的外在客觀因素，主要可分三方面來觀察：首先，全球資本流動導致國際生產線移動，造成臺灣生產成本提高而出現產業外移浪潮；再者，政府不但不處理產業外移對經濟的影響，反而開始大量引進移工，造成勞資力量不平衡；最後，蘇聯東歐社會主義陣營的解體，加上新自由主義意識型態高漲，對全球左翼思潮與勞工運動帶來前所未有的衝擊。到了1990 年代臺灣民主化後，臺灣社會陷入藍綠政治的對立，勞工內部也因為分裂的國族認同而出現割裂，嚴重影響工人的階級意識覺醒與組織力量的發展。

資本主義黃金時期
（golden age of capitalism）
二次大戰摧毀了歐洲與日本等工業化國家大多數的工廠設備，使得資本主義生產過剩的問題暫時不會出現，加上戰後重建的需要與凱因斯主義經濟政策的推動，使得二戰後至1973年間，資本主義曾經出現二十餘年的高速經濟成長。

Box 9-1

1989 年遠東化纖罷工

　　1987 年後，臺灣自主工運開始蓬勃，位於新竹縣新埔鎮的遠東化纖產業工會（遠化工會）為當時臺灣自主工運的龍頭工會。1989 年 3 月，遠化工會領導幹部徐正焜遭到資方調職；4 月，縣府協調無效後，廠方將工會常務理事羅美文與曾國煤免職。

　　遠化工會遂於 5 月 13 日工會召開會員大會，並以懸殊票數通過罷工案，但新竹縣政府宣布罷工不具法律效力。5 月 15 日遠化工會開始罷工，拉起臺灣二戰後第一條罷工線。隔日，廠方僱用的保全人員與國家派出的鎮暴警察嚇阻廠內參與罷工的工人，並驅散工會所拉出的罷工線。5 月 21 日，全臺灣的勞工團體、聲援學生集結，到場聲援罷工行動。期間，資方透過動用社會關係，以達到復工。工會在 5 月 25 日不敵壓力而終止罷工，遠化全面復工。

　　遠化的罷工抗爭失敗，被認為是臺灣自主工運發展挫敗的轉捩點。此後，國家與資方聯手藉此事件打壓臺灣自主工運，據統計，那段期間全臺各地將近四百名工會幹部遭到解職的迫害，對臺灣自主工運造成嚴重的打擊。

參考書目

趙剛（1994）。〈工運與民主：對遠化工會組織過程的反思〉，《臺灣社會研究季刊》，第 24 期，頁 1-34。

吳永毅（2014）。《左工二流誌：組織生活的出櫃書寫》。臺北：臺灣社會研究雜誌社。

　　1988 年代表左翼政治力量的工黨也出現分裂，部分「夏潮」系統的社運人士退出工黨另組勞動黨，但在隨後的中央民意代表選舉中「工黨」與「勞動黨」都未能取得任何席次，淪為邊陲小黨，無法成為與藍綠兩大政黨對抗的政治勢力。此後，臺灣社會一直由代表藍綠的國民黨與民進黨，以及一些偏藍或偏綠的第三勢力政黨所掌控。臺灣工人一直無法像西歐國家一樣，能夠有一個具有群眾基礎的階級政黨來代表勞工的利益。

問題與討論 9-1

勞工運動，與關注環境、性別、土地、教育等議題的新社會運動，有何異同？

3. 勞工階級的形成與階級認同

僱傭工人覺醒，意識到彼此屬於同一階級是不會自動出現的，需要經過漫長的鬥爭過程才有可能。工人階級的形成（class formation）可以分為兩方面來討論，一方面是指原本擁有生產資料的農民與工匠，被迫喪失生產資料而轉型為領取工資的僱傭工人，這就是馬克思所謂的「資本原始積累」（primitive accumulation of capital）過程。各國僱傭工人的形成受原有社會結構與政經特質的影響而有所差異，例如英國是以「圈地運動」方式將農民從土地上驅離，使其喪失生產資料，並流離失所，最終被迫淪為出賣勞動力的**無產階級**。

但二次大戰後的韓國與臺灣，以及 1978 年以後的中國大陸，則是在實施大規模資本主義化前夕，先進行某種形式的土地改革，將土地分給農民，使農民都成為小自耕農。此後因資本發展需要將農民驅離土地，改造為僱傭工人，其所採取的政策則是以壓低農產品收購價格的方式，使農民從事農業維持生計困難而被迫離鄉進城。但因之前曾進行過土改，以致進城農民仍與土地維持某種藕斷絲連的關係，因此農民「無產化」並不徹底。**半無產化工人**的行為與思想都與英國的無產階級有所差異（黃德北，2008）。這種半無產化的工人，可以接受更低的工資，也缺乏與其他工人採取集體行動爭取自身權益的意願，極不利勞工組織力量的發展（Wallerstein, 1983）。不過，工人的半無產化狀態可能只是一個過渡階段，第一代從農村脫離土地進城打工的農民，仍然與家鄉與土地維持某種聯繫，甚至在城市打工遇到挫折時，還會重返農村家園做為棲身之地，但等到第一代農民工老去，他們複製的第二代打工者往往已經與農村、土地脫離關係，故鄉已由農村轉變為城市，他們成為真正的無產階級，其思維與行為皆與其父輩有很大的差異。

階級形成的另一方面，是指已經成為僱傭工人的勞動者如何能夠產生階級意識，認識自己與其他受僱者之間具有共同利益，並願意因此採取集體行動爭取自己的權益，也就是馬克思所謂的由「自在階級」（class in itself）轉型為「自為階級」（class for self）的過程。

E.P.Thompson（1963）認為馬克思將工人階級區分為自在階級與自為階

無產階級（proletarian）
馬克思主義政治經濟學稱，在資本主義社會，喪失生產資料、靠出賣勞動力為生，被資本家僱用的勞動者階級為無產階級。

半無產化工人（semi-proletarian workers）
最初是指婦女與童工，為了貼補家用，因此願意接受較低的工資，壓低勞工整體勞動條件。也可以指擁有極少的生產資料（如土地）或經營小規模生產的階級，收入微薄不足以做為全部生活來源，因此必須經常出賣勞動力。

級的二分法有問題，他以英國工人階級形成的過程為例，分析工人自成為受僱者開始就已經意識到他的身分變化，並會隨著日後的勞動、組織、抗爭與日常生活而有所改變。工人階級意識如何形成是晚近學界關注的焦點之一（Katznelson and Zolberg eds., 1986; Koo, 2001）。

　　E. P. Thompson 在探討工人階級的形成時曾指出，工人的階級意識要在勞動過程中才逐漸產生，工人在勞動過程中開始認識到彼此之間有著共同的利益，並能清楚區分工人與僱主之間的差異與對立，這時階級意識才算產生，工人階級也才真正形成。Hagen Koo（2001）曾經借用 Albert Hirschman（1970）的分類，指出在韓國經濟發展的初期，許多工人在面臨種種不合理的待遇時，都選擇「出走」（exit），而不是留下來表達不滿的「發聲」（voice）。同樣的情形可能也出現在臺灣社會，勞工在勞動現場面臨不合理的勞資關係時，常常選擇離職，而非留下來進行抗爭爭取自己的權益。工人所具有的這種心態，使得東亞國家的勞動關係模式極不利勞工組織化與勞工運動的發展。不過，韓國工人運動經過許多工運組織者的努力與抗爭，終於將許多韓國工人的階級意識喚起，使得 1990 年代韓國的工運開始激進化，而與其他亞洲國家出現很大的差異。

自營作業者
（self-employed person）
中文又稱自僱者，指以自身勞動力使用自己所有的生產資料（土地、工具、資本）來獲得報酬的階級。自營作業者有兩面性，一方面想攀升進入或模仿資產階級，另一方面又與無產者有類似處境。

　　馬克思原先認為資本主義社會的發展會使得大量的自耕農與**自營作業者**破產，淪為僱傭階級，使資本主義社會最終成為資本家與僱傭工人為主的二元社會。但在現實世界裡，許多國家的小自耕農與自營作業者生命力非常頑強，並未遭到消滅。

　　在臺灣由於存在大量的自營作業者，他們的勞動時間與條件可能比許多僱傭工人更糟，但他們卻有濃厚的頭家觀念，加上早年臺灣經濟處於高度成長階段，社會也有大量流動的機會，因此黑手可以輕易變成頭家（謝國雄，1997）。許多勞工處於這樣的社會結構下，常常把勞工身分當作一個過渡的階段，期待有朝一日能夠「翻身」。因此臺灣工人普遍缺乏階級意識，工人之間更強調的是兄弟情誼與義氣相挺，這些特質都不利於工人階級意識的形成（何明修，2008）。Elizabeth J. Perry（1993）也曾提及，民國初年國民黨與共產黨兩黨常透過鄉親與幫會關係網絡，對上海工人進行動員與認同，而非以階級認同為訴求來爭取工人的支持。

資方常採取高壓手段鎮壓工人的組織與集結，有時候資方的行動還會得到政府的支持。隨著政治的民主化與普選權的實施，對於工人的高壓管理已經越來越不被允許，資方必須採取其他方法來面對勞資之間的對立。其中一項重要的手段就是在工人內部進行分化，使工人無法團結起來採取集體行動維護自己的權益。

Beverly J. Silver（2003）指出將工人進行劃分界線，可能來自三方面的力量，第一種是政府的劃界，本應保障勞工的政府卻硬是將勞工加以區分，給予差別的對待。例如政府的勞動法令不承認某些受僱者的勞工身分，將他們排除在勞動法保護的範圍外；第二種是來自資本的劃界，例如企業最常採取的手段就是將工人劃分為核心勞動力與邊緣勞動力，給予兩者差別的待遇；第三種是工人自身的劃分界線，這種劃界是由於工人自身基於族群、性別與入行時間等因素，將少數族裔、女性與新入行的年輕工作者排除在外，不讓他們獲得一般勞工應享受的權益。對於工人進行劃界區分，會造成工人之間利益分化日益拉大，不利於工人力量的整合。因此，「全世界勞動者團結起來」這句話絕對不應該只是口號，而應該被徹底實。

4. 勞動控制與勞工抗爭

資本主義的生產強調準時交貨，因此生產流程必須確保順利運作，為了避免勞工的集結與反抗影響資方的生產流程安排，資方勢必要採取各項措施來規訓工人，或採取某些行動規避工人抗爭帶來的衝突與影響。透過勞動過程與勞動體制控制工人，是其中最重要的關鍵因素。

Harry Braverman（1974）強調資本傾向在勞動過程中對工人進行去技術化的管理，以減少工人反抗的可能性。不過，Breaverman 的研究可能比較適合分析自由競爭時代資本主義的勞動關係；到壟斷資本主義時代，Michael Burawoy（1979）則強調由於工人已經發展出組織性力量，因此無法再以專制的方式進行管理，必須採取意識型態霸權的管理方式，使工人「自願」接受資方在工廠車間的生產管理。

Burawoy（1985）隨後發展出工廠體制（factory regimes）分類，提供我們在分析勞動規訓體制的重要參考。Buroway 提出勞動過程、勞動力再生產模式、市場競爭與國家干預是分析工廠體制的四個重要面向。其中前兩個面向是屬於微觀層面的分析，後兩個面向是屬於工廠外的宏觀層面的因素，是分析勞工政治不可忽略的變數。在研究勞動關係時，不應該只侷限在工廠內部的管理，而應將其置於工廠外部的國家與市場環境中進行分析。

依據 Buroway 的分析脈絡，進入全球化時代，資本主義發達國家的跨國壟斷資本乾脆放棄生產，專注研發、品牌建立與市場行銷，將生產轉移至開發中國家的出口代工工廠生產，形成全球商品供應鏈（global commodity channels）（Gereffi, 1994; Jenkins et al., 2002）。在全球商品供應鏈架構下，出口代工工廠與跨國資本之間處於不對稱的權力關係，面臨高度競爭的出口代工工廠必須以低價接單，由於生產利潤微薄，因此採取沒有社會保障的福特主義式生產方式（Fordism production）（Harvey, 1989; 2001），出口代工工廠之間彼此惡性競爭，以致勞工的待遇與勞動條件不斷向下沉淪（racing to the bottom）。也由於實施 David Harvey 所謂的「彈性積累」體制，為了應付臨時來的訂單，工廠常常要日夜趕工，符合客戶交貨的時間要求，因此對於勞動力必需做更嚴格的控管與利用。

處於資本主義全球化的時代，許多第三世界國家的政府為了積極招商引資，政府與資本常常處於合謀狀態，以致資本對於勞工的控制可以達到毫無限制的局面，勞工的抗爭常常會面臨嚴酷的打壓。處於這樣高壓的結構下，勞工往往只能採取 James Scott（1985）所謂的「弱者的武器」（weapons of the weak），如怠工、私下咒罵、驚叫、自殘等方式進行抗爭（潘毅等編，2011；Pun, 2005）。

工人處於高壓統治環境中，有時候，跨國勞工組織的外力介入，可能成為改變勞工處境與協助本地勞工組織發展的重要因素。例如臺灣的社運團體曾經在 2002 年前後，與美國的工運組織聯合，協助尼加拉瓜與薩爾瓦多兩國紡織工人在當地的組織工作及介入當地工人與臺商的抗爭，並取得一定的成果（陳信行，2006）。不過，外力介入協助勞工組織的發展，有時也可能懷有不好的動機，其目的是企圖影響該國勞工運動的發展，例如在冷戰時代

美國就常介入外國勞工運動的發展，培植親美的勞工團體，並打壓激進的左翼勞工組織，以掌控這些國家勞工運動及政治經濟的發展。當時美國的總工會「勞聯—產聯」（AFL-CIO）常淪為美國政府的外交工具，介入許多第三世界國家勞工運動的發展。

工人透過集體抗爭來維護自己的權益，常常是最後也是最有效的手段。但多數工人都不願進行抗爭，因為抗爭是一道兩面刃，它固然是保障勞工權益的重要手段，但抗爭過程中勢必會造成企業停工與勞工無法領取薪資的雙輸局面，因此除非逼不得已，工人多不願採取罷工等激烈的抗爭行動。

近年來臺灣出現的關廠工人抗爭，可以說是臺灣工人抗爭取得較大成果的一次實例。關廠工人抗爭源於 1990 年代中期因為臺灣產業面臨轉型階段，部分傳統製造業在將產業轉移海外之際，同時藉機惡性倒閉，未支付辛勤工作多年的勞工退休金與支遣費。當時在工運組織者曾茂興、林子文、毛振飛、吳永毅等人的組織下，各地關廠工人組成「全國關廠工人連線」組織，不斷進行抗爭，終於迫使政府推出就業貸款方案，希望化解關廠失業工人的抗爭。因此政府主管官員不斷向工人遊說前來辦理「貸款」，並暗示貸款不用償還，工人因此認為這是「代位求償」，政府日後會向僱主追求貸款之償還，所以多數工人在辦理「貸款」取得退休金與資遣費後，隨即結束抗爭。未料十五年後，政府卻以貸款未還向所有關廠工人提出民事訴訟，「全國關廠工人連線」被迫再度走上街頭進行激烈抗爭，直到 2014 年法院終於做出有利於工人的判決，迫使政府主管部門宣布解除對所有關廠工人欠債追討的訴訟。「全國關廠工人連線」抗爭延續達十餘年，許多社運團體、大學師生與社會大眾都投入此一抗爭活動聲援關廠工人，終於喚醒了社會大眾對本案的關懷與認知，才使此案得以在法庭上取得勝訴。隨後，被老闆積欠大批退休金的華隆工人也發起抗爭，終於迫使政府同意修改法律，將積欠工人的債務列為最優先償還的債權。

Box 9-2

全國關廠工人連線

1990 年代初開始，經營不善的臺灣企業紛紛外逃。在無勞動法規規範之下，許多廠商惡性倒閉，導致工人的退休金與資遣費問題求助無門，關廠失業勞工遂組成自救會。隨後，經由工運人士南北串連，數家關廠自救會組成「全國關廠工人連線」（簡稱全關連），成員包括聯福製衣、福昌紡織電子、耀元電子、興利紙業、東菱電子、太中工業等自救會。

全關連進行一系列的抗爭，期間的行動包括：圍困僱主、內壢永豐路前平交道集體臥軌、阻擋交通運行、絕食、夜宿等。最後在當時勞委會主委許介圭出面協調，由於無法可循，因此同意以「代位求償」方式，藉由貸款方式由政府撥款給予關廠工人退休金及資遣費。

當年全關連的抗爭，催生了政府訂定勞退新制、大量解僱勞工保護法等勞動保障法律，對於完善臺灣勞工權益意義重大。

豈料 2012 年，當時勞委會主委王如玄，竟以「貸款追訴期將近」為由，花費兩千多萬元聘用八十位律師，起訴一千三百位關廠工人。全關連認為勞委會此舉有違當時「代位求償」承諾，因此重新集結，開始另一波的長期抗爭。

2014 年 3 月 7 日，臺北高等行政法院就五個移轉行政訴訟案，宣判關廠工人勝訴，並認定勞委會主張當年的民事「借款」，屬於「基於國家責任」補償。隨後，升格的勞動部宣布不再上訴、「全面撤告」，全關連重啟抗爭才落幕。

2013 年 3 月 5 日關廠工人臥軌滿月行動（張榮隆提供）

參考資料

「全國關廠工人連線」臉書專頁，https://www.facebook.com/ShutdownButNotShutup/

全國關廠工人連線抗爭過程中，有些關廠工人的階級意識得到啟發，因此在關廠抗爭結束後，開始出面協助其他同樣命運的工人爭取他們的權益，使得這些工人已經從權益受害者轉變成維權行動者與組織者。關廠工人抗爭事件顯示，工人的組織與抗爭是工人保障自己權益的最重要手段，關廠工人抗爭最後能迫使政府修法，徹底解決臺灣勞工因老闆惡性關廠，而無法領到退休金與資遣費的問題，更證明勞工運動對於一個國家政治發展能夠產生重大影響。

問題與討論 9-2

臺灣的工人階級形成，與其他國家的工人階級形成有何異同之處？

---

5. 勞工組織與勞工政治

十九世紀中葉以後，勞工開始知道組織起來以集體力量改變自身處境，工人一方面組成工會與資本家進行集體談判，尋求勞動條件的改善。同時勞工的集體力量還在政治上進行集結，發展為階級政黨，以改善自己的命運。Seymour Martin Lipset（1985）特別注意歐洲與美國的左翼政黨與勞工組織之間關係的差異，他指出歐洲的左翼政治力量是在普選權尚未開放前就成立階級政黨，因此訴求更為激烈與普遍，工會也是在左翼政黨主導下組織起來，工會與左翼政黨有著緊密的關係。但美國有相當高比例的勞工很早就擁有選舉權，加上美國移民社會的特質，因此美國並未出現左翼的階級政黨，政黨與勞工的關係也未像歐洲那樣緊密結合。美國的工會雖然長期以來都支持主張自由主義的民主黨，在選舉時更提供大量政治獻金給民主黨籍的候選人，但民主黨與工會從未建立起類似歐洲左翼政黨與工會的緊密關係。

二次大戰結束後，西歐工人的組織力量日益壯大，代表工人的社會民主黨也紛紛透過選舉取得執政，開始推出一連串從搖籃到墳墓的社會政策，面對這波工人運動提出的各項社會保障訴求，西歐的資本家與右翼政黨被迫同意接受，但條件是工人運動必須放棄透過革命進行變革的主張，從此開啟戰

五一國際勞動節
（International Worker's Day）
1989年7月歐洲各國社會黨組成的第二國際通過次年5月1日為國際勞動節，以紀念1886年5月1日美國芝加哥工人罷工爭取八小時工時制，卻遭到警方屠殺的事件。目前全世界有八十餘國定五一為勞動節，但美、日等國並未比照辦理。

後數十年「共識政治」的建立。於是福利國家得以誕生，此後工人得到比較高的社會保障。

1970 年代以來，受到產業結構的改變與新自由主義政策的影響，工人越來越趨分化，也使得工人的組織與集結日益困難，資本主義發達國家普遍出現工會入會率快速下降的現象，尤其年輕受薪者加入工會的比例越來越低，除了瑞典等北歐國家外，OECD 各國工會入會率持續大幅下降，不僅削弱了工人集體力量的展現，也導致左翼政黨與工會的關係日益淡薄。這一變化也影響了階級力量的對比以及政黨之間的重組。

當資本主義發達國家的工會入會率持續下降時，部分第三世界國家卻因為快速工業化造成大量僱傭工人誕生，以致勞工加入工會的比率呈現相應的增加，其中尤其以中國大陸工會組織率上升程度最為驚人，近年來每年有近千萬人加入工會。

不過，許多第三世界國家工會的組織與發展受到種種限制，使其無法正常發展。這些開發中國家的政府實施單一工會制，只有政府承認的工會壟斷工人組織的權利，自主性工會受到嚴重打壓，工會事實上成為政府行政管理的分支機構。這種情形在社會主義轉型國家尤其嚴重，但也因各國歷史與傳統而有所差別，例如 Tim Pringle 和 Simon Clarke（2011）就指出越南與中國大陸等其他社會主義國家比較起來，由於越南政府賦予工會較大的自主權，因此工會在勞資糾紛時常常能夠跳出來為勞工說話，甚至親自組織勞工與資方對抗。相對而言，中國大陸的地方工會則多與地方政府配合，不願積極介入勞資糾紛，企業工會更多被資方所掌握，成為資方控制勞工機制的一部分，無法發揮保護勞工權益的功能。

探討工會組織時還必須考慮工會內部的民主化問題，工會一方面是推動社會發展的動力，同時其內部也必須面對自身的民主化問題。許多工會都是社會的縮影，經常存在內部權力分配不均的問題，以及性別與族群的歧視（Bradley & Healy, 2008），如果工會不能解決自身的民主化問題，則工會要進行組織動員勢必會出現問題。趙剛（1996）研究 1989 年遠東化纖工會的抗爭時就指出，工會民主化與工會組織之間存在著緊密關係。遠東化纖工會是當時臺灣最有組織與戰鬥力的工會，但在 1989 年與資方進行抗爭時，因

為內部缺乏民主化的組織，以致無法有效動員勞工進行積極的抗爭，終於使得抗爭失敗，許多參與抗爭的工會會員事後都遭到資方的強力報復與整肅。

從十九世紀以來，歐美國家的工人常常被迫要以罷工等激烈抗爭方式維護自己的權益，經過一個世紀的對峙，到 1930 年代經濟大恐慌時代，政府與資本家終於認識到勞資之間，可以透過協商方式解決彼此之間的爭議，以避免社會走上革命的道路。於是各國開始立法保障勞工的勞動三權，讓勞工得以集體組織的方式與資方進行談判。

工人要維護自己的權益，主要透過勞動三權的行使來保障，勞動三權包括：團結權、集體協商權與勞資爭議處理權。「團結權」是指勞工以集體力量組織集結起來維護其權益，具體的指標就是工人得以成立工會，並得到法律的保障。「集體協商權」是勞工以集體力量與資方進行集體談判，並簽立具拘束力的協定，雙方勞動關係依據集體協議運作。集體協商要能順利運作，一方面要靠勞工能夠進行集體組織，同時法制上要有相關的配套措施，保障集體協商制度的進行。「勞資爭議處理權」是指勞資之間一旦無法達成協議或資方違反協議時，勞工可以採取行動迫使資方同意勞方條件或遵守協議。調解、仲裁、司法訴訟與罷工都是勞工可以採取的爭議處理方式，但調解、仲裁與司法訴訟往往曠日廢時，且如果政府行政與司法部門存在貪腐問題，則勞工往往無法透過前述機制來保障自己的權益，此時罷工是勞工以集體行動展現力量解決勞資爭議的最後手段。

勞資之間存在不對等的權力關係，勞工唯一的優勢就是人數龐大，因此法律必須保障工人能以集體力量組織起來維護自己的權益，這是為什麼工人組織工會是團結權最重要的指標。在資本主義發達國家中，瑞典等北歐國家的工會入會率最高，高達 70% 以上，由於工會入會率高，能夠展現集體力量，勞資之間關係較為平衡，雙方可以透過集體協商的方式解決爭議，勞工的權益與福利都能得到很大的保障，因此勞資衝突的頻率是全球最低的地區。

根據勞動部的統計，2015 年中臺灣有約 1,185 萬就業者，其中約有 268 萬勞工加入職業工會，62 萬勞工參加企業工會與產業工會，因此勞動部的統計是目前臺灣勞工的工會入會率為 33.3%。但臺灣參加職業工會的勞工多數是在僱用人數五人以下的小型企業工作，他們參加職業工會目的純粹是為

了能夠投保勞工保險，因此與一般工會的概念有很大的差異，如果扣除臺灣職業工會的人數，則臺灣工會的入會率可能只有 6% 以下。如此低的工會入會率意謂臺灣多數勞工都未參加工會，勞工無法以集體力量展現實力與資方進行談判，自然使得臺灣勞工各項勞動權益都無法得到有效保障。

勞資之間的談判協商可以分為三個層次進行：企業層級、行業層級與全國層級。「企業層次」協商是指一個企業內部的資方與勞工進行談判，並簽訂協議。「產業層次」的協商是指同一個行業的所有勞工組織與資方的協會進行集體協商，並簽訂協議，產業內的所有企業主與勞工都須遵守。「全國層次」的協商則是由代表全國勞工的全國總工會與代表資方的資本家協會進行集體談判，雙方達成的協議適用於全國所有的企業。在資本主義發達國家中，瑞典是全國層次集體談判的代表，1990 年以前瑞典的總工會每年定期會與資方協會進行工資談判，一旦達成工資調整方案，則所有的企業與工會都需依照協議的工資加薪比例調整，不得有任何例外。由於瑞典採取團結工資政策，加上高的社會福利與所得重分配稅制，使得瑞典成為高度平等的社會民主典範。不過，1990 年以後受到新自由主義全球化的影響，瑞典許多高科技產業的勞工與資方都不願再參與全國層次的集體協商，使瑞典模式遭到嚴重的破壞。

德國則是產業層次協商的典範，德國產業工會與資方協會定期進行談判，達成的協議所有企業都需遵守。英國的全國總工會一向較為弱勢，加上產業工會的不發達，因此英國勞資之間總是在企業層級進行談判，日本的勞資談判也與英國有類似的情形。在企業層次進行談判，由於勞工談判的對象就是僱主本身，因此談判的勞工代表會感受到很大的壓力，深恐僱主日後會對勞工代表進行報復。另一方面，即使勞資之間真的達成協議，也會面臨一個困境：一旦勞工在企業層次談判取得勝利改善勞動條件，但如果同行業的其他企業並未隨之調整，則勞動條件獲得改善的企業生產成本可能會因此增加，造成企業競爭力的削弱，不利企業日後的發展。因此，相較於產業層級的集體協商，企業層級的集體協商事實上是一種較次級的勞資談判。

勞工除了以集體力量來改善自己的勞動條件與處境外，同時也是社會的一分子，自然也可以以集體行動對社會發展產生影響。十九世紀以來，西歐

工人運動在爭取自己勞動權益的同時，也同時為西歐公民社會與民主政治的發展做出重大的貢獻，例如普選權的實施、言論、結社及集會自由的落實、民主政治的發展與社會福利的擴張，都是勞工及其所屬的左翼政黨努力奮鬥爭取而來。晚近許多開發中國家如南非、巴西等國，在民主政治的建立過程中，工會都扮演推動改革的重要角色。

正因為勞工與勞工組織在社會發展過程中所扮演的重要角色，所以勞工組織內部自身的民主化是一個令人不可忽視的議題。如何讓工會內部維持民主決策程序，不但涉及工會會員對工會認同的程度，更會影響工會組織力量的發展。從更宏觀的層次來看，工會的民主化程度是與社會的民主化有著密切關係，工會是社會的大縮影，社會民主的氛圍會深刻影響工會內部的民主發展。另一方面，工會也會影響社會的發展，一個工會如果不能以民主的方式運作，會員習慣工會領袖高高在上的領導方式，不但不利工會的組織發展，對於整個社會的民主化發展勢必也會造成不良的影響。當前各國普遍都存在男性對女性、優勢族群對弱勢民族以及資深對年輕世代宰制的問題，社會上出現的性別、族群與世代不平等也可能會在勞工組織內部複製。例如目前各國的工會領導職務絕大多數是由男性、優勢民族與資深幹部所控制，女性、少數族裔與年輕會員很難擔任工會領導幹部，也無法參與會務決策工作。影響所及，女性、少數族裔與年輕勞工加入工會的比例自然也就偏低。

如果工會內部的性別、族群與世代不平等現象都無法得到有效的解決，則改變職場內的性別、族群與世代不平等的問題自然更是困難重重。性別不平等尤其是目前困擾女性勞動者的重要因素，職場的女性不論在就業機會、工資、勞動條件、升遷上，都受到各種制度性與非正式的歧視待遇，女性一直不能與男性同工同酬，並且許多女性勞動者下班後，還需要承擔繁重的家務勞動。改變職場內的性別不平等問題，無疑還有很大的改善空間。

問題與討論 9-3

臺灣號稱民主政治國家，成立的政黨五花八門，在如此多元的社會中，為何沒有具有強大力量、代表臺灣工人階級利益的政黨？

6. 新自由主義全球化與勞動力市場變化

新自由主義
（Neoliberalism）
目前占主導地位的政治
經濟哲學，主張國家應
減少對商業與經濟的干
預，強調自由市場機制
與私有化能達到經濟高
效率，反對對資本的各
項管制措施及對勞工勞
動權益的保障，並鼓勵
以國際經貿組織提升跨
國企業的利益。

　　資本主義市場經濟形成後，勞工也成爲商品，靠出售勞動力換取工資維生。勞工在勞動力市場中會因自己的條件與市場的需求，而獲得不同的待遇。早期勞動力市場的發展是以民族國家爲範圍，勞工在民族國家的疆域內流動，尋找更好的工作機會，城鄉移民構成這段時間主要的勞動力市場的流動。當時只有少數的勞工得以跨越民族國家的界線，到其他國家進行跨國的勞動力流動，且多數跨界移動的勞工多數只是到國外進行短期的季節性打工，工作期滿即返回母國。當時也只有少數國家如美國、加拿大等國會開放大量外國移民進入本國工作，並允許他們長期留在國內。

　　不過，二次大戰後勞動力市場出現比較大的變化。首先是傳統的國際分工發生改變，早期的舊國際分工是由北方的歐美國家負責工業產品的製造、南方的開發中國家則專司農產品與原料的生產，雙方存在不平等的分工與交換。但因爲二次大戰結束後，歐美國家紛紛開始建立福利國家體制，勞工的待遇與福利都得到比較大的改善，因此 1960 年代後期以來歐美國家勞動成本大幅提高，許多勞力密集產業開始移往部分開發中國家，改變了以往「南方農業、北方工業」的舊國際分工，出現新國際分工（new international division of labor）（Frobel et al., 1980）。

　　跨國生產線的移動到 1990 年代以後變得更爲普遍，這主要是因爲新自由主義意識型態對各國政策的影響越來越大，資本流動管制的放寬，使得跨國公司得以任意到各國投資遨遊。國際生產線的遷移，一方面造成產業外移的資本主義發達國家流失大量工作機會，以致出現失業潮；另一方面，產業移入也提供大量工作機會給部分第三世界國家的工人。不過，資本主義發達國家將這些國際生產線遷移至第三世界國家時，只是把特定的生產部門或產品外移，品牌、流通、研發及關鍵技術仍然掌握在核心國家，這些第三世界國家的廠商只是幫跨國公司進行代工生產，賺取微薄的代工利益，因此出口加工部門的利潤極爲有限，他們往往會壓低工人工資，因此國際生產線移動所創造的工作都是**血汗工廠**的勞動。

血汗工廠（sweatshop）
指一間工廠的工作環境
與勞動條件惡劣，勞動
者必須在危險和辛苦的
環境下工作，包括工作
時需與有害物質、輻
射、高熱或低溫環境爲
伍，同時需在長工時、
低工資下完成工作。

　　臺灣曾經是國際生產線移動的主要受益者，早在 1960 年代中期美國部

分勞力密集產業就將生產部門轉移到臺灣生產，並開放其國內市場以鼓勵臺灣採取出口導向的發展策略，因此臺灣開始設立大量的出口工廠，成為全球的主要出口加工基地，許多年輕學生一踏出校門就進入工廠工作，持續的出口旺盛使得許多第一代臺灣工人都因此生活得到大幅改善。

　　不過，隨著臺灣經濟的成長以及生產成本的攀升，到1980年代後期臺灣也逐漸成為跨國生產線遷移的移出國。1989年以後大量臺灣勞力密集產業向大陸與東南亞國家轉移，甚至許多老闆以惡性關廠方式脫產出走，以規避積欠工人的大量退休金與資遣費。此一做法除了產生臺灣產業的空洞化，也導致大量中高齡勞工失業。在臺灣產業外移的同時，臺灣政府又開始開放外籍勞工來臺工作，使得臺灣勞動者的勞動條件與待遇更是大幅下降，也進一步加劇了勞資之間力量的不平衡。此後臺灣勞工的抗爭開始轉向消極的自衛式抗爭，只有在面臨資方不合理的做法如惡性關廠、不按時支付工資、不遵守勞動法令時，才不得不進行抗爭，不敢再主動提出要求提高工人待遇與改善勞動條件的積極訴求。

圖 9-1　高科技工人無薪假抗爭（林芸攝）

Box 9-3

臺灣的移工運動

　　1992年，臺灣政府正式開放引進廉價的外籍勞工（本章以工人為主體，故以下稱「移工」），一方面迎合製造業與營造業的缺工問題，另一方面填補龐大的社福安養需求。然而，政府引進大量移工之際，卻刻意忽視移工的勞動權益，尤其是家庭看護移工，長期以來，只能領取低於基本工資的月薪，更被排拒於《勞基法》之外，使得被綁在家庭或養護機構的移工，經常要處在高工時、完全無休假的勞動環境，並且要從事許多不符先前契約的工作內容。

　　2003年發生令臺灣民眾震驚的「劉俠事件」，當時的國策顧問、知名作家劉俠所聘僱的印尼籍移工，因全年無休、心神喪失，導致劉俠意外死亡。移工團體針對此案向政府提出給予家務勞動者基本勞動條件保障，給予家庭勞動者有放假喘息的機會，尤其是臺灣的照顧服務多由移工所支撐，更不應該在訂定長期照顧政策時，將外籍看護工排除在外。

　　由移工團體所組成的 MENT，從「劉俠事件」爆發以來，每兩年舉辦一次「移工大遊行」，藉此突顯移工的弱勢處境，並期盼臺灣人民正視移工議題，更要求執政者將移工納入相關政策、法律考量中。

　　2015年甫結束的「移工大遊行」，主題為「移工被隱形長照血淋淋」，移工代表在遊行終點向總統候選人宣讀〈您的一哩與我們的九九哩：東南亞移工給蔡英文的一封信〉，要求全面檢討外籍勞工制度、立法保障家務移工勞動權益及建立完善的長照體系。

參考資料

「臺灣國際勞工協會」網站，http://www.tiwa.org.tw/
吳永毅（2007）。〈無 HOME 可歸：公私反轉與外籍家勞所受之時空排斥的個案研究〉，《臺灣社會研究季刊》，第66期，頁1-74。
顧玉玲（2008）。《我們：移動與勞動的生命記事》。臺北：印刻。

　　　　全球化雖然使得勞資之間的關係日趨不平等，但同時也可能使得工人擁有新的抗爭空間。在全球商品供應鏈架構下，有些跨國公司可能會將生產區分為若干細節，由不同廠商生產不同的零組件，這就使得某些代工工廠的勞工具有戰略地位，他們一旦罷工往往會癱瘓整個生產供應鏈，造成跨國公司重大損失，迫使跨國公司可能會同意勞工的要求。1998年美國通用汽車公司伊利諾州零組件工廠罷工，與2010年本田汽車公司大陸南海零部件工廠罷工，都因為涉及公司其他裝配廠面臨缺乏零件供應而全面停工的威脅，成

功迫使資方讓步，同意工人調整工資的訴求。

　　新自由主義另一影響是對勞動力市場的二元分化，使得資本能夠依據所需，更有彈性地使用不同類型的勞動力，減輕生產成本，增加資本的利潤與競爭力。但資本所取得的這種優勢往往是建立在對某些勞工更嚴酷剝削的基礎上，由於正式部門僱用勞動力的成長幅度受到限制，非正式部門成為勞動力主要投入的市場，許多勞工在低工資、低福利與勞動條件惡劣的環境下工作。甚至有些人是在合法與非法的灰色地帶工作。即使是在正規部門工作，也因為近年來新自由主義強調彈性化生產與積累，以致大批勞動者都是擔任派遣工、臨時工與彈性上班，勞工處於高度不穩定的勞動處境。

　　與此同時，年輕失業成為資本主義發達國家非常嚴重的問題，由於產業外移、越來越高的技術門檻以及龐大的社會福利負擔，使得資本對於僱用年輕的勞動力抱持非常保留的態度。即使是有工作的人也往往面臨嚴重的貧困問題，許多年輕勞工都淪為低工資的「窮忙族」（working poor）（Fraser et al., 2011; Bauman, 1998）。

　　科技的發展對於勞動力市場的影響日益重要。晚近資訊科技的發展，使得勞工必須掌握一定程度的資訊科技使用能力，這對於許多中高年齡的勞工構成一定的技術門檻，有些勞工因為無法克服此一門檻而被迫離開職場，且可能從此就無法再回到勞動力市場找到新工作。其次，隨著機器人製造技術水平的提高，近年來有越來越多的製造業工作已經採取自動化生產方式，使得許多低技術的工作機會迅速消失，未來可能將影響許多開發中國家勞工的就業機會。不過，科技的發展與創新也可能會創造許多新的工作機會，特別是與資訊產業有關的工作；且隨著資訊科技導入生產流程，資方對於勞工的勞動過程將可進行更嚴密的線上監控。

圖 9-2　2015 年 5 月 13 日國道收費員占領人事行政總局（張榮隆提供）

7. 結論

　　早在十九世紀中葉，馬克思就指出資本主義生產力的提高，帶給人類得以享有空前未有的物質豐盛，只不過由於資本主義之下資本的私人所有制，使得工人不能分享生產的成果以及資本家之間出現的惡性競爭，終於導致資本主義出現生產過剩的經濟危機，以致資本主義的危機逐漸浮現。從十九世紀工人運動興起以來，經過多年的奮鬥，人類社會出現巨大的改變，在社會發展的過程中，工人參與是政治體制與社經結構變革的重要動力，這些變革包括：普選權的實施、福利國家的建立等，不過，這些變革基本上只是救資本主義之弊，並未根本解決資本主義的結構性矛盾，因此進入二十一世紀以後，資本主義的危機日益嚴重，貧富差距急劇拉大，金融風暴更使得全球生產秩序遭到破壞，威脅許多勞工的工作與生活，如何解決此一危機，已經成為社會科學界普遍關心的議題。例如 Thomas Piketty 在《21 世紀資本論》（2014）一書中對於解決當前資本主義危機，就提出再分配以及教育投資的重要性，透過所得再分配與教育投資雖可縮小貧富差距，解決需求不足問

題，但資本爲了競爭與生存，必須不斷擴大積累，因此 Piketty 前述所提的方法，實際上並不能眞正徹底解決資本主義生產過剩的問題，及其所引發的經濟危機。

晚近有些學者與行動者認爲我們顯然已經不能再在資本主義經濟體制內尋求解決的方案，而是要徹底改變現有的資本主義體制，才能解決當前的經濟危機。由於 1917 年俄國革命後所建立的國家社會主義（state socialism）模式已告失敗，因此目前很難再找到另一種取代資本主義的典範，但近年來資本主義危機的出現，使得許多團體開始嘗試進行工人自行管理工廠、社區貨幣、成立生產合作社等小型的另類經濟實驗，試圖摸索一條取代資本主義經濟的其他模式。如果這是今後社會發展的重要選項，則工人階級在未來社會變革過程中，勢將繼續扮演不可或缺的角色。

參考書目

王振寰（1993）。《資本、勞工與國家機器：臺灣的政治與社會轉型》。臺北：唐山。

列寧（1914/2001）。《帝國主義是資本主義的最高階段》。北京：人民出版社。

何明修（2008）。〈沒有階級認同的勞工運動：臺灣的自主工會與兄弟義氣的極限〉，《臺灣社會研究季刊》，第 72 期，頁 49-91。

沈原（2007）。《市場、階級與社會：轉型社會學的關鍵議題》。北京：社會科學文獻出版社。

徐雪影（1992）。《臺灣自主工會運動史》。臺北：唐山。

馬克思（1867/1975）。《資本論》。北京：人民出版社。

馬克思、恩格斯（1848/1972）。〈共產黨宣言〉，《馬克思恩格斯選集第一卷》，頁 250-286。北京：人民出版社。

陳信行（2006/2010）。〈全球化時代的國家、市民社會與跨國階級政治〉，收錄於陳信行編，《工人開基祖》，頁 293-353。臺北：唐山。

張晉芬（2013）。《勞動社會學》。臺北：政大出版社。

黃德北（2008）。《當代中國雇傭工人之研究》。新北市：韋伯文化國際。

趙剛（1996/2010）。〈工運與民主：對遠化工會組織過程的反思〉，收錄於陳信行編，《工人開基祖》，頁 261-292。臺北：唐山。

劉梅君（2001）。《『工時』之理論辯證與經驗省思》。臺北：國立政治大學勞工研究所。

潘毅等編（2011）。《富士康輝煌背後的連環跳》。香港：商務印書館。

謝國雄（1997）。《純勞動：臺灣勞動體制諸論》。臺北：中央研究院社會學籌備處。

藍佩嘉（2008）。《跨國灰姑娘：當東南亞幫傭遇上臺灣新富家庭》。臺北：行人。

Bauman, Zygmunt (1998). *Work, Consumerism and the New Poor*. Buckingham: Open University Press.

Bradley, Harriet and Geraldine Healy (2008). *Ethnicity and Gender at Work: Inequalities, Careers and Employment Relations*. New York: Palgrave Macmillan.

Braverman, Harry (1974). *Labor and Monopoly Capital*. New York: Monthly Review Press.

Burawoy, Michael (1979). *Manufacturing Consent: Changes in the Labor Process under Monopoly Capitalism*. Chicago: University of Chicago Press.

Burawoy, Michael (1985). *The Politics of Production: Factory Regimes in the Capitalism and Socialism*. London: Verso.

Cheng, Lucie and Edna Bonacich eds (1984). *Labor Immigration Under Capitalism*. Berkeley: University of California Press.

Fraser, Neil, Rodolfo Gutiérrez, Ramón Peña-Casas eds. (2011). *Working poverty in Europe*. New York: Palgrave Macmillan.

Frobel, Folker, Jurgen Heinriches and Otto Kreye (1980). *The New International Division of Labour: Structural Unemployment in Industrialised Countries and Industrialisation in Developing Countries*. New York: CambridgeUniversity Press.

Gereffi, Gary (1994). Capitalism, Development and Global Commodity Chains, in Leslie Sklair ed., *Capitalism and Development*. London: Routledge. pp. 211-231.

Jenkins, Rhys, Ruth Pearson and Gill Seyfang eds (2002). *Corporate Responsibility and Labor Rights: Codes of Conducts in the Global Economy*. London: Earthscan.

Katznelson, Ira and Aristide R. Zolberg eds (1986). *Working-Class Formation: Nineteenth-Century Patterns in Western Europe and the United States*. Princeton: PrincetonUniversity Press.

Koo, Hagen (2001). *Korean Workers: The Culture and Politics of Class Formation*. Ithaca: Cornell University Press.

Lee, Ching Kwan (2007). *Against the Law: Labour Protests unChinas Rustbelt and Sunbelt*. Berkeley: University of California Press.

Lipset, Seymour Martin (1985). *Consensus and Conflict :Essays in Political Sociology*. New Brunswick: Transaction Books.

Marcuse, Herbert (1964). *One Dimensional Man :Studies in the Ideology of Advanced Industrial Society*. Boston: Beacon.

OConnor, James (1973). *The Fiscal Crisis of the State*. New York: St. Martins Press.

Perry, J. Elizabeth (1993). *Shanghai on Strike: The Politics of Chinese Labor*. Stanford: Stanford University Press.

Piketty, Thomas (2014). *Capital in the Twenty-First Century*. Cambridge: Harvard University Press.

Pringle, Tim and Simon Clarke (2011). *The Challenge of Transition: Trade Unions in Russia, China and Vietnam*. New York: Palgrave Macmillan.

Pun, Ngai (2005). *Made in China: Women Factory Workers in a Global Workplace*. Durham: Duke University Press.

Scott, James C (1985). *Weapons of the Weak*. New Haven: Yale University Press.

Silver, Beverly J (2003). *Forces of Labor: Workers Movements and Globalization since 1870*. Cambridge University Press.

Thompson, E. P (1963). *The Making of English Working Class*. New York: Pantheon.

Wallerstein, Immanuel (1983). *Historical Capitalism*. London: Verso.

第十章
臺灣農業與鄉村的困境及其出路

涂世榮
國立政治大學地政學系教授

李展其
國立政治大學地政學系碩士

廖麗敏
中國科技大學會計學系副教授

1. 前言

臺灣的土地大抵分為二類，一為都市土地，另一為非都市土地（包含國家公園土地），所謂的都市土地乃是指依《都市計畫法》的規定，已經發布都市計畫的區域，其面積約僅占全臺灣的 13%，這也就是說，臺灣絕大多數土地皆是屬於非都市土地，約占了 87%，而其主要的組成類別之一則為農牧用地，供做為農業使用，因此，農業及農村發展的重要性不言可喻。

然而，經由歷史的觀察，過去在以經濟成長及外銷導向的發展典範之下，主政者卻是不斷犧牲鄉村地區及農業使用所需的各式資源，以成就都市及工業發展的需要。例如，土地及水等農業生產所需的重要資源不斷釋出，致使許多農田大量變更為其他使用，或呈現休耕、荒廢的狀態，但是，農業及鄉村所得到的竟然不是善意的回報，而是環境汙染及嚴重的環境災難。也就是說，臺灣的鄉村不但沒有因為臺灣的經濟成長而有獲利或是正向的發展，相反地，卻是傷痕累累及呈現目前窳陋敗壞的現象，這完全不符合社會的公平正義。

這其實是與政經結構的失衡有關，在權力的不公平運作下，使得某種觀點特別受到重視，而其他的觀點則是被排除在外。長期以來，在一個民主政治的國家裡，許多人認為，權力似乎是理所當然地公平分配於每一個市民，而政府施政的正當性是來自於市民的同意。然而，這樣的見解似乎是理想的成分居多，因為權力並不為每一位公民所擁有，某一些人往往是比別人擁有更多的權力，尤其又參雜了臺灣特殊的威權統治色彩；另外，則是有一些人被排除於權力的運作體系之外，呈現不正義的現象。本文以為長久以來在經濟成長的發展典範下，臺灣的農業與農地不斷受到剝奪，乃是此不公平政經結構下的產物。也就是說，農村的蕭條及其所受到的不正義對待，並非是自然發展的必然結果，而是政府長期以來有意圖的作為。究其問題的根源，乃是政治經濟權力結構的不對等，及臺灣社會極度缺乏對於農業價值的想像，而這是我們亟需努力予以改正的。

2. 農業政策典範的變遷

第二次世界大戰後，全球農業政策約略可以劃分成兩大階段，由戰後到 1980 年代爲農業「生產論」時期，1980 年代中期以後則有「後生產論」與「多功能農業」的政策典範，這二項政策可統稱爲「農業新體制」（李承嘉，2012）。在第一階段，重點是在於 1960 年代的綠色革命，透過農業生產技術的提升，如機械化、大量施肥及灌漑渠道的興設等，增加了農業的生產量，這是一種高投入與高產出的農業生產模式。當時這種農業生產模式甚受農民的歡迎，也帶動了國家的經濟發展，這是因爲農業生產扮演替「非農業部門」累積資本的功能，若以臺灣爲例，政府以前透過不公平的肥料換穀政策，將農業生產剩餘轉移至工商業部門，促成其後續的發展，而這也就是政府以前時常宣傳的「以農業培養工業」的時期，不過這個觀念卻不斷被倡導，至今依然不衰。農業被賦予的主要功能爲糧食衣物的生產，農地無可避免地被視爲生產糧食衣物的生產因素。因此，農地利用的目標爲農地地租極大化，並藉此提高農民所得與維持農村發展。戰後臺灣實施的農地改革、農地重劃、新品種及化學肥料的使用等措施，藉以提高農糧產量都屬之。

上述「生產論」的農業政策，後來卻因爲農業主要國家的生產糧食過剩、經濟產值過低、農業生產破壞環境、人類價值觀念的改變（追求品質甚於量），以及全球性政治結構的改變等，開始受到批評與質疑，農業重要生產資源也因此被大量轉爲他用，如農地的流失、農業用水移撥做爲工業使用等。接續的，「後生產論」的生產模式則是主張農業多元化、多樣化的發展，認爲農場不僅只得透過農業生產賺取利益，更可以發展許多非農業的經營開拓財源，如開闢民宿及農業休閒產業。在這個思維底下，農業生產轉爲粗放化、分散化，並且逐漸降低農場規模及增加種植作物種類，而糧食生產量的多寡亦不再是農業價值的唯一衡量指標；相對地，糧食生產的品質逐漸爲消費者所重視，而化學肥料與生物科技的使用頻率亦大幅度下降。

也是在這個時候，產生了「多功能農業體制」。多功能農業體制認爲，農業與農地的功能不只在提供糧食衣物（或稱爲商品產出的功能），農業與農地同時還有環境生態保育、文化資產保存、自然景觀維護等多元價值功能

（或成為非商品產出的功能）。農業與農地的非商品產出功能在市場機制下不容易得到發揮，因此由政府採行干預措施乃為必要。包括歐盟、日本、瑞士、挪威等採行新體制的國家，採行的措施包括農地經營利用的粗放化、多樣化、注重生產品質、維護生態環境及對農地利用進行直接支付等，這些措施與傳統生產論下的農地利用模式有極大差異，並使農地利用、農村發展、農民生活、農業經營有了新的契機。

以臺灣為例，農業（地）政策變遷約略可以 1992 年為分水嶺，1992 年以前為「生產論」，之後因三生事業（生產、生活及生態）的提出而逐漸走向新體制。戰後至今的臺灣農業（地）政策可以圖 10-1 表示。

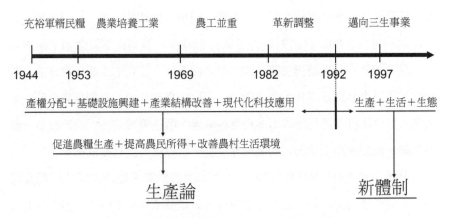

圖 10-1　戰後臺灣農業（地）政策的變遷

1992 年之後，在邁向三生事業的理念下，依據國家在不同年代提出的方案、白皮書及施政計畫等整理國家農業（地）政策的發展脈絡，如圖 10-2。1992 年之後，臺灣的農業（地）政策雖然因為三生事業理念的提出而有調整，但是三生事業沒有法律依據，致使三生事業仍留存於口惠而實不至的階段。臺灣農業自國民政府來臺之後，經歷了快速發展時期、保護農業時期，與開放農業自由化時期之轉變，經歷了生產論、後生產論及多功能農業時期，這些農業典範所扮演之影響力甚大，深切影響政府制定農業政策，卻也產生許多嚴重的問題。

3. 臺灣農業發展的歷史及問題

3.1 整體發展

　　1952 年國民政府推行以「農業培養工業」的發展政策時，農業生產占國內生產淨額之 32.2%，同期之工業占 19.7%，短短十年間（至 1962 年），農業所占之生產淨額比例降至 24.5%，而工業則快速提升至 27.5%，可謂政策有效執行，並達至預期效果。然而後續農業之年成長率，於 1969 年首次出現負成長（-3.8%，同年工業成長率，高達 16.35%），農業困境浮上檯面。面對此困境再對照政府喊出「以工業發展農業」的政策，與實際情形產生不小落差，雖然政府遂提出諸多改善農業相關問題的對策，但並未有效改善農業困境。由圖 10-2（左）可知，農業所占國民生產毛額之比例，乃持續性下降，至 2011 年僅剩 1.8%，而透過圖 10-2（右）三大產業之生產毛額結構分布圖，可知農業於 1950 年代，仍約莫有 30% 的比例，然而至 1960 年代開始，工業所占比例始大幅上升，1990 年代服務業生產毛額亦大幅成長，使得臺灣農業於大半世紀以來處於相對弱勢，非謂並無成長，僅相對於非農業產業而言，成長幅度落差甚大。

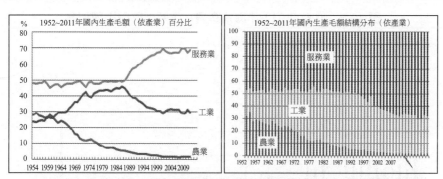

圖 10-2　1952-2011 年國內生產毛額（依產業）趨勢與結構分布圖
資料來源：修改自行政院農業委員會農業統計資料。

　　事實上，若就農業產值，與其生產毛額的統計數據窺探，整體農業產值，是呈現穩定成長趨勢，由 1970 年代以前不足 500 億元之年產值，提升至 2011 年近 4,900 億元，而作物複種指數（將作物種植總面積除以耕地總

面積,再乘以 100 即是;此指數係用以衡量耕地利用之集約程度)由 1967
年的 188%,降至 2011 年的 87%(圖 10-3),代表耕作情況,有朝向越不集
約化的方向發展,因此過往農業產值提升與農業集約程度有正向關聯,然而
隨著農業技術改良與機械化的發展,使得臺灣農業產值成長,不須再仰賴集
約生產。再者,技術改良與機械化的發展,或可視為一部分之「工業發展農
業」之例證,惟工業與農業的年平均成長趨勢,自 1960 年代以來大相逕庭
(圖 10-4),幾乎各年度之工業成長率,皆大於農業,使得農工產值之間的
差距越來越大,亦將反映於大眾認為農業逐漸式微,而將勞力與資金投入非
農業部門上。

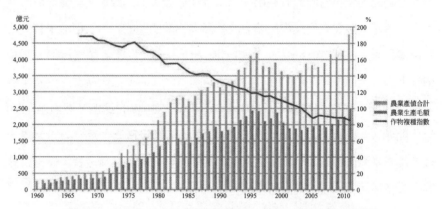

圖 10-3　1960-2011 年農業產值、生產毛額與複種指數

資料來源:修改自行政院農業委員會農業統計資料。

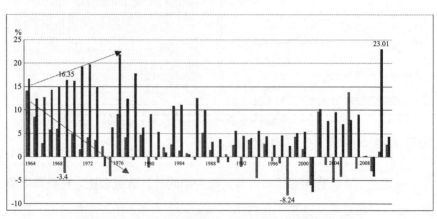

圖 10-4　1964-2011 年農、工業年平均成長率趨勢

註:每一年的柱狀圖形中,左側為農業,右側為工業。
資料來源:修改自行政院農業委員會農業統計資料。

　　此外，若由臺灣農業進出口之百分比與貿易差額的分析，將能夠得到臺灣自因國際分工而走向國際貿易後，至 1980-90 年代宣布自由化，乃至於二十一世紀初加入 WTO 後，對於臺灣農業所產生之衝擊（圖 10-5）。1965 年當時政府正準備將進口替代政策，轉向爲出口擴張（導向）政策時，當年農業出口占總出口比例爲 63.7%，而進口僅 27.66%，然而自 1972 年始，進口比例大於出口比例，而且此後再無翻轉之情形。此現象代表著臺灣農業，最早是政府所倚賴賺取外匯的產業之一，也象徵著臺灣農業生產足以供給穩定的糧食，才得以外銷。然而 1986 年後，美國要求臺灣開放大宗穀物進口，並且運輸美國雞肉、水果等農產品至臺灣販售，使得臺灣之貿易逆差自 1986 年的 1,135,188 千美元開始逐年上升，再加上 2002 年入會後，貿易逆差至 2011 年止，已達 10,173,733 千美元，明顯指出自由化貿易對於臺灣農業之衝擊甚大，不僅直接影響臺灣農業市場價格，更改變了臺灣主要農作物的生產面積。

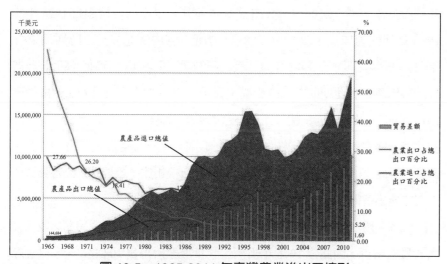

圖 10-5　1965-2011 年臺灣農業進出口情形

資料來源：修改自民國 88、100 年農業統計要覽。

　　另外，過往六十年間，臺灣主要農產品之生產面積，除稻米一直爲臺灣主食而沒有變化外，其餘作物皆受到政府政策影響，與自由化貿易之影響有所轉變，尤其以五穀雜糧類受影響最爲嚴重。臺灣土生的甘藷、大豆、小麥、飼料玉米與樹薯等作物，主要受到臺灣大量進口外國雜糧類作物而被取

代，生產面積大幅下降，跌出十名之外。而較不受國外進口農產品衝擊的高經濟價值作物，如檳榔、落花生、茶、蔬果類之竹筍、芒果、西瓜、柑橘等，耕作面積相對得以維持，而不受太大影響。值得注意的是，臺灣稻米雖然始終為最主要的農作物，然而其生產面積，亦由 1951 年之 78 萬餘公頃，降至 2011 年之 25 萬餘公頃，幾乎減少 68%，這亦與臺灣自 1980 年代採取減產稻作之相關政策有所關聯。因此，臺灣農業配合自由化的結果，不僅導致許多本土生長的雜糧作物受衝擊之外，對於臺灣稻米亦有減產的作用，可謂臺灣農業耕地生產作物的利用率大幅降低。

3.2 農民生活水準

自 1968 年以來，政府對於臺灣農業政策的主要目標，由提升農業生產轉為提升農民生活福祉，藉以改善農民耕作意願不高的困境，及與非農業部門所得落差過大之的情形。由圖 10-6 可知，農家所得總額自 1976 年的 108,162 元快速成長至 2010 年的 884,547 元，其中快速成長之時期為 1976 年至 1995 年之間，自 1995 年後成長趨勢減緩，呈現平穩情況。然而，非農家所得總額，於此期間亦同時大幅成長，亦由 1976 年的 134,662 元成長至 2010 年的 1,142,343 元，使得此三十餘年間臺灣農家所得與非農家所得之間的比例，穩定維持於 78% 左右，於此，政府一系列提高農民所得的政策，確實使得農家所得提升許多，但若與非農家所得相比，難謂真正改善農業所得與非農業所得間的差距。

再者，農家所得又分為農業所得（農業所得涵蓋各項農業補助之收入）與非農業所得，因此以 1976 年為例，該年農家所得為 108,162 元，但實際透過務農（包含補助）所獲取之所得僅為 41,349 元，兩者之間的比例可稱作農業依存度，即農家收入中有多少比例是仰賴純農業收入，而非其他非農業之所得。而 1976 年的農業依存度為 38%，代表農家收入中有 62% 是仰賴非農業收入，此後三十年間，臺灣的農業依存度緩步下降，至 2010 年為 21.8%，約有近八成的收入仰賴非農業所得。因此，在農民所得之中，若農業所得的比例過低，即呈現出農家子弟多仰賴非農業所得以維持生計，實際

上仍呈現出純務農所獲取的所得太低的困境，並且可以推論政府對於農民提升所得的照顧，並非真正落實，而且並未針對農家收入進行改善。

此外，若透過農業所得對消費支出之充足率（農業所得／消費支出所得之值）指標來觀察，便可得知農業所得於一般農家消費過程中所占比例，亦可表示農業所得是否足以支持一般家庭的正常開銷。而 1976 年農業所得對消費支出之充足率為 50.5%，即表示農業所得於當年僅得以支付一般生活開銷之一半，然而直至 2010 年，該充足率降至 33.3%，而且亦呈現緩步下降趨勢，表示純農業收入越來越無法支持一般消費支出，必須仰賴其他收入進行補充。

因而，農家收入總額近幾十年來雖成長許多，但是若加入農業依存度，與農業所得對消費支出的充足率加以分析，便可發現農業所得增加幅度有限，多數增加為非農業所得，如此難謂政府推行提升農民福祉與收益的政策目標有明確的成效。另一方面，由上述兩項指標趨勢皆為緩步下降，可視為提升農業所得成效的落後，因此將使得農民認為仰賴農業所得過生活是越來越困難的事情，進而對農業投資與發展失去信心，而離開農業生產。

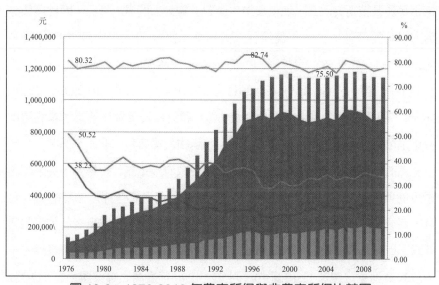

圖 10-6　1976-2010 年農家所得與非農家所得比較圖

註：
1. 上半部深色區塊為農家所得總額（戶）；下半部淺色區塊為農業所得。
2. 柱狀圖為非農家所得總額（戶）。
3. 三條線條由上至下分別為：農家與非農家所得總額比、農業所得對消費支出之充足率、農業依存度。
資料來源：修改自民國 88、100 年農業統計要覽。

3.3 農業生產資源

關於農業生產資源，本文將其分為：人（農民）、土地、水、及汙染等四區塊，透過統計資料，分析農業典範於此年間對農業生產資源產生的影響。

3.3.1 人——農業勞動力逐漸流失及高齡化

政府為促進農地流通及活化農地利用，鼓勵老農或無意耕作農民長期出租農地，並輔導農業企業經營，減少農地休耕閒置，促使農業轉型升級，提高整體農業競爭力。凡是出租農地之所有權人即為小地主；反之，凡是承租地之專業農民、農業產銷班、農業合作社、農會及農業企業機構即為大佃農。提供農地出租、承租、出售、購買等相關資訊，並進行媒介的機構則為農地銀行，目前大抵為各地農會在從事這項工作。

農業生產需投入大量勞動力，因此除天然資源之外，人力投入為農業生產不可或缺之重要元素。而自出口擴張政策實施之後，臺灣農業勞動力便逐漸往非農業部門移動，以提供其他部門發展時所需勞力，此外，透過農業機械化與農業技術的改良，使得農業生產對於勞動力的需求降低，因此農業勞動力遂逐年降低。1966 年農業從業人口為 1,735,000 人，而至 2011 年降至 542,000 人，減少 68% 的勞動力，而若依三大產業的就業結構比而言，農業於 1966 年所占 45% 比例降至 2011 年之 5.1%，而工業則由 22.6% 提升至 36.3%，服務業更由 32.4% 提升至 58.6%，顯見以農業做為就業考量的選項多年來已迅速下滑，更代表農業勞動力不斷由農業轉移到非農業部門。

然而，農業從業人口快速流失，不僅受政府政策施行影響外，另一項因素可能與上述分析的農業所得偏低，導致許多務農者選擇以兼職的方式務農，甚或是離開農業，而轉入其他部門工作有關。因此，務農者若依專職與兼職，而分為**專業農家**與**兼業農家**（其中兼業農家又可再分為以農業為主，或以兼業為主之**農家**），由圖 10-7 可知，1990 年臺灣之專業**農戶**有 113,382 戶，而兼業農戶為 746,390 戶（其中以農為主之戶數占 25%），可知臺灣農戶以專職者占少數，兼職者（尤其以兼業為主）占多數。再者，若依 1990 年至 2010 年間來看，兼業農戶將兼業所得做為其主要收入來源之比例越來

專業農家
指農家中的全部人口均依賴農業收入生活，而無人專辦或兼辦其他行業。

兼業農家
指農家戶內滿15歲以上之人口中，有一人以上專辦或兼辦其他行業者。

農家
指共同生活戶內，有一人以上從事農耕或飼養禽畜，而達下列標準之一者：(1)經營之耕地面積達0.05公頃以上。(2)年底飼養豬、羊三頭以上。(3)年底飼養牛、鹿一頭以上。(4)年底飼養家禽100隻以上（包括鴿、鵪鶉）。(5)農畜產品當年產值達新臺幣20,000元以上。

農家戶口（農戶）
指各農家戶籍登記之全體家眷人數，一農家有任公職或其他行業者亦計入農家戶口內。

越高（由兼業農戶中，以農業爲主之農戶所占比例自 1990 年的 24.9% 降至 2010 年的 8.5% 可知，以兼業爲主之農戶數量相對提升許多），使得仰賴務農爲生的兼業農戶越發減少。

　　另外，農村子弟務農意願低落，青壯年人口大量外移，使得農村勞動人口呈現高齡化，除造成農業勞動力顯有不足之外，缺乏青壯年人口將新的農產知識引進農村，也形成生產技術落後的問題。農村高齡化問題的根源之一，在於農業經營所得嚴重偏低，由於臺灣耕地十分零碎細分，耕種規模小，不利機械化耕作，使得生產成本偏高，且無整體產銷計畫輔導，因此不論豐年或歉收，農民均無法藉由販賣農作物來獲取利潤，又經常發生因產量過剩而價格暴跌的情形，使得農民終歲辛勞血本無歸。此外，政府長期刻意壓低糧食價格亦是原因之一，尤其在加入 WTO 以後，大量進口廉價糧食作物，更使得臺灣農業經營毫無利潤可言，政府又漫無章法地一味鼓勵休耕，對於休耕所提供的補助遠比辛苦耕種的所得還高，加速農業衰頹。

問題與討論 10-1

臺灣農村的人口老化問題非常嚴重，現在眞正的務農者大抵皆是高齡的長輩，很少看見年輕的農夫，然而爲了臺灣農業的永續發展，我們卻很需要年輕生力軍加入農業生產的行列，請問該如何解決這個問題？

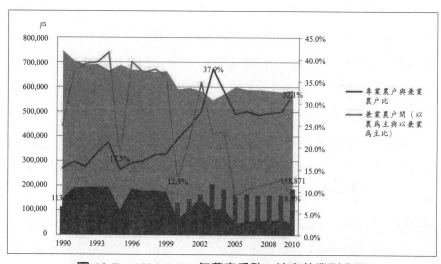

圖 10-7　1990-2010 年農家戶數─按專兼業別分類

註：
1. 上半部淺色區塊爲兼業農戶（以兼業爲主）；下半部深色區塊爲兼業農戶（以農業爲主）。
2. 柱狀圖爲專業農戶數。
資料來源：修改自民國 88、100 年農業統計要覽。

3.3.2 地——農地流失、變更等問題

土地，乃農業生產中不可或缺之生產要素，許多農業政策的執行成效，亦需仰賴土地政策先行配合，如土地改革政策、二次土地改革政策、一系列稻作調整政策（休耕、轉作）、農地釋出方案，與 2000 年之《農業發展條例》修正等，使得臺灣農地政策，由過往之保護農地，透過施做肥料與改進耕作技術以提高農業生產量，到農地釋出方案，促使農地變更為非農業使用，進而轉變成開放農地自由買賣的情狀，導致珍貴的農地資源正不斷加速流失當中。

依農委會之臺灣耕地面積（此所指耕地面積，並非為《農業發展條例》第三條第十一款所指法定耕地，此所指為農委會於統計臺灣耕地面積，其定義為：實際做為農耕使用之土地面積，包括已登錄地及未登錄之河川地、海埔地、山坡地及原野地等，短期休閒及休耕或多年未耕而有復耕之可能者仍包括在內）統計數據分析，臺灣耕地面積自 1952 年始至 1984 年止，穩定維持於 87 餘萬公頃，其面積之高低起伏，或因國際情勢（石油危機、糧食危機），或因農民生產意願低落、或因政府實施稻米保價收購政策等，整體而言，該時期政府對於耕地之保護，乃反映在耕地面積穩定維持上。然而，自臺灣受自由化貿易衝擊影響後，政府始推行一連串降低臺灣稻米生產之政策，其中稻田轉作六年計畫（共兩期），其輔導農業轉作與休耕做法，更直接影響臺灣耕地面積呈現逐步下降之趨勢，而後 1997 年推行之水旱田利用調整計畫，延續休耕政策的推行，許多廢耕或休耕農田面積，亦相對上升許多。此外，1995 年農地釋出方案推行，與 2000 年的《農業發展條例》修正案，不僅促使臺灣農業用地大量變更，更使得農地得以自由買賣，致使許多農業用地迅速流失。

1984 年當時臺灣耕地面積仍有 87.34 萬公頃，直至 2011 年止為 80.83 萬公頃，減少了 6.5 萬餘公頃，然而此為實際耕地面積減少的情狀，實質上，現有的耕地亦並非即做為農業使用，或荒廢無使用、或正值休耕時期、或等待變更時機、或違規使用等，因此僅就耕地面積趨勢變化，難以真正反映農地流失的困境，因而於圖 10-8 中可知，除可發現耕地面積持續下降外，亦看出臺灣耕地的休耕面積（此所指休耕面積，係以休耕土地面積乘以

農地

「農地」泛指廣義的農業用地，指在非都市土地或都市土地農業區、保護區範圍內，依法供下列使用之土地：

一、供農作、森林、養殖、畜牧及保育使用者。

二、供與農業經營不可分離之農舍、畜禽舍、倉儲設備、曬場、集貨場、農路、灌溉、排水及其他農用之土地。

三、農民團體與合作農場所有直接供農業使用之倉庫、冷凍（藏）庫、農機中心、蠶種製造（繁殖）場、集貨場、檢驗場等用地。（《農業發展條例》第三條第十款）

而「耕地」則是指依區域計畫法劃定為特定農業區、一般農業區、山坡地保育區、森林區之農牧用地。（《農業發展條例》第三條第十一款）因此，農地的定義內容是比耕地還更為寬廣。

每年兩個期作計算），自 1984 年始的 0.57 萬公頃，上升至 2011 年為 21.88
萬公頃，即代表耕地面積一方面在下降當中，另一方面於統計數據上的耕地
面積，亦並非完全做農業生產使用，因此真正做為具有生產力的農地面積，
較統計數據上來得更少。

圖 10-8　1952-2011 年臺灣耕地與休耕面積趨勢圖

資料來源：行政院農業委員會農業統計資料；政大地政系在臺復系五十週年地政圓桌論
　　　　　壇──農地維護與管理，頁 72。

表 10-1　2002-2011 年臺灣農牧用地與法定耕地面積表

	農牧用地總面積	特定農業區之農牧用地	一般農業區之農牧用地	森林區之農牧用地	山坡地保育區之農牧用地	法定耕地面積
2002	803,733.3	276,325.9	181,097.4	18,441.7	285,209.3	761,074.2
2003	806,695.8	275,614.0	180,176.7	18,617.8	286,326.0	760,734.4
2004	812,531.5	274,192.2	177,657.2	18,734.6	288,473.7	759,057.6
2005	813,425.3	273,680.3	177,462.6	19,040.6	290,243.6	760,427.0
2006	814,226.1	272,602.5	177,437.3	19,171.3	291,406.0	760,617.1
2007	814,316.3	272,408.0	177,055.2	19,290.0	292,504.9	761,258.1
2008	814,537.0	271,686.9	176,524.7	19,297.9	292,928.2	760,437.7
2009	813,893.8	271,392.5	176,141.2	19,188.4	293,325.2	760,047.3
2010	814,755.0	271,445.7	175,384.4	19,297.0	295,067.0	761,194.2
2011	814,183.0	270,876.1	175,203.5	19,203.9	295,994.5	761,278.0
十年間面積增減	10,449.74	-5,449.72	-5,893.85	762.18	10,785.23	

資料來源：修改自內政部地政統計資料。

再者，透過表 10-1 所知，法定耕地面積自 2002 年至 2011 年為止，穩
定維持於 76 萬餘公頃，甚至總農牧用地面積，在此十年間增加 10,499 公

頃，然而其中被農委會認定屬於優良農田的特定農業區農牧用地，卻反而在此十年間減少 5,449 公頃，而一般農業區的農牧用地，亦減少 5,893 公頃，增加的農牧用地則落於山坡地保育區與森林區。此現象代表，不少經過完整農地重劃後的優良農田正逐步流失當中，或許就其原因可能為廢耕、轉作其他使用或者是進行農地變更。

又 2002 年至 2011 年十年間，臺灣非都市土地農牧用地，使用變更之總面積為 12,697 公頃，其中變更為非農牧用地使用面積為 11,629 公頃，變更比例高達 91.6%，可知此十年間有將近 1.2 萬公頃之農牧用地，透過變更方式而流失，雖然僅占總農牧用地面積的一小部分，然而農地乃具有不可回復性，若做為非農業使用後，土壤成分改變與破壞，將使得農地難再復耕。多數地農牧用地以變更為交通、水利、特定目的事業用地為主，而此乃僅就非都市土地農牧用地的變更編定而言，若依農委會於全國農業與農地研討會中，將臺灣農業用地（此所指農業用地為《農業發展條例》第三條第十款所定義的農業用地，因而包含都市與非都市土地）變更使用情形，整理為表 10-2，可發現自農地釋出方案施行後，至 2009 年止，農業用地變更的情形，主要以新訂或擴大都市計畫（占 33,677 公頃）、都計農業區變更（4,184公頃）以及工業區（3,500 公頃）為主，而且大多集中於農地釋出方案後幾年間（1995-2001 年），以及 2006 年始新規劃的科學工業園區。於此，農地變更的嚴重程度，於都市與非都市間皆有，因此，實際在臺灣從事農業利用的土地乃較統計數據上的耕地面積更少。

於此，臺灣農地資源的流失，主要仍因政府放棄保護農業的態度，由推行休耕政策開始，不斷降低農地利用的程度，乃至於後續的農地釋出方案與《農發條例》修正的政策調整，對於農地而言形成迅速流失的困境，而成為臺灣長期於農業依附典範下之一大隱憂。

表 10-2　1995-2009 年農業用地變更面積統計

單位：公頃

西元(年)	小計	住宅社區	勞工住宅	工業區	工商綜合區	高速鐵路	高速公路、快速道路	遊樂區	高爾夫球場	大專院校	都計農業區變更	新訂或擴大都市計畫	科學工業園區
1995-2001	37,802	985	177	2,964	79	1,559	2,323	208	930	147	3,971	24,462	
2002	728	27	5	131	0	46	4	106	0	63	354	38	-
2003	325	74	0	26	0	0	19	0	0	75	-612	743	-
2004	485	0	0	0	0	0	33	563	0	0	-512	401	-
2005	571	14	0	155	0	0	15	0	0	1	159	228	0
2006	1,824	0	0	0	0	0	65	6	0	0	337	1,187	228
2007	1,945	72	0	137	0	0	7	0	0	14	260	1,427	28
2008	2,192	0	0	75	0	0	19	187	0	48	227	1,608	27
2009	3,790	19	0	12	0	0	83	0	0	4	-	3,583	90
合計	49,711	1,191	182	3,500	79	1,605	2,569	1,070	930	351	4,184	33,677	374

1. 本統計係彙整各目的事業主管機關核定計畫涉及農業用地變更之面積；「新訂或擴大都市計畫」部分係依據區委會核定變更計畫內容統計；「都計農業區變更」係營建署於 97 年度彙整各直轄市及縣（市）政府農業區變更統計資料，惟目前尚缺 98 年度統計。

2. 「遊樂區」統計資料，交通部觀光局以觀光遊樂業申請案件為統計基礎。

資料來源：行政院農業委員會全國農業與農地研討會附錄一。

Box 10-1

臺灣農地悲歌——一條牛剝三層皮

　　臺灣農地屢屢出現非法盜採砂石、掩埋工業生產廢棄物、甚且是有毒事業廢棄物等情事，這對於我們的農業生產及自然環境都產生了非常大的傷害，如高雄市旗山地區的農地近幾年來就被掩埋廢爐碴，雖經附近農民不斷抗議，但問題卻依舊存在。若就整個事件來看，也就是俗稱的「一條牛剝三層皮」。

　　所謂的剝第一層皮，就是先把砂石挖出來，它們如同黑金，可以賣很多錢。根據以往的經驗，大概是挖十到十五公尺，相當深，也非常危險，以前各地時常發生小孩子掉進去的悲劇。再來則是剝第二層，即把垃圾、營建廢土、一般及有毒事業廢棄物填入此大水窟裡面，這又可以狠狠賺上一筆。接下來，則是在這上面鋪上一層表土，然後將其賣給不知情的人、或者是拿到銀行或農會進行高額的抵押，這又可以海撈不少錢。這就是俗稱的「一條牛剝三層皮」！

　　然而這是很缺德的事情，黑心業者把錢賺走了，留給了我們什麼？被汙染的大地及水源，國人的健康也因此飽受嚴重威脅！因此，當我們看到類似事件發生時絕對要予以正視，必須要求政府拿出魄力來解決。同時，我們也要問，農地的大面積開挖及掩埋絕非是短時間造成的，政府怎麼會都不知道呢？這些土地都是最優良的農地（特定農業區），我們也要問，非都市土地使用管制機制為何不能發揮作用呢？如此下去，優良農田還保得住嗎？

Box 10-2

在「麥當勞」與「摩斯漢堡」之間

　　政治大學最熱鬧的側門被稱爲「麥側」，因爲它的斜對面就是「麥當勞」，由於公車站牌就在旁邊，每日人進人出，川流不息。「麥當勞」的旁邊，幾年前開了一家「摩斯漢堡」，兩家店的生意都好得很。但我的重點既不是要談「麥當勞」，也不是要講「摩斯漢堡」，而是要請大家注意，在這兩家店之間，其實是緊緊夾著一間公寓，而多年以來，這間公寓的鐵門都是拉下來的，大概從我唸大學的時候就是如此，至今好像都沒有任何的改變。我不知屋主是誰，我也不知爲什麼鐵門一直不願開啟，但它卻成爲我上課時的教材。

　　我時常以它爲例，請同學們思考土地及房屋的價值。指南路上熙熙攘攘，商業行爲活絡，每個房屋都是金店面，一個月的租金至少都是十萬元以上，若以三十年爲期，這間房屋的屋主，所損失的租金就已經是高達數千萬元，但是屋主竟然完全不爲所動，你是否覺得屋主相當不理性？我們可否直接敲門，要求屋主將房屋做高度的經濟使用？例如高價出租或是出售？但是，如果屋主不願意呢？我們可以來強迫他一定要依照經濟邏輯來思考並行事嗎？

　　什麼是土地的價值？一般我會將其分爲三個部分，第一爲經濟價值，即將土地視爲商品或資產（asset），是可以用來賺錢獲利的；第二爲環境價值，即將土地視爲生態環境不可或缺的資源（resource），它不會因爲是否爲人類所用，才彰顯其價值，這些資源有其自我存在的重要意義；第三爲主觀的認同，即將土地及房屋視爲安身立命的地方（place），也就是所謂的家。這三大部分都是主觀的價值，無所謂對或是錯，皆必須予以尊重。但是，由於土地具備壟斷性格，其價格可以主觀予以創造，因此，在資本主義的社會裡，有權勢者往往將土地視爲賺錢的工具，並逼迫別人也要從相同的角度來思考。

　　由於有權勢者也覬覦別人的土地，因此也創造出一些法規制度，來剝奪人家的土地。他們要求別人僅能由土地的金錢交換價格來評斷土地的價值，他們並堅持，只要給予相當的補償價格，就可以任意取走別人的土地及房屋。因此，相關制度被設計出來：「土地徵收」著重的是金錢補償的價格（一般徵收）、或是抵價地分配的比例（區段徵收）；「市地重劃」著重的是抵費地的分配比例及位置；「都市更新」著重的則是權利價值的變換，只要給錢或是給予相當價格的土地，就可以大剌剌地把人家的土地取走，並把人趕走。

　　但是，這些有權勢者嚴重忽略了土地的多元價值，在他們眼裡，土地只是金錢，是投機炒作的工具。但是，對於那些土地被剝奪者，我們往往會聽到他們大聲的吶喊，這是我的家，我不願意搬離長久居住的家與社區。但是，他們這樣的訴說，卻往往不被有權勢者所尊重，竟然還被批評爲「不理性」！

　　然而，當我們確認土地原本就有多元價值的時候，誰才是真正的不理性呢？是要去徵收人家土地的政府及財團？還是那些被徵收戶呢？我認爲是前者，他們才是真正的不理性者。我要很坦誠地向大家說，我幫助了那麼多因爲土地徵收而組成的自救會，從來沒有一個自救會曾經向我開

口，要求我去幫他們多要點金錢補償，從來沒有！他們往往告訴我，這裡是我的家，家是非賣品，我的家不賣，那股愛鄉愛土的精神，往往讓我非常的感動。

文末，你還會覺得在「麥當勞」與「摩斯漢堡」之間的屋主很不理性嗎？讓我再告訴你，在同一條街上，其實也有少數幾間房屋的屋主也是有著相同的行為，他們堅守著對於家的認同，不離不棄！換個角度，讓我們延伸思考，你要如何看待桃園航空城自救會的抗爭行動？你又要如何看待臺南鐵路地下化東移自救會的抗爭行動？你又要如何看待其他許許多多自救會的抗爭行動？有了金錢補償就可以剝奪人家與土地的關係及對於家的認同嗎？究竟誰才是不理性呢？

希望你能夠記得，在「麥當勞」與「摩斯漢堡」之間，還有一個溫馨的家！

3.3.3 水——水資源之搶奪與分配

臺灣因地理環境關係，處於亞熱帶地區，春夏之際，有梅雨與颱風的洗禮；秋冬之際，有東北季風到來，使得臺灣年降雨量高於世界平均水準。然而，臺灣多數的降雨，因山勢陡峻、河川短而留不住，讓臺灣人年平均可分配的年平均降雨量是低於世界平均水準，使得臺灣水資源格外缺乏且需要珍惜。而水資源對於農業而言，亦為絕對不可或缺的資源，尤其臺灣主要以水田居多，因此對於水資源的需求更高。

2010 年臺灣年降雨量為 852.48 億公噸，然而總降雨量扣除蒸發與流入大海而無法利用之外，水庫所蘊含的水量加上地面河流與地下水的供給，年可利用水量僅剩 170.64 億公噸，為年降雨量的 20% 左右。而可利用水再分配給農業、工業與民生用水使用，其中農業用水占 70%、工業用水占 10%、民生用水占 20%。此外，臺灣自 1961 年至 2010 年為止，總用水量呈現上升的趨勢，其中農業用水，自 1983 年始由用水最高點（162 餘億公噸），開始緩步下降，至 2010 年僅剩 122 億公噸，其中除與每年度的降雨量多寡有關之外，長時間稻田的休耕政策推行，與民生用水意識抬頭，及供應工業用水皆有所影響。臺灣的用水調度情形，目前雖然以農業為大宗，然而若因遇乾旱或缺水的情況時，農業便只能先休耕，以配合民生與工業用水的使用，因而水資源對於農業生產而言，具有舉足輕重的地位。

然而，近年來政府為開發科技園區，除了已經是頗受爭議的土地徵收之外，水資源的開發，對於科技園區用水而言，亦為至關重要，但是綜觀臺灣

面對工業區選址過程，並非先等待該地區所需設備或資源完善才開始動工，而是先強占該地後，再要求當地政府與產業配合，如此行為不僅嚴重影響當地居民與產業的不滿，就水資源供應方面，農業將首當其衝受影響。

而近期最大型的農工搶水事件，為中科四期二林園區的開發，而引發爭奪彰化溪州灌溉用水事件，二林園區原先為供應面板廠商進駐的園區，後為配合園區的開發而有了引水工程，政府規劃沿百年大圳莿仔埤圳，開鑿深 3.5 公尺、寬 2.5 公尺大溝，埋設每日可引水 13 萬噸的大管，調用農民賴以維生的農業用水，以供園區使用。然而後續中科四期因廠商遲不進駐，又國科會（現為科技部）表示將會減少園區用水量至 2 萬噸，但仍然規劃繼續大肆開挖莿仔埤圳、埋設 13 萬噸大管，因而引發社會輿論與農民之抗爭。（守護水圳，2012。2013.04.10 造訪至守護水圳網頁：http://hsichou.blogspot.tw/2012/06/blog-post_07.html）

事實上，近年來工業區與科技園區之選址，常屬意優良農業區，因而高科技產業進駐農田後，其所製造與排放大量的廢水，將直接影響農業生產，甚至汙染農田與農業灌溉資源。因此農工爭奪水資源的情形，經常依循同樣模式與路徑進行：一旦園區開發案成行後，其他配套措施再予以配合，尤其是農地與農業灌溉用水的部分。然而，政府一味地要求農業「配合」，亦乃依產業的產值貢獻多寡，來評斷資源分配的情形，惟其卻未將水田具有許多生產以外的貢獻，並非得以產值衡量計入，並且未考量開發園區後所獲取的利潤，是否得有效回饋於當地收損害的受害者，亦或是已受汙染之環境將如何恢復原貌的成本，遑論若持續掠奪臺灣農業生產資源，於氣候變遷下所引起的糧食危機時，將面臨有錢也買不到糧食的窘境。

3.3.4 河川、土壤及廢棄物汙染惡化

土壤汙染
土壤汙染係指土壤因物質、生物或能量之介入，致變更品質，有影響其正常用途或危害國民健康及生活環境之虞者。

由於工業化生產的結果，臺灣存有許多嚴重的環境問題，例如河川、土壤、廢棄物與空氣的汙染等問題。根據環保署的資料顯示，2002 年臺灣地區重要的五十條河川水質未受汙染河段占 62.41%，輕度汙染河段占 12.04%，中度汙染河段占 11.55%，嚴重汙染河段占 14.00%，嚴重汙染河段的比率竟然有逐漸上升的趨勢（請見表 10-3），河川的生化需養量（BOD）

濃度是越往下游越高，此外，許多嚴重汙染河段的重金屬含量依舊是偏高的
（環境白皮書，2003：100）。不過，若純粹由統計數字可知，整體的河川汙
染程度於 2003 至 2004 年間大幅減少，此後河川汙染程度也逐漸獲得改善，
這的確是一個可喜的現象。

表 10-3　臺灣地區五十條重要河川汙染趨勢

單位：%

年	嚴重汙染河川段比率	未受汙染河川段比率
1993	12.9	61.1
1994	13.3	63.3
1995	13.4	64.2
1996	14.9	62.4
1997	12	64.4
1998	11.3	64.3
1999	11.99	66.22
2000	12.09	63.57
2001	13.16	61.65
2002	14.00	62.41
2003	15.81	59.44
2004	7.64	64.05
2005	6.17	64.21
2006	5.95	65.53
2007	6.69	61.75
2008	4.24	65.18
2009	5.87	67.15
2010	5.5	62.57
2011	5.33	63.72
2012	3.59	62.72
2013	4.6	61.34
2014	4.45	62.77

資料來源：行政院環保署－環保統計資料庫。取用日期：2016 年 2 月 24 日。

　　儘管近年來相關的汙染情況逐漸改善，然而，淡水河、北港溪、高屏
溪、曾文溪等幾條溪流的汙染度皆是相當嚴重，其中除了河流沿岸人口密
集、排放汙水量多的因素以外，也另有工業汙染排放、廢棄物汙染等緣故。
其中以流經大高雄地區、西部沿海工業區等地的河川如高屏溪、北港溪等，

在重度汙染的程度上最為顯著，自此可見一斑。而這些河川不僅流經工業用地，也是農業用地、民生用水的來源，特別是北港溪更是流經雲林縣這一臺灣農、漁業生產的重地，所造成的影響更不可謂不大；另一方面，以重工業、石化工業為主要產業的大高雄地區，其嚴重的公害汙染和環境問題早已不是新聞。中、重度汙染之河川除淡水河外，大部分皆位於臺灣西南部，即與西南沿海工業區等地域重疊，更可見當地產業對環境負擔之大。

表 10-4　土壤及地下水汙染場址列管概況（2015 年）

單位：平方公尺

地區別	汙染控制場址數	面積
新北市	—	—
臺北市	—	—
桃園市	1,250	1,439,821
臺中市	129	123,162
臺南市	36	31,803
高雄市	—	—
宜蘭縣	1	3,157
新竹縣	—	—
苗栗縣	12	18,229
彰化縣	1,325	2,254,895
南投縣	4	2,747
雲林縣	2	4,329
嘉義縣	—	—
屏東縣	—	—
臺東縣	—	—
花蓮縣	—	—
澎湖縣	—	—
基隆市	—	—
新竹市	—	—
嘉義市	9	21,984
金門縣	—	—
連江縣	—	—
總計	2,768	3,900,127

資料來源：行政院環保署－環保統計資料庫。取用日期：2016 年 2 月 24 日。

在土壤汙染方面，根據 2015 年環保署之統計，現有 2,768 筆農地，約

390 公頃遭受銅、鋅、鉻、鎘等重金屬的汙染，公告為**汙染控制場址**（行政院環保署，2015），這主要是因為工業廢水在未經處理的情況下，就直接排入農田的灌溉圳道，農民在引水灌溉之後使得農田遭致汙染，比較著名的例子如桃園縣蘆竹鄉及觀音鄉的鎘汙染事件。另外，一些工廠對於工業廢棄物處理不當，將有毒工業廢水直接流放至工廠內的水池或水井，這也造成了土壤及地下水的嚴重汙染，並對人體健康造成了極大的傷害，桃園市內的 RCA 汙染事件就是最顯著的例子，遲至今日仍無法處理地下水汙染的情況。從區位上來看，又以桃園市、彰化縣、臺中市等地區的農地汙染最嚴重。

汙染控制場址
係指土壤汙染或地下水汙染來源明確的場址，其汙染物非自然環境存在經沖刷、流布、沉積、引灌，致該汙染物達土壤或地下水汙染管制標準者。「汙染整治場址」則是指汙染控制場址經初步評估，有嚴重危害國民健康及生活環境之虞，而經中央主管機關審核公告者。

與土壤及地下水汙染相關的重要議題，則為廢棄物的問題。廢棄物分為一般廢棄物及事業廢棄物，一般廢棄物大部分指家戶垃圾，而事業廢棄物係指由事業產生的廢棄物，其中有許多是含有化學毒性的廢棄物。近年來在政府努力推動垃圾減量及資源回收的情況下，垃圾的產出量已有逐年下降的趨勢，政府並因此取消部分垃圾焚化廠的興建，不過垃圾問題並不因此減輕或消失，全國仍然有許多鄉（鎮、市）無法以合乎衛生要求的垃圾處理場（廠）處理垃圾。至於在事業廢棄物方面，問題則是更顯嚴重，依據「環保署事業廢棄物管制中心」的申報資料顯示，2014 年全國事業廢棄物的申報量為 1,884 萬公噸，其中包括一般事業廢棄物的申報量為 1,724 萬公噸，有害事業廢棄物的申報量為 160 萬公噸（環境白皮書，2015：140）。但是，重要的是，根據環保署推估，2002 年全國事業廢棄物的產生量為 2,269 萬 159 公噸，其中一般事業廢棄物為 2,166 萬 3,444 公噸，有害事業廢棄物為 1,026 萬 715 公噸（環境白皮書，2003：208-215），這表示推估值與實際的申報值有了相當大的差距，申報值大抵僅占推估值的 53%，此隱含的意思為大量的事業廢棄物在未經處理的違法狀況之下任意傾倒，例如高雄縣旗山溪棄置廢溶劑事件、中部大肚溪畔廢液桶任意堆置與排放事件、屏東縣汞汙泥違法棄置事件等；儘管環保署持續推動事業廢棄物再利用的政策，至今仍不時發生事業廢棄物遭隨意棄置及掩埋的事件，此舉不僅對於環境及生態帶來極大的傷害，也嚴重威脅了人們的身體健康。

綜上所述，農業長期依附非農部門所造成的影響，除了導致農業缺乏長

遠計畫目標，而無以找尋其發展方向之外，連帶影響農業生產資源匱乏、流失與汙染破壞，不論是人力資源，甚或是對於農地與水資源的保護，皆得因非農部門的需求而犧牲，實乃政策建構於農業生產論典範所產生的困境。

Box 10-3

鎘米重現 政府未記取教訓

繼雲林虎尾及彰化和美後，環保署又公布臺中大甲也有農地受到鎘汙染，農地汙染事件似乎在全臺各地不斷上演，這代表著我們並未從以前的慘痛經驗獲得教訓。

以往最有名的鎘汙染例子，可謂是桃園縣蘆竹鄉基力化公司所造成。基力化公司建廠於1977年，作業過程中製造出鎘含量極高的工業廢水，在未經處理的情況下直接排入蘆竹鄉第二支線新興支流排水系統，廢水之中的汙染物不僅長年累積於圳道底泥之外，也充斥於流水之中，附近農民引水灌溉農田，致使農田及由其所生產出來的農作物皆遭到嚴重的汙染。1982-83年間，前臺灣省建設廳水汙染防治所調查基力化工廠附近圳道水之鎘汙染、圳道底泥鎘含量及稻田土壤鎘含量。1983年也發現一、二期稻作鎘含量的情形非常嚴重。政府當時的主要措施就是現在的處理手法，要求農田休耕並發給予微薄的補貼及休耕補助，此外，縣政府環保局也陸續提出整治計畫。

經過了這麼多年，也許您會問，這些農地至今應該已經全部整治完成了吧？很抱歉，答案卻是否定的，除了少部分之外，這些農田大抵就由1984年一直休耕至今。而汙染之禍首──基力化公司，卻在汙染事態擴大之際，趕緊停工關廠，將廠房售出，並由整個事件中抽身而退。由於顧及國民身體健康，環保署對於蘆竹鄉土壤汙染整治採取嚴格把關的態度，這也相當符合其所擔當的職責。然而，這裡卻出現一個頗為弔詭的問題，即我國於這方面的公共政策是汙染後的整治採取非常嚴格的處理方法，但是對於汙染發生之防制或是監督，卻是反而較為寬鬆。這也就是說，政府似乎缺乏能力在製造汙染的水源頭加以防範，卻是反過來要求權益已嚴重受損的農民再做進一步甚至是無止境的犧牲，這種做法不禁讓人質疑，政府真的是在保護環境嗎？還是在保護工業生產者的利益呢？

再者，土壤汙染之整治充滿了相當高的困難度，這牽涉了諸多的難題，如責任歸屬、費用負擔、整治標準的設定、技術的可行性及當地民眾的權益等。在這麼複雜的狀況下，不禁要問，受汙染土壤的政治目的何在？是否可藉由高科技整治方法，讓其回復到以往無汙染的可耕種情況？透過蘆竹鄉個案的田野調查，發現這似乎是不可能的任務，也就是說，科技無法解決受汙染的土壤問題。蘆竹鄉土壤汙染之整治曾考慮許多種方法，最後選取的做法為「上下翻土處理」。由於汙染地區位於桃園臺地，地質上屬於洪積母質紅壤，在表土之下即為質地堅硬、顏色多屬黃紅或紅棕色的礫石層。而所謂的上下翻動就是使用機具挖至此礫石層，將此層的黃紅或紅棕色塊挖至表層，讓原先之表土沉沒至地底下，因此前幾年整個汙染整治區呈現於外的景象，就是地表上皆是硬如石頭的黃紅色土礫。

桃園縣政府當時選定一塊翻動完成的坵塊試種水稻，待稻穀收割之後，倘若檢驗之稻米的鎘含量低於標準值以下，就表示整治成功，符合環保署對於環境保護的要求。值得思索的是，這樣的整治方式其意義究竟何在？可以預期的，在投入大量的有機肥料即將土礫轉變成「堪可耕種」的土地之後，所謂「整治成功」的可能性大增。然而，整體而言，原有土壤中之鎘元素並不因此就消失或減少，整治的結果只是將原地掩埋起來罷了，而且埋得還滿深的。這些鎘以後會怎樣進入臺灣生態體系？進而影響環境及人們？目前似乎皆是無法預知的。而整個翻土整治計畫從某個角度視之，也只是為了滿足受檢體數據上的要求。然而，這種環境保護的方式其意義到底何在呢？如果這只是一場數據的戲碼，又有必要花費那麼多的經費？又有必要讓地方民眾長年忍受土地無法使用之苦嗎？

究其根源，土壤汙染之整治（非防制）已屬於問題處理之末端，當工業局、環保署及政府其他相關單位不在源頭多下一點功夫，阻止工業生產排放出來的汙染物時，其所造成的後果反而是更為嚴重的，而受害最深的就是社會的弱者——農民。寄盼工業局、環保署及政府其他相關單位應該加強臺灣島內工業汙染的防制，讓工業生產者負擔起其應負的責任，而不是僅在汙染發生後的事件末端，做事倍功半的嚴格管制與處理。

問題與討論 10-2

臺灣的農地不僅不斷流失，也時常遭致工業汙染，致使所生產出來的部分農產品品質堪慮，恐影響消費者的身體健康，進而產生食安問題，請問針對這個問題該如何解決？

---

4. 糧食安全與自主之風險

一直以來臺灣人的飲食熱量來源，除油脂類外，以穀類中之稻米與小麥為最大宗。而近幾十年來，由前述提到，受到美國農產品進口的影響，使得國人的飲食習慣在潛移默化之下，受到改變；再加上自由化貿易後，糧食的選擇性增添許多，使得米飯不再是唯一填飽肚子的選擇，麵食、餅皮類食物亦逐漸由點心成為主食之一，然而此轉變，造成臺灣對於小麥、大豆、玉米等穀類作物需求量大增，不僅於農業政策上將種植玉米等作物視為輔導轉作項目，更透過國際貿易的方式大量進口小麥、大豆等，導致臺灣除稻米外，

其餘穀類大量依賴國外進口。

由 1984 年至 2011 年，臺灣綜合**糧食自給率**趨勢圖（圖 10-9）中可看出整體綜合糧食自給率呈現下降趨勢，尤其以連續休耕政策施行，與臺灣入會後之時期為最主要，糧食自給率由 1984 年的 56.1%，下降至 2005 年為最低點（30.4%）。而其中造成綜合糧食自給率偏低原因，在於穀類之糧食自給率不到 30%，其中小麥的自給率幾乎為零，因此縱使臺灣稻米的自給率仍維持於 90% 以上，整體之糧食自給率仍偏低。然而臺灣稻米自給率亦受到 WTO 與休耕政策的影響，自 2002 年的 109.6% 降至民國 2010 年的91.9%，降幅達 16%。臺灣目前綜合糧食自給率，雖乃因小麥、大豆等穀物仰賴進口而偏低，但是因休耕政策所導致種稻面積下降，亦連帶使得臺灣稻米自給率下降。

糧食自給率
指國內消費之糧食（包括食用及非食用）中，由國內生產供應之比率。分為以價格加權衡量或以熱量加權衡量。「價格加權衡量」，指各產品生產量與其價格之乘積總合，與國內各產品消費量與其價格之乘積總和相比；「熱量加權」，指各產品生產量與各產品每百公克所含熱量之乘積的總和，與國內各產品消費量與各產品每百公克所含熱量之乘積之總和之比。參照行政院農業委員會，糧食自給率編算方法。本文所指之糧食自給率，為熱量加權之糧食自給率，總稱之綜合，乃包括穀類、薯類、糖及蜂蜜、子仁及油籽類、蔬菜、果品、肉類、蛋類、水產與乳品類。

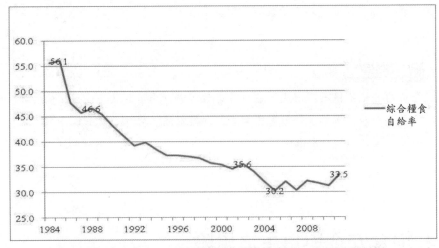

圖 10-9　1984-2011 年臺灣綜合糧食自給率（以熱量計算）

資料來源：行政院農業委員會農業統計資料。

再者，政府為計算當安全存量不足時，應將多少面積的休耕田地復耕，成立「糧食安全專案小組」以進行作業，就其計算結果而言，因臺灣稻米生產週期平均約四個月，因此適量之安全庫存，應足以因應一般緊急狀況，如持續發生緊急情況，則可採取調整國內糧食生產面積等措施，將目前每年二期約 22 萬公頃休耕田，恢復種稻，以增加稻米產量穩定糧食供應。然而因休耕政策實施已有一段時間，而休耕地平時之維護管理，是否得當將影響其

復耕能力，以及先前提及休耕政策，導致務農人口流失等，都可能是影響政府該策略能否成功的關鍵所在，即休耕地欲復耕，得視該休耕地之管理維護，與耕作人力配合而定，並非規劃好配套措施就一定得以施行。

因此，長期休耕政策，縱使暫緩臺灣加入 WTO，對農業所造成的衝擊，卻於糧食存量上產生了負面影響。而世界上農業生產大國若受氣候變遷之影響時，農業於穩定糧食安全的功能，能否得以仰賴國際貿易，甚或至應改變相關做法，不僅考驗著政府的因應對策，亦乃對於臺灣農業依附於自由化貿易的一大挑戰（彭明輝，2011）。

> **問題與討論 10-3**
>
> 長期以來，臺灣農村及農業受到政府的忽視，致使農村往往呈現殘陋敗壞的現象。過往，當臺灣加入 WTO 之後，就曾對臺灣農村及農業帶來很大的負面影響；現今，政府又積極尋求加入 TPP，這也恐將帶來嚴重的衝擊，請問，我們該如何適應這個問題？

5. 臺灣農業及農村如何重建？

5.1 農業多功能體制的倡導

臺灣農村凋敝的根本原因，乃是在於農業及農地的多功能或多元價值長久以來都被嚴重忽視（李承嘉，2012），致使這些價值並沒有如實反映在農民的所得當中。農業及農地的多元價值包含「生產、生活及生態」三生價值，而這也已經成為我國農業及農地政策的主軸，同時也是比較符合地方永續發展之理念（蕭新煌、紀駿傑、黃世明，2008），但遺憾的是，這個三生價值並沒有充分體現於農民的所得上。例如，農業及農地提供了重要的環境生態價值，農地涵養了重要的地下水，農作物吸收二氧化碳，也相對釋放出許多的氧氣，但是農民有因此增加所得嗎？沒有。又例如，農業及農地已經是重要的文化景觀，許多都市居民喜愛於週末假期到農村享受田園風光，但是農民有因此增加所得嗎？除了少數休閒農場經營者外，大多數農民都是沒有的。

至於生產價值是否受到重視？答案也是讓人失望的。紀錄片《無米樂》崑濱伯故鄉所種出來的頂級稻米，「一斤米的價格竟然比不上一瓶礦泉水！」這是何等強烈的諷刺，而這是政府長期以來低糧價政策所造成的結果。總之，農業和農地的生態及生活價值，無法經由市場機制體現，而政府為了穩定物價，又刻意壓低糧價，兩相夾擊下，農民的所得因此陷入於萬劫不復的境界。

但是，國外的經驗卻非如此。縱然是在 WTO 體制內，歐盟許多先進國家都費盡心血，直接對個別農地進行補貼，因為農業及農地有生態及生活文化的重要價值。舉瑞士為例，在 2006 年，瑞士的農業直接給付占農業支出的 67%，約為新臺幣 750 億元，如此龐大的財政資助，使得 2006 年瑞士河谷地區的每一農戶獲得的直接支付約為 120 萬臺幣，在高山地區平均每一農戶獲得的直接支付約為 140 萬臺幣。

反觀我國，目前僅有「老農津貼」可以勉強算是針對農民的補助，但是老農津貼發放對象不僅限制年齡必須在 65 歲以上，又有排富條款，因此性質上其實較接近於對低所得農民的社會救濟。實際上，對農地進行補貼的概念，應是將農地做農業使用所提供之外部利益內部化，也就是感謝農地做農業使用所給予的回饋，因此不應設有排富條款，反而應該是要盡可能提高農民所得，才能構成繼續將農地做農業使用之誘因，以提供更多的外部利益。因此，民間團體期許《農村再生條例》中的農村再生的 1,500 億基金，能部分用於直接對農地進行補貼，將農業及農地之多元價值反應在農民所得上，則農民所得增加，自能吸引新一代青壯年人口投入農業，農村或許也因此可以逐漸擺脫窳陋凋敝。

5.2 努力保護優良農地

在氣候劇烈變遷、能源短缺的現在，糧食危機一觸即發，糧食自給率應被視為重要的國家安全指標，各先進國家無不致力於提高糧食自給率，目前臺灣的糧食自給率僅有 33% 左右，遠低於鄰國日本的 40%，更低於歐盟國家。長此以往，對國家安全非常不利，當國際原油價格上漲或異常氣候災變

造成糧食生產銳減，許多糧食生產國將會暫停糧食出口以確保其國內所需，屆時糧價就會飆漲，造成民生問題。2008 年底發生的糧價飆漲殷鑑不遠，所幸金融海嘯導致景氣冷卻，才沒有持續釀成危機。這顯示我們的糧食供給體系呈現一非常脆弱而不穩定的模型條件，如果不能提升糧食自給率，則隨時都會面臨糧食危機的威脅。而欲提高糧食自給率，首要之務乃是必須維持足夠數量及品質優良的農地。

然而，由於農業的產值相對較低，對 GNP、GDP 的貢獻小，因此每當面臨工商業開發需要土地，農地往往毫不考慮地被犧牲，大規模地被劃為工業區、加工出口區及科學工業園區。這些農地一旦變更做為工業使用，除了本身無法再恢復農業使用之外，工業生產所產生之廢棄物、汙水、有毒物質等，往往排放至灌溉渠道，影響鄰近農地的生產及農村居民的生命安全。

再者，農業用地自 1987 年以後便停徵田賦，對地方政府而言，不用納稅的農地對地方財政沒有幫助，不如變更為可建築用地，可以增加稅收，因此積極以區段徵收、土地重劃或新訂都市計畫等方式，將農地變更為工業區或住宅區等建築用地，以課徵地價稅、土地增值稅、房屋稅等，藉此增加地方政府稅收。而面臨轉用者，大多位於特定農業區，屬於應優先保護的優良農地，因為地形平坦、交通便利等特性，使其特別容易受到開發者的青睞，難逃變更的命運（徐世榮，2013）。如此不僅造成大量農地的流失，更嚴重侵害土地所有權人的財產權、工作權及生存權，在隨時可能強制轉用的陰影下，農地的利用呈現不穩定的情況，農民生產投入恐無法獲得保障。

除了大範圍的農地開發外，近年來農地亦不斷受到蠶食。《農發條例》第十八條興建農舍的規定，使得**農舍**從原本供農民堆放機具、短暫休息的功能定位，變成解決農民住宅問題的方便法門，更吸引都市民眾大舉侵門踏戶，紛紛興建別墅型農舍。此種情況在交通方便的宜蘭平原、高雄美濃等地最為嚴重，放眼望去都是田野間別墅林立的景象，這使得農地更為破碎，大規模機械化耕作困難重重。

事實上，許多住在農舍裡的使用者都不從事農務耕作，任由農地荒廢的情況已是常態，滋生的病蟲害又會影響鄰地生產，而農舍排出的生活汙水也是直接流入灌溉渠道，亦造成水及土壤汙染。政府為了解決零星開發的問

> **農舍**
> 指農業經營不可分離之設施物，在不影響農業生產環境及農村發展的前提下，供農民從事農業經營、方便其家庭成員居住使用，而准予在農地附近處興建，以取得其管理近便性並減輕建屋成本。

題，提出集村興建農舍的辦法，將興建農舍的「建用農地」與耕作用的「農用農地」分離，以集中興建的方式解決耕地破碎及汙水問題。但此舉卻造成更大的農地浩劫，因爲其中的「建用農地」幾乎都是選在「特定農業區」。這些地方地勢平坦、交通便利，又經過農地重劃，道路、排水系統皆已完備，而「農用農地」卻多是位於山坡地的「一般農業區」或農牧用地，其是否真能供「農用」也無從得知，意即政府是將優質的農地移作建地蓋房使用，卻把較差的農地保留下來（吳音寧，2007；徐世榮、廖麗敏，2008）。

大範圍的農地開發，農委會雖依據其法定權責，有權可以拒絕農地轉用，但以目前實際政治運作，農委會卻往往無力阻擋。因此期許《農村再生條例》能做爲一部更強而有力的農業專法，嚴格限制優良農地被任意轉用，保護農民生產、生活之安定性，似乎是有點緣木求魚。而對於農舍問題，許多學者及民間團體則主張應回歸農地農用的原則，將農村住宅限縮於鄉村區的建築用地，保留完整的優良農地，爲我國農業發展奠定穩定的基石。

Box 10-4

何處尋金黃稻浪——探討農地興建農舍問題

過去住過農村的人們，可能都見過漂亮的金黃稻浪。最好看的時刻是在初夏的傍晚，當夕陽斜照大地，天空灑下一大片的金黃，紅光映照著豐飽的黃色稻穗，若有微風輕拂，稻浪起伏，配上颯颯的聲音及蟲鳴蛙叫，真是人間一大美景。然而，曾幾何時，這片金黃稻浪逐漸消失，取而代之的是許多美輪美奐、類似高級別墅的「農舍」，四處散亂在優良農田之上。

晚近許多原先居住於都市的民眾紛紛到農村地區購置農地，並興建價值不斐的農舍住宅，例如，由於雪隧的開通，許多富有的臺北市民到宜蘭縣興建農舍；新竹縣市則是拜新竹科學園區地利之便，許多科技新貴皆是居住於農舍裡；臺中、臺南及高雄也都是出現類似的狀況，尤其是原本漂亮的高雄美濃，如今則是在農地中充斥了許多農舍，景觀產生非常大的變化。

農舍的興建與民國89年1月《農業發展條例》的修正有著絕對的關係，當年舉行立法委員選舉，許多立委要求改變農地政策及修改法律，讓人民可以在農地興建農舍。在龐大的政治壓力，及執政黨爲求勝選的考量下，政府改變了立場，放棄原先「農地農有、農地農用」政策，並進一步制訂了《農業發展條例》第十八條，其第一項明言「本條例中華民國89年1月4日修正施行後取得農業用地之農民，無自用農舍而需興建者，經直轄市或縣（市）主管機關核定，於不影響農業生產環境及農村發展，得申請以集村農舍或在自有農業用地興建農舍。

此門一開，如猛虎出柙，問題一發不可收拾。行政機關雖然制訂了相關規定，但是皆無法如願，只見一棟棟農舍分別在優良農田上長了出來，農地資源嚴重流失，在自然資源相對有限及全球已經出現氣候變遷及糧荒的情況下，臺灣卻將最為優良的農田用來興建農舍，這無疑是非常值得深思的課題。此外，目前的農舍也沒有相關配套的公共設施計畫予以配合，許多農舍使用的農水路公共設施乃是當初農地重劃所興築，由於農地重劃主要是考量農業生產，因此農路的路面相對狹小，恐無法應付日益增多的交通流量，而目前農舍直接將汙水排放入農田灌溉的渠道，這恐也會帶來農田的汙染，進而影響政府所追求的健康及安全農業。

農舍之興建已成為臺灣社會的嚴重問題，必須積極面對。非常期待假以時日，我們可以再見到漂亮的金黃稻浪！

> **問題與討論 10-4**
>
> 臺灣的農地經過農地重劃之後，許多優良農田上面興建了高級別墅型的農舍，原本應該進行農業生產的農田，反而是用來「種房子」，農業生產區域內如同豹斑一般，出現許多不協調的農舍，嚴重影響農業生產，請問針對這個問題該如何解決？

5.3 有機生產及在地消費

臺灣目前的農業生產型態，以小農經營為主，因耕地極為零碎細分，不利大規模機械化耕作，導致生產成本居高不下，面對加入 WTO 的衝擊，完全無法與低價的進口糧食競爭，使農業經營利潤極低，青壯年人口務農意願低落，致使許多農地荒廢或在政府輔導下休耕。因此農村若要擺脫凋敝衰敗，則必須要從提升臺灣農產品的競爭力做起。

事實上臺灣擁有非常先進優良的農作改良技術，能夠生產許多優質農產品，但長期以來農村勞動人口呈現高齡化，除造成農業勞動力顯有不足之外，缺乏青壯年人口將新的農產知識引進農村，也形成生產技術落後的問題。目前臺灣農業經營模式，主要仍仰賴大量使用農藥及化學肥料，但嚴重過量使用農藥及化學肥料，造成土壤成分嚴重失衡，一旦停止或減少施用，就幾乎無法生產出同等份量的作物產量，以致於對農藥及化肥的依賴越

深，臺大農藝系教授郭華仁曾形容臺灣農業是「加護病房式」的農業（中國時報，2010/12），十分貼切。

此種農業經營模式除了成本高昂外，亦產生安全性問題，許多農民缺乏正確用藥知識，甚至僅憑一己長年累積的經驗，即以目視約略估計的成分比例，自行調配各種農藥，致使農藥中毒事件頻傳；除了農民本身健康受威脅之外，爲了使農產品外型飽滿完整，迎合消費者喜好，農民未按照指示，於噴藥後一定期間採收的情形也十分普遍，這對整體國民的健康都埋伏著極深的威脅。大量施用農藥及化肥，雖使得農產數量增加，但亦同時使價格下跌，農民所得未能提升，可見以農村再生基金的投入提升農產競爭力，應擺脫產量迷思，而以品質的提升爲主軸，如此才能進一步提高農產品價格，使農民所得增加，實踐健康的農業。

例如，近年來人們對於食品安全日漸重視，許多小農並不受到耕作規模狹小的限制，他們標榜有機生產及守護環境，並重視地產地銷，已受到很大的重視，其消費市場逐漸擴大，雖然價格較一般農產品高出許多，但仍然深受消費者的支持（臺灣主婦聯盟生活消費合作社，2015；蔡培慧等，2014）。但由於轉作有機農業，需要經過數年的轉型期，在不施用農藥及肥料的情形下，產量可能會驟減，許多農民因沒有足夠的資金支撐數年的生計，而遲遲無法跨入有機生產的門檻。若是農村再生基金能夠用於補助轉型期之農民，使其生活無虞，相信可以加速臺灣農業的轉型，脫離加護病房式的農業經營型態。

此外，實施有機生產時，若是鄰地噴灑農藥，則病蟲害將會集中在有機生產的農地破壞農作物，因此土地欲轉型爲有機生產，必須要大範圍或是全區共同進行方能達到成效。但目前推廣有機農業，僅能由農民間自行協議，沒有強制效力且協商成本高昂，往往陷入困境，而使有機生產無法推動。若《農村再生條例》能夠賦予社區訂定公約之強制效力，或可破解僵局。另一方面，則是鼓勵在地消費，減少食物運送里程，也是重點之一。

5.4 產銷規劃及生產履歷制度的建立

農業經營的投入期長，回收期短，具有相當高的風險，而我國又是天災頻仍的國家，因此農民的收入極不穩定，必須「看天吃飯」。每當收成期遇到颱風或大雨，往往終歲辛勞付諸東流；而若氣候穩定，又經常因產量過剩而發生滯銷的情形，售價甚至不及採收的成本，使得農民血本無歸。這樣的情形幾乎年年發生，不論豐年或歉收，農民均無法獲得合理的報酬。

為防止穀賤傷農的情形一再發生，建議農村再生基金應積極投入產銷規劃。首先，應事先預估產量需求以輔導農民實施計畫生產，避免農民同時種植單一作物，導致收成期產量過剩而影響價格，亦可補助興建溫室，使生產期拉長，同時減低災害風險。作物的保鮮期短，收成後如不盡快出貨，則短時間內會失去新鮮甚至腐敗，因此價格往往掌握在盤商手中，農民沒有談判的籌碼，也導致農產價格始終低迷。如能以農村再生基金補助農民引進冷凍設備，則農產品採收後可以有效保存，再視情形分批出售，除了增加農民議價的空間外，當採收期生產過剩時，亦不必趕在短時間內供應至市場，可避免價格暴跌的衝擊。

我國農產品的品質相當優良，但面對加入 WTO 的衝擊，卻往往不敵低價的進口糧食。這主要是因為消費者資訊不充足所致，由於農產沒有產地的標示制度，低價的進口農產品混充國產的情形相當多，因此農村再生的政策內容，應包含建立農產品的生產履歷制度，以利與進口農產做出市場區隔，並鼓勵消費我國自產的農產品，方能提升優良農產價格。

最後，如前所述農業經營的風險相當大，一旦災害發生或生產過剩而使農業損失不可避免時，所得偏低的農民沒有足夠資金，往往必須依賴借貸來維持生計以及下一期的生產，收成後償還，在下一期生產前又必須再借，如此週而復始不穩定的收入是造成務農意願低落的主因。因此若欲使農村再生，可以提供農民生計的保障，例如提高農產品保證收購價格，或提供低利或零息貸款，讓農民可以無後顧之憂地安心投入生產。

5.5 鼓勵農村社區居民自主

農村的種類相當多元，有一些是相當窳陋衰敗的，另有一些則是比較具有競爭力的。對於窳陋衰敗的弱勢農村固然應積極投入加以改造，然而優質的農村社區如不能優先保護，農村再生亦將淪為空談。近年來政府積極推動農村社區營造，在凝聚社區意識、改善社區環境等方面都有非常豐富的成果。但是社區居民對於外來的土地開發，卻仍然毫無阻擋之力。

例如苗栗灣寶社區居民早年配合農地重劃拓寬農水路，並自主投入經費改良土地，長期經營有機農業有成，生產的西瓜遠近馳名，居民收入亦相當穩定，屬於少數非常優良的農村典範，然而灣寶社區卻被劃為後龍科技園區用地，一度面臨徵收命運。經過居民多年的長期抗爭，終於阻擋後龍科技園區的開發，但仍不免感嘆，為何沒有一條法律能夠保護優良的農村社區。又如高雄美濃地區的農地在高速公路通車後，吸引許多都市人口進駐興建別墅型農舍，農舍所帶來的噪音、家庭汙水等使得當地居民不堪其擾，亦汙染了農田的灌溉用水。在明知農舍使用違規的情形下，社區居民仍缺乏法源依據來阻止農舍的興建，只能徒呼負負。

不論是產業圈地或是別墅型農舍興建，都已造成大量優良農地流失，尤其若發生在農業經營意願高的社區，更是我國農業的重大損失。因此在談農村再生之前，應該優先保護此類農村社區。農村再生相關政策應賦予社區居民對社區土地使用之相對自主權，例如居民可發起居民投票來拒絕土地徵收、或是訂立社區公約，杜絕非農用之農舍進駐等等。

6. 結論

如何協助農業及鄉村的重建，本文以為，最為重要的乃是國家發展的思維與路徑必須改變，進行典範的轉移（paradigm shift），政府不應該繼續死守經濟掛帥及犧牲環境的掠奪式發展模式，而是必須採取以農業多功能體制為主軸的發展典範，畢竟農業對社會有許多重要的貢獻，惟這些貢獻長久以

來都被嚴重忽視，並且無法完全呈現於農民的所得當中，這是亟需改正之處。這也就是老生常談的「生產、生活及生態」三生價值，而此也已經成爲我國農業及農地政策的主軸，但遺憾的是，這個三生價值並沒有充分體現於農民的所得上。

　　總而言之，臺灣農村的窳漏敗壞及環境的不正義不是自然現象的產物，相反地，它是根源於狹隘的意識型態及長久以來公共政策的嚴重偏差，也是政府有意圖作爲的人爲政經結果，這對於臺灣廣大的農村地區是很不公平的，這個問題亟需予以正視，並由上述所提的思維模式及策略來回應與解決，由此創造出一個永續的農業生產環境與適宜的鄉村生活環境。

參考書目

臺灣主婦聯盟生活消費合作社（2015）。《環境白皮書》。新北市：遠足文化。

臺灣農村陣線、政大第三部門研究中心（2012）。《土地正義的覺醒與實踐：抵抗圈地文集》。臺北市：臺灣農村陣線、政大第三部門研究中心。

臺灣農村陣線、政大第三部門研究中心（2012）。《巡田水、誌農鄉：2011 夏耘農村草根訪調文集》。臺北市：臺灣農村陣線、政大第三部門研究中心。

行政院環境保護署（2002）。《環境白皮書》。臺北：行政院環境署。

行政院環境保護署（2003）。《環境白皮書》。臺北：行政院環境署。

李承嘉（2012）。《農地與農村發展政策——新農業體制下的轉向》。臺北：五南。

吳田泉（1993）。《臺灣農業史》。臺北：自立晚報。

吳音寧（2007）。《江湖在哪裡？—臺灣農業觀察》。新北市：INK 印刻。

徐世榮（2013）。〈悲慘的臺灣農民——由土地改革到土地徵收〉，收錄於徐世榮、施正鋒主編，《土地與政治》，社團法人李登輝民主協會出版，頁 57-86。臺北：翰蘆圖書。

徐世榮、廖麗敏（2008）。〈由成長管理之理念來審視農舍興建政策〉，《「農地利用政策與法制」研討會——中國土地經濟學會年會暨臺北大學公共事務論壇》。臺北：臺北大學，2008 年 6 月 4 日。

國立政治大學地政學系編（2012）。《國立政治大學地政學系在臺復系五十週年系慶特刊》。臺北：國立政治大學地政學系。

彭明輝（2011）。《糧食危機關鍵報告：臺灣觀察》。臺北：商周。

蔡培慧、陳芬瑜、李威寰、周季嬋、周馥儀、蘇之涵、鄭雅云、蕭褘涵（2014）。《小農復耕：好食材，好生態，好市集，好旅行》。臺北：果力文化。

蕭新煌、紀駿傑、黃世明主編（2008）。《深耕地方永續發展：臺灣九縣市總體檢》。臺北：巨流圖書。

第十一章

文化產業：歷史、文化重構與後現代經濟

李玉瑛
元智大學社會暨政策科學學系副教授

1. 前言：文化商品化

當今人類社會因爲科技的發展，進入了所謂的全球化時代。網路資訊的傳播，人員與物品、資金的流通都比以前快速便捷。在後現代經濟的社會中，原本與經濟生產沒有明顯關係的「文化」，已然成爲國家發展的重要政策。都市中廢棄的廠房、船塢搖身一變成爲文化藝術展示中心，如臺北的華山藝文特區。古老建築成爲懷舊氣息濃厚的商業場所，如臺中知名的餐廳景點宮原眼科。老祖宗留下來的古蹟和文物，不但是可以申報成爲世界遺產，而且爲當地觀光產業帶來莫大的收益。過去的「歷史」也成爲文化創意產品汲取創作靈感的源頭。在後現代經濟時代，國力的展現不再只是工業和軍事的競爭，以文化軟實力代替船堅砲利來征服其他國家的人民／消費者乃是新的趨勢。日常生活的休閒娛樂成爲新的戰場，娛樂文化商品成爲互別苗頭的主角。例如電影、電視節目、戲劇、舞蹈、音樂、書刊雜誌、慶典儀式以及運動賽事，全都是各種文化產品競爭與角力的場域。文化產業已經成爲各國重要產業，文化產業的發展也爲其他產業提供持續發展的動力，提升文化商品的經濟效益也是各個國家的重要發展政策。

Box 11-1

華山文化創意產業園區

華山文創園區是位於臺北市八德路一帶的文化館舍，可說是臺灣第一個知名的文創園區代表。這是一個由釀酒工業園區活化再利用成爲都市文化產業的景觀。此區原爲 1914 年創設的臺北酒廠「日本芳釀株式會社」，初期以生產清酒爲主，是當時臺灣最大的製酒工廠之一。1922 年實施「酒專賣制度」，改稱爲臺北專賣支局附屬臺北造酒廠。1924 年再更名爲「臺灣總督府專賣局臺北酒工場」，並改以製造米酒及各種再製酒爲主。1945 年，戰後由國民政府接收，改名爲臺灣省專賣局臺北酒工廠。1949 年，改制爲菸酒公賣局，再改名爲臺灣省菸酒公賣局臺北第一酒廠。至 1975 年再度改名爲「臺灣省菸酒公賣局臺北酒廠」，習稱「臺北酒廠」，並沿用至今。

隨著都市發展，因爲地價昂貴加上水汙染問題，於是配合都市計畫，於臺北縣林口購地設置新廠。1987 年 4 月 1 日，遷至臺北縣林口工業區。1997 年金枝演社進入廢棄的華山園區演出，被指侵占國產，藝文界人士群起聲援，結集爭取閒置十年的臺北酒廠再利用。自 1999 年起，公賣局將舊酒廠委託省文化處代管，省文化處再委託「中華民國藝文環境改造協會」經營。臺北酒

廠正式更名為「華山藝文特區」，成為創作場域。2002 年行政院提出「挑戰 2008：國家重點發展計畫」，文建會將此特區連同公賣局其他四處舊酒廠與倉庫群納入「文化創意產業發展計畫——規劃設置創意文化園區」推動工作，並以「保存園區工業遺址之建築環境，賦予新的使用功能」為發展主旨，做為推動文化創意產業之特別用地。2005 年底結合舊廠區及公園區的「華山創意文化園區」重新開放供藝文界及附近社區居民使用至今。到了 2007 年由遠流出版公司、仲觀設計顧問公司與國賓大飯店共同創辦的「臺灣文創發展股份有限公司」與文建會簽約，取得經營管理權利十五年 BOT 案，以酷、玩為規劃主軸。

　　目前全區共 7.21 公頃，見證從日據時期到國民政府時期的臺灣酒類專賣、建築發展的歷史。園區內的舊建築物翻新、裝置藝術，吸引民眾前來參觀、拍照，至今已舉辦多次藝文展演活動，也是婚紗照的熱門拍攝地點。

2014 年在華山藝文特區舉辦的第二屆臺灣古董博覽會（李玉瑛攝）

2016 年在華山藝文特區舉辦以吉卜力動畫為主題的大型特展（李威明攝）

　　舉個例子來說明，2014 年 2 月 27 日一齣韓劇《來自星星的你》的完結篇創下亞洲十億次的網路點閱率，「千都戀」成為網路發燒的話題。這部韓國的電視連續劇還成功帶動消費風潮，劇中男女主角穿戴過的國際精品、化妝品，包括提供贊助的香奈兒、愛馬仕、LV 與 YSL 口紅等等也跟著當紅大賣。亦即一齣成功熱賣的偶像劇，其實當中參雜了許多名牌符號的商品，達到相互哄抬利潤共享的效果。不僅如此，這部戲也把「韓國文化」成功行銷出去，將影視娛樂文化產業轉變成「為國爭光」的文化經濟，此乃當前多數人都會同意「文化是好生意」的說法（馮久玲，2002）。

　　文化產業與文化商品範圍非常廣泛，本章無法涵蓋所有的項目，關於文

化人權等部分，請參考本書討論原住民的第十五章。歷史、文化如何轉爲文化經濟乃是本章的主題。本章將以文化商品化、文化產業化爲主軸，討論「文化」在「發展」過程中的不同意義與風貌，重點將放在影視媒體、世界文化遺產與文化觀光。

2. 從文化工業到文化產業

2.1 定義文化

中文《辭源》對文化的定義是：文治和教化。指人類社會歷史發展過程中，所創造的全部物質財富和精神財富，所以文化可以指稱具體的創作，如工具、建築和藝術作品；以及抽象的知識，如思想、風俗習慣、信仰等。因此，文化可以廣泛包含人類創作活動的實踐及其成品。文化（culture）英文一詞最原始的意義是指「土地的耕作」，到了十六世紀，此字的意義轉變爲「心智的培育」。自十九世紀以來，「文化」有了廣義的意義，用來描述人類文明整體心智能力與精神的發展，甚至包括人類社會全部的生活方式。文化被用來指稱「一個特定的社群在某個時間階段的一種特定的生活方式。」所以每一個不同的群體可能會有極不同的生活方式、風俗習慣和社會規範。由以上的定義來看，簡而言之「文化」是和「自然」相對立的一個概念，只要是經由人類參與創造的一切，都是屬於文化的範疇。文化可以是抽象的概念、具體的工藝美術作品，也是日常生活方式。「文化」的諸種定義，可以簡單列舉如下：

- 耕植土地、栽培作物、畜養牲畜；
- 心靈、藝術、文明的教化；
- 社會發展的過程；
- 意義、價值與生活方式；
- 生產意義的種種社會實踐活動（Susanne and Haggis, 2003: 34）。

　　英國文化研究學者威廉士（Raymond Williams）曾描述文化是「英文最複雜的二、三個單字之一」，另一為學者布羅夫斯基（Robert Borofsky）則說，企圖定義文化是「把風關進籠子裡」（Throsby, 2003: 4）。文化在日常生活中的各個層面出現，但是沒有一個具體有共識的定義。在不同學科中的定義也有些出入。結構功能論（Functionalist）認為文化即社群所共享價值與規範，將個人整合入群體之中。互動主義（Interactionist）則強調行動個體，如何詮釋行動的意義，認為個人是身處於自身所編織的意義之網，物的意義、價值與生活方式，是經由個體與社會之間互動而形成的。人類學與社會學對文化的定義，用來描述任何群體所共有的信仰、風俗習慣、價值規範、生活方式等。「文化」係指人類心智經啟發、培育後所從事的活動。在生產活動中加入了「創意」，活動涉及了生產與傳達「象徵意義」。

　　另外，文化研究是西方 1980 年代所浮現的一個跨文學與社會科學範疇，其定義文化是一個由所有再現：包含文本、影像、話語行為符碼，與組織這些項目的敘事結構，所組成的網絡，形塑了我們社會生活的每一個面向。英國文化研究者史都華‧霍爾（Stuart Hall）對文化的定義是：文化是一個過程，一套實踐，文化依賴它的成員能夠對它們周遭所發生的事物提出相類似，而且是有意義的解釋。文化研究關心文化再生產與權力兩個概念。所以和文化人類學定義「文化做為一種生活方式」和「文化做為意義的生產」有所區分。

　　簡而言之，當文化是抽象的概念，代表的是人們的思想與智慧；當文化是物質的創作時，可能是繪畫、音樂、建築或是工藝品；當文化所提及的是生活，則可以是民俗，信仰或是儀式。然而從文化研究的視角而言，「文化」這個字詞出現時，會帶有階層區分的意義，如「高雅文化」相對於「低俗文化」，所以哪些人掌握「文化」的生產與詮釋權，是權力的展現，不過這樣的權力是流動不穩定的，因為文化的生產、傳播和詮釋乃是各方勢力角逐的場域。

　　總之，文化是一個看似簡單但卻非常複雜廣褒的概念。「文化」的定義是隨著社會發展、經濟成長而轉變。以往傳統對文化的內涵，包括道德、美學、心靈層次提升的追求，現在已經轉向文化的生產和消費，以及利潤導

向。這乃是在當代對「文化」認知最大的改變。由於當代人們閒暇時間多了，消費娛樂成爲「生產」的動力。當代提及「文化」這兩個字，可能的連結不再只是文化藝術，而是文化工業、文化產業、文化創意產業，接下來，我們來看看文化是如何和產業連結。

2.2 文化工業

傳統的藝術文化活動都是現場展演，也就是說人們必須到表演儀式的現場，如音樂廳、歌劇院才能欣賞樂曲、舞蹈、戲劇的演出。而且這些都是屬於一次性的表演，每一次的表演會因爲演出的人員和場地的不同，而產生出不一樣的效果。然而這樣一次性的文化表演活動，在科技發展之後開始產生變化。歐美社會娛樂文化的生產方式在十九世紀末、二十世紀初因爲照相機、收音機、留聲機、電影的發明，爲人們的生活帶來革命性的改變，也爲大衆帶來新的視覺和聽覺娛樂。照相機能把世界各地的美景和異國風情文物展現在照片上面，讓人們大開眼界。收音機、留聲機讓人可以坐在家中就能享受樂曲和新聞廣播。而電影則是帶來新的影音娛樂享受。關鍵點在於這些影像、音樂、歌曲和電影，都是可以不斷重覆播放，打破了時間和空間的限制。德國法蘭克福學派的學者們觀察到當科技加入「文化」生產行列，將會給社會帶來巨大的影響，那就是高雅文化、低俗文化之間的區分消失。法蘭克福學派（Adorno & Horkheimer, 1944; Adorno, 1991）提出「文化工業」的概念，分析批判這些新興娛樂文化產品的生產與消費。他們認爲文化工業所帶來的是反啓蒙的效果，因爲獨立理智的個體才是民主社會的先決條件，民主社會需要具有成熟心智的成人來培養與維護。阿多諾（Theodor Adorno）最擔心的是人們被文化工業的產品所蒙蔽，文化工業爲人類調製的替代性的感官享受就能欺騙大衆，讓他們盲目地陶醉在文化工業所捏造投射出來的幸福感中，而喪失了獨立思考的能力，成爲被動接收者。

同樣地，文化社會學者阿諾德・豪澤爾（Hauser Arnold）認爲藝術本來是要提高人們思考，是反省人生的媒介。「眞正的藝術會鼓舞我們撥開現實生活的迷霧，與潛在的危險進行鬥爭。但大衆藝術掩蓋了眞實的問題，

提供的只是廉價的娛樂、一種我們無須付出昂貴代價的虛假愉悅。」（豪澤爾，1991：245）。現在很多新的藝術表達形式都會讓人降低想像力，並且被動地接收訊息，例如電視就是一個最糟糕的例子，電視的勝利是思想的懶惰戰勝了勤快。而電視價格低廉，所播出的節目是無需有太高的鑑賞力。而看電視的方式多是一個人或是幾個人看著一臺電視，觀眾分散在不同地方，在同一時間看到相同的節目。電視把人孤立起來，只要對著電視，有節目看就可以打發時間。「電視受眾最多，也最為複雜。做為一種娛樂產業，其產品之多和產品質量之低都達到了極點。」（豪澤爾，1991：263）。人們除了關掉電視，轉換頻道之外，別無他法，沒有任何互動的空間。以往的戲劇，若是演員演不好，觀眾可以當場立刻反應，例如京劇表演時的喝倒彩，所以每個演員都要有真本事，因為現場表演是不能夠 NG 重來的。重點是，現代所有人幾乎都加入看電視的行列，電視和電影似乎把不同階級的人都混成同一個文化階層。

2.3 文化產業

文化產業
（cultural industry）
文化產業是利用商品生產的模式與工業公司的組織，以文化商品與服務的形式，生產與傳布各種象徵符號。

　　帶著批評觀點來檢視新興娛樂文化產業的學者，被認為是文化菁英主義，然而隨著科技日新月異的發展，娛樂文化產品不但越來越多元化，而且成為人們發揮創意和就業的場所，是日常生活不可或缺的一部分。於是有一些支持影音娛樂產業發展的學者，使用英文小寫且複數的「文化產業」（cultural industries）一詞來和「文化工業」的概念以示區別（Hesmondbalgh, 2009），而產業這兩個字，目前可以和很多與工業製造業無關的經濟活動聯繫在一起，如休閒產業、婚禮產業、觀光產業等等。從文化工業到文化產業的轉變，真實呈現社會的發展變遷，文化產業指稱目前與科技相關，可以大量生產、複製、創造就業、市場導向、大眾娛樂的產品，如流行音樂、動漫、電玩。文化產業不但涉及政府文化政策的制訂和資金補助，而且需要商業管理知識和電腦網路資訊技術的支援。文化產業之所以重要，是因為其日漸成為經濟體中財富與工作機會的重要來源，所以理解文化產業本身，有助於理解當前文化，以及社會與經濟之間的相互關係（Hesmondhaulgh, 2009）。

　　目前文化產業不但成為一個通用詞，而且是帶有提升經濟發展的正面意涵。關於文化產業的詳細定義，聯合國教科文組織認為是：「按照工業標準生產、再生產、儲存、分配文化產品和文化服務的生產、再生產、供應與傳播。」（鄭雄偉，2012）。學者 Nicholas Garnham 以一個較為描述性的態度來定義文化產業：「文化產業是利用商品生產的模式與工業公司的組織，以文化商品與服務的形式，來生產與傳布各種象徵符號。」（Garnham, 1987: 25）。文化產業研究也成為一個新興跨學門的研究，包括了多種學科，研究的內容、取向、立場也很多元，至少可以將之分為文化體驗、文化分析、文化批判、文化創作、文化經濟等類型來討論（劉大和，2012）。

　　David Hesmondhaulgh（2009）定義文化產業的主要特點在於創造與流通文本，以工業化的方式產製文本，並加以流通。文化產品／文本皆有賴科技幫助流通，如印刷術之於書本、報紙；唱片、留聲機、廣播、收音機可用來播放音樂；還有電影、電視、電腦和網路等等。Hesmondhaulgh 將核心文化產業限定於廣告及行銷、廣播產業、電影產業、網際網路產業、音樂產業、印刷及電子出版產業、影視及電腦遊戲產業。但是還有一些屬於周邊的文化產業，如運動賽事、電子消費、時尚流行、藝術品展示與拍賣交易，也都有高額的消費和產值。所以，文化產業所涵蓋的內容可說是非常廣泛。在不同國家則有不一樣的說法，如英國的創意產業（creative industry），美國的娛樂產業、版權產業（copyright industry），歐盟的內容產業（content industry），日本的感性產業（sensible industry），臺灣的文化創意產業（cultural and creative industry），中國大陸、韓國、芬蘭等國使用文化產業（culture industry），所指稱的皆是當代結合科技影音娛樂的生產事業。

問題與討論 11-1

目前智慧型手機帶來個人娛樂及通訊服務，而且已經成為人們日常生活中不可或缺的裝備。一家人聚集在一起，但是每一個人都在使用各自的科技產品消費多元化的文化產品。請問，這樣的「發展」是進步嗎？對社會文化會造成什麼影響？

　　Scott Lush 和 John Urry（1994）將文化產業視為生產美學符號、影像、

聲音與敘事的傳播型態，依賴資訊與傳播結構的普及而積累符號。符號性的創意和資訊正逐漸成為社會經濟生活的重心。他們反對「文化生產逐漸朝向製造業的商品化生產發展」，而是主張「傳統製造業越來越像文化生產的觀念，並非商品製造提供模式而文化追隨之，反之，文化產業本身便具有其模式」（Lash and Urry, 2010: 170-171）。首先，從生產體系而言，文化產業是彈性的生產體系，並朝向垂直分工發展。他們以電影、出版、電視等產業的發展為例，展現這些文化產業內的分工／化與網路合作的關係。例如，倫敦和好萊塢地區的電影產業被他們稱為「交易往來頻繁的個人關係網絡」，而這些個體也恰恰是公司。所以相關的生產線如技術人員、美工、劇服設計、藝術指導、臨時演員等，都是由網絡關係所組合而成分包的關係，以彈性生產，以致於電影公司不用僱請固定的工作人員，得以節省成本。而出版、電視和唱片業則是垂直分工，書籍出版則依賴專業經理人媒合作家和出版社，並洽談合約和智慧財，而作家則可以自由創作，由經理人幫他做銷售的工作。例如臺灣的幾米，他負責創作文／繪本，而由專門的公司處理有關專利和文創產品的生產和行銷，作家幾米本人是不必操煩下游端商業經營的雜事。

　　雖然文化的生產有彈性個別化的趨勢，然而文化產業的治理卻是集中化，唯有集中化的大集團才有足夠的資金，以提供去中心化生產者。亦即說明文化產業也和其他產業一樣邁向**全球化的生產**，以英國唱片產業而言，真正從英國輸出的純粹只有「設計」，製造、生產與配銷都在海外進行。由其他的合作關係企業執行，但是母公司得以取得智慧財、權利金和優先分配權。其次文化產品在流通的過程中經過法律的運作，成為智慧財產，同時被品牌化，透過廣告和文化產業中的明星代言人等美學運作而流通。最後從消費面而言，在日常生活美學化的消費社會中，消費者消費標準化生產出來的文化商品。

全球化的生產
指的是某一產品價值鏈由不同國家的不同企業共同生產完成。產品的設計開發與營銷由同一家企業完成，但產品加工製造卻是另一家企業完成。例如，美國耐吉公司（Nike）並不生產運動鞋，只負責鞋的設計與營銷，其產品由供應商臺灣寶成鞋業設計開發，並在越南工廠加工製造。

2.4 日常生活美學化

　　文化本來就含有「創造」的意思，在文化產業中，研究與發展（Research & Development）占有重要的角色，也就是有能力生產「創意」

的人，如作詞、作曲、作家、廣告文案是主角；而生產則居次要，實際的生產工作只是再製／複製，如光碟，唱片可以大量、低成本的生產。文化商品的價值不是那張光碟，而是其背後的創意、研發、行銷等。由專業管理工作者取得附加價值，勞心的行業多於實際的工作。而在這樣的情況下，文化產業的彈性化生產是創新密集的，也就是知識密集的生產。生產必須注入更多的知識，同時也要具有美學符號處理的能力，於是具有生產創意的「文化人」變得非常重要。學者稱這些在當今文化產業工作的符號生產者稱爲「文化仲介者」（cultural intermediaries）（Bourdieu, 1984; Featherstone, 1990），他們主導流行文化，散播生活風格與消費品味。布迪厄（Pierre Bourdieu）形容在當代社會中出現的新族群，如在媒體、設計、時尚、廣告與處理資訊工作的人爲「新文化仲介者」，他們的職業就是執行服務，並生產、行銷和散布象徵性商品。由於文化商品日漸增加使得文化專家和文化媒介者也增加，他們能夠從傳統的歷史文化中，擷取創意元素而生產出新的象徵性商品，還爲商品提供必要的詮釋。因此，文化產業的生產和藝術產生混淆，但是卻給大眾的日常生活帶來了美學化。

能夠複製的文化產品，把藝術設計融入大眾的空間和日常生活中。例如臺灣的生活工場、IKEA、HOLA 把美學設計融入家居生活用品，其他如商品包裝、廣告看板、百貨公司的櫥窗設計、都市公共空間的設計、美學化的都市景觀，餵養人們的好奇心和觀看的慾望。城市已經不是工業生產中心，而是消費中心。文化的生產與消費已經成爲都市發展的新未來（Evans, 2001: 267-268），使得當代進入文化遍在的境界（朱元鴻，2000：28-30）。

3. 從文化帝國主義到文化經濟

二十世紀中葉以來，美國利用好萊塢的電影以及其他相關的娛樂產業，如電視影集、廣告、流行音樂、消費文化等大眾媒介，在觀眾毫不設防的狀態下，將自己的強勢文化滲入到世界其他國家人們的日常生活中。美國影視產業堪稱世界之最。美國電影對全球的影響是獨一無二的，美國所生產的影

片放映時間占全球的 50% 以上，電影票房占全球的三分之二以上。好萊塢現有 50% 以上的收入來自海外市場。好萊塢電影占據了世界電影市場份額的 92.3%。在歐洲電視播放的電影中，美國電影占 70% 以上。美國電視節目在世界一百二十五個主要市場播出，美國控制了世界 75% 的電視節目和 60% 的廣播節目的生產與製作，每年向國外發行的電視節目總量多達三十萬小時。許多發展中國家播出的電視節目中，美國的節目高達 60-80%，這些國家成了美國電視的轉播站和美國文化的宣傳站。而美國自己的電視節目中，外國節目僅占 1-2%（鄭雄偉，2012）。

美國通過對外文化教育交流及援助項目，或利用技術上的優勢向開發中國家大量輸出自己的文化產品，使這些國家認同並接受他們的價值觀念，造成開發中國家在文化與發展的許多方面，都不同程度地受到美國文化的影響，一種奢華侈靡的享樂觀念「美國生活方式」，悄悄浸淫於觀眾心中，並且不斷蔓延，改變人們先前的思維方式和生活信條。1985 年某個傍晚在阿爾及利亞的首都阿爾及爾街上空無一人，因為所有人都聚集在電視機前面觀看一齣美國肥皂劇《朱門恩怨》（Dallas）（Schech and Haggis, 2003:59）（這部晚間電視劇集自 1978 年在美國哥倫比亞廣播公司 CBS 首播之後，一共熱播了十三年，共三百五十六集，且一直高居整個上世紀 1980 年代全美國黃金時間電視收視率榜首）。而在 2014 年 2 月 27 日一齣韓劇《來自星星的你》的完結篇，創下亞洲十億次的網路點閱率。這兩個文化產業的產品相似之處在於它們都跨出國門，在全球不同的地區造成影響。美國娛樂文化產業對全球的影響，被形容為「文化帝國主義」，也就是說和傳統帝國征服者不同的是，美國以優勢的文化軟實力來馴服其他人，讓全球人都有和美國人一樣的思想品味和生活方式。而在二十一世紀的今天，韓國戲劇對亞洲地區的影響則被稱為**韓流**。韓劇《大長今》2003-2004 年在韓國電視臺播出時，收視高達 74%。全球超過九十個國家播出此劇，在世界各地傳播韓國傳統文化並掀起了韓流（〈《星星》大陸熱播成兩會話題〉，大紀元，2014 年 3 月 7 日）。不只是戲劇內容引人入勝，連帶也成功行銷韓國文化，更接續帶動消費風潮，例如旅遊、精品、3C 商品、餐飲等商機。亦即一齣成功熱賣的偶像劇其實當中參雜了許多其他的符號產業的產品，達到相互烘抬的效果，這

韓流
韓國文化在亞洲和世界範圍內流行的現象。主要是以韓國電視劇和流行音樂為中心展開，刺激觀眾對於韓國商品或文化的嚮往。韓流代表的是韓國政府文化產業政策的成功，不但提升了經濟，還製造韓國的文化優越感。

就是當前各國文化產業都想要拼命達成的經濟效益。所以曾經被譴責麻痺人心的文化工業轉身成「爲國爭光」的文化經濟，因爲科技條件的進步，現在人們不用等在電視機前面看癡心迷戀的電視劇，而是拿著 3C 電子產品，上網路點閱喜愛的戲劇節目。韓國戲劇《大長今》和《來自星星的你》的成功有目共賭，也因爲其所帶來的周邊效益，成爲每個國家的文創產業都想要模仿的對象，希望本國的文化創意產品有朝一日也能有這樣的效果。

3.1 文化經濟

文化產業之所以重要，是因爲它日漸成爲經濟體中財富與工作機會的重要來源，所以理解文化產業本身，有助於理解當前文化，以及社會與經濟之間的相互關係。電影、電視、漫畫、音樂、遊戲、網路將我們身處的外在世界再現給大眾，同時也相當程度地讓個人從這些資訊建構自我內在的情感、幻想和身分認同。當代人們花在文化產業文本的時間相當可觀，因此流行文化產業已經成爲經濟活動的核心。當然文化產業企業和其他所有的企業一樣，他們最關心的是「獲利」。據韓國文化內容振興院（KOCCA）估算，2013 年世界文化產業市場營業額達到 2.337 萬億美元。分區域看，北美市場份額最高，達到 35.2%；歐洲、中東和非洲共占 30.9%；亞太占 27.4%，中南美洲占 6.5%。世界主要經濟體文化產業發展速度普遍高於經濟發展速度。2009-2012 年，美國文化產業增加值年均增長 5.0%，高於同期 GDP 年均增速 2.9 個百分點；2008-2012 年，英國文化產業增加值年均增長 3.9%，比同期 GDP 年均增速高出 2.5 個百分點；1986-2010 年，新加坡文化產業增加值年均增長 8.9%，比同期 GDP 年均增速高出 1.3 個百分點；1995-2012 年，中國香港文化產業增加值年均增長 9.4%，比同期 GDP 年均增速高出 4.0 個百分點（國家統計局科研所，2014）。

因此，相較於 1980 年代「文化工業」指涉的意涵，目前文化與經濟的關係更錯綜複雜，牽涉的範圍也更廣泛；「文化」的概念更加無所不包，更加強調其多樣性、混雜性；文化產品的象徵性階序更爲流動與混淆（王俐容，2005：183）。文化產業的巨大經濟潛力已經爲眾多國家認同，其做爲一

種新的經濟型態正在快速崛起。文化經濟是實體經濟的重要組成部分，正在成為世界經濟發展的主流型態。文化、藝術成為經濟的一環，用產業發展的角度思考文化產業。全球知名的博物館、美術館和藝術表演活動成為促進當地經濟的金雞母，典型的例子如倫敦的大英博物館、巴黎的羅浮宮和臺灣的故宮。

2003 年澳洲經濟學者索羅思比（Darid Throsby）出版《文化經濟學》，書中從現代經濟學的核心概念價值理論（value theory）出發，他認為在文化藝術領域中，除了市場交換價值的經濟價值（economic value）之外，還必須同時具有文化價值（cultural value）的概念，才能夠比較完整觀察與解釋文化經濟的現象。他把商品的文化價值的特徵歸納為以下六項：

（1）美學價值，作品具有美，和諧，具有形象及其他美學特徵。

（2）精神價值，可以從宗教脈絡來詮釋，或是對某族群成員而言，該作品擁有獨特的文化意義。也可擴大至全人類，具有啟蒙與洞察力的作品。

（3）社會價值，作品傳達一種與他人聯繫的感覺，有助於我們理解社會的本質，也有助於認同感。

（4）歷史價值，該作品如何反應創作時期的生活條件，如何承先啟後。

（5）象徵價值，藝術品和其他文物品就是意義的傳遞載體。

（6）真實價值，指作品表現出真正的，原創的及獨一無二價值。

3.2 世界文化遺產與觀光

在文化經濟的思維之下，歷史古蹟、慶典儀式都可以轉化為促進地方經濟的好題材。很多地方因為被聯合國教科文組織（UNESCO）認定為**世界文化遺產**，而成為文化旅遊的熱門景點，為了創造知名度與發展觀光，許多發展中國家熱衷於申報世界文化遺產，如中國大陸和南韓的「申遺」運動。世界文化遺產之中的「文化遺產」（Cultural Heritage）專指「有形」的文化遺產，包括在歷史、藝術以及學術上具有傑出普世價值的紀念物（monuments）、建築群（groups of buildings）和場所（sites）。另外還有非

世界文化遺產
（World Heritage）
由聯合國教育科學文化組織負責執行的國際公約建制，保存對全世界人類都具有普世性價值的自然景觀或文化儀式。分為：自然遺產、文化遺產、自然遺產與文化遺產混合體（即複合遺產）、文化景觀四類。

物質文化遺產,指被各社區、群體、有時是個人,視為其文化遺產組成部分的各種社會實踐、觀念表述、表現形式、知識、技能,以及相關的工具、實物、手工藝品和文化場所。這種非物質文化遺產世代相傳,在各社區和群體適應周圍環境以及與自然和歷史的互動中,被不斷地再創造,為這些社區和群體提供認同感和持續感,從而增強對文化多樣性和人類創造力的尊重,如崑曲、媽祖繞境。

圖 11-1　澳門大三巴牌坊為世界文化遺產之一(李玉瑛攝)

Box 11-2

臺灣媽祖繞境

大甲鎮瀾宮每年舉辦媽祖遶境
（李威明攝）

　　大甲鎮瀾宮，於每年農曆三月間舉行長達八天七夜的大甲媽祖出巡遶境。遶境隊伍以步行行經中臺灣四個縣市二十一個鄉鎮，路程總長三百三十公里，沿途造訪近百座廟宇。大甲媽祖的進香活動歷程，相傳起源於清代每隔十二年渡海前往湄洲祖廟謁祖，到了日據時期，日本政府禁絕臺灣與中國往來，大甲媽祖進香活動便改至北港朝天宮舉行。二戰期間停辦十二年，光復後的 1948 年起恢復舉行，從此成為年度例行的進香遶境活動。從光復初期百餘人一直演變進化到超過百萬人的進香規模，據臺中縣政府 2008 年統計，大甲媽祖遶境進香活動期間的總參與人次高達兩百萬。其盛況甚至被全球重要媒體「Discovery 發現頻道」並列為世界三大宗教慶典。越辦越盛大的進香慶典不僅僅是廟宇本身成功經營的結果，背後所代表的社會變構與文化意涵，實已超越單純的宗教信仰。大甲媽祖進香的祭祀儀典內容也深具原生性。隨著進香活動的聲勢扶搖直上，鎮瀾宮所制訂的媽祖祭祀儀典也越行繁複。此乃進香活動數十年來一點一滴累積創制出來的，不但具有高度的原生性，亦是臺灣媽祖信仰在地發展的珍貴文化財。媽祖繞境活動於 2008 年被指定為「國家重要無形文化活動資產」，並在 2011 年更名為「臺中媽祖國際觀光文化節」。媽祖繞境活動帶動周遭觀光與系列旅遊產業，更發想創意媽祖商品，如 Q 版媽祖公仔，更拍攝紀錄片《媽祖迺臺灣》，並發行 DVD。可視為臺灣文化產業一個既保有傳統宗教民俗的實踐，又可以有效帶動文化觀光的成功案例。

參考資料

文化部文化資產局網站，〈東方海神——媽祖——申報非物質文化遺產臺灣不該缺席〉。

　　於是，經濟發展與文化的衝突矛盾產生了。世界文化遺產之所以能夠保存，乃因它原本是隱蔽在人煙罕至的地方，然而在發展地方經濟的考量下，一旦有了「世界遺產」的標誌，就成為吸引文化觀光的最大「賣點」。在成千上萬的觀光客大軍壓境之下，不僅破壞了當地自然景觀，同時也改變了當地的文化生活型態，原本純樸的小鎮，搖身變成商業營利的單位。固然觀光客帶來了金錢財富，但是被資本主義收編的生活方式，使得原本低慾望的儉樸文化是再也回不去了，例如中國大陸的大理、麗江，柬埔寨的吳哥窟等地。

　　其次，觀光也會帶來負面的效果，例如因為旅遊業的興盛，提高了當地的工資和生活費，但這並非全民雨露均沾，會造成當地低收入的人生活變得

更貧困。而觀光客所帶的來生活方式也會影響當地原本的生活文化。再說，若旅遊產業的投資者是外來的國際集團，那麼旅遊的收益就不見得會留給當地，而是流向海外，旅遊產業所消費的產品，例如食物、酒品和飲料都是國際進口的品牌，同樣地，這樣的消費對當地的產品也無助益。最令人擔憂的是，觀光產業助長了當地的色情產業，例如泰國是歐洲男性觀光客最喜愛的買春觀光景點。而女性因為在觀光服務業可以比男性賺到更多錢，也為當地的性別關係帶來某些轉變，女性可以因為有償勞動而得到獨立和解放，挑戰家戶內私領域的權力關係。

Box 11-3

西方經典個案介紹：英國鐵橋谷博物館

英國鐵橋谷博物館（Ironbridge Gorge Museum）是一個工業遺產活化與再利用的成功案例，並於 1986 年正式登錄為世界遺產。鐵橋谷是英國工業革命的重鎮，1779 年世界上第一座鐵橋即建造於此。然而，隨著世界產業轉型的趨勢，以及其他國家競相發展工業革命的情況下，鐵橋谷的工業發展於 1870 年代呈現停滯，隨後開始衰退。繁華落盡的鐵橋谷，由 1967 年成立的鐵橋谷博物館信託（The Ironbridge Gorge Museum Trust Limited）負責工業遺產的保存與觀光發展。在英國 1970 至 1980 年代的「遺產熱潮」（heritage boom）中，成功將工業遺產轉變為一個吸引觀光客的朝聖之地。鐵橋谷的遺產活化，可見於幾座博物館：如陶瓷博物館（Coalport China Museum）和磁磚博物館（Jackfield Tile Museum）都是利用廢棄工廠改建而成，其中閒置的窯爐也直接成為展示的空間。這樣原貌重新使用既有的工業建築，不但維持遺產本身的完整樣貌與特色，而且賣點就是在於原汁原味的真實性感受。鐵橋谷最大且最受歡迎的布里茨山維多利亞小鎮，是以一座露天博物館（open-air museum）的方式呈現英國維多利亞時期的工業歷史。露天博物館藉由人們彼此的互動和環境的營造，來詮釋和重現歷史：布里茨山維多利亞小鎮，是在小鎮的原址上保留或是打造仿維多利亞時期的建築，不但還原維多利亞時期歷史建築原樣，連同原本屋中的家具、物件、職業生活等皆一併保存。同時還考究過去維多利亞時期的植物、家禽與牲畜，依照過去原貌重現。做為生態博物館的維多利亞村，複製了過去歷史時期的場景，導覽人員穿著傳統服飾操作過去的技藝，現場上演維多利亞時期各行各業的工作狀況。想要在維多利亞村裡消費，遊客必須在入口的銀行兌換維多利亞時代的錢幣，讓消費者身歷其境。這是一個體驗歷史文化的觀光消費景點。將歷史快速且直接傳達給觀光客的方式，就是建立過去與現在的直接聯繫，呈現一地從歷史開端到現代社會的發展情形，歷史便復活了。鐵橋谷博物館結合創意觀光與體驗經濟，成功打造了一個具有歷史感和受歡迎的觀光景點，並且也為當地沒落的傳統產業提供發展的機會，觀光發展改善當地的經濟結構和生活環境，也增強了地方認同感。

參考資料

張譽騰，2004，《生態博物館》；曾小英，1996。

4. 文化產業政策

從文化工業到文化產業的**轉變趨勢**下，文化的概念也逐漸由傳統的「菁英文化」轉變為「文化經濟」。而這樣的現象也影響了全球性組織對於**文化政策**的認知，如 1998 年聯合國世界文化發展協會（UN World Commission on Culture and Development）於斯德哥爾摩的文化政策國際會議，提出文化政策的五項目標：1. 將文化政策視為發展策略的關鍵之一；2. 鼓勵創造力與促進文化生活的參與；3. 強化政策與實踐以推廣文化產業，並保護與提高文化遺產的價值；4. 在當前的資訊社會中，為了資訊社會的發展，推廣文化和語言的多樣性；增加文化發展上能運用的人力與財務資源（Throsby, 2003: 181）。

文化政策
文化政策涉及資金補助和民眾教育，決定該社會文化的走向，在此文化的定義包含美學創造力和集體生活方式。

為了不要讓自己淪為「代工」的生產，當今每個國家無不把「創意」、知識經濟列為國家發展的重要政策。創意產業以個人的創意、技巧、以及才能，創造財富和就業的行業。將人們的思想文化轉為可被買賣的營利商品，讓知識經濟／創意經濟成為可能。

4.1 世界其他國家的概論

英國是全世界最早提出創意產業概念與政策的國家，創意產業由首相布萊爾（Tony Blair）於 1997 年籌設「創意產業籌備小組」直接推動，並於 1998 年提出第一份「創意產業」報告，帶動了全球跟進的風潮。英國的創意產業主要分為十三個類別：廣告、建築、藝術和古董市場、手工藝、設計、時尚設計、電影、互動休閒軟體、音樂、電視和廣播、表演藝術、出版、軟體。

亞洲地區的香港、澳洲、新加坡、韓國都在政府的規劃下，制訂自己的文化創意產業政策。例如新加坡在 1998 年制訂了「創意新加坡計畫」，2002 年又明確提出要把新加坡建設成全球的文化、設計媒體中心。另外，韓國近年來在數位內容、遊戲、影視等相關產業的發展上，也展現傲人的成績。

韓國早期的文創產業也就是所謂的大眾文化，包括出版、電影和廣播，

其中又以出版和電影爲主軸。但是從 1993 年金泳三總統開始積極將文化產業視爲國家發展的主軸，接著金大中政府與盧武鉉政府（1998-2007）以振興文化產業來扶植中小企業，並於 1998 年將文化產業明訂爲二十一世紀重要根基產業。在 1999 年訂定《文化產業振興法》、2000 年發表「文化產業展望 21」與「電影產業振興綜合計畫」、2001 年發表「內容韓國願景 21」促成「韓國文化內容振興院」成立。2003 年盧武鉉政府上任，發表「邁向世界五大文化產業強國政策展望」，2004 年將媒體產業與文化產業分開；另外，2005 年的「文化強國（C-Korea）2010」計畫，希望將文化融合創意，產生有價值的內容。李明博任內（2008-2012），將「文化觀光部」改爲「文化體育觀光部」，2009 年將「韓國文化內容振興院」更名「韓國內容振興院」，到了 2010 年設立「內容產業振興委員會」負責執行《線上數位內容產業發展法》中的《內容產業振興法》，將產業結合 IT。「內容」定義爲「指符號、文字、圖形、色彩、聲音、音響、形象與影像等資料與資訊」；而「內容產業」指「能創造出經濟附加價值的內容或提供內容服務的製作、流通、利用等相關產業」（郭秋雯，2012）。對外，韓國政府在許多國家設立文化院（宣傳韓國文化）、韓國中心（Korea Center，結合文化藝術、文化產業與觀光）、文化宣傳館（文化宣傳與交流）、世宗學堂（韓語教育）等機構，並簽訂許多文化交流協議，透過建交紀念舉辦各項文化活動，目的爲提升整體韓國品牌形象，促進經濟成長。

日本的文化產業被稱爲感性產業，分爲三個類別：即內容產業、休閒產業與時尚產業。日本文化產業的年產值早在 1993 年就超過了汽車工業的年產值，日本遊戲業號稱「一兆日元產業」，是世界遊戲業的先鋒，日本遊戲軟體的銷售額排世界第一。動漫產業是日本文化產業的主要構成部分，有「動漫王國」之稱的動漫文化產業規模巨大，是世界上最大的動漫製作和輸出國，目前全球播放的動漫作品中有 60% 以上出自日本（鄭雄偉，2012）。

圖 11-2　韓國女子團體「少女時代」巡迴臺灣演唱會海報（李澤銘攝）

4.2 臺灣文化產業發展簡介

　　在全球的華人文化中，臺灣除了具有深厚的中華文化傳統，同時也擁有海洋文化的特性、移民社會的多元包容特質，更是華人世界首先實現民主制度的地方，這些都是發展文創產業的優勢及豐厚資產。臺灣從「文化產業」到「文化創意產業」經歷二十年發展歷程。最早可追溯回 1992 年的文化政策，將「文化產業」的概念整合於**社區總體營造**中。1995 年，行政院文化建設委員會提出「文化產業化、產業文化」的政策後，文化產業正式成為政府的重要文化政策。同時也提出「社區總體營造政策」，師法日本造町運動，以振興產業為手段，以活絡地方的經濟，提出地方文化產業化、產業文化化的構想。推動一鄉鎮一特產，鼓勵地方發展特色產業，例如宜蘭白米的木屐，不但能帶動觀光，也能有實際的經濟效益。以文化做為思考與規劃地方建設的主軸，同時以建築、古蹟等靜態建物來表現，舉辦「活動、節慶」行銷地方特色，知名的例子如苗栗的「油桐花祭」即成功推廣客家文化。文化結合產業化的發展過程中，「文化」被視為消費商品。

> **社區總體營造**
> 以「建立社區文化、凝聚社區共識、建構社區生命共同體的概念」做為文化政策，主要目的是為了整合「人、文、地、景、產」五大社區發展面向，而產生的政策性名詞。

此外，除了積極推廣地方文化產業，同時都市中閒置空間再利用對活化經濟也有明顯可見的成效。文建會規劃五大創意園區爲臺北酒廠、臺中酒廠、嘉義酒廠、花蓮酒廠與臺南北門倉庫群。最知名的例子是 1997 年臺北酒廠轉型爲華山藝文特區，成爲公有閒置空間再利用的典範，其發揮產業群聚效應，提供文創產品演出、展示、交易及跨界媒合的平臺。

在政府部門中，除了文化部外，尚有其他四個系統也在進行產業文化資產的保存，包含：經濟部、交通部、相關博物館與非營利組織。在經濟部體系下，主要以 2003 年的「製造業發展觀光休閒計畫」爲主，協助製造加工廠成立觀光工廠，轉型產業文化資產觀光。截至 2012 年，全臺已設立一百二十五家觀光工廠。交通部則設置國家風景區，保存區域產業重要特色、發展地方觀光產業，其中以阿里山國家風景區的森林鐵道，及雲嘉南濱海國家風景區的鹽田等產業文化觀光景點最爲知名。在博物館系統裡，全臺博物館共四百九十九座。其中產業型的博物館計六十五座，而國立科學工藝博物館、國立臺灣博物館、黃金博物館等單位，設有產業相關研究單位，持續進行臺灣產業發展過程之相關文物史料的蒐集。至 2012 年，全臺約有三百多個文化資產保存的非營利組織，他們長期關心地方產業文化資產的保存狀況，針對地方產業文化歷史進行調查、導覽與活化再利用的角色（楊凱成、廖怡雯，2012：6）。

2002 年爲我國的文化創意產業發展計畫啟動年，行政院經建會乃正式將「文化創意產業」列爲「挑戰 2008：國家重點發展計畫」中之一項，鼓勵將「文化」和「創意」轉化爲有價產值的「商品」與「服務」，其中需要有扮演「觸媒」角色的中介者，協助文化人及創意人與產業接軌，串連原創者、授權商、通路商等，協助促成授權及媒合。這並非是簡單的任務，要有法規的配合，所以政府扮演重要的推手。然而因爲市場有限，並非每一位藝術創作者都能找到好的行銷代理人，一旦建立品牌則可以成功經營，臺灣的知名繪本作家幾米即是一個成功的案例。

Box 11-4

幾米：文化創意成為流行商品

　　臺灣的知名繪本作家幾米，截至 2013 年生產三十九部繪本創作，有的獲選爲金石堂十大最具影響力的書，有的改編成音樂劇、電影、電視劇，不但都有很好的成績，而且還帶動周邊的其他產業，如配樂、文具、玩具、公仔等等。幾米已經成爲一個品牌，2013 年宜蘭國際童玩藝術節開辦「玩・轉幾米兒童繪本館」，還有把繪本世界眞實呈現的首座幾米主題公園，成爲宜蘭旅遊的觀光亮點。爲了讓創作者可以自由創作，就必須要有經理人來打理智慧財產權、行銷、公關的實際工作，墨色國際（Jimmy S.P.A. Co., Ltd.）就是以幾米爲出發點而成立的一家公司，將大家所熟悉的幾米繪本創作，塑造一個訴諸生活態度、能引起消費者共鳴、能走向國際舞臺的品牌。再藉由結合其他品牌所產生的新產品，創意行銷的活動或其他形式如音樂、動畫或電影的重新詮釋，讓幾米的圖像世界可以展現更多的延伸文化商品。

臺北信義區以幾米繪本《月亮忘記了》爲主題的街頭裝置藝術（李玉瑛攝）

　　臺灣政府於 2010 年制定並頒佈《文化創意產業發展法》（簡稱《文創法》），將文化創意產業定義爲「源自創意或文化累積，透過智慧財產之形成及運用，具有創造財富與就業機會之潛力，並促進全民美學素養，使國民生活環境提升之產業」。在此定義下，文化創意各次產業類別分爲十五加一

類，這十五類依照產業關聯性，可歸類為四大領域，分別是藝文類、媒體類、設計類以及數位內容。目前文化部以「價值產值化——文創產業價值鏈建構與創新」（102 年至 105 年）計畫，為推動之政策方向，具體項目有（一）多元資金挹注；（二）產業研發及輔導；（三）人才培育；（四）市場流通及拓展；（五）產業集聚效應；（六）跨界整合及加值應用。目前，由文化部統籌將工藝、電影、電視、流行音樂等四項訂為旗艦產業，針對其發展特性及需求提出規劃，予以重點推動，期能在既有的基礎上再強化及提升，藉以發揮領頭羊效益，透過解決兩岸協商、產學結合、行銷統合、智慧財產保護、監輔合作等各項問題，打造臺灣文創產業成為國際標竿，目標在 2019 年流行音樂、電視、電影及出版產業產值分別達到新臺幣 200 億、1,400 億、320 億及 1,037 億元。（〈江揆重視臺灣文創產業發展未來一年將邀集相關部會協助文化部共同推動〉，中華民國行政院網站，2015 年 10 月 20 日）。

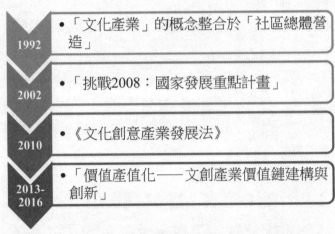

圖 11-3　臺灣文化產業政策發展簡圖（李玉瑛自行繪製）

　　文化創意產業具備內容、產品與服務三種範疇。基本上，有好的文化創意內容才能打下好的基礎。產業思維帶入文化創意後，文化創意則能創造未來的流行文化，引導新的生活型態，並帶出新的市場與新的產業機會。當整合了文化創意與科技後，將可產生不同的價值。其實，臺灣有優勢的科技產業，當文化人與科技人充分對話，則能產生更有價值的東西，並且行銷世

界。但是，臺灣面臨最大的挑戰是來自同文同種的中國大陸。以中文流行音樂爲例，臺灣的歌手和作曲一直在華人社群引領風騷，如早期的鄧麗君，目前的周杰倫和張惠妹。但是近來中國大陸經濟崛起，在流行歌曲的節目上很快取得影響力，如《中國好聲音》不但在大陸有廣大的消費市場，在臺灣也造成巨大的影響。其他如大陸製播的連續劇和偶像劇，也已經攻占了臺灣的電視頻道，如《後宮甄環傳》和《琅琊榜》等。

問題與討論 11-2

在目前全球化的狀態之下，人員、金融和資訊的傳播迅速，全球的人們幾乎消費差不多的文化產品，請討論在這樣的狀態之下，地方文化的特色會消失嗎？各地方又將如何保有自己的文化與傳統生活？

5. 結論：文化與發展

　　歐洲的啟蒙運動爲西方世界帶來的影響是科學取代了上帝，個人取代了國王，直線發展進步觀點成爲主流。歐美國家以其民主化工業化發展的成果，所帶給社會的繁榮爲準則，也要將之推廣到其他地區的國家，認爲要幸福就要「發展」，也就是物質上的進步與生活水平的提高。在這樣的標準之下，與自然和諧相處的一些原住民社會就會被認爲是「落伍」的，需要「發展」的地區。這樣的思維在全球化資本主義經濟發展的浪潮中，已經造成了許多不平等發展的問題。而目前隨著多媒體電腦網絡的使用，數位落差更加深了發展的不平等，沒有能力購買電腦、網絡到達不到的地方就好像是「失落的世界」。符號性的創意和資訊正逐漸成爲社會經濟生活的重心（Lash & Urry, 1994），Manuel Castells（1996, 1996, 1997, 1998）認爲，資訊革命正標示著我們從工業化社會到所謂的「資訊」系統或「網絡社會」的轉變。在工業系統中，財富與權力的基礎來自於對於原料物資生產過程的控制；而知識與資訊則僅僅是做爲工具，服務於此項目標。然而在資訊社會中，資訊本身同時既是基本原料，也是主要的生產成果：「因爲資訊與知識是相嵌社

會文化之中，所以，文化與象徵處理就成爲新社會中直接的生產力來源」（Castells, 1996a:16）。而「做爲權力來源的文化以及做爲資本來源的權力，則構成資訊時代中新社會階層分割的基礎」（Castells, 1998: 348）。在這個由媒體所揭開的文化鬥爭之中，媒體並不是權力的持有者，反而是管轄資訊交換與象徵訊息的網絡本身，才掌握權力。資訊科技已經成爲發展過程中的基本工具，若是不得其門而入，不但無法參加全球的經濟體系，也終將被排拒在全球資訊經濟體系之外（Schech and Haggis, 2003: 295-6）。

　　如本章的說明，從工業革命開始，科技的生產一直牽動著文化的生產，而今我們生活在一個，4G、物聯網、大數據、雲端運算以及行動支付等全球科技業新趨勢的時代，「文化」會如何發展又如何被定義，將是我們該持續關心的議題。

參考書目

〈世界主要經濟體文化產業發展狀況及特點〉，國家統計局科研所，2014 年 12 月 8 日。2016 年 5 月 22 日，取自 http://www.stats.gov.cn/tjzs/tjsj/tjcb/dysj/201412/t20141209_649990.html

〈江揆重視臺灣文創產業發展未來一年將邀集相關部會協助文化部共同推動〉，中華民國行政院網站，2015 年 10 月 20 日，取自 http://www.ey.gov.tw/News_Content.aspx?n=F8BAEBE9491FC830&s=1B9FB7A96B1E6B0C

〈東方海神——媽祖——申報非物質文化遺產臺灣不該缺席〉，文化部文化資產局網站，2015 年 10 月 20 日，取自 http://www.boch.gov.tw/boch/frontsite/cms/articleDetailViewAction.do?method=doViewArticleDetail&menuId=506&contentId=3107&isAddHitRate=true&relationPk=3107&tableName=content&iscancel=true

〈《星星》大陸熱播成兩會話題〉，大紀元，2014 年 3 月 7 日。2015 年 6 月 30 日，取自 http://www.epochtimes.com.tw/n84869

David Hesmondhalgh 著，廖珮君譯（2009）。《文化產業分析》。新北市：韋伯文化國際。

Lash、Scott、John Urry 著，趙偉妏譯（2010）。《符號與空間的經濟分析》。新北市：韋伯文化國際。

Schech, Susanne and Jane Haggis 著，沈台訓譯（2003）。《文化與發展：批判性導論》。臺北：巨流圖書。

Throsby、David 著，張維倫等譯（2003）。《文化經濟學》。臺北：典藏藝術家庭。

王俐容（2005）。〈文化政策中的經濟論述：從菁英文化到文化經濟？〉，《文化研究》，第 1 期，頁 169-195。

朱元鴻（2000）。〈文化工業：因繁榮而即將作廢的類概念〉，收錄於張笠雲主編，《文化產業：文化生產的結構分析》，頁 11-46。臺北：遠流。

阿諾德・豪澤爾著，居延安譯（1991）。《藝術社會學》。臺北：雅典。

張譽騰（2004）。《生態博物館》。臺北：五觀藝術管理。

郭秋雯（2012）。《韓國文化創意產業政策與動向》。臺北：遠流。

曾小英（1996）。〈英國的生態博物館舉隅——鐵橋谷博物館〉，《博物館學季刊》，第 10 卷 1 期，頁 33-39。

馮久玲（2002）。《文化是好生意》。臺北：城邦文化。

楊凱成、廖怡雯（2012）。《實踐：產業文化資產的轉型與再創造》。臺中：文化部文化資產局。

劉大和（2012）。《文化的在與不在？：人文取向的文化產業視野》。新竹：交通大學出版社。

鄭雄偉（2012）。〈鄭雄偉主持發布《全球文化產業發展報告》〉，新浪財經網，2015 年 10 月 20 日，取自 http://finance.sina.com.cn/hy/20120206/092711319156.shtml

Adorno, Theodor W & Horkheimer, Max (1944). *Dialectic of Enlightenment*. New York: The continuum publishing company.

Adorno, Theodor W (1991). *The culture industry*. London: Routledge.

Bourdieu, Pierre (1984). *Distinction: A Social Critique of the Judgement of Tast*e, trans. R. Nice. London: Routledge & Kagan Paul.

Castells, M. (1996a). The net and the self. Working notes for a critical theory of the informational society. *Critique of Anthropology*, 16(1):9-38.

Castells, M. (1996b). *The Rise of Network Society. The Information Age: Economy, Society and Culture*, Vol. 1, Oxford: Blackwell.

Castells, M. (1997). *The Power of Identity. The Information Age: Economy, Society and Culture*, Vol. 2, Oxford:Blackwell.

Castells, M. (1998). *End of Millennium, The Information Age: Economy, Society and Culture*, Vol. 3, Oxford:Blackwell.

Evans, G., (2001). *Cultural Planning: An Urban Renaissance*? London: Routledge.

Featherstone, Mike (1991). *Consumer Culture and Postmodernism*. London: Sage.

Garnham, Nicholas (1987). Concept of Culture: Public Policy and the Cultural Industries, *Cultural Studies*, 1(1): 23-37.

Lash, Scott and John Urry (1994). *Economies of Signs and Space*. London: Sage.

Throsby, David (2001). *Economics and Culture*. Cambridge.

Part 3

社會與公民權

第十二章
健康與發展

黃嵩立
國立陽明大學公共衛生研究所教授

1. 導論：「健康」在發展理論中的特殊地位

每一個人的生命價值應該是相同的，不因為國籍、種族、信仰、社會經濟地位而有所差異；所以我們想像一種好的發展狀態，應該是要讓每個人享有充分的機會得以發揮其潛能，並且有權決定他[1] 要過什麼樣的生活。這個說法隱含著對每個人自主權的尊重，而且對每個人的尊重是平等的。所以，當我們考慮要把我們的社會發展成什麼樣的境界，一方面我們需要設想，發展可以帶來怎麼樣的「實質利益」，[2] 例如人人享有舒適的生活與工作環境、從事有意義又有保障的工作、勞動與閒暇兼顧、享有追尋豐富生命的機會等等。但同時我們也要設想如何保障程序的正義，以確保想法、偏好和利益各自不同的一群人，得以共同商議彼此都可以接受的發展目標，並對每個人的基本權益提供制度上的保障。從這個角度來看，所謂發展，就是實現社會正義的過程。[3]

一個廣被接受的社會正義原則，是「自由的平等主義」；其中的概念，就是每個人應該享有充分而平等的自由，以及平等的機會，並且在這個前提下，以民主的方式決定經濟制度。這個看似簡單的原則在現實世界中卻難以落實：例如，人與人之間難免會有社會資源的不平等（例如父母的財富、社會網絡），以及自然資源的不平等（例如才能、體能）；如何在制度上回應這些與生俱來的不平等，往往造成政治上的路線爭議。因此，一個社會要如何朝正義的方向前進，應當是一個不斷協商的過程。社會可以經由不同的手段，在某個程度上「調整」社會平等的程度。例如，全民健康保險制度讓先天健康狀況不相同的人們，彼此負擔醫療照顧的費用，減少因為太窮而無法看病或「為了治病而傾家蕩產」的情況，因而促成健康的平等。再如，強力執行社會住宅政策的國家，可以抑制房地產炒作，控制房屋的價格和租金，

---

1 作者將使用「他」於不區分性別的情況，而使用「她」於特定適用於女性的情況。

2 本文使用「利益」（interest）這個詞，並不一定是指經濟上的利益，而泛指對一個人的生命有價值的物品（例如合適的住房）、服務（例如乾淨的飲水和高品質的教育）、或狀態（例如覺得舒坦）。

3 關於哪些是發展的實質利益，可以參考羅爾斯（John Rawls）提出的基本益品（primary goods），或瑪莎·納斯邦（Martha C. Nussbaum）提出的人類核心能力；更好的方式，是與同伴共同討論，列出社會發展最重要的目標。

因而減少有房者和無房者之間的財富差距。社會住宅也提高了租用者的居住品質，因此使國民的居住權益比較平等。一個社會要追求在哪些方面的平等，要用哪些手段，應是全民關注的重點。

上述的健康保險和社會住宅政策，都是在回應機會平等的要求，其他的政策還包括義務教育、禁止歧視、對弱勢家庭提供社會福利等等。其目的是讓人人（特別是青少年）有相對公平的機會來拓展人生。無論每個人設定的目標為何，擁有身心健康是人們得以參與社會和實踐自我的基礎條件。如果因為疾病或肢體、器官功能障礙，而無法享有正常的社會功能，自然減損了他們的機會。為了盡量使每個人機會平等，我們應當設法使每個人盡可能享有最好的身心健康狀況，例如確保生活環境和飲食的安全與衛生，並且構建一個無障礙、無歧視的社會。[4] 這是討論發展時必須將健康因素納入考慮的第一個原因。換言之，如果某項社會制度或經濟政策能夠提升人群健康，則從發展的角度來看，是有助益的；反之，我們以某個政策是否會不公平地損害某些人的健康，做為拒斥這個政策、認為它不符合社會正義的理由。舉例來說，如果國家將有毒廢棄物或核廢料放置在某個任意決定的地點，而造成當地人的健康危害，這就是一個不符合正義原則的做法。再如，許多研究指出，財富和社會地位較高的人也較健康——他們較長壽，而且病痛較少。根據英國對政府僱員的研究，非技術勞工階級比管理階級壽命平均少七年半。如果國家對於貧富之間的健康差距不予理會，讓低收入者（以及他們的下一代）實質上能夠享有的機會較少，也是有違正義原則的。簡言之，由於其重要性，人群的健康是檢視社會「是否朝好的方向發展」的一個特殊觀點。

第二個必須將健康因素納入考慮的原因，是因為群體健康是非常敏感的社會發展指標。群體健康反應出一個社區的生活基礎條件是否適足，例如合乎標準的飲水、營養、和環境衛生。群體健康也反應政府的效能，因為疫苗接種普及率、嬰幼兒死亡率、產婦死亡率等，都直接指出政府在疾病預防和

---

4 對於身心障礙者而言，他們在自立生活和參與社會活動的過程當中，會比一般人遭遇更多的困難。國家和社會的責任是透過立法和種種行政措施，在建築、設施、交通、資訊溝通各方面打造無障礙的環境，使得身心構造或功能上的減損不至於形成生活的障礙。此外，也需要透過立法和教育、傳播，禁止任何形式基於身心障礙或疾病的歧視性措施。

醫療，是否能夠建立良好設施、制度與人力資源。政府除了必須建立醫療制度之外，還要能確保人民有充足而衛生的飲食、合理的工作條件、以及有能力協助人民脫離貧困。國家的治理不善，通常會反應在人民的健康狀況上。在跨國比較時，人類發展指數（HDI）比單純的經濟指標（平均收入）更能反應一個國家人民的生活品質。兩個收入相似的國家，其中一個政府若較重視基礎建設和公共服務（例如普及的學校和基層醫療），其人民即可享有較好的教育和健康水準。最顯著的例子就是古巴和美國兩者之間的比較，古巴雖然在收入方面遠低於美國，但是其公共衛生指標（例如兒童死亡率）與美國不相上下。由於健康狀況受到生活環境各項因素的影響，在國內比較時，如果在區域之間、不同族裔之間、不同工作階級之間存在著健康上的差距，我們很容易察覺社會資源分配的不公平。在以下的各節中，我們會進一步討論社會資源和健康之間的關係。

除了確認「健康是其他生活目標的基礎」這個前提之外，將健康納入發展策略的考量，會引發我們思考下列的面向：健康的提升應該藉由提高經濟所得來達成，或者有其他的策略？健康對發展而言，其重要性有多高？當發展所欲得到的各種利益之間有所衝突時，健康是否應該被優先考慮？我們對公平的關切，在健康議題方面將如何展現，又是否會影響我們的發展策略？

失能調整損失人年
（disability-adjusted life year, DALY）
是衡量生命損失年數的負向測量方法，包括實際少活的年數和因為失能而被折算的年數。舉例，假設一個人預期能活七十年，但是在50歲的時候發生中風，而造成失能，使其生活功能只剩原本的60%，到58歲的時候死亡。這個人的健康損失包括少活十二年，以及發生中風之後八年的生活品質下降。以算式表示，就是(70-58) + [(58-50) X (100-60)%] = 12 + 3.2 = 15.2年。罹患中風的人越多，對該社會而言，疾病負擔就越重。

2. 決定健康的因素

2.1 疾病負擔（disease burden）的概念

我們需要一個指標來評估某一疾病對社會整體造成了多嚴重的衝擊；疾病如果比較普遍（盛行率較高），或者產生的影響較嚴重，則其衝擊較高。疾病的影響除了造成直接的健康損失，也可造成經濟損失，包括治療所耗費的資源，以及因為疾病無法從事工作所造成的間接損失。在健康損失的部分，除了主觀的病痛與難過之外，疾病可能造成失能狀態（disability）、或使人的壽命減少。**失能調整損失人年**即是一個將失能和壽命損失合併計算的

指標，其意義就是整個社會因爲某個疾病而損失的健康人年數。雖然我們常用十大死因來指出最常造成死亡的原因，但是只看死亡人數並不能呈現該原因造成的損失總年數。例如車禍雖然造成的死亡人數不是最多，但是由於死亡者很多爲年輕人，造成的人年損失很大。此外，有些疾病雖然不至於造成死亡，但是長期影響生活功能或造成失能，也減損了健康人年數。

根據全球疾病負擔 2010 年研究，低收入國家之疾病負擔最主要仍是傳染病，特別是愛滋病、瘧疾、結核、肺炎，其次是孕產婦和新生兒時期的疾病，以及熱量或養份缺乏，這三者持續造成重大的健康損失。在西部和中部非洲國家，造成疾病負擔的前幾名原因是：兒童營養不良、室內空氣汙染、母乳哺育不足、飲食缺鐵、鋅或維生素、飲酒、高血壓、吸菸、衛生不良等。許多中低收入國家都已經開始看到疾病轉型，類似中高收入國家，其疾病負擔變成以慢性病爲主。高收入亞洲國家的疾病負擔排行前幾名的則是癌症、腦血管疾病、下背痛、冠狀動脈心臟病、自殺、肺炎、糖尿病、跌倒、憂鬱症、肝臟病、交通事故等。在高收入國家造成疾病負擔的原因，排行前面的是：高血壓、吸菸、缺乏運動、飲酒、缺乏蔬果、吃太鹹、體重過重、空氣汙染等。

從歷史演變看出，隨著一個國家的經濟發展，死亡的主要原因由傳染病爲主的型態，轉變爲以慢性、退化性疾病爲主的型態，平均壽命也隨之延長。國家的人口組成也隨著經濟發展而經歷人口轉型（demographic transition）：由高出生率、高死亡率、人口穩定的第一階段，因傳染病的控制而進入高出生率、低死亡率、人口快速成長的第二階段，再進入出生率逐漸降低、人口成長驅緩的第三階段，到出生率、死亡率都低、人口穩定的第四階段。目前全球除了少數戰亂國家處於第一階段，中、低收入國家大半處於第二、三個階段，而高收入國家大半處於第三、第四個階段。

2.2 資源缺乏

上述許多造成疾病負擔的原因，其背後都是貧窮因素。就低收入國家而言，兒童營養狀況、環境衛生、飲水品質，明顯都與家庭或社會的資源缺乏

有關。另一個常被忽視的病因，是因為在室內烹煮食物燃燒木柴或低品質燃料造成的空氣汙染，每年造成兩百萬人因為肺炎死亡，主要是婦女和兒童。值得注意的是，環境衛生和飲水品質顯然不是某個家庭可以獨力維持，需要整個社區或政府來經營。只以家戶收入界定「貧窮」無法告訴我們這家人是否有乾淨的水可用、社區有沒有汙水處理、有沒有馬路和公車。我們必須整體考慮家庭和社會資源，才能評估貧窮對生活條件帶來的種種限制。

我們在考慮「資源」的時候，並不只關切有多少經費可用。資源也包括每個人從家庭和社會得到有形或無形的協助。**女性生殖器切除**最能顯示某些社會裡女性資源不足的問題。雖然已經被法律禁止，但在非洲許多國家，每年仍然有數百萬女孩被迫接受這種非常痛苦的割除儀式。根據聯合國兒童基金會 2013 年發表的資料，15 歲以下女孩接受生殖器切除的比例在國家間差異甚大：例如烏干達為 1%、埃及 17%、甘比亞 56%。這些女性平常就飽受疼痛之苦，生產的時候，更可能造成產道和外陰部撕裂而大量失血。在醫療資源缺乏的國家，這種儀式使得產婦死亡率大為增加：在某些非洲國家，婦女終其一生死於生產併發症的機率是 1/30，在高收入國家則為 1/5600；這個對比呈現出世界不公平的複雜面貌。婦女在這些國家的處境極端困難，她們的健康不但受限於醫療資源缺乏，更因為文化的壓迫而使社區成為傷害的來源。

在低收入國家，我們必須問，政府是否優先考量國民的健康和福祉。由於家庭經費拮据，人民將受惠於基礎建設：飲用水、營養午餐、改良農業、基礎醫療、落實性別平等、普及教育等等。但事與願違，這些國家常有人謀不臧、貪汙腐敗的現象，或者政府將寶貴資源用於維持龐大軍警以壓迫人民、鞏固政權，其國民不健康並不令人意外。有一個弔詭卻不算罕見的現象，就是某些國家即使採取了經濟發展政策，卻無助於人民健康。例如，馬拉威（Malawi）是位於非洲東南部的國家，許多農人耕種玉米維生，尚可養活家人。馬拉威在 1990 年代被國際投資者說服，將部分耕地改種菸草。菸草是一項「經濟作物」，可以外銷增加國家收入。馬拉威將大批土地改種菸草之後，發現國際菸草公司低價購買菸草，製成各式菸品行銷全球大發利市；而大部分農民失去了糧食來源，沒有議價能力（菸草價格決定於買方市

女性生殖器切除（female genital mutilation）
指某些國家對女性外生殖器的部分或全部切除；其範圍輕者僅及陰蒂、中者包括小陰唇切除、範圍大者甚至做到大陰唇縫合，與男性的割禮（僅切除包皮）不可同日而語。

場，且許多農民不會算術），甚至爲了購買糧食、農藥、肥料而欠債。雖然馬拉威表面上收入增加了，但賺到錢的是國際菸商，許多馬拉威人反而陷入困境：終日勞動、營養不良、失去經濟自主性，更失去健康。若將健康列入評估條件，馬拉威政府應該重新考慮這個政策的效果。我們不免質疑，犧牲農民的健康和生活福祉來換取部分人的經濟收入，是否爲合理的發展策略。

另一個著名的例子，是產油國奈及利亞（Nigeria）。雖然殼牌石油公司從奈及利亞和其他中低收入國家取得原油提煉，獲利豐厚，但產油地區居民原先賴以維生的農漁業被汙染事件摧毀殆盡，且只有非常少數當地人得以受僱於石油公司。更諷刺的是產油國奈及利亞大半家庭都無法負擔煤油，六成以上家庭仍以木柴爲主要燃料，每年數以千計的婦女死於肺炎。這類例子在中低收入國家屢見不鮮：國際投資者和政府達成協議進行一些以經濟發展爲名的計畫，但是享受利益和付出代價的人，卻處於政治權力的兩端。跨國石油公司利用奈及利亞的原油獲利，但產油國所得不多；而產油國中央政府得到的收入，不見得會回饋給產油地區。這整個產銷制度全靠西方政府和他們主導的世界貿易規則來維持。從奈及利亞的角度來思考，人民福祉和所得增加之間，顯然存在不對等的關係。本節的例子指出，人民的健康狀態受各種資源影響，包括物質資源、社會資源，以及政治資源。我們在下節將繼續探討檢視這些不同類型的資源。

2.3 健康不平等：健康的政治經濟學

並不是高收入國家就不必擔心健康的問題；事實上，以健康來檢驗高收入國家的發展政策和社會正義，更有助於看清幾個發展的迷思。前面提過，根據英國對政府僱員的研究，非技術勞工的壽命比管理階級平均少七年半。這個現象在所有研究過的國家，無一例外；經濟社會條件無疑會影響身心健康。英美近年來許多根據社區平均收入的調查發現，高收入社區的居民不只壽命較長，他們得到高血壓、糖尿病等慢性病的機率也較低。從「無失能餘命」（disability-free life expectancy，即平均壽命扣掉身體失能的時間，近似於「健康餘命」的概念）這項指標來看，英國貧富社區間存在著十八年的差距。

人群之間因爲性別、地域、經濟地位、國籍、種族，而享有不同的健康狀況，此一現象稱爲**健康不平等**。國民健康署於 2015 年發表「臺灣健康不平等報告」初稿，在此以其中兩個例子來說明。圖 12-1 表示「30 至 70 歲國人心血管疾病標準化死亡率」和居住地區社會經濟狀況的關係。從圖 12-1 可以知道，無論男性或女性，經濟弱勢地區的心血管疾病死亡率都高於優勢地區，男性的差距尤其明顯。在此，以國內各鄉、鎮、市、區爲單位，其社會經濟狀況以兩項指標來代表：一是「初級行業」比，也就是該地區從事農、林、漁、牧等行業的人口所占比例，二是 18 至 21 歲年輕人的不在學率。初級行業比例較高，以及不在學率較高，是「經濟弱勢」的指標。圖 12-2 表示教育程度和高血壓之間的關係，在接受追蹤調查的這一群人當中，無論男性或女性，高血壓的盛行率（也就是一百個人之中有多少人有高血壓）和教育程度有顯著關係。教育程度高的人，一般而言血壓比較正常。這兩個例子清楚指出，許多社會和經濟因素正在不知不覺地影響我們的健康。

健康不平等
（health inequality）
指一個社會中的成員，其健康狀況因其身分而有所差別的現象。此處說的「身分」包括性別、種族、國籍、社會經濟地位、居住地等。

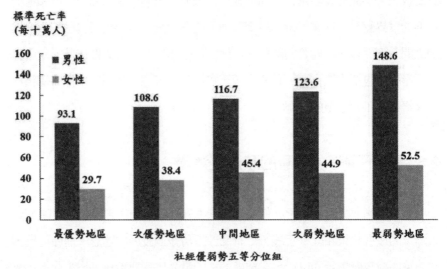

圖 12-1　臺灣地區 2010-2012 年 30 至 70 歲國人心血管疾病標準化死亡率，按社經優弱勢地區及性別分

資料來源：
1. 死因統計檔，衛生福利部統計處，2010-2012。
2. 臺灣鄉鎮市區之社經優弱勢地區係由 2010 年普查之初級行業人口比例、18-21 歲不在學率兩項指標建構而成。

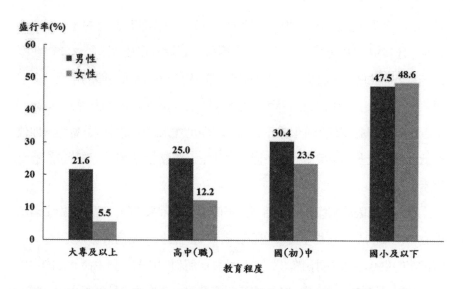

圖 12-2　臺灣地區 2007 年 20 歲以上國人高血壓情形，按教育程度分

資料來源：行政院國民健康署、臺灣流行病學學會，「2007 年臺灣地區高血壓、高血糖、高血脂之追蹤調查研究」。

　　有幾個不同的方法來解釋健康不平等這個現象。最傳統的是「生物醫學模式」，注重的是生物學上的解釋；無論是面對傳染病或慢性病，此模式注重的是哪些人會暴露在危險因子之下、他們的抵抗力如何、他們得到何種治療，也就是從醫學的觀點解釋人群的健康差異。依據這個模式，要減少健康不平等最重要的是提醒大家盡量保護自己的健康、提供健康教育，並提供眾人較平等的就醫機會。這個模式的觀點承認社會經濟地位較高者擁有更好的生活條件，他們較不易暴露在充滿病原或病媒的環境、有健康的食物可吃、生病的時候也能早日就醫，因此比較健康，但這個觀點並不牽涉到任何「不公平」。此一觀點將健康理解為疾病的有無，而把提升健康的責任歸給醫療專業，這是一種去政治化的思考方式。

　　第二種解釋是「行為模式」，認為社會經濟地位較低者，會有較多不健康行為，例如抽菸、喝酒、嚼檳榔、吃太少蔬果、吃太多不健康食品、缺乏運動等等，因而肺部疾病、體重過重、心臟病、中風、癌症等風險大幅增加。根據英格蘭的資料，在 35-69 歲這個年齡層死亡的機率，社會地位較高者僅 21%（也就是近八成的人可以活超過 70 歲），而死亡原因當中僅

4% 可以歸因於吸菸。相對地，非技術體力勞工在這個年齡層的死亡機率爲 43%，且其中 19% 可歸因於吸菸。我們觀察到健康在社會階級之間存在極大差異，而此健康差異約有一半可以歸因於吸菸率在階級之間的差距。從這個角度出發，要達到健康的平等，就該預防並矯正這些不健康行爲。從數字上看這個解釋並沒有錯，但眞正的核心問題仍然未解：爲什麼社會經濟地位較低者會有較多的不健康行爲，而公共政策又應該如何處理行爲背後的社會因素？

行爲的原因非常複雜，包括：對不健康行爲帶來風險的認知、對生活型態**社會常模**的認同（從小生活在吸菸率較高的社區，認爲吸菸很正常）、採行健康的生活型態要付出多少經濟、社會與便利的代價、對生命歷程的掌控感、和對長壽的期待等等。美國許多研究發現，在低收入社區很少有生鮮市場，多半只有便利商店。便利商店的食物選項有限，而且裡面的蔬果不但品質較差，而且售價較高。因此，「一日五蔬果」這類健康行爲對不同人群而言其相對代價大大不同。對資源充沛的人，多吃蔬果只是一種選擇；資源受限的人則需克服經濟限制、時間分配、交通不便等障礙。

從發展的角度我們要問的是，如何以公共政策保障不同人群都享有健康的機會？放任自由市場運作的結果，在低收入社區開店的利潤低、風險高，生鮮超市自然會集中在消費能力較高的社區。這個結果雖然很「自然」，卻違反「每個人都應享有平等機會」的原則。「健康不平等」是否構成政府介入的正當理由？這個提問其實是先承認自由市場的優先性，而任何違反市場原則的政府作爲都被看成是「介入」。我們或許該回頭來問，像食物這種屬於健康基本條件的資源，是否適合放任市場運作？做爲發展的共同體，這個選擇應該交由「社會」定奪。例如，我們的社會認爲疫苗和醫療對人的尊嚴而言太根本、太重要，因此其提供不能完全交由市場原則決定，而對於食物我們爲何不採取相似的立場？「行爲模式」把不健康的因素往上推了一層，試圖從人群的行爲理解健康；但我們應該繼續探究行爲的發生，是否有結構性的原因。協助吸菸者戒菸是有效的方法，但是公共政策不能僅限於此。

隨著我們對人類行爲與社會環境複雜互動的理解，第三種解釋「社會心理模式」被發展出來，部分回應了「行爲模式」的不足。社會心理模式嘗試

社會常模（social norm）
某一個特定群體或社會認可的行爲規則；不遵守常模者可能會承受某種後果或壓力。在社會的不同角落，個體所認知的常模與其成長環境和互動對象密切相關。

從心理壓力的角度，說明健康與社會階層之間的關係。社會的階層性在工作環境中表現得最清楚：是否掌握生產工具、是否有專業能力、是否參與管理決策，決定了一個人在職場中的地位。這個地位決定了個人的行為模式和壓力類型。許多關於工作壓力的研究指出，長期暴露於壓力會增加罹患心臟病和其他慢性病的機會。無法掌控工作內容或工作步調、工作專業性較低、工作沒有保障、職場正義較低（例如升遷、獎懲或福利待遇不公平），都會造成情緒不安與工作壓力。英國研究發現，如果管理者動輒怪罪下屬，或者賞罰不公，員工罹患心臟病的機率會增高兩倍。從這個例子可知，職場的權力關係可以直接反應到心理健康，也會表現在生理健康。長期處在資源匱乏的情況下，也會有心理壓力，並且透過疲憊感、高血糖、高血脂等生理變化而造成慢性病。除了壓力直接帶來的身心不健康之外，資源缺乏的人也常靠吸菸、嚼檳榔排解鬱悶，或者單調的工作帶來的無聊感。此外，再加上工作時間難以掌握、加班的需求、兼差的需求、照顧家庭老小的需求，常使得身心俱疲，運動與休閒成為難得的奢侈。這樣的工作與生活環境，自然造就出一個疲憊的身軀。「社會心理模式」比行為模式更進一步，認為健康是每個人的生活與工作環境所產生的結果；從小到老的一連串境遇，包括成長、學習、就業、工作、衰老過程中所遭遇的種種優勢與劣勢，綜合起來造就了一個人的健康狀況。

　　至此我們已經可以推想健康的「政治經濟學模式」（political economy model），這個模式認為健康不平等這個現象，並非僅由於醫療資源的分配不均或健康行為的差異，更反應社會當中權力關係的不平等。和許多靈長類社群的研究結果類似，掌握權力的人較長壽、較健康。依據這個模式，要達成人群健康狀況的平等，其努力的方向一定得跨出醫療和衛生的領域，而直接挑戰社會中資源分配的不平等，甚至資源分配的原則。例如，如果我們承認工作職位會決定健康，而教育又影響就業機會，那麼我們就應該提供公平的教育機會，讓每個學童無論其出身貧富、族群、偏鄉，都享有平等機會。在工作的部分，這個模式更講究正義的工作環境，也要求我們更仔細推敲工資的適當水準要如何訂定。在生活處境的部分，這個模式要求更平等的社會保障，例如更公平的退休金制度，以及藉由社會住宅政策抑制房價，以免工作

者將勞苦終日的所得一大部分奉送給房東和地主。如果財富上的貧富不均造成健康不平等，我們更需檢視造成貧富不均的制度是否符合社會正義。與資源分配相關的制度包羅萬象，最重要的莫過於工資、賦稅制度、社會保險和福利制度、國民教育、住宅政策等。賦稅制度表現出一個社會進行資源重分配的意願；我國總稅收僅占國民生產毛額的12%（再加上約占6%的健康保險費），相較於北歐國家40%的稅收比率，顯示我國富人和企業繳稅偏低，政府因而無法提供足夠的社會保障，也無能矯正家庭背景貧富不同的兒童所面臨的懸殊發展機會。再如財政收支劃分法和**中央統籌分配稅款**分配辦法決定各縣市政府獲得中央政府補助的額度，根據這個辦法，直轄市每位市民的補助大幅超過其他縣市，這個制度維持並擴大城鄉差距，不知其正當性基礎何在。無論是否將健康納入社會發展的考量，我們原本就該提倡平等。但是健康可以當作一個量尺，測量我們對社會不平等的忍耐程度。我們或許願意容許社會資源分配的些許差異，但若造成巨幅健康不平等，牴觸我們對每個人應享有平等尊嚴的想像，則應當反省社會發展的策略。

中央統籌分配稅款
中華民國中央政府依據「財政收支劃分法」將全國稅收的一部分，統籌分配發給地方政府，以平衡地區發展的財政補助制度。其分配辦法由財政部洽商中央主計機關及受分配地方政府後擬訂，報請行政院核定。2014年統籌分配稅款，臺北市平均每人12,799元，彰化縣平均每人5,736元。

Box 12-1

　　發展與健康的深層相關性，隱藏於資本主義的本質之內。低收入國家首需面對的是傳染病控制的問題；從提供乾淨飲水、汙水／廢棄物處理、環境衛生改善，可以大幅改善。中、高收入國家需要面對的問題，是基層勞工（包括製造業和服務業勞工，占工業化國家的大半人口）的健康狀況遠不如專業和管理階級。當社會演變成貧富不均且健康不平等的情況，我們可以有何替代的發展策略？

　　參考觀點：從本書其他章節和上述問題的描述可知，我們所熟知的「現代化」與資本主義有密切關係：資本主義藉由歐洲國家在十九世紀的侵略型海外擴張而建立全球經濟的架構；在1990年左右共產主義陣營崩解之後，更成為全球奉行的一種經濟制度。資本主義有幾項發展的方向其實對基層勞工的健康有顯著的負面影響：(1) 由於不斷的分工，使得許多工作變得枯燥乏味，每日重複操作單調的工作，令人焦躁無奈；(2) 勞動力的商品化使合作生產關係消失，而轉化為純粹的僱傭關係，資本則更進一步促成勞動力的商品化；(3) 分工和專業化，造成生產過程的科層管理制度，讓社會分化成高低有別的社會經濟地位；(4) 價格決定一切的概念，合理化了短視操作，使資本家剝削勞工，並且忽視生產和交易的外部效應（例如環境汙染、全球暖化）。此種發展，固然造就了製藥工業和醫療產業的進步，但同時也造成了顯著的健康不平等。發展和資本主義、商品化之間的關係為何？應如何調節？

當前世界各國的健康狀況存在著差距，許多低收入國家、或者中收入國家的貧窮社區，仍然有許多健康問題，例如很高的兒童死亡率或孕產婦死亡率。健康和收入之間有必然的關係嗎？如何在完全解決貧窮的問題之前，保護兒童和婦女的健康？國際社會和個別國家，各自應擔負什麼樣的責任？

3. 以賦權提升健康

3.1 賦權的基本概念

從上節討論可知，人的健康狀態決定於生活過程中種種優勢與劣勢處境的總和，間接反應可得的社會資源與機會。既然不健康的根源是資源與機會的缺乏，賦予人們能力，使他們擁有面對人生種種困境的希望與解決問題的策略，才是協助處境不利者提升健康的治本之道。同時，這樣的路徑也符合發展的最終目標。根據世界衛生組織「健康不平等委員會」的研究報告，賦權應該包括三個層面：

(1) 物質層面：提供處境不利者必要的食物與營養、乾淨的水、醫藥、合適的住房。如上節所討論，這些人生之必需品，並不適合完全交付給市場依價格來調節供需。一個結合市場原則和社會保障的機制，有賴公民意識和民主運作以產生有效的政策；在民主機制建立之前，也不該完全聽任市場機制發揮弱肉強食的效果。政府仍應對國民的生活基本物質條件負有基本義務。這部分可以參考聯合國《經濟社會文化權利國際公約》第十一條：「本公約締約國確認人人有權享受本人及其家屬所需之適當生活水準，包括適當之衣著、食物、住房及不斷改善之生活條件。締約國將採取適當步驟確保此種權利之實現。……」除了公約條文外，聯合國經濟社會文化權利委員會發布數十號「一般性意見」，是公約條文的官方解釋文書。第四號與第七號一般性意見是關於適當住房權、第十二號是關於取得適足食物的權利、第十五

賦權（empowerment）
或稱「充權」，指採取措施，以提高某些人（或社區）的自主性和自決權，使他們能夠以負責和自決的方式，爭取本身的權益。賦權包括自我覺知的過程，以及由他人提供支持，以克服初期的無力狀態。

《經濟社會文化權利國際公約》（International Covenant on Economic, Social and Cultural Rights）
聯合國在二次世界戰後以《世界人權宣言》揭示了每個人應享的權利，大致分為「公民與政治權利」和「經濟社會與文化權利」兩大類，並各自形成具有法律約束力的公約。我國於2009年以《公民與政治權利國際公約及經濟社會文化權利國際公約施行法》的方式，賦予這兩個公約國內法律的效力。

號是關於水權，其中說明了政府在落實基本生活條件的義務。第十四號一般性意見則是解釋《公約》第十二條「本公約締約國確認人人享有可能達到之最高標準之身體與心理健康之權利」。國家在提供這些基本物質條件時，應確認這些措施是為改正機會不平等，維持人類尊嚴的必須作為，而非基於慈善或愛心。

(2) 社會層面：提供社會參與的機會。貧窮是造成不健康的最重要因素，近年來，**社會排除**理論是解釋貧窮與各種不利處境的一個重要學說，除了描述社會資源與機會的分配不平等，它更強調分配的過程，並且探詢某些人機會之所以被剝奪的原因。先以工作機會為例：有些人之所以陷入貧窮，是因為他們被排除在就業市場之外。就業市場基於競爭與成本考量，不會特別偏好處境不利者。例如，出身偏鄉或都市邊緣社區的人，其就學環境不特別優良，所以他們在強烈競爭下有更高機會從事專業程度較低的勞動工作。這類工作比較容易受傷，但工作替代性卻很高；受傷後的勞動者即面臨教育程度與體能兩項不利條件，受到多重因素的排除。女性和中高齡者，還要面臨性別和年齡等不利條件，更不易找到穩定的工作。或者，資源不足的人很難從銀行貸款，他們要創業時就得從許多替代管道借錢，要繳更多利息、風險也高，不但創業更辛苦，有時更陷入以債養債的循環。上面的例子描述的是被排除的過程，顯示不利因素很容易累積在某些人身上；同時也指出某些僱主、房東的偏好或銀行的規定，就是造成社會排除的關鍵。除了性別、年齡、教育程度之外，國籍、性傾向、身心障礙、種族、信仰、外貌、語言，也都可能是社會排除的因子。除了工作機會之外，社會排除也剝奪了某些人住房、醫療、表達與參與意見的管道。要讓每個人享有相同機會並不容易，但至少要做到消除任何形式的就業歧視和性別歧視，並且應該採取更積極的資源重分配措施，例如加強低收入社區的教育品質和升學就業機會。

(3) 政治層面：要賦予表達意見、參與決策的機會。處境不利者原本就面臨物質上和生活條件的諸多限制，因此他們最需要理解資源分配的政策是如何制訂的。透過政策制定，才能從根本解除他們所面臨的困境。然而，處境越不利，通常越少參與政策，政策制定者也越不會顧慮他們的要求。政治就是資源分配的過程，而資源越豐富者，越能掌握優勢，保護既得利

社會排除
（social exclusion）
某些人或群體因為多元且變動的因素，被排除在現代社會中正式的互動、運作與權力之外。社會排除降低就業機會，是貧窮的主因，亦使人無法享有住宅、教育、健康照護與其他社會服務。

益。為了協助處境不利者爭取改變的機會，必須確保他們能夠為自己發聲，並且足以影響決策。政治參與不只是行政首長和民代選舉、政府的運作，每天都是政治。以這幾年土地徵收引起的爭議為例，地方政府任意違反行政程序，土地被徵收者卻沒有充足的表達機會；政府無異採取各個擊破的戰術，阻絕民眾集體發聲的管道。再如，良好的工作條件是健康的基礎。國際勞工組織認為的**尊嚴勞動**條件，包括符合標準的安全衛生環境、工時、工資、休假、穩定有保障的工作、能夠兼顧家庭生活、平等對待、社會保險與退休保障等等，每一項都與勞工的生活密切相關，更是身心健康的基礎。尊嚴勞動條件的爭取與維持，不能僅靠政府的規定和督導，更重要的是勞工與僱主之間的有效協商。我國修訂《工會法》、《團體協約法》、《勞資爭議處理法》於 2011 年 5 月實施，對工作權提供進一步保障，但是我國政府過去數十年來卻壓制工會組織與運作，導致工會體質不良。工會的運作平日就需要工作者積極參與，才能步上正軌；而強大的工會才能影響工作場所的安全衛生條件、工資、年金、稅制等影響資源分配的根本決策。這個例子充分顯示健康的政治性：工作者的健康，必須透過工會組織的政治運作才能確保。

　　當然，資源和權力的運作不僅限於政府；社會和家庭裡也充滿了政治，在各自場域中有不同的權力運作形式。上文提到的女性生殖器切除，其壓迫的來源是由男性主導的一種文化慣行，塑造了男性對女性身體的支配權。許多女性接受了這種文化，成為傳遞文化的一環：他們認為切除生殖器是將來婚嫁的必要條件，而強迫自己的女兒接受這種讓她們本身受盡苦難的儀式。要撼動這種文化，不只要靠法律禁止；當這種儀式被視為「社會常模」的時候，社會壓力使人努力符合別人的期待。這種賦權的過程極為複雜，除了國際壓力，更依賴受文化慣習影響的人們逐漸覺醒，例如破除宗教迷思——有別於社區中男性信仰者的詮釋，其實原始回教教義並未要求切除女性生殖器。性別平等不只意味身體自主權，更要讓女性擁有更多權力，例如享有平等的受教育機會、成為專業人士的機會、財產受到保障、擁有經濟上的自主權。這種賦權是社會性，也是政治性的。這個例子再一次提醒，所謂發展應該要顧及社會中「每一個人」的福祉受到平等的尊重。

尊嚴勞動（decent work）
根據國際勞工組織，尊嚴勞動是指有符合下列特性的工作機會：提供合理報酬、工作安定、家庭成員有社會保障、有助於個人成長與社會整合、能自由發表看法、能自由組織、參與攸關前途的決策、性別平等。

3.2 賦權與反抗壓迫

賦予權力聽起來像是個很正向的詞，讓每個人得到能力以改善自己的處境，似乎充滿了陽光。在實際生活中，賦權並非存在於真空中，賦予權力也不僅只是透過學習而取得知識或技術；相反地，獲得權力經常意味著從壓迫者手中取回掌控權。壓迫（oppression）雖然無所不在，但我們卻經常視而不見。賦權的第一步，就是檢驗自己的生活和工作環境，以體察其中不同形式的壓迫。理解自己為何沒有權力，才能對症下藥。

美國學者艾莉斯‧楊（Iris Marion Young）在《壓迫的五種面貌》中有非常生動的描述。她認為，討論正義的方式之一，就是指認壓迫，並進而反制壓迫。首先，壓迫以剝削的方式存在，因為在資本主義社會中利潤是由生產工具的擁有者分配，看似自由選擇工作的勞工，其實是在別人的控制下、為了別人的目的與利益而勞動。這個過程剝奪了勞工應有的物質利益，並且因為沒有自主性而損害了勞工的自尊；同時資本主義社會中勞工被迫為僱主工作，而讓資源較少的勞工階級不停挹注勞力給資源較多的資本階級。這個架構再加上性別、族群等因素，我們不難想像社會中有某些人幾乎被命定要為其他人提供服務，而服務的方式就是從事一些缺乏自主性的體力勞動。破除這種壓迫的方式，就是要重新檢討社會的科層和分工制度，特別是決策的制定過程。

第二種壓迫的形式是邊緣化。邊緣化是指某些人被排除於社會的正常運作之外，因此面臨物質缺乏和排斥。給予這些人物質上的協助，常使他們面臨社會福利和救助制度的質疑而有損尊嚴，但即使我們願意無條件給予他們應有的尊嚴，他們仍然面臨無用感、無聊、缺乏自尊等困難。解決之道唯有讓每個成員有意義地參與種種社會合作與互動。

第三種壓迫是無力感。雖然專業受僱者和非專業勞工都被剝削，但非專業勞工面臨另一種壓迫，也就是無力感。非專業勞工在工作中沒有自主性、無法發揮創造力或運用判斷力、沒機會培養技術專長、難以擁有權威。比起專業受僱者，非專業勞工享有較低的個人發展機會、在工作場所內自主性較低，而這種不利處境常延伸到工作場所之外。特別是性別、種族、身心障礙

等在職場的不利因素，會擴展到生活的其他領域。

前三種壓迫源自於職場的分工和寡頭決策的社會制度，是在清楚的範圍內界定誰擁有（或不能擁有）什麼權力；第四種壓迫「文化帝國主義」的影響範疇則更廣泛。主流社會將其經驗與文化認為是常模、他們的判斷具有「普世性」價值，而其他文化都被主流文化視為「他者」，或者被迫隱身遁於無形。主流文化常以刻板印象強加某一種批評到某一類人身上，例如同性戀者必定如何、原住民必定如何、新移民必定如何等等。被批評的人發現自己被一群無法認同他們的人排除在外，並且被貼上標籤。困難的是，被主流貼標籤的這群人不得不隱藏自己的特點，有時甚至被迫用主流的觀點來審視自己，造成雙重否認。這種壓迫是瀰漫性的，滲透到生活的每一個層面，而且因為壓迫的原因就是自我的某一種身分認同，逼得某些人必須在自我認同或取得他人認同之間不斷掙扎，對身心健康影響甚鉅。

第五種壓迫的形式是暴力。這種暴力通常毫無來由、任意發生、不理性，而暴力的目的在傷害、侮辱、威脅或摧毀個人，卻為主流社會所容忍。基於性別、種族、宗教、信仰、語言、性傾向的語言暴力或肢體暴力在社會中非常普遍，但卻很少被重視。因此，暴力本身當然是一種壓迫，但暴力背後的社會價值觀才是壓迫的本質。暴力與文化帝國主義可能交互產生；文化帝國主義容忍、甚至鼓勵此種暴力，因此是不正義的。

從上述對壓迫的討論可知，壓迫繫於整個社會制度和價值觀，因此賦權的過程面臨極大挑戰。但是，賦權毋須等到制度改變才會發生；一旦被壓迫者察覺壓迫的機制，產生反制的念頭，爭取權力的想法就在最陰暗處浮現。被迫低薪從事勞苦工作的人、被禁止組織工會的人、被迫切除生殖器的女人，都需要取得力量。在理解壓迫之後，人們繼而學習如何在自身發現力量、如何與同伴相互扶持加強力量、如何為了理念而形成組織創造力量。一個允許人們展現自身力量的社會，更趨近於一個自由與正義的社會。從這個角度看，反抗壓迫是社會發展不可缺少的一個環節。經過這一段分析，我們更理解物質、社會、政治三個層面的複雜互動。由於健康繫於教育、收入、工作環境、生活環境等社會因素，在這些社會結構中反制壓迫、爭取機會，就是促進健康的法門。

Box 12-2

根據內政部統計，2012 年原住民與全體國民**平均餘命**差距，原住民兩性平均餘命與全體國民比較，男性少 10.09 歲，女性少 7.36 歲。尤其是山地原住民與全體國民比較，男性少 12.55 歲，女性少 8.74 歲，差距比平地原住民更明顯。我們應如何看待此一健康不平等的現象？

參考觀點：在發展相關的討論當中，最困難的議題之一，是如何尊重並維繫人口較少的族群（在外來人口居多的國家，例如臺灣、美國、澳洲，少數民族常被稱爲原住民族；在非洲，絕大部分的居民都是原住民，但仍可按占該國人口的比例多寡而有主要民族和少數民族的區別）的生活方式與傳統，卻同時改善他們的健康和生活水準。如本章所述，健康不平等牽涉的不只是醫療資源的分配問題而已，更與生活、工作型態有密切連結，因此要改善健康不平等，最根本的方法似乎是提供教育。目前「現代化」國家的醫療、教育和社會發展都深受歐洲啟蒙運動所架構的世界觀和科學觀影響。亞、非洲國家的臨海城市常因先與歐美文明接觸，成爲「現代化」的地區，而這些掌握政治經濟資源的城市，不自覺成爲歐美文化帝國主義的轉驛站。若位居地理邊緣的少數族群「尚未」完全納入主流文化，常常在健康、福祉、科技利用、經濟收入的表現上，低於其他地區，呈現一種不均衡發展的狀況。如果讓醫療和教育進入少數民族的社區，一方面可能會改善健康和收入，另一方面卻可能不斷沖淡、稀釋該民族原有的文化傳承，讓其中值得珍惜的成分，逐漸喪失。原住民在現代社會當中的邊緣化，更使得一般人無法體認此種過程的粗魯草率。

平均餘命
（life expectancy）
「零歲平均餘命」，常簡稱爲「平均餘命」，是指某個國家在某一年出生的人，在零歲時的預期平均壽命。是由該國家各年齡組的死亡率彙編計算而得。

問題與討論 12-2

我們一般以人均收入判斷某個國家的收入水準。目前高收入國家（例如 OECD 的會員國）其國內財富的分布狀況並不相同，有些國家（例如美國）貧富差距懸殊；相較而言，北歐國家貧富差距較小。在同一個國家之內，健康和收入之間也存在顯著的關連性。請討論，一個國家內貧富社區之間的健康不平等是如何產生的？我們如何解決健康不平等的問題？在醫療（包含醫院和健康保險）和醫療以外的領域，有哪些制度可以減緩健康不平等？

4. 實例討論

4.1 國家收入與健康

在 *Development as Freedom*（譯名：《經濟發展與自由》）一書中，沈恩以印度克拉拉邦的健康狀況，指出發展的不同面向（例如收入與健康）之間不必然相關。以美國和印度相較，美國人的壽命當然比印度長（2011年資料，美國平均餘命78.6年，印度68.9歲）。但印度各個邦之間差異甚大，其中以克拉拉邦最為長壽，為76.8歲，與美國相去無幾。令人驚訝的是，美國擁有世界最先進的醫療科技與設施，每人每年平均醫療花費約八千美元，而克拉拉邦醫療支出僅有其百分之一。因此我們發現要達到良好的健康水準並不需要極強的經濟實力或醫療設備，前文提到的古巴為另一著例。比較克拉拉邦與印度其他各邦，可以幫助理解達成群眾健康的條件。資料顯示，克拉拉政府將公共衛生相關基本建設列為施政優先項目，例如疫苗接種、水、營養、教育、基層醫療。進一步分析發現，除了注重基本建設，克拉拉邦較為民主、政治上偏向社會主義，且男女較平等。我們無法從單一事例看出這些特點何者是達成群眾健康的最關鍵因素，我們反倒可以回過來思考沈恩的觀點：民主、男女平等、接受教育這些成就，除了促進健康的工具性價值之外，本身就有內在價值。亦即，我們不需要「女性接受教育可以提升嬰幼兒健康」這樣的事證，才能說女性接受教育是件好事；女性接受教育可以獲得知識、開拓視野，本身就是件有價值、應該做的事。同時，從古巴、克拉拉邦，以及隨後即將討論的歐美研究，證據顯示社會資源分配較為平等，似乎有利於群體健康。

4.2 婦女互助組織（SEWA）

在印度有另一個值得學習的例子，是「自僱婦女協會」（self-employed women's association, SEWA）。被商家或工廠正式聘僱，是取得保險和保障的重要途徑；受僱者屬於正式經濟的一部分，他們的工作條件受政府監督，

而許多社會保險的保費是由僱主、政府和工作者共同分擔，所以正式經濟提供較多保障。相對地，印度婦女有九成以上都屬於非正式經濟；她們在市場上販賣農作物或手工產品，沒有僱主、沒有固定收入、也無法享有社會福利（例如托幼或庇護住所）或社會保障（例如醫療保險或老年給付）。印度許多地方男尊女卑的情況，使婦女的處境更困難：婦女通常無法享有土地所有權，她們在經濟上無法自主，在家庭裡任勞任怨才爭得立足之地。如果要出門賺錢也必須先取得家人同意，在市場可能被其他男攤販排擠、受警察騷擾、被偷被搶，還得兼顧家務。

一群婦女在 1972 年於古吉拉特邦成立 SEWA，透過婦女互助爭取社會認可和經濟獨立，以及與正式聘僱相同的社會保障。SEWA 不只是個社會組織，也是結合勞工運動、合作運動和女性運動三個面向的社會運動。SEWA 的緣起可以回溯甘地領導的工會運動；初期提供男性紡織工會會員的妻子和女兒紡織、刺繡等訓練課程。1970 年初，許多女性在紡織廠擔任挑夫、拉車、搬運等工作，卻不具有受僱勞工身分而備受剝削。創辦人 Ela Bhatt 向當地政府申請將 SEWA 登記為工會；會員人數從成立時的一千多人，逐漸增加到目前約一百萬人，活動範圍主要在印度西南的幾個邦，成立許多產銷合作社、信用合作社、托兒機構、技能訓練機構。SEWA 以服務會員的真實利益為宗旨，希望協助會員達成下列目標：正式受僱、識字、提高收入、營養足夠、健康有保障、取得托育協助、改善住居、增加財產、提高會員組織能力與領導能力、在個人層次與組織層次都能自立。原先職場上和社區裡的壓迫和剝削減少，婦女們的身心健康也都獲得改善。上節文中提到社會層次的賦權，SEWA 是最好的例子——原先被社會排斥的婦女，透過組織而自立，不但收入增加，在社區與家庭中也逐漸享有地位。有位 SEWA 會員回顧說，她從來沒有想過自己會在社區會議中站起來發表意見，更沒料到社區其他人會重視她的意見。我們構想發展的目標時，就要讓每個人都能發揮潛力且享有尊嚴，SEWA 是促成經濟自立及爭取尊嚴的範例。

4.3 帶條件的現金補助：巴西的家庭津貼計畫

低收入家庭的孩童從出生、甚至懷孕期間就受到環境的限制；他們獲得的營養可能較為不足、他們成長的環境缺乏學習機會；在農村地區家長甚至認為沒有上學的必要（如果上學無法換取更好的就業機會）。許多貧困農村兒童雖然想奮力向上，但他們餓得無法專心上課，營養不足妨礙了學習和智能發展。上一代的不利處境透過種種主客觀環境因素，而套牢了下一代的發展機遇。從政治哲學的角度來看，兒童會出生於何種家庭完全沒有選擇餘地，因而這種先天限制所產生的社會地位差異完全是任意的；此種與道德無涉的差異，應該用社會政策予以矯正，才能讓每個兒童享有平等機會。

「家庭津貼計畫」（Bolsa Familia）就是為了矯正此種先天不公平，2011年約有四分之一巴西人口得到補助，其經費約為全國生產毛額的 0.5%。其做法是給低收入家庭基本津貼，且按照接受疫苗接種兒童的上學人數外加就學津貼。津貼是以儲值卡的方式直接寄到家庭，以女性監護人優先，可以在14,000 個據點提領現金，以減少貪汙和選舉買票的機會，並迴避地方政府和聯邦政府分權的複雜政治結構。

對於這類現金津貼的攻擊包括：低收入戶不會善用資源，很可能把錢拿去買酒喝；有人拿了津貼之後就不想工作；領津貼會領上癮等等。然而，大部分研究指出窮人非常珍惜資源，將近九成津貼都用於購買食物；資源投入之後活化了地方市場，提高經濟活力；且許多人領了津貼之後更努力工作，因為有了基本保障之後他們可以嘗試回收較高但可能帶點風險的工作策略。此外，對兒童來說，上學率提升、營養變好，童工的情況也減少了。雖然津貼看起來僅是物質層面的賦權，但教育機會的改善無疑促成社會層面的權力提升。

4.4 社會平等與健康

上文中印度克拉拉邦以及古巴的例子，指出較偏向社會主義的政府會有較優的公共衛生表現。在中、低收入國家這是很合理的，因為較平等分配資

源可以減少貧窮人口，而公共衛生指標（例如嬰幼兒死亡率）受到貧窮人口極大影響。近年來在歐美國家的研究有類似發現：比較高收入國家之間，或者美國的州際比較，都指出社會資源越平等，則人口越健康；國民平均收入則對健康沒有影響。這些研究指出相對貧窮的重要性：非洲族裔的美國人從收入絕對值來看，其收入大幅超過孟加拉等國家，但男性非裔美國人的壽命卻比孟加拉還低。相對貧窮意味著他們承受較高的社會壓力，對人生計畫的掌控權較低，也面臨物質條件上的缺乏。

除了相對貧窮這個因素之外，另一個解釋是貧富不均降低了社會凝聚（social cohesion）；統計指出貧富不均的國家其學童輟學率較高、青少年懷孕較多、犯罪率較高、人民彼此信賴度較低。這類研究指出，在經濟發展到一定程度之後，社會發展與更多收入之間並沒有關係。藉由公共教育、社會住宅、社會福利、社會保險等政策營造出來的尊嚴社會，每個人所能享有的無形資源，遠勝於鼓勵弱肉強食的自由市場社會。我國由於對資本利得課稅不足，資源重分配的效果不彰，因此貧富懸殊的情況在過去數年間越來越惡化。此外，我國公務員享有的退休福利和優惠遠勝於民間企業，因此貧富不均的程度實際上比只看收入還更嚴重。國內極需社會資源與健康狀況之間的深入分析，例如檢驗公務員和一般勞工之間壽命和罹病率之間的差異，以便檢視經濟不平等帶來的隱性成本。尤其當臺灣面臨新自由主義的全球衝擊，資本外移、工資停滯、工會蕭條，如果沒有「健康」這項數據，我們只會看到貧富不均加劇；檢視健康，我們更能判斷這種不平等是否已經超過我們的社會願意忍受的程度。

英國政府長期關注健康不平等的議題，並且委託 Marmot 教授領導一個獨立委員會，立基於現有科學證據，為消彌健康不平等進行了策略性規劃。該委員會認為，健康不平等反應的是社會不平等。僅只將重點放在社會中處境最不利的人，無法有效減少健康不平等。為了減緩社會整體的不平等，採取的行動效果應該要遍及所有人，但是規模和強度則與不利的程度成正比。經濟發展並非一個國家最重要的成功；健康、福祉的公平分配，和環境的永續，是重要的社會目標。他們也綜合了數十年的實證結果，提出六個方向的建議：(1) 給每個兒童最好的生命起點；(2) 使每個兒童、青年和成人都能發

揮他們的潛力，掌控他們的人生；(3) 爲所有人創造公平的聘用和良好的工作條件；(4) 確保所有人享有健康的生活水準；(5) 創造並發展健康且可持續的地方與社區；(6) 強化疾病預防的角色和影響力。

4.5 經濟利益與負擔的分配

從以上討論可知經濟發展與健康之間的複雜關係：我們需要資源以滿足適當的生活水準、負擔國家的基礎建設、營造一個活潑的社會以使每個人發揮自己的潛力。但是國家經濟發展並不只是問要創造多少收入，同時要問 (1) 爲了增加收入社會要付出何種代價，(2) 享受利益和付出代價的各是哪些人，(3) 利益和代價的分配是否合理，(4) 發展的決策是如何訂定？

我們經常看到利益和代價不相配的事例：蘭嶼未享受核電卻必須承受核廢料、許多旅遊事業破壞原住民的土地爲企業帶來利潤，卻無助於當地人的就業。再如，石化業創造了營收，其利潤由公司和股東分享，地方人士卻必須忍受空氣汙染和健康威脅。臺灣過去許多土地徵收成立了諸多工業區、科學園區，但同時對農業和環境造成嚴重衝擊，對地主而言更是面臨劇烈變動，甚至因爲地方政府魯莽行事而家毀人亡。這些事例大家耳熟能詳，不需要提到「健康」，就可判斷其間的利益分配不盡理想。若在經濟影響評估、環境影響評估之外，再加上健康影響評估，充分描述受政策影響的人實際面臨的處境，我們就更能看到苦難的眞實面貌。這種體會將促使我們在做決策時更加審愼，也更重視利益和代價的分配正義。例如，「國光石化開發案」的爭議延宕數年，但最後因爲生態上威脅白海豚，而健康上也有學者計算出國光石化每年將造成三百三十九至五百六十五人死亡，而國人平均少活二十三天。這些具體數字最後讓政府做出終止開發的決定。

5. 結論

經濟成長能增進生活品質，從某些角度來看有其道理，因爲我們需要資

源才能享有合理的生活條件，包括醫療系統和基礎建設。從國際間的比較看來，收入和國民平均壽命之間有顯著的關係。但是國民收入高於五千美金之後，收入增加和健康之間的關係減弱。從古巴和印度克拉拉邦的例子來看，中低收入國家也能達到高水準的健康。因此，追求更多經濟成長或許能帶來更多生活的便利、減少疾病的痛楚，但不見得有助於壽命的延長。

資本主義式的經濟成長有高昂的代價，卻經常被忽略。有許多角度可以讓我們反省：資本主義對勞工階級的剝削本質、分工，造成無意義勞動、經濟利益的不公平分配、社會階層化日益明顯、工時長而影響家庭和休閒。本章則指出，上述這些資本主義社會的缺憾，與艾莉斯・楊所描述的壓迫若合符節，也正好是造成社會健康不平等的原因。如果要達成健康上的平等，我們應該採取的方案不是提供更多醫療，而是賦予人民應有的權力和能力。我們稱為賦權的這個過程，則無可避免地必須先認清權力的分配以及壓迫的真面貌。唯有讓處境不利者取得力量，才能讓他們在物質、社會、政治三個層面取得足夠安穩的基礎，進而達成身心健康。

由於健康與生活條件以及社會環境息息相關，採取以健康為出發點的發展觀，其實是在要求一種比較整全的、考慮生活各個面向和生命品質的發展觀。將健康以及健康所隱含的社會因素納入發展的考量，可以幫助我們更清楚評估發展的代價。當我們說「為了整體利益，少數人必須犧牲」，或者「舊有生活方式不適合經濟發展，必須放棄」，我們必須考慮任何社會變動帶來的利益和負擔是否公平分配的問題。當這種不公平以健康損失具體呈現時，我們更容易看出分配不公的謬誤。因此，將健康納入考量能提醒我們，發展的真正目的是為了允許每個人追求他認為有價值的生活。健康是這種追求的基本條件，也是每個人是否受到平等尊重的敏感指標。

參考書目

世界衛生組織《健康問題社會決定因素委員會》的報告（World Health Organization (2008). Closing the gap in a generation: health equity through action on the socialdeterminants of health. Final Report of the Commission on Social Determinants of Health, Geneva.
本報告對於健康不平等的現象，包括國際比較和一國之內不同族群的健康差距，有很完整的描述，並提出政策建議。雖然世界衛生組織有後續的出版品，但本報告仍有價值做為閱讀的起點。有聯合國的中譯版；使用簡體中文，且用語和國內有相當差異，但仍值得參考。該報告的中、英文版本可於下列網站取得 http://www.who.int/social_determinants/thecommission/finalreport/en/

Abhijit V. Banerjee and Esther Duflo (2012). *Poor Economics: A Radical Rethinking of the Way to Fight Global Poverty*. Public Affairs.（中譯：許雅淑、李宗義譯（2016）。《窮人的經濟學：如何終結貧窮？》。臺北：群學。）
兩位作者針對一般認定對貧窮社區有幫助的幾項政策，特別是在教育、健康、社區發展方面的做法，做了深入淺出的分析。從貧窮社區的生活經驗出發，細究這些政策要能發揮效果所需的條件。此書有助於理解貧窮的生活經驗，以及設想脫離貧窮的有效方法。

Angus Deaton (2015). *The Great Escape: Health, Wealth, and the Origins of Inequality*. Princeton University Press.（中譯：李隆生、張逸安譯（2015）。《財富大逃亡：健康、財富與不平等的起源》。臺北：聯經。）
這本書介紹過去兩百多年來世界各國脫離貧窮的過程，並且探討經濟發展、人群健康，以及福祉之間的關係。由於經濟發展起點先後和速度不同，造成了現在國際社會間貧富懸殊和人民福祉的巨大差異。作者認為健康與福祉的進步不完全依賴經濟進展，而要協助低收入國家脫離貧窮和疾病的方式並非更多援助。協助知識的分享和制度的建立，可能更為關鍵。

Anthony B. Atkinson (2015). *Inequality: what can be done?* Harvard University Press.（中譯：吳書榆譯（2015）。《扭轉貧富不均》。臺北：天下文化。）
此書為貧富不均做了清楚的定義，並且從實證資料出發，提出十五項改善貧富不均的具體建議，並且評估其可行性。本書並未直接討論健康議題，但由於中高收入國家的發展必須面對貧富不均以及隨之而來的健康不平等，此書和健康仍有間接相關。

John Ralws (2001). *Justice as fairness*. Belknap Press.（中譯：姚大志譯（2002）。《作為公平的正義：正義新論》。臺北：左岸文化。）

Martha Nussbaum (2001). *Woman and Women and Human Development: The Capabilities Approach*. Cambridge University Press.

Steven Hiatt (2007). *A game as old as empire*. Berrett-Koehler Publishers.（中譯：李芳齡譯（2008）。《新帝國遊戲——經濟殺手的祕密世界》。臺北：天下雜誌。）

Anne-Emanuelle Birn, Yogan Pillay, and Timothy H. Holtz (2009). *Textbook of International Health: Global Health in a Dynamic World*. 3rd Edition, Oxford University Press.

Iris Marion Young (1990). *Justice and the politics of difference*. Princeton University Press.

Amartya Sen (2000). *Development as Freedom*. Anchor.（中譯：劉楚俊譯（2001）。《經濟發展與自由》。臺北：先覺。）

Christopher J L Murray and others, "Disability-adjusted life years (DALYs) for 291 diseases and injuries in 21 regions, 1990-2010: a systematic analysis for the Global Burden of Disease Study 2010". The Lancet, Volume 380, Issue 9859, 15 December 2012-4 January 2013, pp. 2197-2223.

United Nations Children's Fund (2013). Female Genital Mutilation/Cutting: A statistical overview and exploration of the dynamics of change, UNICEF, New York.

Peter J Davies, Malawi: addicted to the leaf. Tobacco Control 2003; 12: 91-93 doi:10.1136/tc.12.1.91.

Strategic Review of Health Inequalities in England post-2010, Fair Societies, Healthy Lives: the Marmot Review. 2010.（全文可於下列網址下載 http://www.instituteofhealthequity.org/projects/fair-society-healthy-lives-the-marmot-review）

Michael Marmot, on behalf of the Commission on Social Determinants of Health, Achieving health equity: from root causes to fair outcomes. Lancet 2007; 370: 1153-63.

第十三章

土地與住宅：住宅做爲商品或社會人權？

黃麗玲
國立臺灣大學建築與城鄉研究所副教授

1. 前言

住宅與人類的生存與發展息息相關，影響生活甚鉅，無法放任由自由市場決定，而必須要有國家政策的介入。因此世界許多先進國家在現代化過程中，都曾透過《住宅法》等相關立法以保障國民權利，並透過公共住宅或**社會住宅**等模式，為弱勢者提供住宅。聯合國的《世界人權宣言》（1948 年）與《經濟、社會、文化權利國際公約》（1966 年）也提及「適足居住權」（住房權）（adequate housing right）的概念，規定政府必須保障居住權所涵蓋的擁有免被驅離、可負擔之房價、住宅相關服務與基礎設施、可及性（accessibility）、以及住宅做為文化認同表現等權利。西方特別是歐陸國家，由於社會歷史因素以及戰後福利國家的擴張，多數以政府興建公共住宅或是結合非營利團體興辦社會住宅的模式，提供非市場化的住宅做為社會安全網的一環。雖然 1970 年代晚期以來，受到新自由主義的影響，政府解除管制、削減社會福利支出等，對於公共住宅或社會住宅的供給產生一定影響，但仍有一定累積的存量，也有對住宅積極的干預措施，防止住宅與土地的炒作。相對之下，在亞洲的日本、韓國、新加坡與臺灣等地，具有明顯的發展型國家的特徵，亦即國家以大規模公共投資及政策的介入帶動快速的經濟發展。其中經濟成長也伴隨著一定數量的公共住宅的供給，以降低勞動力再生產的成本。但是在公共住宅提供上，臺灣卻遠遠落後各國，主因乃是政府依賴以市場解決國民對住宅之需求，並以高自有率為住宅政策發展目標、以高房價與高地價代表經濟成長，導致現今土地商品化，住宅不平等之嚴重現象。

在臺灣，高房價已成為民怨之首。根據內政部統計，2010 年房價所得比在臺北市為 16.42 倍，新北市則為 9.78 倍，對大臺北地區的一般家戶而言，買房夢已遙不可及。雖然房價所得比在世界上名列前茅，但國人高價所購得的房子卻普遍品質不佳，景觀、服務設施與管理維護也都與先進國家有不小的距離。另一方面，弱勢者則面臨居住危機，因為其經濟能力無法在市場購得住宅，但只租不售的公共住宅卻極端不足。2010 年全國只租不售的公共住宅比例僅為住宅存量的 0.08%，臺北市的比例為 0.68%，與需求相差

社會住宅
在本文中，「社會住宅」是一個比較廣泛的概念。它指的是租金水準不是由市場決定，而是根據一些政策的標準所提供的住宅。社會住宅的提供者，可以是公部門也可以是私部門。前者以公共住宅為典型，在這種狀況下所有權是屬於中央或地方政府。但是即使是私部門提供，它仍必須是以非營利為取向，並服務於社會性的目的。

甚遠。弱勢居民只能仰賴私人廉價出租房，但是身障者、高齡者與低收入者等社會群體在租屋時，又經常面臨房東不願出租的狀況。更有甚者，都市更新又使便宜的租房快速消失中。

　　根據 2010 年住宅普查，全國有超過 19% 的空屋率。在首善之區臺北市，更高達 13.8% 的空屋率。臺北都會區的高房價與高空屋率，說明了房價高漲並非「供需」議題，而是炒作以及住宅資源的錯置，也是財富集中與社會不平等的根源。都市地區在缺乏公共住宅政策介入、租稅制度有利土地商品化的取向下，導致住宅不安定的狀況，甚至危及人權。本文討論居住權、居住正義等概念，並檢視各國之社會住宅、公共住宅等政策機制。本文也檢視臺灣住宅政策發展的歷程與特性，並介紹 2010 年以來由社會運動團體所提出的社會住宅的主張、相關立法成果以及新近政策之變動。

問題與討論 13-1

你認為臺灣有哪些居住問題？這些問題的成因為何？

2. 住宅的經濟與社會面向

　　住宅是人類基本需求之一。它不僅意味著一個遮風避雨之處，個人與家庭所居住的區位，也與獲得工作、教育、健康與公共服務等機會的可及性緊密相關。環境心理學認為住宅對個人而言是最重要、具有多重意義的場域（setting）。住宅環境則有情緒與象徵上的意義：它形塑了人們與地方的感情，也對個人的自我認知、家庭安定與孩童成長有重要的影響。女性主義者則認為僅有房屋並不構成「家」。女性主義的住宅提議，不僅強調要免除女人在住宅市場中遭受到統性邊緣化的現象，更要追求透過住宅與社區設計、自主管理等事務，轉變工作與家庭生活的可能性（Weisman, 1997）。此外，住宅也有重要的經濟意涵。主流的住宅經濟學傾向於連結住宅與所有權（ownership）、把住宅看成個人累積資產、在經濟階梯上快速前進的工具。但是另類的發展觀點則認為住宅與土地不應該被商品化。社會所有與公共所

有（socially and publicly owned）的住宅更能對社會平等與人類發展發揮貢獻（Bratt, Stone and Hartman, 2006）。

2.1 各主要國家社會住宅政策之發展

正是因為住宅的重要性，隨著人權的發展，各國進行了住宅相關立法。其中先進國如荷蘭早在 1901 年、德國則在 1950 年代就制定了《住宅法》。在亞洲，日本在 1923 年東京震災後的重建，就有名為「同潤會」的社會組織協助政府提供社會住宅。日本也在 1951 年通過《公營住宅法》，廣建公營住宅，以低廉租金提供給居住困難的低收入者，從而促進國民生活安定、增進社會福祉。二次大戰後的經濟高度成長期，新加坡與香港在高效率的官僚以及土地國有制的條件下，以大規模興建公共住宅的方式，謀求社會與政治穩定，同時降低勞動力再生產的成本以促進經濟發展（Castells, Goh and Kwok, 1990）。韓國雖然從 1989 年才開始大規模興建公共租賃住宅，但是在量的提供上急起直追，近年更走向多樣化的創新模式。

圖 13-1　韓國首爾市 Cheong-gye 國民賃貸住宅

此住宅出租給收入 40 分位以下的居民，押金 2,600 萬韓元、租金含管理 20 萬韓元。租／售之住宅外觀無甚差異。

圖片來源：專業者都市改革組織。

不管是被稱爲社會住宅或公共住宅，指涉的都是政府以資金、土地、租稅等手段積極介入住宅供給，而非將住宅視爲商品、交由市場決定。從這個角度來看，社會住宅或公共住宅有高度的社會整合（social cohesion）的意涵，也有助消弭社會不平等。但是一些研究也指出，歐洲與亞洲國家在住宅政策取向上有所差異。亞洲國家的公共住宅政策，在早期多出於經濟發展、發展都市建設與降低勞動力成本的考量；相對而言，歐洲國家社會住宅歷史發展較久，二次世界大戰後又大規模配合社會福利制度之發展，以「社會安全網」之概念，由政府直接興建、或是委託社會團體興建，提供給有住宅需求者。歐洲各國對於社會住宅入住者的資格，則大致可分爲廣泛適用基礎（broad-based）以及特定族群（target）系統。前者對於收入沒有限制，即使中等收入族群也可入住，而運用比較充足之租金收入，補貼因爲較低收入住戶負擔低租金所造成的差額；後者則是限定以特定所得以下、身障等弱勢群體爲優先入住對象（Veer and Schuiling, 2011）。有些國家執行比較多元化之住宅政策，除了興建社會住宅外，利用租金補助、或是配合租金管制與保護租客之相關法令，協助弱勢者從市場上獲得住宅。接下來說明各主要西方國家社會住宅之比例。

在荷蘭，社會住宅占整體住宅比例爲 32%，每一千位居民中有一百三十八個單位的社會住宅，新建住屋中則有 19% 的比例爲社會住宅。在奧地利，社會住宅占整體住宅比例爲 23%，每一千位居民擁有一百個單位的社會住宅，新建住屋中則有 27.5% 的比例爲社會住宅。在德國，經過了前一階段的私有化過程，目前由政府或是社會團體興建之社會住宅數量並不特別顯著。但德國有許多由另類的社會團體所提供的住宅，例如全國有將近二千個住宅合作社，它們貢獻了多樣化的創新住宅模式，德國也有行之有年的房租管制。歐洲主要國家對於住宅市場之干預，表達了住宅應該是人權而非商品的概念，亦即住宅應該是用來滿足住屋的需求，而非炒作轉賣牟利的對象。在這個取向下，最極端的表現是歐洲有些國家對於占屋（squat）運動的處置。例如荷蘭在 2010 年以前，如果屋主讓住宅閒置十二個月以上且沒有明確的使用計畫，其他人是可以爲了居住目的而進行占屋。又如法國政府在 2007 年的《居住權法》中制定了「可抗辯居住權」條款，意思是如

果有閒置的空屋又不出租利用的話，在提出申辯理由、完成程序後，有需求的市民則可以進行使用。

表 13-1 歐洲國家與美國社會住宅（出租型）之狀況

單位：%

	歐洲國家社會住宅（出租型）數量			
	社會住宅（出租型）占整體住宅比例	社會住宅（出租型）占整體出租住宅比例	每一千位住民擁有的社會住宅單位數	社會住宅（出租型）在新建屋中所占比例
奧地利	23	56	100	27.5
比利時	7	24	32	6
丹麥	19	51	95	22
芬蘭	16	53	85	13
法國	17	44	86.5	12
德國	4.6	7.8	22.6	15
函牙利	3.7	53	15.9	na
愛爾蘭	8.7	41	na	7
義大利	5.3	28	29	na
拉脫維雅	0.4	2.5	na	1
立陶宛	3	43	11.7	na
盧森堡	2	7	7.8	na
荷蘭	32	75	138	19
波蘭	10	64	34.9	9.5
葡萄牙	3.3	16	na	na
羅馬尼亞	2.3	na	8.9	4
斯洛伐克	2.6	87	8.5	12
西班牙	2	15	10.9	16
瑞典	18	48	84	13
美國	18	54	80	na

資料來源：Ronald（2013）。

Box 13-1

荷蘭的社會住宅

　　荷蘭是歐盟中擁有社會住宅比例最高的國家，但這並非是因爲荷蘭有大量貧民或是實行社會主義。荷蘭的社會住宅歷史可上溯到將近六百年前小型私人機構的慈善工作，特別是十七、十八世紀後爲了貧困的老年人建設救濟院的行動。1870 年代以後到二十世紀之間，主要是因爲快速的工業化導致住宅短缺及居住環境不良，於是住宅與公共生問題被納入國家議程。荷蘭於 1901 年制訂《住宅法》，明訂提供適宜的住宅是國家的責任。地方政府需要配合都市計畫重新檢視社會住宅的用地供給。同時，爲了快速提高住宅的質與量，允許社會機構可在政府的資助下，興建社會住宅。社會住宅主要由「住宅協會」（Housing Associations, HAs）推動，負責營造、租賃、經營、出售等事務，出售的住宅的利潤，則持續投入社會住宅的興建。二次世界大戰後，伴隨著福利國家的成長，荷蘭的社會住宅逐漸擴張，1945 到 1975 年間，社會住宅存量增加爲三倍以上，從原有的殘補式（residual）模式發展爲大眾（mass）。但是這個模式需要大量的政府補貼。到 1990 年之後，住宅短缺問題已經解決，但是必須追求更多元化的發展，制度進行改變，HAs 變成財務上獨立、從營運上處理財務赤字，因此 HAs 也必須從營利性的活動（例如透過市場開發、或是銷售庫存房屋）中賺取收入，以支應虧損的業務（例如社會住宅的翻新與改建等）。新的模式中，HAs 像是有著社會目標的企業，並按政府法規制定業務內容，如必須符合以下六個目標，包括：提供有品質的住屋、財務永續、按順位照顧社會群體的住宅需求、提高鄰里社區的生活品質、住民參與管理、以及回應有照護與輔導需求的社會群體等。

　　雖然也受到 1980 年代到近期私有化的影響，荷蘭社會住宅的比例仍然很高。在 2010 年，住宅協會擁有並營運大約二百四十萬個租賃型的社會住宅單位，幾乎是荷蘭全國一半以上的家戶數目。除了資產的營運管理以外，住宅協會也發展、建造租賃或出售的新住宅單位。2010 年當年總共興建 60,000 個住宅單位，其中約有 40,000 個是由住宅協會完成的。但是 2010 年，荷蘭由基督教民主黨和保守黨主政的新政府將住宅和環境部重組，象徵社會住宅政策的改變。同時，從 1970 年到 1980 年代年輕人要求居住權的占屋運動，在 2010 年也被新政府認定爲非法。2011 年，因應歐盟法規，荷蘭的新社會住宅中，90% 的比例必須分配給年收入低於 33,640 歐元的家戶，這勢必將使荷蘭長久以來不限定所得門檻、走大眾模式的社會住宅的供應方向產生變動（Veer and Schuiling, 2011）（黃麗玲，2011a）。

2.2 住房權（居住權）概念之發展

　　另一方面，國際組織如聯合國，早在 1948 年《世界人權宣言》和 1966 年《經濟、社會和文化權利國際公約》已承認適足住房（adequate housing）

是適當生活水準權的一部分。之後，其他國際人權條約也承認或提及適足住房權（在臺灣翻譯爲適足居住權）或補充其他要素，而包括各人權條約機構、區域人權機制和人權委員會（現被人權理事會取代）在內的國際社會對適足住房權越加重視。聯合國人權委員會也在 2000 年設立了「適當生活水準所含適當住房問題特別報告員」。透過以上相關行動，逐漸形塑了適足住房權[1]的範圍和內容。

據聯合國人類住區規劃署（人居署）估計，全世界每年有至少兩百萬人受到強迫驅逐。而強迫驅逐的定義則是「個人、家庭乃至社區在違背他們意願的情況下被長期或臨時驅逐出他們所居住的房屋或土地，而沒有得到、或不能援引適當的法律或其他形式的保護」。被迫遷的原因有各種原因：包括戰亂、自然或人爲的環境劣化或災害、公私部門的開發因素等。越來越多的案例則是與都市土地開發引發的強制拆遷、或是違章建築與貧民窟的拆除，但是沒有提供公共住宅安置，尤以開發中國家最爲常見。

問題與討論 13-2

聯合國「適足居住權」的內容爲何？若以居住權概念來檢視我們的居住狀況，你有什麼發現？

---

[1] 聯合國經濟、社會及文化權利委員會指出，適足住房權包含多項個人自由：包括受到保護、免遭強迫驅逐或任意破壞與拆除個人住宅的權利；個人住宅、隱私和家庭免受任意干涉的權利；以及選擇住所、決定生活地區和自由行動的權利。適足住房權也包含向不正當的徵收與開發進行住房、土地和財產歸還的要求，以及在國家和社區層級參與住房相關的決策與住房權保障等相關權利。委員會也強調，適足住房遠遠不只四面牆壁和一個屋頂，它必需要滿足住房權保障，以免使居住者受到強迫驅逐、騷擾和其他威脅。住房必須有服務、材料、設備和基礎設施的供應，包括安全飲用水、適當的衛生設施、烹調、取暖、照明所需的能源、食物儲藏設施以及垃圾處理等。住房必須要具可負擔性，如果住房成本危及或損害了居住者享有其他人權，即不能視爲適足的住房。同時住宅除了提供適當的空間，以及提供保護，免受寒冷、潮濕、炎熱、風雨、其他健康威脅和結構危險外，需要考慮弱勢群體和邊緣化群體的特殊需求。而住房地點如果剝奪了就業機會、保健服務、學校、保育中心和其他社會基礎設施，或處於受汙染或危險地區，即不能視爲適足住房。適足住房也包括文化環境的需求，必須尊重與考慮文化特性的表達。最後，居住人受到保護，免遭強迫驅逐是適足住房權的重要內容之一，也與住房權保障密切相關。委員會將「適足住房權」視爲生活安全、安定和有尊嚴的權利（UNHABITAT, 2009）。

3. 臺灣住宅政策的發展

與各國相較，臺灣的住宅政策取向十分特別。我們在戰後以及高度經濟發展期間，並未有過計畫性的公共住宅政策。早期在美援與聯合國專家影響下的住宅政策，被轉化資助與黨國有關之社會群體建屋與購屋的方案。而 1970 年代中期到 1980 年代納入國家重大經建計畫的國民住宅，也是屬於「所有權」的出售住宅型態。許多國民住宅更由於在都會中的區位佳，在近年都市房價炒作熱潮中躍升爲炙手可熱的商品。缺乏國家對於公共住宅的介入，中產階級購屋就成爲沉重的負擔，而弱勢者則面臨嚴重的居住不安定。此爲長期以來住宅政策方向偏誤所致。以下首先對於住宅政策的發展進行的回顧，並分析其取向之成因。

3.1 早期受美援與聯合國之影響（1959-1974）

1950 年代，臺海兩岸的軍事緊張狀況，政府 80% 的預算用於國防（Gold, 1986），而無法對住宅進行公共投資。因此，戰後早期的住宅興建中，美援扮演關鍵角色。最早在 1955 年，中央政府行政院成立了「國民住宅興建委員會」，運用美國援助興建了 8,500 戶各類住宅，包括 1,723 戶中央民意代表以及機構職員的住宅。1959 年「國民住宅興建委員會」則改爲設於臺灣省政府，並以《國宅貸款條例》，由政府貸款給人民自建或代爲興建，經費則以美援爲主要基金。從 1957 年到 1975 年共興建 125,534 戶。類型包括災難重建住宅；一般住宅或低收入的勞工、農、漁民及市民、公教人員之住宅；爲了都市建設安置違章建築所興建的整建住宅；只租不售的平價住宅，以及公教住宅（臺大土木研究所，1988）。

整體來說，早期由「國民住宅興建委員會」推動之相關政策，非政府積極規劃與整體考量之結果，各級政府也未在經費中正式編列預算，來自於美國的援助基金與顧問才是政策啟動的關鍵因素，其目的是在反共冷戰期間的全球戰略考量下，協助國民黨政府維持在臺灣的政治與社會穩定。政府比較積極介入住宅市場的，主要是政府機關配住的部分，例如政府組織或國營企

業單位的宿舍，特別是軍人眷舍等。在這一段快速都市化的過程中，私人住宅市場才是住宅供應的主要來源。政府以貸款補貼人民購屋自有爲政策導向，彰顯了住宅市場化的政策取向。而由政府興建的「國民住宅」多採出售，租賃國宅存量極少。雖然有少數住宅提供爲都市開發安置違建戶，但對弱勢族群缺乏系統性的住宅資源的照顧。

3.2 國民住宅計畫（1975-1999）

1970 年代中期，上述被動的住宅政策面臨轉型。由於全球經濟危機，物價上漲、住宅價格飆漲，使住宅問題升級爲都市危機。同時，國民黨政府遭遇退出聯合國等政治危機，而必須要重建人民信心與執政正當性（王振寰，1996）。於是中央政府在 1975 年推出「六年經建計畫」以提振經濟發展。這個方案包括「國民住宅六年興建計畫」，政府並頒訂《國民住宅條例》，規定由中央負責法令研擬、政策推動及督導，而省市及縣則負責實際興建。臺北市於 1974 年成立住宅及都市發展局，高雄市則在 1979 年成立國宅處，其他縣市也於 1980 年分別成立國宅局或國宅課。中央政府主管機關內政部於 1981 年將營建司國民住宅科擴編爲營建署國民住宅組。基金的來源，中央的國民住宅基金由國家正式編列年度預算五億元，省市的國民住宅基金則由土地增值稅提撥（1978 年之前爲 15%，1979 年之後爲 20%），也包括先前累積的美援處贈款，不足時得以向銀行融資（米復國，1988）。國民住宅計畫以「開發新市鎮，廣建國民住宅」爲主軸，預定每年最少興建兩萬戶。預計到 1981 年，全國共興建 108,000 戶（張世典，1981）。到了 1979年更進一步將國民住宅納入「十二大建設」，進而擴大爲「十年國宅計畫」的一部分，宣示政府主動介入住宅市場的決心。然而這個計畫在實施上出現許多問題。到 1981 年，原訂六年國宅計畫完成時限，總共執行了 72,532戶，占計畫戶數的 67.83%。由於國宅區位不良、興建成本升高以及貸款額度等限制，加上第二次石油危機導致住宅市場不景氣，也造成了國宅滯銷的狀況。1982 年開始，雖然國宅仍持續興建，但政策實際上已經轉以「獎勵民間興建爲主，國家興建爲輔」（臺大土木研究所，1988）。

　　此一時期的國宅不僅完成率低，更由於國宅單位不願積極負擔管理責任，而允許國宅承購或轉租。根據 1977 年的一項調查，即指出國宅的轉租與轉售率，平均高達 49.4%。另一方面，研究也指出，國宅居住者以中收入者占多數（82.36%），真正低收入者少之又少（張世典，1981），說明國宅政策無法服務真正需要的對象。究其原因，由國家所興建的國民住宅雖然售價較民間市場為低，但中低收入家庭償還能力及自籌配合款的能力卻更薄弱。雖然這個計畫的初期，在價格上確實照顧到中低收入者，但在中期時為了趕進度，卻在許多區位不佳的土地興建國宅，而產生滯銷。在後期則因為採用都市中的精華土地營建高品質國宅，以致中低收入者無法負擔。甚至為了促銷，國家逐步開放國宅承購對象的限制，而忽略了早期所宣示要照顧的中低收入者（米復國，1988）。

　　1990 年代續有國民住宅政策提出。1991 年經建會在「國建六年計畫」中提出「廣建國民住宅計畫」，其中包括淡海及高雄新市鎮以及十四處新社區計畫，政府又開始直接興建大型的國宅計畫。但是這個時期，因為政權與房地產商的關係更為緊密，地方派系與財團攜手，組成建設公司，影響地方政府的都市計畫，炒作都市土地（陳東升，1995）。1987 年解嚴之後的政治轉型中，地方派系的政商關係進一步上升到立法院，使政府朝向解除管制、強化市場機制的方向前進。政府多次宣示將房地產定義為「火車頭產業」，給予稅法與土地的優惠，加速房地產的市場化以及土地炒作（王振寰，1996）。又由於政府檢討前一階段國宅政策執行上的問題，認為不一定需要由政府直接興建，因此在 1990 年到 2001 年間，政府直接興建與獎勵投資興建模式已各占一半左右之比重（陳怡伶、黎德星，2010）。這個階段的另一特點是，國宅興建並非針對中低收入階層，而是以眷村改建（眷改）為主要內容。眷改推動模式從早期軍方和地方政府合作直接興建模式，在 1996 年增加了獎勵民間參與投資興建、委託民間機構興建、以及辦理標售等方式。這些興建機制以及成屋多採標售，使眷村改建演變為獨特的國有土地私有化之途徑。

　　這一時期都市地區也逐漸出現空屋的現象。1990 年臺北市空屋率為 9.4%，臺北縣為 16.7%，臺灣地區則為 13.29%。當時學者多建議政府短

期內應減少興建國宅，而轉以購買住宅貸款補貼鼓勵消化餘屋（張金鶚，1995）。1993 年到 1998 年間，內政部推動的優惠房貸與勞委會之輔助勞工住宅方案兩者總和逾 200,000 戶，超過同時期國民住宅興建戶數，說明貸款補助已經成爲住宅方案的主流（陳怡伶、黎德星，2010）。

3.3 貸款補貼購屋政策（1999-2010）

1999 年，中央政府正式宣布停建國宅。2000 年 8 月起爲提振經濟，核定「1,200 億元青年優惠房屋貸款暨信用保證專案」及「2,000 億元優惠購屋專案」，並續於 2001 至 2005 年間共六次增撥額度合計 1 兆 8,000 億元續辦優惠購屋。2002 年開始，更以減輕民眾負擔之由進一步將土地增值稅減半，2005 年則調整將稅率由原 40%、50%、60% 等級距分別調降爲 20%、30%、40%。2007 年則有「整合住宅補貼資源實施方案」，政策內容包括對勞工、原住民、公教、農宅等貸款等，並以家庭所得及各種弱勢狀況做爲考量，補貼租金、購置住宅貸款利息及修繕貸款利息。雖然貸款逐漸擴大至補貼租金與房屋修繕，整體而言以貸款購屋爲主流，其他補貼資源則十分微小。例如租金部分每戶每月最高補貼臺幣 3,000 元，補貼期限爲一年（陳怡伶、黎德星，2010）。此一階段政府國宅興建等業務單位也陸續裁併。例如，臺北市政府國宅局在 2004 年 3 月正式「走入歷史」，改制爲「都市更新處」、隸屬於「都市發展局」之下。臺北市的都市更新處，雖然仍受理國宅承租、閒置國宅用地出租等業務，主要工作已轉變爲以私人房地產爲主體的都市更新業務。

總結以上臺灣國宅政策演變：臺灣早期的發展，國家對社會福利的公共投資極少，展現第三世界國家依賴發展的特徵（Gold, 1986）。1950 到 1970 年代中期的國宅政策，主要是受到冷戰結構下美國援助的影響，在安定社會的考量下，以政府機構人員的住宅興建爲主，並開放中等收入階層承購。國宅興建數量少，針對中低收入家戶的國宅也很少，少數案例是做爲示範政策的象徵性產物。由於政府不願意積極管理並投入公共資源，允許國宅轉租轉售，造成公共住宅商品化的現象。1970 年代中期到 1980 年代晚期，政府以

國家計畫的模式推動國民住宅政策，但缺乏妥善的規劃與制度機制，導致執行成果不良。國宅提供的對象主要為軍公教家庭，大部分的中低收入家庭仍無法負擔購買國宅。後期興建方式並逐漸朝向獎勵私人投資興建。1990年代以後，政府獎勵民間投資興建出售型國宅，另一方面提供大量低利貸款做為人民購屋補貼，因此國宅政策已經形同被放棄。1999年政府正式宣布各地國宅業務終止，僅國防部的眷村改建計畫仍持續進行，國民住宅政策正式告終。另一方面，公有出租住宅理應是公共住宅政策的核心，然而它在臺灣的國宅發展史中卻始終只有微不足道的角色。若以2010年公有出租住宅數量占所有住宅存量的比例計算，全國僅為0.08%，其中臺北市占有0.64%、新北市（原臺北縣）0.02%、高雄市（合併後）0.03%。與鄰近地區，如日本接近7%、韓國6%，香港約為30%的數字形成很大的對比。

4. 臺北市之住宅課題

首善之都臺北市從二次大戰之後到1990年代以前，人口成長快速。雖然政府以市場取向解決大多數人的住宅需求，少數由政府介入提供的住宅如整建住宅與國民住宅，仍是以臺北市為主要實施地區。1990年代前後，人口規模逐漸穩定，住宅短缺的問題也大致解決，但取而代之的問題則是房地產炒作帶來的社會不公平的現象。臺北市住宅政策的發展以及現今問題，反映了房地產商品化以及所帶來的社會問題。以下介紹臺北市住宅政策發展歷程、現今課題與相關住宅運動（黃麗玲，2011b）。

4.1 整建住宅空間改善困難

1949年的國共內戰之後，將近兩百萬人的移民跟隨國民黨政權遷移到臺灣，住宅短缺嚴重。1959年臺灣中南部發生八七水災，使得許多受災戶失去家園與工作、北上進入城市謀生。政治播遷與城鄉移民的因素，使得臺北市出現了許多違章建築。據估計，1963年臺北市有52,000棟違建，占全

市人口 28%，而違建中有將近 70% 的外省人（許坤榮，1987）。在當時，政府若非有緊急的建設需求，大多對違建抱持容忍態度。1962 年，臺北市開始運用美國援助推動違建住宅的整建計畫。總計臺北市從 1962 年到 1975 年共興建二十三處整建住宅，共 11,012 戶，大多數分布於城市的西區，其中規模最大的即是萬華南機場整宅計畫。這些整建住宅早期為出租國宅，但後來政府為求易於管理，將住宅產權出售給居民。隨著時間推移、住戶更替，造成目前整建住宅產權難以整合、進行改建的問題。

在過去部分已脫貧的居民逐漸移出後，目前居住在此類型住宅的居民，包括原居民以及後來進駐的新住戶，多屬都市中的弱勢階級，如外籍配偶、獨身老人、身障人士以及底層勞工階級。整建住宅的居住密度高，但是產權細碎，再經私有化與多次轉手之後，已不具有公共住宅的角色，因此政府投入資源也十分有限，居民也很難自力改善居住空間。少數地區如南機場社區，則是仰賴方荷生里長等地方組織者，發揮創意、引入外來資源以改善社區狀況。

4.2 公有出租住宅極端不足

臺北市的平價住宅以及出租國宅政策雖然數量很少，興建年代也已久遠，並且與周圍社區的融合度不高，但應屬於現有最接近社會住宅定義的住宅類型。1968 年蔣介石所提出「民生主義社會政策，……興建都市貧民住宅為社會福利政策之一部分，旨在解決貧民居住的問題」。1971 年，臺灣省消滅貧窮的「小康計畫」，以及臺北市「安康計畫」均將平價列為六大工作要項，臺北市因此興建了四處平價住宅，包括安康（1,024 戶）、福德（504戶）、福民（340 戶）以及延吉（120 戶）平宅。在臺北市的國宅中，這些平價住宅所照顧的是社會最底層的民眾。平宅採收取租金或者管理費的方式，提供八坪到十四坪大小的住宅單位，給生活照顧戶、生活輔導戶、低收入戶、災害戶、拆遷戶以及越南和高棉歸國華僑等。

此外，大同之家（60 戶）原於 1972 年興建，隸屬陽明山管理局。1981年納入臺北市政府社會局管理。因此臺北市在 2009 年之前有五處平宅，

共 2,048 戶。不僅數目很少，這些平價住宅也有住宅空間太小、多數區位不良、缺乏公共空間、缺乏維修等問題。2009 年，臺北市政府計畫拆除位於廣慈博愛院內的福德平宅拆除，以公私合夥、預計以五十年租期、並可續約二十年的 BOT（Build, Operate, Transfer，興建、營運、產權轉移）模式，將廣慈博愛院與福德平宅面積共 6.5 公頃的土地，興建為「廣慈博愛園區」。基地上除了 2.9 公頃的社會福利設施外，將開發公園、綠地、商辦、旅館、購物中心與停車場等設施。這個案例引起一些社會質疑，認為政府將提供弱勢民眾社會福利與住宅的責任轉移給私人開發單位。

在平價住宅之外，臺北市政府過去也興建了一些出租國宅。在 2014 年，臺北市出租國宅總量為二十一處 3,784 戶，主要提供臺北市家庭所得分位 20% 以下之家戶申請，租金費用約市價的五成。然而由於供給遠低於需求，平均等待入住時間為三年半，而等待七年以上的狀況也不少見。

4.3 已出售的國宅產生豪宅化現象

根據學者研究，過去國民住宅可轉售的政策，使購買到國宅等於得到政府二、三百萬的補貼（林祖嘉，1996），因此也形成大眾所說，「抽中承購國宅資格有如中樂透」的現象。早期國宅變成高級住宅的現象，最著名的是在臺北市距離臺灣大學不遠、緊靠大安森林公園的「大安國宅」。它原本是低矮的軍眷村，1984 年完工後則變身為名建築師設計、有後現代風格的都會菁英住宅地。近年來，區位好、公共設施佳的都會區國宅漲幅更為驚人。2006 年到 2011 年間，全臺三大都會區的國宅漲幅，平均高達 20% 到 110% 不等。此外，有些眷村早期改建、近期又依《都市更新條例》申請更新成功的黃金案例，也掀起一股「國宅更新風」，進一步拉抬中古國宅的交易價格。以上這些現象都反映了將國宅轉售政策，不僅使住宅商品化，還助長都市中的豪宅炒作風氣，使國民住宅成為助長社會不公的工具。

4.4 房價高漲與新近的住宅危機

　　根據行政院主計處 2010 年的統計數字，臺灣貧富差距最高的 5% 與底層的 5% 之間的差距，已從十年前三十二倍擴大至六十六倍。相對照的是，官方公布的住宅自有率爲 88%。此一訊息往往使外界以爲，應不會有嚴重的住宅問題。但住宅學者華昌宜指出，此一統計定義有誤，應是 100 戶中 30 戶無自宅，70 戶擁 88 宅。無自宅的 30 戶中的三分之一可能爲極端弱勢，早已放棄購屋期望；但其他三分之二則從有望購屋變爲絕望者，最爲憤怒。另一端擁有兩個或更多單位住宅的 10 戶則是財富增值的受益者。値得注意的是，在已經擁有「自用住宅」的人當中，有許多人同樣是高房價的受害者，成爲背負高額房屋貸款的「屋奴」。因爲臺北市的實質房價在五年不到的時間內快速增長了 73%，然臺北市家戶所得同時期卻只上漲 1.2%。房價遠超過所得能力，顯見房地產已經進入嚴重的泡沫化階段（張金鶚、陳明吉、楊智元，2010）。

房價所得比
指的是該地區家戶平均年收入與平均房價之比值。該數值如超過6，可歸爲有高房價問題，若超過9，則爲問題相當嚴重，因此房價所得比也常被援用爲購房的「痛苦指數」。

　　通常我們以**房價所得比**做爲衡量一地房價合宜與否常用之指標。2010 年臺灣主要都市的房價所得比如下：

縣市	中位數房價所得比	中位數貸款負擔率
臺北市	16.42	68.10%
新竹縣	10.25	42.50%
臺北縣	9.78	40.54%
臺中縣	9.59	39.78%
臺中市	8.80	36.50%
新竹市	7.82	32.41%
臺南市	7.30	30.28%
高雄縣	7.20	29.86%
桃園縣	6.98	28.93%
高雄市	6.62	27.46%

　　從數值來看，雖然全國各主要都市地區亦有房價不合理之現象，臺北市的超高房價尤不尋常。

　　房地產業者通常將房價飆漲解釋爲是自由市場供需的結果。但根據統

計，2010 年臺北市有 13.8% 的空屋率，全臺平均空屋率則高達 20.5%。臺灣高房價與高空置率並存的現象，說明了房地產飆漲並非供需因素，而是人為哄抬炒作、房地產政策失調的問題。2012 年總統大選前的媒體調查顯示，房價過高已成為政府施政的民怨之首，而大多數人都認為政府應該要「打房」。許多學者更指出，除了利用租稅手段遏止炒作之外，政府應該擴大「出租住宅」市場，才是解決房價問題之道。

4.5 都市更新、迫遷與高級化現象

　　對有些處於住宅市場中的最底層、居住在違建社區中的市民而言，居住不安定的根源來自於都市開發，特別是公部門與私人房地產商合作帶動的「都市更新」風潮。臺灣的房地產歷經了 1980 年代下半期以來的炒作之後，1990 年代中期開始出現「低迷」的趨勢。1997 年亞洲金融風暴影響所及，更使得長久以來深植臺灣社會「房地產只漲不跌」的神話面臨破局的窘境。行政院先是宣示為提振國內景氣，並減輕國內民眾購買住宅利息負擔。除了優惠房貸與租稅手段，政府更進一步寄望「都市更新」為房地產市場注入強心針。1997 年行政院公布都市更新方案，運用公有土地配合都市更新、提供建築容積獎勵給私人建商等手段刺激房地產市場。1998 年，在財團積極遊說之下，立法院修法通過《都市更新條例》。這個條例對於臺北市的都市發展影響甚大。一方面因為臺北市市區中有大規模的公有地，法令上要求公有地配合私人都更，2004 年開始執行的「國有不動產活化運用計畫」又有資產活化的指示，要求相關單位「促進民間投資等財經政策，振興國內景氣，提升民間投資意願。……全面清點閒置土地及老舊房舍，釋出閒置軍事用地……」。經由《都市更新條例》的推波助瀾，私人土地與公有土地的加快開發下，房地產被推向另一個高峰。

　　在公有房地產方面，在行政院採取「新自由主義」取向，獎勵民間投資、解編公有資產的政策下，臺北市精華地段的公有土地加速開發，然而卻往往無視於居住其上的住戶。臺北市華光社區即為一例。華光社區緊鄰中正紀念堂，土地權屬 57% 為公有，43% 為私有。華光社區自 2000 年起即被臺

北市政府公告劃定爲都市更新地區。2007年底，行政院提出四大金磚計畫，欲開發爲「臺北華爾街」。但華光社區的開發並非援用《都市更新條例》，而是改由地上權轉移標售，具體實施方法爲政府騰空土地上面的房屋等地上物，再將騰空的地上權轉移給財團。另一方面，管理機關法務部開始對居民提告。雖然居民認爲依《臺北市舉辦公共工程拆遷補償自治條例》，華光社區是「舊有違章建築」，應以其合法建築物重建價格85%計算拆遷處理費（補助費），然而，華光爲國有土地，中央政府宣稱無法適用臺北市該自治條例，因此無須負擔任何安置責任。

2013年，面對當時行政院長江宜樺在行政院會議表示：「居住權不包括違法占用戶」的說法，華光社區自救會與華光社區學生訪調小組主張：華光地區居民屬於經濟社會文化公約所保護之「非正規住區」之居民，因此提出四點訴求：一、修改《各機關經管國有公用被占用不動產處理原則》，訂定具居住權、安置精神之公法；二、提出安置計畫，妥善安置社區居民，確實履行兩公約之居住人權；三、減免不當得利，及相關強制執行；四、國有土地規劃應納入民間參與，反對政府黑箱作業。但直到2016年初，華光社區的安置訴求仍未得到中央政府的相關回應。

另一方面，在依據《都更條例》辦理的民間更新事業方面，根據臺北市都市更新處統計，總計自1998年臺北市《都市更新自治條例》公布至2015年底止，已核定實施二百四十案，已完工八十八案，施工中六十五案。都更處自評：共創造出8,355.52億不動產價值，公共效益則包含安置現住戶10,293戶（合法建築物8,551戶，違章建築戶1,742戶）、協助開闢計畫道路39,846.90㎡、增加汽車停車位38,075部，機車停車位52,533部、留設人行步道127,253.90㎡（臺北市都更處，2016）。然而，政府以公共利益之名給予發商容積獎勵，都市更新的公共利益，從公共設施的公共性與必要性、到都更基地對於環境的貢獻等，經常都受到民間團體的質疑。更有甚者，在《都更條例》中，只要有超過75%的所有權人的同意則可以進行建物拆除，因此在執行上屢屢產生爭議。同意戶認爲不同意戶爲釘子戶，不同意戶則質疑爲強拆，並視《都更條例》爲惡法。同時，雖然《都更條例》獎勵加速更新，然而對於受到開發影響的違建戶，特別是其中的弱勢者，並沒有提

供公共住宅進行安置，反而是利用市場的手段，也就是透過容積獎勵促使建商與違建戶協調與安置。有些違建戶在談判過程中獲得市場化的住宅，但有些卻在缺乏政府監督以及居住權的保障下被迫遷移。

對照這段時期房地產狀況：1999 年臺北市新成屋、預售屋平均房價每坪 25.4 萬，但 2014 年底平均每坪已飆升至 91.3 萬，漲幅超過 3.5 倍，新北市也有相近的趨勢。這波房價上漲與都市更新緊密相關。參與都市更新使得有些中產階級能夠藉由更新換屋自住、囤積炒作房產的人則大幅獲利、而相對產權比例小或甚至無房產者則成為更新過程中的輸家，因為無法負擔上漲後的房價與房租而無法留在原地，只能遷移到房價與房租較低的地點。都市更新不僅是造成本身基地房價與房租上漲，往往也帶動鄰近基地調漲，出現居住原地的低所得居民遷移，而所得較高的族群流入的狀況，稱為「高級化」（gentrification）現象。大規模都更造成低房價與低租金的住宅存量大幅消失，首當其衝的是都市中的貧困階層。長期致力於輔導街友（homeless）的芒草心慈善協會即表示，街友找住房遇到最常見的兩個狀況，一是越來越多老房子被都更，因此能夠承租的空間相對也變少；其二是有些屋況惡劣的老房子，房東往往也坐等都更，不願也不會花金錢與時間改善。因此芒草心慈善協會認為，理想的狀況應當是由政府提供足夠存量的社會住宅，以解決街友居住問題。

5. 住宅運動與政策回應

5.1 從無殼蝸牛運動到社會住宅運動

1986 年年底房地產不景氣到達谷底，隔年 2 月，國泰人壽集團以當時每坪近九十萬的天價，標走南京東路四段華航旁約 1,700 坪的公有地，將土地行情炒熱。根據《太聯周報》的統計，1986 年底至 1989 年 4 月，僅二十八個月之間，大臺北的預售屋平均價格平均上漲了三倍。這波房地產上漲，使中產階級購屋無望而催生了無住屋者團結組織。組織者李幸長在

1986 年賣屋爲女兒治病，到了 1989 年發現房價已經高過想像。有感於政府在過程中的失能，他與中產階級市民、學者、學生組成「無住屋者團結組織」，提出「住宅是基本人權」的訴求，要求政府停止國有土地的拍賣，並遏止房價狂飆的現象。

他們號召將近兩萬人，夜宿當時地價最高的忠孝東路抗議。然而，政府在當時的回應，即主要以擴大購屋貸款補貼的政策因應，而忽視運動團體指出的租稅公平與都市土地利用的問題。近年由於臺北都會區的住宅危機使住屋運動捲土重來。這一次於 1989 年發起無殼蝸牛運動的組織者，包括崔媽媽基金會以及都市改革組織，採取擴大聯盟的戰略，在 2010 年初，開始聯合了臺灣的社會福利團體，成立了「社會住宅推動聯盟」，一起推動「社會住宅」政策。這些社福團體包括「臺灣少年權益與福利促進聯盟」、「伊甸社會福利基金會」、「老人福利推動聯盟」、「社區居住聯盟」、「勵馨社會福利事業基金會」等。他們以身障者、家暴受害婦女、老人、青年等弱勢群體的社會權利爲主要訴求，一方面推動《住宅法》的立法通過。

圖 13-2　社會住宅推動聯盟的倡議行動

圖片來源：社會住宅推動聯盟。

　　「社會住宅推動聯盟」（以下稱聯盟）主張，社會住宅應視為社會福利之公共投資，政府必須承擔主導推動興建之責任，不應以財務獲利、財務平衡或民間投資與否為主要考量。同時，政府應扮演市場以外的救濟角色、針對被排除於住宅市場之外的經濟與社會弱勢團體，提出更具體、直接的住宅補助。他們也認為，現有的出租國宅對象與續住規定不合理、無法保障弱勢者的住宅權利。因此聯盟主張社會住宅，應對對象認定、租金標準、續住評估等，建立合宜標準。在社會住宅的興建上，則應避免集中化，並結合社福照顧體系，以及引入第三團體建立永續經營模式，以解決既有平宅標籤化與低度管理問題。針對土地來源，「聯盟」認為應該停止國有土地標售，全面檢討並爭取「公有非公用土地」優先運用於社會住宅興建。並以調整部分設施用地（如學校、市場），或是以都市計畫手段，如聯合開發、都更、土地變更等，藉由回饋取得社會住宅。

　　2011 年 10 月 13 日，馬英九總統於接見社會住宅推動聯盟代表後，宣示推動社會住宅並在雙北市釋出包括新北市萬華青年段、松山寶清段、三重大同南段、三重同安厝段及中和秀峰段等五處基地試辦，共計 1,856 戶。

　　2011 年底，《住宅法》終於立法通過，為我國住宅政策上的里程碑。然而，在行政院、立法院對住宅政策的保守態度下，通過的版本與民間團體的主張有相當的距離。2011 年通過的《住宅法》以「健全住宅市場」為主要目的。《住宅法》第三條規定社會住宅為「由政府興辦或獎勵民間興辦，專供出租之用，並應提供至少百分之十以上比例出租予具特殊情形或身分者之住宅」。中央政府的角色是政策擬定、調查研究以及基本居住水準之訂定等被動角色，而社會住宅之規劃、興辦、獎勵與管理則為地方政府之責任。《住宅法》也對於居住權利平等有所定義，認為居住為基本人權，任何人皆應享有公平之居住權力、不得有歧視待遇。然而，《住宅法》並沒有回應當前居住的重要課題，即是土地私有化與商品化進一步深化所引起的住宅危機。例如因貧困階層的居住條件日益惡化，或是因為公有土地開發或配合私人進行都市更新，引起之民眾迫遷問題，以及弱勢團體所需要的住宅與社會福利結合之課題。現有的制度也使得《住宅法》的執行效力受到質疑，特別是擁有土地、人事、資金等資源的中央政府，在住宅政策上為被動角色，責

任則大部分由地方政府負擔。同一時刻，內政部「民國 100 年社會住宅需求調查報告」，針對弱勢家戶所進行的調查（包括低收入戶、中低收入身心障礙者家庭、中低收入老人家庭、單親家庭、育有未成年子女三人以上家庭、以及年滿 18 歲到 25 歲離開寄養家庭或教養機構之少年），其調查結果是，約 88% 有社會住宅需求，約為三十三萬戶。其中又以居住在臺北市與新北市的家戶比例為最高。《住宅法》的取向，顯然難以在短時間中處理嚴苛的社會住宅需求。

5.2 地方政府與中央政府的政策轉變

另一方面，社會住宅聯盟的訴求很快獲得媒體與公眾的注意，但在短時間之內仍很難撼動政府被財團的訴求影響、而持續以「有土斯有財」為藉口的住宅私有化的政策方針。內政部於 2010 年 4 月 22 日推動的「健全房屋市場方案」，則以「合宜住宅」的說法，由政府低價提供土地、獎勵私人興建以辦理「出售式公共住宅」，地點包括板橋浮洲以及桃園機場捷運 A7 站。地方政府則有桃園縣與臺中市推出合宜住宅。然而民間團體認為公共住宅應該是提供租用，而非購買，因此批評「合宜住宅」是以往國宅政策「借屍還魂」的結果。他們也指出此政策提供之戶量少，未能照顧真正需要的人，抽籤以及轉賣等機制又助長因為住宅資源分配引起的社會不公現象。雖然一直受到社會質疑，但要到 2014 年桃園市爆發合宜住宅弊案後，政府才表示不再續推此政策。另一方面，內政部營建署於 2015 年則宣布「青年生活住宅」政策，將鎖定如桃園機場捷運、高雄市捷運或其他縣市主要道路、快速高架道路沿線國有地，興建至少兩萬戶「青年生活住宅」，以設定地上權方式開發。目前的規劃是「屋主將來要轉賣，只能賣給政府，脫離房屋自由市場機制，將房價維持在一定水準，讓青年買得起房子」。而民間團體則憂心，「設定地上權」的做法會不會在多年之後又變相轉為出售，造成國有土地另一次的私有化。

2014 年年底，柯文哲以大規模選票差距，選上臺北市長。柯文哲市長上任後宣示將在四年內完成兩萬戶、八年完成五萬戶的公共住宅。2015 年 9

月，臺北市政府公布四十五處基地，共 21,250 戶公共住宅的計畫，其中戶數最多的為信義區，計有 6,600 戶。臺北市副市長提到，兩萬多戶的投資金額高達 1,277 億，其中土地取得成本為 305 億。臺北市政府希望未來中央政府能夠無償撥用土地、節省土地成本，而未來公共住宅的租金將按照家庭年收入，給予不同的租金補助。

隨著公共住宅政策的復興，臺北市政府也宣示了公辦都更政策。不同於以往《都市更新條例》著重民辦都更、活絡房地產的做法，臺北市三十多處公辦都更的基地，包括了廣慈博愛園區、南機場整建住宅、紹興南街 Medi-City 計畫以及等公辦都更計畫，強調公部門在資金與政策上的主導角色。在這些公辦都更方案中，公共住宅以及相關的社會福利服務等是開發的重點，例如「廣慈博愛園區」未來整體開發將規劃做為信義區行政中心、銀髮族照護設施、老人及身障福利設施、中繼期復建設施及兩千戶公共住宅，並優先做為周邊辦理都更的中繼住宅之用。而紹興南街的公辦都更，將轉化首都核心區的空間機能，市府將獲得一批公共住宅，臺灣大學則能夠發展醫療與健康產業，引入相關教學、研究與服務空間。臺灣大學也在此基地上，與弱勢社區居民、公益與專業團體、臺大師生，進行以住宅、福利、社區營造為主軸的高教創新實驗計畫。

不僅是在臺北市，新北市、臺中市等地也陸續推動興建公共住宅或社會住宅。但是由於擁屋者有對早期國民住宅管理不善之印象，加上對政府的不信任，以及期望房價只漲不跌的想法，各地方政府大規模公共住宅的政策規劃也遭遇一些困難。許多中產階級社區對於周邊公地的利用，多主張綠地、公園、甚至藝文空間等有利於提升整體環境以及房價的利用模式，而排斥公共住宅的進駐。在都市計畫委員會及相關公聽會上，則採取幾近於鄰避（Not in my backyard, NIMBY），「並非不支持公共住宅，但我家旁邊這個基地並不合適」的態度。另一方面，期盼入住公共住宅的市民，則希望租金能夠更有彈性、租期要更有保障等。環繞公共住宅，需要有更多對於公共價值的討論，並從規劃設計上提出整合性的方案以進行社會溝通。

2016 年 1 月臺灣舉行總統選舉，民進黨籍當選人蔡英文選後也公布她的住宅政策方向，包括八年內興建二十萬戶只租不賣的社會住宅，並將修正

不動產的輕稅結構、進行房屋稅、地價稅等持有稅的全面改革，同時制訂《租屋專法》。

　　然而相對於公共住宅政策的進展，華光社區等反迫遷團體對於居住權的主張，則尚未得到中央政府的回應，土地與住宅的商品化現象持續深化，而國有土地上的違建社區，其居民的安置問題仍有待立法與政策的回應。

Box 13-2

香港的公共住宅

　　1950 年代，大量人口從中國大陸流入香港，許多家戶居住在違章建築（香港稱爲寮屋）中，而其中約 70% 集中在主要市區（Pryor, 1984）。但在 1953 年聖誕夜，石峽尾的違建區大火，造成五萬多名市民無家可歸。石硤尾大火之後，市區又接二連三發生寮屋區大火的事件，使災民的安置成爲問題。因此香港政府開始了興建徙置大廈（安置住宅）的方案安置災民，並擴展爲將來全面清拆寮屋的工作模式，在安置災民之餘，更能騰出空地供市區發展之用。總計從 1954 年到 1970 年間，香港政府總計約興建了五百座的徙置大廈，約爲一百二十萬人提供住所（香港房委會，1999：50）。

　　在 1972 年，香港總督麥理浩宣布推行「十年建屋計畫」，並在 1973 年將原有負責興建徙置大廈的「徙置事務處」與負責興建廉租屋的半獨立團體「屋宇建設委員會」合併，成立「香港房屋委員會」，做爲公屋（公共房屋）興建的主要機構。公屋村配合新鎮的興建，成爲將人口分配與都市活動從市中心轉移到新界地區的主要機制。搭配著新市鎮的建設，香港的公屋發展從以往的徙置政策轉型，進入了起飛時期。

　　「十年建屋計畫」原訂預計到 1983 年將興建七十二個公屋村、解決一百八十萬港人的居住問題。此計畫後來歷經修正，包括香港政府在 1977 年推動「居者有其屋」計畫，推動公屋私有化的走向。以及 1978 年開始邀請私部門的建商合作，試辦「私人機構參與興建」計畫。「十年建屋計畫」中的「新市鎮計畫」並修訂及延伸到 1990 年代，當時預計興建沙田、大埔、粉嶺、元朗、天水圍、屯門、荃灣和將軍澳等八個新市鎮及衛星鄉鎮，並配合填海發展，規劃將容納三百六十五萬人。在此階段，港府大規模的公屋計畫，事實上是結合了關鍵的市場機制、透過公私力量的合作才共同完成的。

　　到 1989 年，香港公共房屋居住人數爲 2,669,000 人，占全港居民總人數的 46.8%（楊奇，1990）。而公屋與新鎮制度的配合，在人口重新分配上也產生了顯著效果，達成分散人口的目標。在 1991 年，共計有二百一十萬人口居住在新市鎮，占全港人口四成（胡文龍，1997）。除了供出租用的公屋之外，香港政府從 1978 年開始也推出「居者有其屋」（居屋）計畫，以低於市價的方

式提供住屋給所得能力較佳、希望購屋的市民。此外，也有透過「私人機構參建居屋計畫」，政府邀請私人機構競標參與居屋之開發。總計在 2013 年，香港房屋委員會（Hong Kong Housing Authority，房委會）與香港房屋協會（Hong Kong Housing Society，房協），此兩個機構共為香港提供了約二百四十萬的公共房屋，涵蓋全港 45.9% 之家戶，其中 30.4% 為公共出租房屋，15.5% 為「資助自置居所房屋」（居屋）。近期的公屋建設強調建築使用環保建材、透過規劃設計達成節能減排、以及廢棄物的回收再利用等可持續發展之方向（香港房委會，2016）。柯司特與郭彥弘認為，香港公共住宅政策成功的原因有三：（一）以公地為基礎、積極的土地政策；（二）公共住宅在政策上的優先性，並有公共基金的挹注；（三）香港房屋委員會在管理上的效率，一方面具有機構的自主性，但又能協調住宅發展過程的不同功能（Castells and Kwok, 1990）。2000 年，香港政府成立市區重建局，結合公共住宅重建與都市更新，宣示處理舊市區建築物嚴重老化問題、強化都市土地使用、整合公共設施等課題。香港房屋協會於 2002 年與市區重建局簽訂「合作備忘錄」，組成策略性合作夥伴，利用雙方的長處和資源，加快各項市區重建計畫。但是市區重建局的許多項目，也遭受民間團體與社區許多批評，指稱在高地價與自償原則下，舊市區的開發是加速土地與房屋商品化，重建局的角色有如發展商、文化保存也往往流於為觀光旅遊而未能保有地方特色，或是為當地居民服務。

Box 13-3

韓國的公共住宅

在韓國，公共租賃住宅方案開始得很晚，然而卻有高規格的目標。其特色是政策目標明確、有效率建立各種相關政策機制、以及公共住宅類型的彈性化與多樣化。

韓國在 1960 年代之後快速的經濟成長，是與人口高度的都市化同步進行。然而在都市住宅供給不足、價格過高、政府又缺乏公共住宅的狀況下，都市中的違章建築成為快速與廉價的住宅來源。從 1960 到 1980 年代間，至少首爾市十分之七的人口都曾居住過違建區。1983 年開始，由於韓國政府採取了以傾向於土地商品化的都市更新政策，對於都市違建區進行大規模拆除，加上當時房租快速上漲，使都市貧民的居住狀況急遽惡化，引起了大規模強烈抗爭，韓國政府因此在 1989 年宣布了韓國史上第一個公共租賃住宅計畫。在 2010 年末，如果將興建中的數字也算入的話，居住在公共租賃住宅的家戶占所有家戶的比例已達 6.3%。韓國政府的目標則是在 2018 年提升公共租賃住宅的數目到總住宅存量的 12%，以及總家戶數的 10%（金秀顯，2011）。

韓國政府為推動公共租賃住宅，成立了韓國土地與住宅公社（LH），負責土地開發與公共住宅興建。在首爾市也有首爾住宅公社（SH）的機構。除了政府積極介入做為主體之外，韓國的住宅政策還有靈活的特點。例如根據不同所得能力與需求，有五年、十年租賃、以及五十年租賃的

設計。近年韓國公共住宅的發展重點已經從量的提升，到質的進步，著重透過規劃、設計與興建品質的提升，以及與福利服務的結合，減低公共住宅被汙名化的問題。另外，近年來由於公共住宅供給的多樣化，韓國年輕人也出現放棄購屋、轉為申請公共租賃住宅的趨勢。因為租賃住宅的費用大約是市價的 30% 到 83%（按個人的經濟所得訂租金），年輕人能夠在住宅上省下大幅支出，有助於成家立業或追求更多樣化的生活模式。

問題與討論 13-3

社會住宅在歐洲與在亞洲國家的狀況有何不同？亞洲國家如韓國、臺灣與香港的社會住宅或公共住宅政策又有何差異？是什麼樣的社會與政治背景導致住宅政策的差異？

---

6. 居住正義與都市永續發展

二十一世紀以來，我們正邁向一個急速高齡化與少子化的時代。這個人口危機伴隨著土地與住宅資源分配不公、貧富差距深化的現象，對於社會發展形成巨大的挑戰。高齡者、身障者、初出社會的青年人、較低所得階層等社會較弱勢的族群，有賴政府多樣化的公共住宅或社會住宅的供應，以保障其居住權、打造社會安全網、提高生活福祉，以及修正住宅與土地商品化的問題。公共住宅中的托育、照護、開放空間等設施，不僅服務基地本身的住民，也能嘉惠鄰近社區。公共住宅從規劃設計、營造到管理的體系，可以提供不少工作職位，也可以進一步結合在地僱用或是開創社區經濟。我們已經從先進國家中看到相關成果。臺灣在這部分起步非常晚，今後開始應該學習多方經驗、找尋適合我們的發展模式，迎頭趕上。

參考書目

王志弘、張淑玫、魏慶嘉譯，Weisman, Leslie Kanes 著（2001）。《設計的歧視：「男造」環境的女性主義批判》。臺北：巨流圖書。

李佳璇譯，Van der Veer, Jeroen and Dick Schuiling 著（2011）。〈荷蘭阿姆斯特丹住宅協會的角色與歷史〉，收錄於「社會住宅國際研討會：居住正義與社會包容」會議論文集，頁 58-75。臺北市：臺大醫院國際會議中心。主辦：社會住宅聯盟、臺灣大學建築與城鄉研究所、臺灣社區居住與獨立生活聯盟。

王振寰（1996）。《誰統治臺灣？轉型中的國家機器與權力結構》。臺北：巨流圖書。

臺大土木研究所（1988）。《臺灣的住宅政策：「國民住宅計畫」之社會學分析》。臺北：國立臺灣大學土木工程研究所都市計畫研究室。

米復國（1988）。〈臺灣的公共住宅政策〉，《臺灣社會研究季刊》，第 2&3 期 1 卷，頁 97-147。

林祖嘉（1996）。《我國現有住宅資源補貼整合與運用之研究》。經建會都市及住宅發展處。

金秀顯（2011）。〈大器晚成？韓國公共租賃住宅的未來〉，收錄於「社會住宅國際研討會：居住正義與社會包容」會議論文集，頁 248-259。臺北市：臺大醫院國際會議中心。主辦：社會住宅聯盟、臺灣大學建築與城鄉研究所、臺灣社區居住與獨立生活聯盟。

胡文龍（1997）。〈新市鎮發展〉，收錄於陳錦華、胡文龍、余錦偉、李志輝著，《香港城市與房屋：城市社會學初探》，頁 111-130。香港：三聯書局。

香港房委會（1999）。〈家：香港公屋四十五年〉。香港：香港政府房屋委員會。

香港房委會（2016）。香港房屋委員會網站。http://www.housingauthority.gov.hk/tc/index.html

國土規劃及不動產資訊中心（2010）。「臺北市青年出租住宅公司合作策略規劃案期中報告」。臺北：財團法人國土規劃及不動產資訊中心。

張世典（1981）。〈臺灣地區國民住宅規劃設計之研究〉。行政院研考會。

張金鶚，陳明吉，楊智元（2010）。〈臺北市房價泡沫之再驗〉。臺北：政治大學臺灣房地產研究中心。

許坤榮（1987）。〈臺北邊緣地區住宅市場之社會學分析〉。臺北：國立臺灣大學建築與城鄉研究所碩士論文。

陳怡伶、黎德星（2010）。〈新自由主義化、國家與住宅市場：臺灣國宅政策的演變〉，《地理學報》，第 59 期，頁 105-131。

陳東升（1995）。《金權城市：地方派系、財團與臺北都會發展的社會學分析》。臺北，巨流圖書。

黃麗玲（2011a）。〈社會住宅政策與社會轉型的新視野〉，《新社會政策》，2011 年 2 月號，頁 13-17。

黃麗玲（2011b）。〈臺灣的住宅政策、住宅問題以及住宅運動：以臺北市為焦點〉，收錄於陳映芳、水內俊雄、鄧永成、黃麗玲等著，《直面當代城市：問題與方法》。上海古籍出版社：現代城市社會研究叢書。

羅惠珍（2015）。《巴黎不出售》。臺北：尖端出版社。

Bratt, G. Bratt, Michael E. Stone and Chester Harman (2006). Why a right to Housing is needed and Make sense? In A right to housing: foundation for a new social agenda / edited by Rachel G. Bratt, Michael E. Stone, and Chester Hartman Philadelphia, PA: Temple University Press. pp. 1-23.

Castells, M., Goh, L. and Kwok, R. Y. W. (1990). *The Shek Kip Mei Syndrome: Economic Development and Public Housing in Hong Kong and Singapore*. London: Pion.

Forrest, Ray (2008). *Introduction: Privatisation and Housing. in Selling the welfare state: the privatisation of public housing*. Edited by Ray Forrest and Alan Murie London: Routledge, 1991. pp. 1-14.

Gold, B. Thomas (1986). *Dependent Development in Taiwan*. Ann Arbor, Mich.: University Microfilms International.

Pryor, E.G. (1984). Squatting, Land Clearance and Urban Development, *Land Use Policy*, 1(3): 259-242.

Richard, Ronald (2013). Housing and Welfare in Western Europe: Transformations and Challengesfor the Social Rented Sector, *LHI Journal*, 4(1): 1-13.

UN-HABITAT (2009). *The Right to Adequate Housing*. http://www.ohchr.org/Documents/Publications/FS21_rev_1_Housing_en.pdf

第十四章
輪到誰來犧牲？
臺灣經濟發展過程之環境、生態與社會風險

周桂田
國立臺灣大學國家發展研究所教授

王瑞庚
國立臺灣大學國家發展研究所博士候選人

1. 環境、生態與社會風險分配正義問題

　　西方工業革命以前人類所面對的環境與今日你我面對的環境，其最大的不同在於，當時人類活動對偉大的大地母親影響與傷害渺小，地球圈、生態系和整個環境的廣袤無邊，浩大能力遠遠超過人類活動的破壞；人類發展科技對抗自然環境、生態帶給人類的風險，乃是爲了生存，因此有了建造房屋、城市與修築水壩等活動。然而工業革命帶來人類力量等比級數的增長，從十八世紀以來包括有毒氣體、重金屬等汙染空氣與水源、溫室氣體導致的全球暖化極端氣候災害，或者因人類破壞生態圈導致生物滅絕與多樣性危機，各種對環境生態的破壞，遠遠超越之前歷史總和，但人類當時並不自知，還十分自豪自己能征服世界；一直到二十世紀以來一連串嚴重的、不可逆的工業汙染，以及新興科技衍生各類無法預期的風險，人類驚覺自己使用科技的能力，已經遠大過了解與掌握科技的能力，科技帶來環境生態永久破壞的風險，早已迫使人類必須用更多力量對抗科技造成的危害。也就是過去人類運用科技對抗自然環境給人類的風險，但如今是人類對自然環境、生態的危害反過來成爲人類當今最巨大的風險（周桂田，2002；Beck, 1986；Jonas, 1984）。

　　貝克的**風險社會**理論談到，馬克思理論處理的主題，是匱乏社會裡財富分配邏輯。但人類歷史到了二十世紀科技發展到基因科技時，標誌著科技由從屬於人的技術逐漸成爲主體，傳統社會的現代化，科技是在人類以自身（主體）向外所掌控的自然、社會世界（客體）被人類運用，但當代科學面對的問題卻是自我生產、匱乏與難以控制的後果問題，這就是社會開始進入反身性現代的風險社會，社會分配的邏輯：由匱乏社會中的財富分配邏輯轉爲已開發社會的風險分配邏輯（Beck, 1986）。從生態風險的角度，像福島核災這樣重大的生態災難，經常釀成更嚴重情形而擴散到更廣的世界各區域；另外像是人類活動所排放的溫室氣體造成全球生態負擔，極端氣候不斷在近年危害人類與整個生態系統，其所產生大規模的生態災難和社會不平等、非正義之風險分配與威脅，已經成爲當前全球各國家、社會面臨最重大的問題之一（Allen et al., 2014）。

風險社會

德國社會家貝克在《風險社會》一書中，首次將風險做爲社會探討的主題，認爲人類社會已經進入一個新的階段，人類面對的是「現代化自身所製造的風險」，過去的階級社會建立在財富分配的邏輯辯證，但現在因爲人類使用科技的能力，大過處理科技風險的能力，因此風險分配成爲社會建構之主要邏輯之一。貝克亦將這樣的風險社會，放在其第二現代的理論中去理解，在這樣第二現代乃是反身性現代。（顧忠華，1994；周桂田，2002）。

　　過去工業革命產生的風險，經常是生產財富的經濟利益由少數人瓜分，卻反向將風險轉嫁給環境與生態，最終由社會承擔，在經濟學上，即是經濟發展對環境與健康造成的外部性，由全社會或少數特定職業（農民、體力勞動者）承擔，因此風險的生產與分配的民主與正義被剝奪了，甚至加劇社會階層。這種風險轉嫁的外部性問題，從社會正義或是市場效率而言，政策介入是可以改善或解決這種風險轉嫁造成的外部性問題。例如高雄的石化產業汙染當地，其中許多工廠的營運總部卻在臺北，這樣它的稅收由臺北取得，經濟生產利益由臺灣民眾共享，但汙染卻留在高雄；或許這有過去臺灣特殊的發展背景，但這樣的經濟發展與環境生態之風險分配不公的問題，是應該正視面對。從戰後臺灣的經濟發展轉變過程，可以看到臺灣如何從脫離匱乏的財富分配邏輯中，逐漸取得經濟發展成就，並如何同時進行風險轉嫁，造成現在臺灣風險分配民主與正義之要求與經濟發展策略對抗的現象。

> **問題與討論 14-1**
>
> 試評論一個臺灣的環境汙染事件，分析事件中的經濟獲利者，環境或健康風險生產者與風險承擔者，探討風險分配是否公平與政府應扮演的角色？

2. 經濟發展之環境生態風險轉嫁

　　有關臺灣經濟發展的研究，從發展型國家、威權體制國家轉型、國家資本主義體制等各種理論解釋其原因，國內外已取得豐富成果。包括劉進慶（1992）對從日治到國民政府國家資本積累、瞿宛文（2011）的後進國家超越與發展的經濟轉型等研究；從發展型國家理論，包括國家適當的角色（Johnson, 1982; Amsden, 1985; Skocpol, 2008; Weiss, 1998）、鑲嵌自主性（Evans, 1995）、經濟建設與技術官僚體制與產業發展做為使命（Chibber, 2002）、管理的互賴的成功模式（Weiss and Hobson, 1995）、王振寰（1996）對國家政治轉型、鄭為元（1999）對威權主義與新重商主義的批判等經典

研究；林萬億（1994, 2003）社會處境中的國家理論、古允文（1997）生產式福利體制、林國明（2002）獨斷性國家權力等對臺灣的福利國家體制發展的經典研究；還有謝國雄（1990）勞工如何變成中小企業頭家、黃崇憲（2010）的世界體系資本形成、吳挺鋒（2003）的財政平衡代價，還有許多礙於篇幅未能盡列的傑出研究。上述豐富的研究成果，呈現臺灣在戰後百廢待舉的階段成功啟動了工業化，因此臺灣能夠快速發展經濟，並且進入現代化的各個面向。

　　1960 年代以後西方推動新自由主義，隨著全球化進展，透過私有化、金融化、危機管理與操縱、國家在分配中進行剝奪性積累（accumulation by dispossession），此時不只是馬克思資本論中在經濟上剝削剩餘價值的資本原始積累（Primitive Accumulation of Capital），更進一步的是全面對於土地、環境、用水、勞力、租稅與社會福利的剝削（Harvey, 2005; Dunn, 2007; Pakalapati, 2010; Bernier, 2011），這樣的剝奪其實反映在風險社會中的環境、健康、社會安全的風險轉嫁，制度性剝奪人民規避風險能力，所導致的風險分配非正義問題。從某種程度來看，過去為了經濟發展而犧牲的土地、環境、健康等問題，經常被視為「必要之惡」，或者是「發展的代價」與「發展的成本」，「風險」被視為技術經濟發展的副產品，因此經濟發展經常伴隨著成本效益的辯論，在成本效益分析中被認為「外部成本」的國民健康、環境破壞的風險等，也被量化、數字化而進入估計當中。然而經濟效益本質上就是量化的、較容易估計的，但現代風險卻是無形又難以認知，風險的建構性特質，本質上並非只有清楚明晰的量化實驗結果，風險的科學未知與不確定性經常被低估（周桂田，2014）。

　　從上述角度而言，臺灣在取得經濟成就的背後，存在著對農業、環境、工資與工安等透過租稅、破壞環境、低工資、忽視工安的情況，從風險社會理論來看，這是一種風險轉嫁的發展邏輯，對風險分配之非正義現象。當政府與企業的政商關係偏重經濟發展，卻遲滯管理並且隱匿健康、環境與社會風險議題，就會造成風險治理與經濟發展對立的困境。近年來臺灣公民社會逐漸覺醒，肇始於一連串公民社會對社會、環境、健康風險的抗爭，公民開始意識到不能再為了經濟發展犧牲健康、環境、社會正義，公民本身在知識

上的覺醒化為社會運動的行動力（李丁贊、林文源，2000；Chou, 2015；杜文苓，2010；莊豐嘉，2011）。

　　也就是說，近年來臺灣公民社會逐漸覺醒，社會力量開始對政府、資方對勞工、環境、社會進行的剝奪積累和風險轉嫁進行抗爭，對抗風險分配的非民主型態。這樣的對立困境所產生的現象是，近年來臺灣經濟發展政策經濟建設計畫、方案經常面臨環境抗爭、土地徵收困難、水資源與電力競爭、勞動成本提高等困難，政府的發展策略很難再為了某些沒有經過民主程序的所謂國家利益，漠視風險並轉嫁給部分民眾或者由全民承擔，剝奪公民對風險分配之民主參與決策的權利。諸如經濟發展是否必須基於核能之低電價的爭議（核能風險、能源依賴、減碳、電價等議題）、科學園區擴張與都市更新是否必須徵收大埔農地爭議（土地正義、居住正義、高科技政策等議題）、臺灣是否需要開發新的高汙染高耗能之國光石化來帶動 GDP 成長的爭議（全球暖化、減碳、產業升級等議題）、高科技產業是否需要用水、用地的補貼與特權以取得利基的中部科學園區爭議（產業政策、水權、租稅公平等議題）、觀光產業是否需要開發自然環境的美麗灣開發案爭議（環境保護、環境影響評估等議題）等，在風險分配民主、社會與環境正義的要求下，突顯臺灣的經濟發展思維與策略，存在著經濟與永續發展衝突的矛盾現象，實際必須找尋出一套經濟發展與風險分配邏輯的轉型，並且超越其對立困境的出路。

　　因此本章標題「輪到誰來犧牲？」，旨在探討臺灣經濟發展過程中，其環境與生態風險分配轉嫁給社會，以及制度性剝奪人民規避風險能力的風險非正義與缺乏民主的問題，難道還要找下一個犧牲者才能造就臺灣經濟？還是臺灣應積極改革這些問題，使國家具備風險治理創新能力，滿足風險分配民主、環境與社會正義的公民社會要求的發展策略，找出國家發展轉型與超越新策略。

3. 初期資本積累與轉嫁給農民的風險

戰後臺灣經濟發展，農業扮演初期資本積累最重要的動力，並以此奠定工業化的基礎，然而在整個過程中，從農民、農業部門轉移出去的經濟剩餘，卻留下環境、生態與社會的風險給農地與農民。[1]

回顧歷史，日治時期日本在臺灣完成了一些資本主義的基礎建設，其中首重臺灣農業生產建設；當時臺灣整體經濟結構是一種公營企業與資本宰制民營企業與資本的雙重構造，這樣的構造後來由國民政府繼承（劉進慶，1992；劉進慶、涂照彥，1995），結合爲國民政府主導的官商資本提供臺灣資本主義發展的資本積累，發展出臺灣的國家資本主義型態，農業經濟從未真正自由化，而是受到官商資本的宰制。國民政府來臺後，容許非政治化的專業主義，容許經濟官僚主導經濟政策，奠定了威權官僚工業化政權，這樣的官僚政治延續到臺灣科技政策能脫離軍事與政治，而以經濟發展爲目標大有關係（瞿宛文，2000；楊翠華，2003；Kirby, 2000; Cumings, 1999）。

另外，美援在戰後初期對臺灣經濟穩定與預備後來發展，起了莫大的作用，主要在穩定物價和轉移軍事支出上，使得美援促成公共部門資本形成，前述的官商資本才得以成立，而當時政府才有辦法推動其經濟政策，然後運用國家與特定工業生產資本，透過高度體系化的稅式支出（tax expenditure）政策與大量出口美國這個龐大市場，轉型爲出口導向，抑制內需消費，以非稅收入做爲國家資本積累的主要手段，達成生產至上、富國強兵、獨尊經濟發展爲目標（吳挺鋒，2003）。然而這個過程中，農民以及他們所居住的農地，其自然環境與生態是經濟發展第一批犧牲者。

3.1 初期農業資本轉移

國民黨政府播遷來臺時，資本積累的主要基礎來自於接收日本殖民遺

---

1 必需要說明的是，在回顧過去臺灣發展，並非否定過去發展策略並且進行價值判斷，過去發展或者有其考量與評估。如同本文所述，主要是要呈現這個隱含剝奪性造成目前經濟發展與社會、環境公平正義相對立問題的歷史脈絡考察。

留的專營部門，以及 1951 年到 1963 年 80% 的美援，這兩部分都轉化爲國家控制的資本。專賣利益在 1955 年到 1960 年達到財政收入的 22.8%，1961年到 1965 年達到最高的 26.2%，到了 1986 年至 1988 年仍有 19.6%（臺灣政府的公營事業占財政比例，與美國、英國、澳洲、泰國的 4% 相比是相當高的）。同時在 1965 年底，中央銀行美援存款爲 51 億 5 千萬元，而新臺幣發行量爲 54 億 6 千萬元（吳挺鋒，2003），顯見美援對臺灣經濟的重要性。美援期間，政府除了支配絕對多數的美援，專賣的利益之外，政府直接將民間資本轉移爲政府資本。當時經濟結構上臺灣乃以農業和農工業爲主，日本留下的專營部門也有很大一部分是農業部門，因此當時整個政策相當於將農業部門的經濟利益轉移到國家，直接、間接剝奪農業經濟剩餘的機會。

國民黨政府統治臺灣初期，透過土地改革創造大量零細小農，吸收農業部門剩餘價值轉移工業部門投資，開始所謂「以農養工」期（黃崇憲，2010）。首先在稅賦方面，農民捐稅負擔繁重，除了普遍的綜合所得稅、財產稅、貨物稅等，針對農業特別的稅目繁多，包括：農地地價稅、農地收益稅、農業生產稅、農地改良稅，還有雖然是一般稅，但農民容易成爲課徵對象的，例如：建設成果課徵受益稅、土地增值稅、出口臨時捐（當時農業出口大宗：香蕉、洋菇、蘆筍等）、教育捐和防衛捐；除了營利事業所得稅、營業稅、證券交易稅等針對商業和特定行業課稅的項目，農業部門幾乎都得負擔；以 1966 年爲例，農戶賦稅大約是非農戶賦稅的 4.15 倍（段承璞，1992），土地改革後二十年間，農業賦稅大約是所得的 31%。

非稅賦方面最重要的即是「以糧換肥」政策，肥料由政府統購統銷，換肥之肥料價格經常超過國際市場一倍以上。政府在 1950 年至 1973 年透過肥料換穀，平均每年獲得 4.23 億元；另外還有隨賦徵購稻穀的政策，以低於市場價格的方式強制收購稻穀，實行十七年徵得 68.7 億元。若從 1951 年到 1965 年十五年間徵穀占總產量來看（劉進慶，1992），同時期大約年產量的 30% 都等於歸國家所有。另外從 1948 年起台糖公司採取「分糖制」，按規定直接取得糖生產的 50% 左右。在這段期間，糖的出口額每年達到 1 億美元，此規模大約等於美援的貢獻，而在資本自主運用上的貢獻，則遠遠高過美援。

1953 年到 1968 年這段時期透過田賦徵實、隨賦徵購、肥料換穀與蔗糖收購，獲得農業剩餘 180 億元，占同時期臺灣固定資本形成的 8.7%，且占政府與公營事業固定資本形成的 20.2%。除此之外，農業的剝削形式分為有形資本流出和無形資本流出，前者是政府透過制度榨取農業剩餘；後者是訂定不利的交換條件，使農業資本流出到特定部門。1950 年到 1960 年間農業資本流出中有形流出僅占 50%，也就是說總農業資本流出應該是可計算的稅賦與非稅賦的有形流出的 2 倍。其實在 1951 年到 1963 年美援期間，美援占臺灣資本形成約為 31.1%，僅 69.9% 為臺灣經濟活動的產出，而當中農業既然又占有如此高的固定資本形成比例，可見農業在戰後經濟扮演何等重要的角色。

對農業的剝削帶動了臺灣經濟，但研究發現 1970 年到 1989 年農戶所得竟然從非農戶所得收入的 72.2%，降到 1989 年只有 66.4%，這樣的結果當然造成農業人口下降、農村人口外移，農業開始快速衰退。到 1990 年代，政府的六年經濟計畫將農業成長率訂為 0，農民與農村在臺灣更加被邊緣化了。當年的固定資本占比還有 2.31%，GDP 還有 3.68%，但是自此之後一直下滑，2000 年固定資本占比僅有 0.64%，GDP 為 1.9%。國家對農業剩餘進行掠奪，並且美援非經民主程序的運用 80% 在公部門，使國家資本有了可觀的資本積累，並且這樣的積累，是由國家專制政府進行分配的。國家資本（政府與公營事業資本）在固定資本累積上 1953 年即高達 46.35%，1958 年來到 60.69% 的高峰，一直維持 50% 左右一直到 1964 年才下降到 39.47%，但到 1975 年又上升到 54.4%，到 1998 年開始降到近十年的 30% 以下。不能否認，確實利用這樣的國家資本積累，造就臺灣工業化與經濟起飛的成就，而剝削農業又是發展中國家經常採取的手段，戰後臺灣經濟就政權干預來說，臺灣政府對於生產企業部門實現資本積累的介入與干預，展現了政權、金融資本與工業資本緊密結合的特性；但無疑這是一種非民主、非正義形式的國家掠奪，臺灣在民主自由化以後，對於人權的保障，如果國家以獨斷的方式在制度上剝奪某一種產業的剩餘價值，不論目的如何正當都會被公民社會強烈質疑。

3.2 農民犧牲環境與健康

臺灣在戰後到 1960 年代這段時期，社會保險制度是相當殘破而脆弱的，特別是農民，被前面所述的國家高度剝削的結果，造成家戶支配所得低落，風險脆弱性就相對提高。農業生產需要大量體力勞動，並且由於當時農藥知識不足，危害農民健康甚鉅，同時農村醫療品質與都市差距極大，造成農民除了經濟資本被剝奪，結果是承擔更高的健康風險。這樣的問題在臺灣進行工業化之後更甚，高汙染工業區周邊的農民，因為親近土地、環境的工作型態，經常需要暴露在更高的汙染之下，相當提高了其健康風險。

農民賴以維生的臺灣農地汙染情況非常嚴重，各縣市土壤及地下水汙染調查及查證計畫中的農地類場址調查工作中，截至 2011 年年底，累計各縣市農地被調查且公告列管之農地共 2,286 筆（面積 506.76 公頃），其中以彰化縣公告之 1,191 筆（面積 303 公頃）為最多，其次為桃園縣 327 筆（面積 103.9 公頃），臺中縣 249 筆（面積 47.5 公頃）再次之。已依法公告為土壤汙染控制場址。單獨統計 100 年度農地汙染控制場址資料，全國二十五個縣市被調查出有重金屬汙染且已達土壤汙染管制標準，並經公告列管之新增農地汙染控制場址 147 筆（面積約 14.1 公頃）。農業部門除了將資本轉移給工業部門，農業賴以維生的土地（劉華真，2011），也承擔了工業部門未妥善處理汙染造成的風險，等於國家讓工業發展的風險直接由農民承擔。這類的危害造成的重大事件，廣泛衝擊到農漁牧業，對於農民健康與農業環境造成無法彌補的傷害。

一些早期工業發展汙染轉嫁農業的事件，包括 1960 年代急水溪一系列的公害事件；其汙染源來自臺南縣新營市附近的糖廠和造紙廠，這些工廠幾乎沒有有效的廢水處理設備，工業廢水就直接排入急水溪，造成農田嚴重汙染。1979 年 4 月，臺中縣大雅鄉惠明盲校有多名師生皮膚變黑，長出像癩蛤蟆般的疙瘩青春痘，這些痘痘是會排出惡臭油性分泌物的「氯痤瘡」。包括惠明盲校師生在內，共有兩千餘人因食用遭多氯聯苯汙染的米糠油而受害，受害者主要分布在中部地區，患者遭受免疫系統、生殖毒性、神經系統、內分泌系統的多重傷害，包括氯痤瘡、手腳麻木、指甲與皮膚變色、神

經系統病變等。其毒性甚至會經由母體胎盤或哺乳傳給胎兒，這些油症兒在出生時會有皮膚發黑、眼瞼浮腫、免疫功能受損等問題。至於長大之後，則可能出現智力與體力發展遲緩、注意力不集中、攻擊性行為等現象。絕大多數的受害者歷經三十年，仍在與體內的毒素搏鬥，終生無法痊癒。

1979 年至 1980 年間的桃園縣觀音鄉與蘆竹鄉，高銀化工及基力化工兩家化工廠，因製程中的硬脂酸鎘，排放含鎘廢水及灌溉渠道中，農地遭受汙染，農民長期引灌後使得稻米鎘含量過高，[2] 造成當地一百餘公頃汙染農田至今休耕；1989 年在彰化縣花壇鄉白沙村、1994 年在桃園縣平鎮幼獅工業區、2001 年在臺中縣大甲鄉銅安里幼獅工業區等農地，皆發現有農田遭鎘汙染，甚至產生出鎘米，引起國人恐慌，也因為受影響人數可觀而引起媒體廣泛的關注。1982 年 4 月開始直到 1986 年 7 月才落幕。此運動開啟臺灣民間「自力救濟」反公害運動之序幕。其直接原因可能是因為三晃公司於1982 年 4 月棄置劇毒農藥原體容器（廢鐵筒）於附近的溪中並加以燃燒，導致惡臭毒氣四散。6 月該廠又爆炸，將鹽酸氣體大量外洩，導致植物枯萎，居民逃命（施信民，2006）。

為了工業發展，往往廉價取得農地，變更為工業用地，又因為疏於管制，造成臺灣西部農民、農地受到工業嚴重汙染的現象；例如以臺灣主要農業產地的彰化縣，其工廠密度是每平方公里 7.51 家，比全國的平均值 2.73家，高出甚多。彰化縣有 2,600 多家金屬加工廠散落各處，占全國 1/4。如此多的工廠四散各處農地，未集中設置管理，排放的汙水就沿著溝渠四處流動，汙染農地。

上述所說就是一種典型經濟發展過程中的風險轉嫁，為了整體的工業生產，健康風險卻留在農民與農地。1950 年以後，臺灣的社會保障制度基本

---

2 鎘米汙染之所以會引起社會大眾的恐慌，在於受到重金屬「鎘」所汙染的農地所生長出的農產品，吃入人體後，大量的鎘會沉積於肝及腎。若長期食用含鎘汙染的稻米，將導致腎小管傷害、軟骨症及全身骨骼疼痛，即所謂的「痛痛病」，其半衰期長達十至三十年，對於國人健康影響甚鉅。研究人員分析住在彰化、和美等重金屬汙染農地附近居民的血液，發現接受採樣的居民當中，超過 80% 的人，血液與尿液中含有較高的重金屬濃度，他們的鎳、鉻、砷、釩、硒濃度，皆超過一般民眾的參考值。其中 10% 左右的居民，尿液中的銅、鎘，血液中的鎘、汞、鈷、錳濃度，也超過一般參考值。

上是一個高度職業導向，甚至可說是一個階級導向的制度。依照國家統合主義的理論，保障程度最高的是軍公教階級，其次是勞動者階級，再次是農民階級，最後則是不屬於上述職業類型的其他階級；農村社會保障制度在整個臺灣社會保障體系架構下，以及嚴重的貧富差距與城鄉發展差距日益加大的情形下，更顯弱勢（黃明耀，2005）。

　　也就是說，臺灣農民在面對高度健康風險之下，早期的資本掠奪造成農民能夠透過就醫、身體檢查降低健康風險的手段相對脆弱。從這樣的角度來看，整個國家對於農民的剝奪，遠遠不只是經濟上掠奪，而是將資本轉嫁給工業部門，其負擔由工業部門發展而來的健康與環境風險，這是臺灣經濟發展策略所遺留且漠視的風險，並進行風險轉嫁的結構與發展理念（必須說明的是，特別是早期進行進口替代時，生產的好處，當然也幫助了農民改善生活），而在這樣的過程中，農民做為被剝奪的對象，全無風險正義與民主可言，只是默默承受的第一批犧牲者。

4. 光鮮亮麗之工業成長背後的環境剝削

4.1 快速追趕的工業發展

　　戰後臺灣的工業發展可分為 1950 年代進口替代時期、1960 年代引進外資轉型為出口導向工業化時期，以及 1980 年代的工業轉型期。前兩個時期都從農業獲得大量的資本積累，然後由政府以非民主形式分配到工業部門，1980 年代則是透過之前工業發展的成果，加上發展電子製造業與石化工業轉型。進口替代工業時期在肥料業、紡織業、水泥業等都取得重大的進展，從 1950 年代開始政府就主導一些鼓勵進口替代轉向出口的政策。到了 1960 年的《獎勵投資條例》之後，為了讓外資成立加工出口區，成立《加工出口區設置管理條例》。1952 年生產的官營企業為 56.2%，民營企業為 43.8%，到了 1963 年為官營 40.6%，民營 59.4%，按照這個時候整體經濟都呈現成長的情況來看，民營企業成長快速。此時在進口替代工業時期，不能忽略農

業出口已經相當可觀，1952 年到 1962 年的砂糖出口年均爲 7,400 萬美元，占出口總額的 49%，其外匯的作用對經濟發展媲美美援（劉進慶，1991；劉進慶、涂照彥，1995）。

進口替代策略的成就方面，國營的肥料工業在政府透過農業政策支持下，1964 年自給率已經高達 79%。肥料工業以美援和日本技術、電力廉價且優先供應，搭配農業政策（肥料專賣的非自由市場，將農業剩餘價值轉給肥料工業），獲得自主發展。另外電力工業方面，爲了工業化需求臺灣大量將美援投入電力部門。1963 年 83% 的電力應用於工業，其中肥料工業占 20.8%、鋼鐵占 8.9%、鋁業 8.9 %、紡織 6.5%、水泥 6%、造紙 5.9%，透過低電價策略，在電力供應上支持工業發展。因此，沒有農業與電力的支持，臺灣工業就不可能發展起來。民營主導主要是紡織、水泥、食品、造紙四個部門。紡織業在獎勵發展辦法的實施下，保護扶植紡織工業，使得整個紡織業獲得快速發展，到 1959 年已經能夠轉換爲出口導向了。

其後適逢美國投入韓戰、越戰，臺灣抓到了出口的時機。積極轉型爲出口導向，1958 年臺幣對美元貶值 46.8%，增加出口競爭力，在此，紡織業的出口也獲得帶動。1959 年約占出口值 8.1%，1963 年占出口值 13.4%。水泥產業島內市場在 1960 年就完成進口替代達到出口規模，1963 年已經開始能夠出口，並占 3.8% 的出口值。1960 年提出十九項財經改革措施，重點在經濟正常化與經濟營運制度化，整頓財稅、金融制度，是爲了吸引外資設立加工出口區。1960 年代農村有 100 萬左右的剩餘勞動力，而臺灣工資水準只有日本的 1/5，美國的 1/10，因此勞動密集型的出口加工業開始發展。1970 年代開始出現進口替代重化學工業的發展。1960 年代加工出口業由兩個脈絡，一是進口替代時期工業繼續發展，二是加工出口區發展。前者在前面已經大略提及，後者則是合成板、塑膠製品、電器電子業。

1970 年代紡織業透過快速出口成長，取代食品業等成爲龍頭，但在國際情勢變化下 1980 年又轉爲夕陽產業，改由電子產業接手。整個出口導向的過程中，從 1970 年代到 1980 年代，紡織與電子大約都占全國出口 50%，後來電子業取代紡織業，成爲臺灣出口的主導地位。1973 年政府開始以完善產業基礎建設與振興重工業化爲骨幹進行投資，即所謂十大建設，

其重點即分爲交通、運輸、港口、機場、核電廠的基礎建設，和鋼鐵、石化兩個重點重化工業，以及造船。

　　戰後臺灣的經濟發展特色是國營企業與民營企業的雙重結構分工體制。國營企業占有鐵路、通訊、電力、鋼鐵、煉油、糖業等基礎部門，接收於日本的基礎，加上銀行也是以國營爲主、民營爲輔，由黨國體制進行產業與金融嚴密的支配。但臺灣經濟成長的進攻主力不是國營企業，而是刻意節制民間資本政策下的中小企業。1980 年代中期以前，中小企業占產品出口的 2/3。臺灣的中小企業能夠在國際競爭下有亮眼表現，和 1970-80 年代的加工出口區的發展有關。臺灣當時主要的代工產業，是石化業下游的塑膠製品、家電、電子組裝，低裝備、低附加價值、低工資的產業。並且帶有自我剝削的家庭經營方式，節省了生產成本。

　　1980 年代臺灣經濟能夠繼續亮眼發展，其關鍵是電子產業由組裝轉型爲「高科技產業」的生產。電子產業完全是通過外資投資發展的新興產業，先是 1970 年代的低技術、高勞力的組裝，電視機、錄音機、計算機等，1980 年代成爲電子零件半導體代工的 OEM 的模式。臺灣的國際加工基地地位，即是透過廉價勞動力而來。後來電子業組裝業，在臺灣進行產業升級後，也逐漸退出主導地位，組裝業尋找勞力更低廉的中國等地發展，電子業轉型爲 OEM 的代工到具備部分 ODM 能力的現在臺灣高科技產業，延續臺灣經濟成長動力。臺灣做爲新興工業國家特有的專家政治與科技官僚體系，科技官僚政府能夠集中資源扶植特定產業的結果（瞿宛文、安士敦，2003）。

　　政府扶植 ICT 產業，1980 年成立新竹科學園區，供給水電基地等基礎建設。並且更重要的是祭出租稅獎勵的手段，透過 1960 年即通過第三個爲期十年的《獎勵投資條例》及其後之《促進產業升級條例》，到 2010 年的《產業創新條例》，一直有租稅優惠的政策。針對園區內原料進口免稅和五年不徵營利事業所得稅等優惠條件，各種減稅（如：投資創業投資事業之收益 80% 不計入所得課稅）、優惠貸款、水電費減免、匯價補貼、出口退稅、外銷低利貸款等措施，新條例爲獎勵發展技術和資本密級產業，而增定具體的「投資抵減」辦法。1985 年實施的「改革海關進口稅則稅率結構五年計畫」，將進口關稅降低至 20%-65%，開放進口，1986 年實施新制營業稅避免

重複課稅，並於 1984 年實施《勞動基準法》，提高勞工遣散費、工資墊償、退休金與保障勞動條件等，促進工業升級。

Box 14-1

我國石化產業發展

1950 年代以前，政府就開始鼓國內業者進口聚乙烯、電木粉和聚氯乙烯等原料進行加工生產，接著在推動民生工業的過程中、推動了塑膠和紡織加工品產業，因其具勞力密集、資本投資額小等特性，而在政府積極輔導下快速發展，也奠定下游加工業的需求；在這種情況下，中游石化原料之需求促使台塑於 1957 年受政府支持開始進口原料生產聚氯乙烯粉、奇美公司開始產製壓克力塑膠粒（PMMA）以及中國人纖開始生產嫘縈絲；1961 年我國開始生產塑膠人造皮取代真皮，並一度成為全球最大的塑膠人造皮供應國家。此後，1966 年，華夏、國泰、義芳等公司加入聚氯乙烯生產、1967 年臺達化學公司開始進口原料生產聚苯乙烯。臺灣塑膠原料業的成長過程中，下游的出口導向推動中上游的進口替代政策；石化公司大量投入後，進一步增加對上游原料之需求，因此 1968 年中油一輕在高雄開始投入生產乙烯原料、1967 年以苗栗地區之天然氣同樣產出乙烯；1975 年二輕、1978 中油三輕、1985 中游四輕、1994 五輕的連番帶動中的是大社石化工業區以及其他工業區的發展，以及中間之加工產品如 PP、ABS、EPS、GPS 等而衍生為今日我國的石化工業體系；中油四輕完工後一度使我國乙烯產能達世界十二位，1998 年六輕營運後，再以六輕為核心的石化園區屢次衝高臺灣石化產能，自 2005 以降我國則占據全球乙烯產能第八。

但這樣龐大的化學產業一方面支撐臺灣經濟發展，另一方面，大量生產塑膠的臺灣社會同時也歷經因為著重經濟開發、社會富裕而促成的大量消費習慣，然而快速、壓縮的工業化過程使其公共衛生、健康風險之治理一直都處於被動的姿態。並且由於政府鬆綁管制，使得民眾在大量消費塑膠化學產品之際而不自知其毒性；此種傾向狹隘的實證主義管制邏輯，加上經濟發展優先思維，造成了臺灣社會相當長期的遲滯、隱匿風險文化，並嚴重埋藏環境賀爾蒙的健康風險。

摘自：周桂田、徐健銘（2014）。〈塑化風險社會：塑化劑風暴背後之管制脈絡與結構分析〉，《臺灣社會研究季刊》，第 95 期，頁 109-177。

另一方面，政府也透過贊助研發來做為高科技業升級手段；2001 年起臺灣政府大力扶植與推動 Mobile-Taiwan 與 Ubiquitous-Taiwan 兩項計畫，要將臺灣打造成一個 4G Ubiquitous 無線寬頻通訊島，致力研發 4G - WiMAX 的電信國家型科技計畫（2004-2008）預算就高達 260 億元新臺幣。2010-2011 年 ICT 相關的法定研發預算的金額也高達的 110.6 億新臺幣與 110.8 億新臺幣，其中有關通訊產業的網路通訊國家科技型計畫，則預計在 2009-

2013 年這五年投入 115.3 億元新臺幣。從 1990 年開始臺灣的高科技產業以 ICT 為主導，已經成為最重要的生產龍頭（周桂田、王瑞庚，2015）。

　　瀏覽臺灣工業化經濟成長的歷史，早期對農業進行剝奪，進口替代到出口導向，其間透過財政金融手段，租稅減免吸引外資成立加工出口區，提升出口競爭力。「產業升級」的時期，主要手段是透過成立園區給予基礎建設、科技網絡，以及租稅減免。另一個不能忽視的背景是，臺灣的低電價策略到近幾年才開始討論調整的可能，給予工業發展低水電成本，一直給予經濟成長降低成本的背景，在產業升級的過程中，從服務業開始興起，目前已取代工業部門成為 GDP 的主要來源。

4.2 工業發展所轉嫁的環境風險

　　在前一節所描述臺灣光鮮亮麗的工業發展成就背後，其實充斥著勞工與社會的剝奪，也就是前一階段的發展將風險轉嫁給農民與農地後，如今又轉嫁給勞工與社會。最直接受影響的部分，首當其衝的是環境與健康風險。談到工業發展的環境風險由在地民眾承擔的重大事件，先要提到 2014 年 8 月發生氣爆事件的工業重鎮高雄。後勁地區一直是高雄重要工業區，沿著後勁溪在橫跨高雄縣、市約七十平方公里的流域裡，兩岸工廠林立，大量的工業廢水汙染水源，特別是在中、下游一帶最為嚴重。原本清澈見底的河流，變成嚴重汙染的水溝。高雄的仁武工業區、大社工業區、中油高雄煉油總廠、楠梓加工等四大工業區，是汙染後勁溪的禍首，以後從 1976 年起後勁溪就被列為水汙染管制區，迄今經歷三十多年，水質並沒有好轉，公害事件層出不窮。

　　臺灣發展石油化學工業的過程中，危害事件更是層出不窮，雖然締造了臺灣的石化王國，卻留下極高的環境與社會風險。中石化安順廠於 1942 年以水銀法製鹼，之後成為東亞最大的五氯酚製造廠，長期排放汞、五氯酚、戴奧辛等有毒物質，雖然在 1982 年關廠，隔年由中石化接手，政府在 1981 年即發現鄰近廠區的顯宮鹽場貯水池中吳郭魚體內汞超量，但直到 2002 年環保署委託成大環境微量毒物中心研究時，才發現臺南市安南區鹿耳里與顯

宮里受檢居民，血液中戴奧辛含量異常高，造成顯宮里、鹿耳里、四草里一共 1,387 戶、4,627 名居民健康傷害，政府光人道補償即將近十三億元。石化工業的汙染還包括 1988 年 9 月 12 日林園工業區汙水外溢，汕尾地區海域及汕尾漁港出現大批死魚，漁民集結包圍工業區管理中心要求廠商賠償每人三十萬元；直到 10 月 4 日，二百多名汕尾地區居民衝進汙水處理廠強關電源，部分民眾採取圍堵工廠行動，經協調不成，12 日 19 家工廠被迫陸續停工，全省中下游業者均受波及，事件擴大到中央層級；最終在 10 月 15 日下午達成協議，賠償汕尾地區居民每人八萬元，中芸四村及林園其餘十二村各為每人五萬元及每村一千萬元建設基金，賠償金額高達十三億元，創臺灣公害史上最高紀錄，林園工業區亦因之復工。

化工業的汙染，嚴重的還包括 1979 年 4 月，臺中縣大雅鄉惠明盲校有多名師生出現皮膚變黑，長出像癩蛤蟆般的疙瘩青春痘，這些痘痘會排出惡臭的油性分泌物，又痛又癢。經過檢查才知道這些叫「氯痤瘡」。包括惠明盲校師生在內，共有兩千餘人因食用遭多氯聯苯汙染的米糠油而受害，受害者主要分布在中部地區。肇禍的彰化油脂公司在事件蔓延後即關廠倒閉、受害者求償無門；由於受害者大都屬於弱勢者，引起社會的不平，因而促成中華民國消費者文教基金會的成立，進而帶動國內一波鼓吹消費者權益和環境保護的社會運動。這個事件呈現當時臺灣在公害疾病研究和毒物管理方面嚴重不足，促使政府加強毒物管理和管制。檢察官對造成中毒之彰化油脂公司負責人及豐香油行老闆提起公訴，法院將三位工廠負責人各判處十年有期徒刑。

另外，在 1999 年，屏東縣也發現疑似台塑企業生產約 7,016 多公噸的汞汙泥，被棄置在赤山巖。環保單位清查後，發現受台塑委託清運處理的運泰公司，疑似將 7,016 公噸未經任何處理的汞汙泥棄置在赤山巖。國大代表劉銘龍聲稱至少有 100,000 公噸的汞汙泥廢棄物被傾倒在臺灣境內的掩埋場與建地。此時屏東新園赤山巖的居民開始懷疑兩年前被傾倒在磚窯場邊的廢棄物是不是同一批，在當地的鴨寮與魚池附近也發現一些死掉的動物。這批從柬埔寨運回來的汞汙泥，在 2000 年運回台塑仁武廠，經採用熱處理回收水銀設備進行處理，於 2002 年完成處理。至於赤山巖汞汙泥仍由屏東縣政府處理中。

1999、2005、2006、2009 年從最早的焚燒廢五金造成空氣汙染，以及隨著焚化爐引進臺灣，排出的廢氣潛藏戴奧辛而開始為人重視，到後來學者接連發現透過食物鍊進入食物中，引發食品安全問題，故被稱為「世紀之毒」的戴奧辛，在臺灣一直猶如陰影般揮之不去。1999 年臺北木柵焚化爐檢出戴奧辛超標、2005 年在彰化線西鄉發現戴奧辛鴨蛋、2006 年的戴奧辛羊等事件，2009 年又爆發高雄大寮戴奧辛鴨事件，一連串戴奧辛汙染食物出現，讓國人食品安全亮起紅燈，也突顯有害廢棄爐渣和集塵灰的管理問題。戴奧辛事件嚴重影響健康與環境，不但促使環保署加強管制並訂立世界最嚴格的排放標準，也催生有害爐渣和集塵灰列管的管理制度。

1970 年代，臺灣經濟進入轉換的關鍵時期，便是從加工出口區策略開始發展。美國 RCA 公司在臺灣的竹北、桃園等地設廠，並以桃園廠為總廠，該廠出口總值連十六年位居全臺第一。如此成果的背後，卻是桃園 RCA 總廠竟連續二十多年傾倒有毒廢料，嚴重汙染當地的土壤和地下水。據統計受害員工高達千人，並有幾百人可能因此罹患癌症。受害員工組成自救會，要求行政院責成環保署開井查驗，並要求奇異公司及湯姆笙公司負責清除、善後工作及賠償當地居民的健康損害。早期 RCA 的電子投資，奠定了臺灣電子代工的基礎，但也犧牲了勞工健康與土地。一直到近幾年，2011 年至 2013 年，日月光半導體 K7 廠多次被高雄市政府環保局發現稀釋廢水、放流水不合標準並被罰。2013 年 10 月 1 日，高雄市環保局抽驗後勁溪溪水，發現溪水遭強酸廢水汙染，德民橋下方廢水的 pH 值為 3.02，溯源追查找到日月光 K7 廠，該廠排放完全沒處理酸度高且含鎳的廢水，恐會汙染梓官、橋頭區的農業用水，而鎳是世界衛生組織認定的致癌物，人體若食用超量含鎳食物，可能引發肺癌、攝護腺癌，若農田遭重金屬汙染，甚至需要長期休耕七十年以上。

以上僅是列舉一些重大的工業汙染事件，顯示臺灣在過去工業發展過程中，這些工業安全、健康、環境的風險，沒有由國家或者企業妥善進行風險管理，而將風險轉嫁給勞工、地方居民、環境承擔，並實際造成危害。

4.3 社會脆弱性導致嚴重風險剝削

除了環境與健康的直接危害，為了工業快速發展，臺灣首重經濟成長政策，壓抑了勞工與社會福利政策發展；勞工權益與社會保險的剝奪，最直接影響的就是整體勞工，甚至提高社會大眾面對風險時的**脆弱性**，導致他們面對工業帶來的環境與健康危害衝擊影響更大。這部分的風險分配不公平問題，雖然間接，但影響不會少於直接的環境與健康危害，因為社會脆弱性，往往導致長期的影響，且被漠視的勞工與社會問題，受害者無法直接對加害者求償，此社會結構性剝削與風險轉嫁造成的勞工與社會脆弱性現象，成為臺灣經濟發展邏輯的一部分。

臺灣在 1984 年《勞基法》實施前，戰後工業快速發展，相對而言卻長期漠視勞工權益。在戰後黨政國營、民營依存的出口導向結構，官商資本整體驅動的體制下，政府在勞工權益上的漠視、無作為，等於替企業「節省成本」，壓低勞工成本，造就加工出口區和後來低薪資結構的勞工市場。臺灣戰後勞動保護的法律長期空白，也沒有工人組織反抗。1960 年代工會組織率相當低，到 1970 年代，政府把工會運動放到管理體制中，所有工人被要求非常正規地加入職業工會，但這些工會事實上是由政府所支援，要強行從工資中扣除會費。1987 年解嚴後，臺灣勞資糾紛開始有些抗爭，但大抵上，工會沒有經驗和資金，大部分爭議和抗爭都沒有成功（林萬億，2003）。

謝國雄（2013）的研究看到，為了提供工業發展的服務，除了廉價的水電，工業發展所需的貨物運輸起初都要依賴鐵路運輸系統，但鐵路運輸系統存在明顯的國家掠奪情況。典型的案例，是戰後早期十分重要的鐵路貨運業，其中貨運搬運的鐵路貨運工人，其剩餘價值不斷受到剝削。臺灣早期屬於保守式福利體制，由國家主導的保險體系，私人市場位居邊陲，社會安全有高度職業區隔，公務人員有明顯特權：支持軍公教人員的「國家身體」，以勞工保險維護勞動的身體。早期臺灣政府提供的福利，無論行政組織與預算配置都是中央集權又集錢，地方政府所提供的殘補式服務也都要仰賴中央政府經費才有辦法推動（如縣市政府需依據內政部社會司的社會福利獎助作業要點規範之福利項目申請經費）。至於私部門，雖在福利輸送中扮演重要

脆弱性
指個人、系統或社會面對相同危害時，受損害的程度。國際上進行各種影響評估時，已經從過去純粹研究事件影響為主的研究取徑（impacts-led approach），加入脆弱性為主要參數的取徑（vulnerability-led approach）。脆弱性定義上分為自然、物理脆弱性以及社會脆弱性，本文所談到的社會脆弱性為一個系統、社群或個體對一個威脅的脆弱性，與他受此威脅傷害的程度有關；因此脆弱性可以廣義定義為一個特定的系統、次系統或系統的成分由於暴露在災害、壓力或擾動下而可能經歷的傷害（林冠慧，2004；Cutter, 2003）。

角色，但經費來源也絕大部分需經由中央與地方政府的獎助或補助來延續（謝國雄，2013）。

　　謝國雄的研究更深入剖析，早期戒嚴令嚴禁各種勞工和工會形式的聚集抗爭，透過政治制度和教育，在學校、家庭和更大範圍生活中，勞工必須馴服於權力。這樣，低廉的工資不會被勞工抗爭，才能符合「企業發展最大利益」，造就外資投資的友善環境，迎合外國投資者。並且由於專制政府支持企業、資方，漠視勞方創造「投資友善環境」的邏輯，長期以來企業管理上透過「績效」進行市場競爭的策略，沒有受到勞工權益保障的法律規範，績效與工業安全因此發生矛盾。為此，為了追求績效獎金，勞工犧牲工作安全，工廠為了規避責任，會按照法律規定，讓員工簽署對工作安全的切結，要求按照安全規定，並有職災異常事件時，應該停工。但工人為了達到績效制度設計，又經常冒著高溫、高噪音、高危險，繼續「趕工」，一旦發生事故，企業管理階層的責任可以降到最低。使臺灣工安長期在一個高風險卻又績效穩定的背景，提供廉價勞力。根本的矛盾是，績效與安全問題，完全是管理層單方面訂定的，而非工人合理爭取權益，訂立合理的績效獎金。

　　1950年代到1980年中期在臺灣的社福發展歷程上，社會福利的提供雖主要來自政府部門，但在福利服務的輸送體系上，非營利組織扮演重要的角色。例如在1960年代早期，非營利組織將社會工作制度首次引進臺灣，並且有制度且有計畫地推展兒童福利與家庭扶助工作；另外像是世界展望會等透過宗教關懷為宗旨，在臺灣各地進行慈善救助與關懷原鄉工作（詹火生、林慧芬，2003）。一般認為社會福利制度可區分為殘補式福利與制度式福利。殘補式福利模式只有針對養不起自己的窮人，才提供社會福利，其重視的是由家庭與市場幫助個人，當家庭與市場失能後，政府才提供相關的社會福利補救措施，也因此政府只針對社會上的弱勢人口群提供部分福利救助（林萬億，1994）。

　　臺灣的社會福利要到1990年代才逐漸被重視，之前都只能算是保守主義的福利體制，但由於經濟發展主義，臺灣的社會政策是從屬於經濟發展政策的殘補式社會福利，是屬於生產主義式的社會福利政策，以工代賑（workfare）性質甚於福利（welfare）。臺灣在工業化過程中，乃是建立在

低工資的前提下才能達成出口導向的轉型，對工安和社會安全的長期忽視，存在著對勞工的嚴重剝削（林萬億，2003；黃崇憲，2010）。上述的問題導致臺灣長期漠視勞工與社會問題，整體勞工與社會大眾面對風險時的脆弱性提高；此社會結構性剝削與風險轉嫁造成的勞工與社會脆弱性現象，成爲臺灣經濟發展邏輯的一部分，即總是在轉嫁風險並且犧牲某部分人才能發展經濟的錯誤思想中，一種「經濟發展的風險分配邏輯」困境，考驗臺灣環境、生態與社會風險之治理能耐。

Box 14-2

臺搬血淚史

謝國雄在《港都百工圖》中詳細描述了臺搬工人的血淚史。臺搬的工作性質，體力勞力成分要大於技術許多。因此勞工身分認同上，鐵路貨物搬運與派報工人是低一層的勞工階級與自我認同。搬運工人的薪資屢屢在夾縫中生存，存在大型壟斷業者（水泥業）與小型壟斷業者（臺搬）之間的鬥爭，與臺鐵獨占下的犧牲者。工人搬貨必須直接被臺搬公司抽取20%，並且設計「待料費」等各種管理規定，以管理手段榨取工人工資，若需要生產工具，還需要從薪水中扣除租費。這完全體現了馬克思的生產工具被資本家掌握的狀況。而中國國民黨挾黨政軍體制，在這個架構中又扮演著與臺搬公司水乳交融的利益共同體，使得勞方要和整個國家機器競爭的狀態幾乎不可能。最後幸賴《勞動基本法》實施，工會有空間與資方周旋，當然在本案例中，臺搬又以另一種形式的「資方」呈現，勞工也沒有固定受僱者，但整個抽成制度和臺搬的存在，介於中間美名爲「管理」實質上，就是赤裸裸的剝削，這種經濟現象，早先是日治時代就奠定，但國民黨繼承以後，仍繼續這種不平等且不合理的現象。

摘自：謝國雄（2013）。《港都百工圖：商品拜物教的實踐與逆轉》。臺北：中央研究院社會學研究所。

在原先面對風險已經有相當脆弱性的社會，又因風險治理上長期結構性的隱匿、忽視或鬆綁風險的管制，已經嚴重侵蝕公眾對政府治理的信心，形成系統毀壞信任（system destroys trust）的現象。其具體的現象就表現在各種重大開發案上受到全國或地區性的公民團體抗爭，而形成政府與社會的對立。換句話說，這個結構性現象顯示臺灣做爲新興工業國家在風險治理上的特殊性；在地社會近十年以來遲滯隱匿風險的集體焦慮，隨著一次一

次的開發或風險爭議事件而更加劇；其已經深化我們之前所觀察到的制度性毀壞信任，而產生集體文化性的風險恐慌。亦即，若缺乏充分的風險溝通、透明的風險資訊、公民參與，以及公眾的信任，將造成對立的、僵局的風險治理狀態。因此，近年來臺灣追求經濟發展的同時，卻經常與自然生態、民眾居住環境和健康對立，導致政府、企業與社會的夥伴與合作關係不易建立（Chou and Liou, 2009, 2014）。

問題與討論 14-2

經濟發展如何兼顧環境與生態？試舉一個你熟知的案例，分析發展成功的原因，特別是每個利益關係者所扮演的角色為何？

5. 再生能源發展遲滯與耗能產業汙染

從《再生能源發展條例》於 2002 年正式提出草案後，再生能源發展逐漸受到重視，在 2006 年再生能源政治爭議下降，臺灣模仿了德國 FIT 躉購費率制定，然而躉購費率爭議過大，能源主管機關只能委託委員會制定，然而之後也延伸未來委員會組成方式、議程設定以及費率制定標準等爭議。2009 年通過之前，再生能源始終與核能在臺灣競爭替代能源使用，也是民進黨時期「非核家園」推動過程中受到矚目的爭議（曾友嶸，2015；蕭代基等，2009）。然而臺灣地幅狹小，核電廠鄰近地震帶、海岸、又靠近人口稠密的首都；2011 年全球有 8%，三十四個核反應爐位於地震帶上，臺灣六個反應爐、四座核電廠都在其中（The Wall Street Journal, 2011）（《華爾街日報》綜合美國地理研究中心與瑞士地震中心地震災害計畫，得到全球地震帶與核電廠位置之風險估計）。核一廠離臺北市直線距離約二十八公里，核二廠離臺北市直線距離約二十二公里，核四離臺北市直線距離約四十公里、離基隆市直線距離約二十公里、離宜蘭市直線距離約三十三公里，臺灣的核一廠與核二廠鄰近山腳斷層，是臺灣北部的活動斷層，位於臺北縣，長約四十公里，核一廠距此斷層有七公里，核二廠距五公里。核四廠距離枋腳斷層不

到二公里，核三廠距離恆春斷層一點五公里。意即臺灣在面臨福島核災同樣的事件時，所受的衝擊可能會更大，但事後發展卻是政府並未眞正全心投入發展再生能源，此外台電也日益變成臺灣無法擺脫，卻又必須接受的虧損公司，電價、電網透明化處理以及電力自由化經過十多年的要求仍未見其效，最終只能依賴核能。

從能源消耗的角度來看，臺灣高度依賴化石能源進口，相對卻有完整規模的石化工業體系，涵蓋上中下游之廣義計算，一度成爲最大的製造業體系。然而，由於石化產業在一定時期扮演拉動臺灣經濟的角色，但至今其高耗能、高汙染、高耗水，對環境與生態破壞巨大，特別是空氣、土壤、河川與海洋全面性的汙染。然而各樣的高耗能、高汙染產業，對臺灣環境與生態負擔極大。以碳排放來看，1999 年台塑輕油裂解一廠運轉、2000 年台塑六輕二期運轉，整個直接拉高排碳量至 23,369,000 公噸，一直到 2007 年已達 37,447,000 公噸。而能源消耗上自 1998 年對能源的消耗開始呈現一定幅度的上升，在 2000 年至 2001 年由 16.34% 躍升爲 22.63%，自此之後能源消耗一路上升（Chou, 2015）。而高汙染、高耗能產業，也造成臺灣全民承擔嚴重空氣汙染的風險，在細懸浮微粒濃度方面 2013 年與 2014 年臺灣三十個手動測站僅屏東測站達到 WHO 年均 10 μg/m3 標準，若以臺灣目前較寬鬆的 WHO 過渡期目標三的 15 μg/m3，亦只有四個測站合格。然而臺灣近十年在推動空氣品質指數（AQI）、總量管制、禁燒生煤石油焦、石化產業轉型與能源轉型等與空氣汙染、細懸浮微粒管制相關的措施上，都面臨來自「擔憂影響經濟發展」這種思維的極大阻礙。

深入地考察二十多年來產業耗能、排碳之發展結構，我們發現，現實上高排碳、高耗能、低附加價值的石化產業不僅僅與永續發展典範高度背離，而且已經形成系統性的成因與問題，然而因爲臺灣過去習慣於將工業發展的環境與生態危害，轉嫁給農民、勞工或者全體民眾共同承擔，以至於國家呈現轉型怠惰，治理能耐出現高度危機。2011 年國光石化案即存在經濟發展與健康風險和環保永續之間的衝突，其中將石化產業空汙造成健康、社會等外部性損失予以量化進行成本效益評估，其實並未取得社會共識。2013 年臺灣面臨核四續建與否爭議時，政府所持的立場就是放棄核四必然造成電價

上漲並且電力供應短缺，電價上漲與電力供應短缺必然造成經濟無法成長的論述（能源局，2009；經濟部，2014），但就臺灣土地狹小、位於地震帶、鄰近首都圈等個別因素，在核電廠風險評估上，另許多民眾與專家學者都相當質疑；而缺電論述也有學者質疑是立基在高估經濟成長與低估再生能源科技曲線的情況下的評估。而 2016 年台電最新的電源開發方案為配合新政府新政策更是指出，2023 與 2024 年備用容量率由負轉正，2016 至 2024 年核電廠如期除役，核四也不運轉我國備用容量率都可以維持正值（林潔玲，2015；謝志誠、何明修，2011）。從石化產業高汙染與核能依賴的兩個事件來看，臺灣經濟發展難道擺脫不了必須由全民承擔環境、健康與社會風險才能發展的困境嗎？

Box 14-3

工業與農業搶水

中部科學園區最早於 2003 年逐年開始動工開發，主要分布範圍遍及臺中、雲林及彰化等縣市區域。2008 年 8 月 20 日，國科會宣布中科四期園區甄選結果，由彰化縣二林鄉以土地「所有權歸屬較為單純」等原因獲選為開發區域，當初彰化縣政府也積極爭取獲得科學園區開發的機會。自此國科會選定了彰化二林地區做為中部科學園區擴建之地點且經行政院核准後（名為「中科四期二林園區開發案」），就不斷衍生高科技放流水汙染、工業借調農業用水及環評結論不合法等水資源安全供給、分配正義等問題，並引發當地民眾與社會各方之關注，此案乃攸關用水人權及水資源相關權利保障在我國重大產業開發案之發展現況，而有特加檢討之必要。2009 年 5 月 7 日召開第二次環評小組審查會議，連同區域計畫審查總計已開了六次審查會議。該次會議主要的討論重點在於：「是否有需要召開行政聽證會」、「調用農業用水會不會影響農業發展」、「高科技產業廢水排放環境賀爾蒙」（Endocrine disrupter substance，簡稱 EDS）、「放流水影響養殖漁業」、「揮發性有機汙染物（Volatile Organic Compound，簡稱 VOC）減量」及「二林土地徵收的補償與安置」等問題。事實上，衡諸國內外有關高科技產業環境汙染經驗，以及國內化學物質管制現況之落後，都直接證明了中科四期開發案關於廢水排放口之選定問題，並非繫於開發單位及環保署環評認定上的反覆無常，其乃根本在於灌溉排水未能分離的情況下，我國放流水及毒物管制的「不周全」。目前，我國即將對石化產業進行個別的放流水管制，且光電產業廢水部分物質已列入新修訂之放流水標準中，但仍未能採行更周全且涵攝恰當之化學物質管制規範。有關環境賀爾蒙、氨氮及「全氟辛烷磺酸」（PFOS）等化學或致癌物質並未列入管制對象，更遑論是將這些已經科學證

實透過食物鏈及生活用水而有害於人體健康之列入「健康風險評估」可能性。這也顯示了我國在整體水質控管上的缺漏。

摘自：趙祥、周桂田（2013）。〈從經濟社會及文化權利國際公約之水資源保障談中科四期開發計畫之爭議〉，《國家發展研究》，第13期1卷，頁93-155。

6. 從政治民主邁向經濟與風險分配民主

　　承前幾章可以看到，臺灣從戰後的經濟發展，由於資本分配與風險分配都在非民主的威權下，由政府主導對於農業、勞工的經濟剝削，而疏於管理經濟生產衍生的社會、健康、土地環境的風險，造成社會福利要到1990年以後才由殘補式轉型、勞工安全在1984年《勞基法》實施才逐漸受重視。環保署在1984年成立，《環評法》則在1994年三讀通過，但要到2003年修正案，才對於環評主管機關、環評委員會進行強制要求。過去由農民與勞工承擔環境風險，至今臺灣經濟成長，在能源與產業結構上，卻仍然看到以經濟發展為重，由全民承擔環境、生態與健康風險的傾向，而在再生能源、產業轉型與空汙治理上呈現治理困境。

　　跟隨1960年代以後西方推動新自由主義，後進追趕方式發展經濟，科技決策上習慣以技術官僚進行專家政治治理，犧牲民主與多元參與以取得快速效率的經濟發展，但忽視科技民主、環境永續等議題。整個出口導向的年代，強化在一些「重點工業」的基礎建設的投資，但實際上還是透過租稅減免、勞工成本壓抑的方式，降低生產成本的一貫作風，企圖發展產業。帶來的是環境與生態的嚴重破壞與社會風險，只有教育與衛生支出的溫和提升，殘補式社會福利的長期萎縮。臺灣在1980年代也無法抵擋潮流，隨著全球化進展，透過私有化、金融化、危機管理與操縱，更進一步全面對土地、環境、用水、勞力、租稅、信貸系統與社會福利進行剝削，所以經濟成果沒有更公平地分配到社會，特別是勞工，但過去發展的風險分配卻由廣大的社會、環境承擔，除了環境破壞、社會與勞工的脆弱性提高，這樣的臺灣經濟

發展的風險分配邏輯，造成現在臺灣經濟發展與環境永續最大的衝突點。

　　因此，雖然前述國家領銜的政府資本轉移與風險轉嫁結構，部分已經轉給民間，但是這些民間資本卻集中在另外一小群人手中，無法從根本改善原有的風險轉嫁問題；因為，經濟自由化的結果是凡事讓市場自己決定，但是市場其實是無法什麼事情都自己決定的，最後，連風險都由市場決定的話，就只有富人能夠避險，而窮人只能被迫進入脆弱性高與風險高的情境中，造成政府與社會經常有「開發或環保」、「發展或永續」的弔詭對立。其實在一些先進國家的實況中，上述兩個項目是可以兼顧的，但臺灣的社會結構卻經常令其無解。這就是源自於臺灣過去「經濟發展的風險分配邏輯」困境，受限於總是在轉嫁風險並且犧牲某部分人才能經濟發展的錯誤思想中。

　　2000 年以後從美牛進口、核四、國光石化、中科用水來看，都逃離不了經濟發展與風險分配的爭議。但其實不論實際上這兩者究竟是對立、還是能夠共生，最重要的是，臺灣在政治民主的過程中，對於經濟分配與風險分配的民主實行還是相當缺乏。其原因是，過去是以政治威權主導經濟與風險分配，現代卻是以經濟進步和理性化的合法性屏障中，產生非政治、非民主的社會變遷，一方面是政治系統以工業、經濟、技術和科學的生產循環為條件，另一方面是在技術經濟進步的合法性旗幟下，社會生活範圍被科技政治所統制，告知、討論、表決、參與等民主原則變得與技術進步相矛盾。

　　在經濟分配上，包括貿易協定的簽訂、桃園航空城、新竹科學園區徵收大埔農地、國光石化等，每一個政治決定都牽涉經濟分配與利用的問題，但每一個議題政府都宣稱經過非常仔細的評估，並且成本利益分析後絕對經濟利益遠大於風險，但並未進行充分的民主討論，彷彿威權時代一樣。這些議題風險分配缺乏民主，展現在臺灣整個風險治理，包含風險治理、風險管理、風險溝通沒有多元專業和公民參與的機制，僅透過五百年前就發明的代議政治和媒體來參與、監督是不夠的。在風險治理過程中，臺灣的學者、環境團體等，都要「盡力爭取自己的位置」，雖沒有被官方賦予決策的任何權力，乃因官方希望越少人反對越好，而歐盟的風險溝通，是把所有應該表達意見的利害關係人，透過事前沒有立場的充分意見資料庫，以不同型式讓他們進行協商，例如，調查中如果石門地區反對核電，貢寮支持核電，兩地就

應該分開組成利害關係團體，這些若沒有充分調查背景是不能發現的，如果草率就可能造成嚴重偏誤。例如：臨時對國光石化大城地區地查意見，這個漁業、人口外移的鄉村，老人與小孩不是非常了解、關心國光石化，但是相對移居或是定居於彰化、中部的醫師，甚至其他地區，其實非常反對過去麥寮六輕對中部的汙染。若基於過去充分調查，就可以避免此偏誤。

　　經濟與風險分配的民主，西方逐漸強調以參與式評估來實踐。國家需要建構制度路徑，以確保風險分配能夠透過參與式民主來運作。其重要性在於，以制度路徑中的價值與規範改變與確立管制者及民眾對治理的思維與實踐，重新審視政府與民間、政府與利害關係人之關係，特別是融合社會中公民的知識與反省訴求，讓過去少數人決定的風險分配與犧牲體系徹底打破。在這個架構下，擬定科技白皮書、建立未來委員會、科技對社會影響評估機構或機制、並修訂科技基本法增列公民參與條款，為改變並啟動政府與社會之治理價值典範創新的重要步驟與基本機制。歐洲有許多國會的評估機構，他們有許多對科技評估實踐的承諾，包括極為有效讓常民大眾參與評估的方法。參與式評估讓常民大眾有機會參與，在政策中以往只能少數參與的常民，發展出一套對複雜議題的事前評估。在這樣的過程中，採用了過去評估辦公室所使用的參與式評估，深化科技的社會與倫理分析、補充了專家分析並且設計利害關係者導向。歐洲參與式評估的方法已經被採用，在美國經常實行以大學為基礎的團體和獨立的非營利組織參與在其中而獲得成功。有些理由強迫必須以專家與參與式評估的方式，重建國家的評估能力。網路能力幫助新型態的科技評估機構，可以比過去更有效且節省成本地達到專家與參與式評估的目標（周桂田，2014；范玫芳，2013）。

　　臺灣的經濟發展必須超越過去找犧牲者的非民主模式，在經濟與風險分配上採行民主，才能解決環保、生態與社會等風險分配議題與經濟發展政策的矛盾，意即不是由少數人「決定犧牲者」，或是轉嫁風險給全民，而是利益關係者充分溝通後，透過民主程序，決定如何課責、如何分配經濟與風險的共同決策過程。而其中，歐盟、德國、英國與美國在制度設計上有許多針對政策參與式評估、利益關係者參與決策上進行改善的工具，都是未來臺灣可以參考的模式。

問題與討論 14-3

臺灣的人口、地理與氣候條件加上過去發展歷史，使得臺灣可以說是一個高科技、高風險，又具脆弱性的島嶼。許多當代風險在臺灣可能都會更嚴重，更需要嚴肅面對。請舉一個你熟悉的全球環境風險，在臺灣可能面臨的獨特考驗，以及政府與公民應如何面對這樣的風險？

參考書目

王振寰（1996）。《誰統治臺灣：轉型中的國家機器與權力結構》。臺北：巨流圖書。

林冠慧（2004）。〈全球變遷下脆弱性與適應性研究方法與方法論的探討〉，《全球變遷通訊雜誌》，第 33 期，頁 33-38。

林萬億（1994）。《福利國家──歷史比較的分析》。臺北：巨流圖書。

林萬億（2003）。《福利國家的形成與社會公平》。臺北：國立臺灣大學。

林國明（2002）。〈在威權統治的歷史陰影下：全民健保與道德共同體的民主建構〉，平等、正義與社會福利：殷海光基金會自由、平等、社會正義學術研討會論文集，三。

林潔玲（2016）。〈民進黨完全執政……能源政策重大轉變延後公告〉。2016-01-18 14:44 聯合晚報／臺北報導。

吳挺鋒（2003）。〈臺灣財政平衡的現實與迷思：沒有平等的成長崇拜〉，《臺灣社會研究》，第 51 期，頁 1-49。

李丁贊、林文源（2000）。〈社會力的文化根源：論環境權感受在臺灣的歷史形成；1970-86〉，《臺灣社會研究季刊》，第 38 期，頁 133-206。

杜文苓（2010）。〈環評決策中公民參與的省思：以中科三期開發爭議為例〉，《公共行政學報》，第 35 期，頁 29-60。

周桂田（2002）。〈在地化風險之實踐與理論缺口──遲滯型高科技風險社會〉，《臺灣社會研究季刊》，第 45 期，頁 69-122。

周桂田（2014）。《風險社會典範轉移：打造為公眾負責的治理模式》。臺北：遠流。

周桂田、徐健銘（2014）。〈塑化風險社會：塑化劑風暴背後之管制脈絡與結構分析〉，《臺灣社會研究季刊》，第 95 期，頁 109-177。

周桂田、王瑞庚（2015）。〈臺灣 4G 通訊科技潛在健康風險治理〉，收錄於周桂田主編，《臺灣風險公共性考察》，頁 329-351。臺北：遠流。

段承璞（1992）。《臺灣戰後經濟》。臺北：人間。

范玫芳（2013）。〈能源決策困境與參與式科技評估之展望〉，《國家發展研究》，第 13 卷 1 期，頁 1-40。

經濟部（2014）。《2014 年能源產業技術白皮書》。

能源局（2009）。《98 年全國能源會議總結報告》，頁 1-40。

楊翠華（2003）。〈臺灣科技政策的先導：吳大猷與科導會〉，《臺灣史研究》，第 10 期 2 卷，頁 67-110。

曾友嶸（2015）。〈臺灣能源轉型困境分析──以 2008-2015 年為例〉。臺灣大學國家發展研究所學位論文。

詹火生、林慧芬（2003）。〈臺灣社會福利過去、現在與未來〉，《國家政策論壇》，社會（析）092-018 號。

施信民（2006）。《臺灣環保運動史料彙編》。國史館。

莊豐嘉（2011）。〈臺灣公民新聞崛起對公共政策之衝擊——從樂生、大埔到反國光石化事件之比較分析〉。臺灣大學政治學研究所學位論文。

趙祥、周桂田（2013）。〈從經濟社會及文化權利國際公約之水資源保障談中科四期開發計畫之爭議〉，《國家發展研究》，第 13 卷 1 期，頁 93-155。

鄭為元（1999）。〈發展型「國家」或發展型國家「理論」的終結？〉，《臺灣社會研究季刊》，第 34 期，頁 1-68。

謝志誠、何明修（2011）。《八輕遊臺灣：國光石化的故事》。臺北：左岸。

謝國雄（1990）。〈黑手變頭家——臺灣製造業中的階級流動〉，《臺灣社會研究季刊》，第 2 期 2 卷，頁 11-54。

謝國雄（2013）。《港都百工圖：商品拜物教之實踐與逆轉》（All Walks of Life: When Workers of Kaohsiung City Encountered Commodity Fetishism）。臺北市：中央研究院社會學研究所。

瞿宛文（2000）。〈全球化與後進國之經濟發展〉，《臺灣社會研究》，第 37 期，頁 91-117。

瞿宛文、安士敦（2003）。《超越後進發展：臺灣的產業升級策略》。臺北：聯經。

顧忠華（1992）。〈「風險社會」的概念及其理論意涵〉，《國立政治大學學報》，69（下），頁 57-79。

黃崇憲（2010）。〈從開港到加入 WTO：當代臺灣資本主義的歷史與結構轉型〉，收錄於黃金麟等主編，《帝國邊緣：臺灣現代性的考察》，頁 137-170。臺北：群學。

劉進慶（1992）。《臺灣戰後經濟分析》。臺北：人間。

劉進慶、涂照彥、隅谷三喜男著，雷慧英、吳偉健、耿景華譯（1995）。《臺灣之經濟——典型 NIES 之成就與問題》。臺北：人間。

劉華真（2011）。〈消失的農漁民：重探臺灣早期環境抗爭〉，《臺灣社會學》，第 21 期，頁 1-49。

黃明耀（2005）。〈現行我國農民福利措施概況〉，國政研究報告。臺北：財團法人國家政策研究基金會。

蕭代基、洪志銘、陳筆（2009）。〈再生能源發展條例立法政策建言〉，中華經濟研究院，5 月。

Allen, M. R., Barros, V. R., Broome, J., Cramer, W., Christ, R., Church, J. A., ... &Edenhofer, O. (2014). *IPCC Fifth Assessment Synthesis Report-Climate Change 2014 Synthesis Report.*

Amsden, A. (1985). *The State and Taiwan's Economic Development*, P. Evans, D. Rueschemeyer& T. Skocpol (eds.), Bringing the State Back In.

Beck, Ulrich (1986). *Risikogesellschaft.* Auf demWeg in einenandereModerne. Suhrkamp.

Banerjee-Guha, S (2010). Revisiting Accumulation by Dispossession: Neoliberalising Mumbai, in S.

Banerjee-Guha(ed.), Accumulation by *Dispossession: Transformative Cities in the New Global Order*, pp. 198-226, Sage, New Delhi.

Chou, Kuei-Tien (2015). Predicament of Sustainable Development in Taiwan: Inactive transformation of high energy consumption and high carbon emission industries and policies, *Journal of Advances in Clean Energy*, 1: 44-68.

Chou, Kuei Tien and Liou Hwa Meei. (2009). 'System destroys trust?' - Regulatory Institutions and Public Perception of Food Risks in Taiwan, *Social Indicators Research*, 96(1): 41-57. (SSCI).

Chou, Kuei Tien and Hwa MeeiLiou (2014). A Cosmopolitan Reforms in S&T Governance, *Journal of State and Society*.

Chibber, A., Dailami, M., &Shafik, N. (1992). *Reviving Private Investment in Developing Countries*.

Cumings, B. (1999). Webs with no spiders, spiders with no webs: The genealogy of the developmental state. *The developmental state*, 61-92.Marsh, D., & Stoker, G. (Eds.). (2010). Theory and methods in political science. Palgrave Macmillan.

Cutter, S. L. (2003).The vulnerability of science and the science of vulnerability, *Annals of the Association of American Geographers*, 93: 1-12.

Evans, P. B. (1995). *Embedded autonomy: states and industrial transformation* (Vol. 25). Princeton, NJ: Princeton University Press.

Dunn, B. (2007). Accumulation by dispossession or accumulation of capital? The case of China, *Journal of Australian Political Economy*, 60.

Harvey, D. (2005). *A Brief History of Neoliberalism*. OUP, Oxford.

Jonas, Hans (1984). *The imperative of responsibility: in search of an ethics for the technological age* (translated by Hans Jonas, with the collaboration of David Herr). Chicago: University of Chicago Press.

Johnson, Chalmers (1982). *MITI and the Japanese Miracle*. Stanford, CA: Stanford University Press.

Kirby, K. W. (2000). *Beyond common knowledge: the use of technical information in policymaking* (Doctoral dissertation, UNIVERSITY OF CALIFORNIA Davis).

Skocpol, T. (2008). Bringing the State Back In: Retrospect and Prospect The 2007 Johan Skytte Prize Lecture. *Scandinavian Political Studies*, 31(2): 109-124.

Pakalapati, U.V (2010). *Hi-Tech Hyderabad and the Urban Poor: Reformed out of the System*, In S. Banerjee-Guha(ed.), Accumulation by Dispossession: Transformative Cities in the New Global Order, pp. 125-150, Sage, New Delhi.

Weiss, L. (1998). *The myth of the powerless state*. Cornell University Press.

Weiss, L., & Hobson, J. M. (1995). *States and economic development: a comparative historical analysis*. Polity Press.

第十五章
「去政治」的原住民族發展——
人權保障的觀點

高德義
國立東華大學民族事務與發展學系副教授

施正鋒
國立東華大學民族事務與發展學系教授

1. 前言

國際上對於**少數族群**權利的保障，大致上是先從反歧視著手，進而確認認同權及文化權，特別是語言權及教育權，接著擴及參政權、土地權，以及自治權。再來，就推動少數族群權利的趨勢來看，已經從消極的立法限制歧視性言行，逐漸發展爲由政府積極出面促進族群平等；就相關立法的內容而言，也是由一般性、含混、或是條件式文字，慢慢改弦更張爲精確而肯定的字眼。當然，最重要的還是在實踐的過程中，政府如何提供制度性的誘因，包括憲法、或是立法的確認，以防少數族群在多數暴力的邏輯中被吞噬。

顧名思義，「原住民族發展」這個概念，是指以**原住民族**爲主體的發展。我國政府在 1989 年開始實施三期十二年的「臺灣省原住民社會發展方案」；另外，行政院在 1998 年也通過「原住民族發展方案」，內容包含政治發展、教育文化、社會福利、就業策進、衛生醫療、經濟土地、住宅輔導、以及交通水利。民進黨政府在 2000 年上臺，行政院會通過《原住民族發展法》草案，大體涵蓋原住民族權利的要項，相關草案的內容大致被《原住民族基本法》（2005）所吸納。

Hettne（1990）明白指出，如果說發展策略的對象是「人」、而非「物」，那麼就實務而言，這裡所謂的「人」，既非指個人、也不是指國家，因此發展策略勢必無法避免正視「族群」。他歸納出五種可能會影響發展的族群關係：

（一）自然資源：都會區的中產階級與原住民族，可能對於自然資源的運用有不同的看法。對於前者而言，自然資源的用途是用來生產；對於後者而言，大自然可能是一種生活方式。（二）基礎建設：國家以發展之名在原住民地區所從事的基礎建設，雖然站在國家的整體利益來看，出發點或許是善意的，然而，卻可能會在生態上給當地人帶來生活方式的遽變，甚至於造成整個族群滅絕的情況。（三）中央與邊陲：國家在從事發展的過程，如果投資偏重特定區域，那麼，可能間接地讓某些族群在實質上成爲「國家階級」，相對地，落後地區的老百姓不知不覺中就淪爲「心不甘情不願的公民」。（四）偏袒特定族群：有時候，國家在制定發展政策的時候，毫不掩

飾地圖利特定族群，也就是說，政策本身就是族群競爭的焦點。（五）國家的角色：由於國家進行資源的分配，包括公共工程、教育、就業、甚至於恩賜，因此國家可以採取重分配政策，調整族群之間的發展落差；相對地，如果國家偏袒特定族群，本身就是族群衝突的亂源、國家發展的障礙。

此外，Hettne（1990）進一步主張，國家在推動發展的過程，必須保障少數族群的文化、宗教，以及語言人權，提出「功能原則 vs. 地域原則」的策略差別，根據主流的功能原則，發展的本質是來自區域的專門化，及分工，因此只要對整體國家經濟有利，某些地區的低度發展只是暫時的現象，或者是必要的代價；根據地域原則，發展的重點是區域或地方社區，因此發展必須符合各個區域的生態，及文化特色。

如果我們把發展策略當作一種「二階賽局」，也就是說，國家在規劃發展政策之際，必須同時面對國際體系及國內的壓力。我們假設國家與非原住民社會聚合，此時國家的角色有兩種可能（圖 15-1）：根據「結構觀」，國家對外受制於國際體系，必須想辦法調適自己，不過，對內來說，原住民族必須受制於國家，沒有招架的餘地。根據「建構觀」，國家可以視為周旋於原住民族與國際體系之間的掮客；在整合內政與外交之際，國家嘗試建構其認同，也就是說，國家未必一定要自我定位為非原住民族的國家，而是可以既為非原住民族、同時又是原住民族的國家。終究，當國家與非原住民族社會可以脫鉤之際，國家的原住民族發展政策將具有最大的自主性（圖 15-2）。

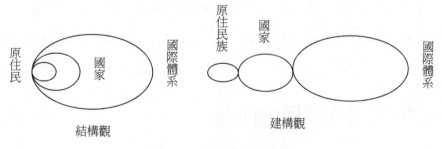

圖 15-1　國家角色的架構

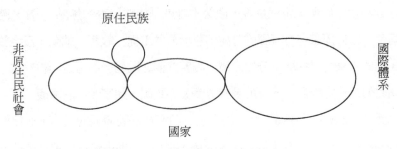

圖 15-2　自主國家的概念架構

在文獻上，有關於原住民族發展的實務，大體還是集中在經濟發展的層面，因此相關發展理論的援引，大致上集中在經濟發展理論，尤其是倚賴理論。Cornell 與 Kalt（1990）將相關文獻歸納爲四大類：（一）外人對於資源的剝奪、支配帶來的無力感，以及倚賴性；（二）本身在天然資源、人力資源，以及資本上的先天不良；（三）文化上的障礙以及社會組織的不足；以及（四）缺乏治理的機構／制度。他們主張，要達成原住民族的發展目標，必須抓住外部的機會，以及發揮內部的資產，尤其是治理機構的建立或是強化。他們又指出，美國印地安保留區不只是面對經濟上的低度發展，連政治和社會層面也有類似的窘境，因此只能仰賴政府提供的補助以及社福服務；他們特別建議，要切割選舉政治與企業管理。

問題與討論 15-1

目前已經有三分之一、甚至二分之一的原住民族遷徙到都會區，儘管擁有原住民族身分，生活方式與條件與非原住民族差不多，爲什麼還是可以享有政府的優惠？

---

2. 原住民族發展的面向

就發展的面向而言，除了經濟發展以外，原住民族發展應該還可以包含政治、社會，以及文化／教育等層面。至於每個發展目標的內容，我們可以嘗試著由《經濟、社會暨文化權利國際規約》（*International Covenant on*

Economic, Social and Cultural Rights, 1966），找出相關的條文，進而歸納出具體的人權指標。

就經濟發展而言，我們找出相關經濟人權的三個條文：工作權（第六條）、工作條件（第七條）及勞動基本權（第八條）。接著，由這些經濟人權，我們又可以導出失業率、個人平均收入及勞動力參與率等三個指標。

就社會發展而言，我們可以找出四條和社會人權內涵相關條文：社會保障（第九條）、對家庭之保護及援助（第十條）、相當生活水準（第十一條），以及享受最高的身體和心理健康之權利（第十二條）。接下來，由這些社會人權，我們進而導出家庭平均收入、嬰兒死亡率、以及平均餘命等三個指標。

就文化教育發展而言，我們找出有關文教人權的三個條文：接受教育之權利（第十三條）、初等教育免費（第十四條），以及參加文化生活之權利（第十五條）。另外，接著，我們又根據《原住民族權利宣言》（*Declaration on the Rights of Indigenous Peoples*, 2007），[1] 找出有關文教權有關的三個條文：語言權（第十二條）、教育權（第十四條）以及媒體權（第十六條）。我們由這些文教人權，可以導出初等教育程度、中等教育程度、高等教育程度、族語復振、民族教育、族語媒體等六個指標。

就政治發展而言，我們根據《原住民族權利宣言》，找出有關政治人權的三個條文：自決／自治權（第三、四條）、司法權（第三十四條），以及政治參與權（第十八、十九、二十條）。我們由這些政治人權，可以導出自治區、習慣法／特別法庭、以及行政／立法部門的參與。我們把這些整理如圖15-3。

---

1 原住民族權利（indigenous right）是指因為具有原住民身分而來的既有權利，並非國家所賦予；除了生存權及公民權，主要是認同權、自決權、文化權、財產權及補償權等集體權。少數族群權利（minority rights）則是指因為少數族群身分而來的權利，主要包括文化權、自治權以及政治參與權。端賴少數族群的性質及歷史發展，少數族群所追求的權利保障可能有所不同。

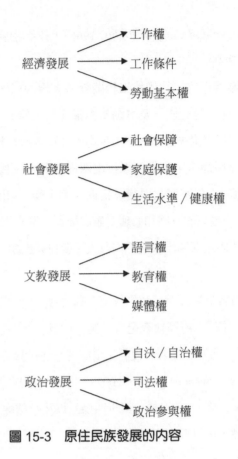

圖 15-3 原住民族發展的內容

紅權運動
（Red Power Movement）
或稱爲美國印地安運動（American Indian Movement），起源於1950年代開始的民權運動，終於在1960年代末期蔚爲泛原住民族權利保障運動。

3. 原住民人權的發展

在 1960 年代，西方國家的社會運動風起雲湧，開始關注弱勢者的際遇；隨著原住民運動於 1970 年代在北美洲風起雲湧，也就是**紅權運動**，並漸次擴散全球。聯合國在 1982 年於「人權委員會」（Commission on Human Rights）下面設立「原住人口工作小組」（Working Group on Indigenous Populations, WGIP）。聯合國大會將 1993 年定爲「世界原住民族國際年」，又在 1995 年宣布 1995-2004 年爲「世界原住民族權利國際十年」，希望喚起世人正視原住民權利的訴求，更在 2000 年成立**原住民議題永久論壇**。

原住民議題永久論壇
（Permanent Forum on Indigenous Issues）
由聯合國於2000年成立，是經濟暨社會理事會的諮詢組織，每年在紐約的聯合總部開會兩個禮拜，對於特定議題提出建言。

我國的原住民族權利運動始於 1980 年代，主要目標是正名、自治，以及還我土地等三大運動。經過十年的努力，原住民的認同權終於在第三次修

憲（1994）取得漢人國家的初步確認，由國民大會於增修條文中，以「原住民」取代被被汙名化的用詞「山地同胞」。藉著國民黨政府在 1995 年的立委選舉實質未過半，原住民立委通力合作，中央部會級的「行政院原住民委員會」終於在 1996 年成立，後來正名為「原住民族委員會」。

臺灣與美國、澳洲、紐西蘭及加拿大等所謂「墾殖社會」相仿，同樣面對不請自來的墾殖者如何與原住民和解的任務，特別是我國正面臨如何由民主轉型進入民主鞏固的境界，百廢待舉，如何建構合理的原、漢關係，更是我們必須虛心面對的議題。退一步來看其他沒有原住民的民主國家，對於境內少數族群的權利保障，也是被視為國家穩定、實現民主，以及促進和平的先決條件。

就原住民人權的推動來看，如果每年的菁英對於原住民人權的評分老是遠落後於非原住民，那麼國家政策的規劃及資源的挹注，就沒有辦法提出有效的調整；此外，經過考察他國原住民人權的實踐以後，除了可以告訴我們未來可以改弦更張的方向，也可以看出政府需要強化何種資料的蒐集，以便在將來能順利與他國做合理的比較，並且為未來逐年可能進行的調查做拋磚引玉式的奠基工作，如此一來，才有可能累積時間序列的資料，為原住民政策提供可靠的依據。

我們一般所謂的「原住民人權」，比較正式的用字其實是「原住民族權利」，這是一種「集體權」，研究人權的學者將其當作是所謂的第三代人權。就人權概念發展的軌跡來看，大致是依循自由、平等、博愛三個理想進行：第一代人權關心的是公民及政治權，第二代人權關注的是經濟及社會權，而最新的第三代人權則進一步將關懷推向發展、和平，以及環境。

原住民族權利是「少數族群權利」其中的一種。Will Kymlicka（1995）將少數族群權利分為文化權、自治權及政治參與權三大類，而原住民權利大致可以將其涵蓋在內。根據 Kymlicka 與 Norman（2000: 33），國家之所以要保障少數族群權利，主要目的是用來確保其社會地位的平等，也就是一方面要防止其繼續遭受汙名化，另一方面還要補償其自來所遭受的不公平待遇。

從傳統的自由主義立場來看，集體權與個人權是無法相容的，因為它似乎潛在帶有對個人自由的威脅。然而從社群主義的觀點來看，個人與社群及

社會是分不開的，因此除非少數族群的生存權及認同權獲得保障，個人的權利將無所歸屬（Lerner, 1991: 29）。在這樣的認識下，當前的國際思潮認爲光以個人爲中心的生存保障及反歧視原則是不足的，因此主張必須進一步確保原住民的集體權，尤其是自決權。

在多數國家是多元族群的情況下，少數族群權利的保障，被當作是實現民主（國內），以及促進和平（國際）的先決條件；譬如《保障少數族群架構條約》（*Framework Convention for the Protection of National Minorities,* 1995），便把對於少數族群的保護，當作是歐洲穩定、民主安全，以及和平的前提：

> 一個多元的真正民主社會，不只應該尊重每個少數族群成員的文化、語言及宗教認同，更應該要開創妥適的條件，讓這些認同能夠表達、保存及發展。

第二次世界大戰結束以來，聯合國開始將人權的關注由父權式的保護轉向推動天賦權益，不過，基本的關心對象仍然侷限於個人。這種視集體權爲毒蛇猛獸的心態，主要是不願破壞現有國家領土的完整。譬如說，《聯合國憲章》（1945）在第一條、第二款及第五十五條提及「尊重民族的平等權及自決之原則」，在第三款誓言「促進對人權及基本自由權的尊重，不因種族、性別、語言、或宗教的差異而有所別」，卻未對少數族群的集體權有所著墨。

首度提到集體概念的是聯合國在 1948 年通過的《防止暨處罰滅種罪行條約》（*Convention on the Prevention and Punishment of the Crime of Genocide*），其中第二條定義滅種時提及「民族、族群、種族或宗教團體」。不過其重點在保護這些團體的個別成員，並未具體提到集體權。聯合國大會在 1960 年通過《許諾殖民地及民族獨立宣言》（*Declaration on the Granting of Independence to Colonial Countries and Peoples*, 1960），雖明文指稱「所有

的民族都有自決權」,[2] 卻把對象限定於「非自治領地」,而原住民並不被視爲殖民的民族,因此被排除在適用自決權的對象。此外,第六款做了但書,不能破壞國家的民族團結及領土完整。聯合國在 1965 年通過《消除各種形式種族歧視國際公約》(*International Convention on the Elimination of All Forms of Racial Discrimination*),雖然在定義「種族」時提及「種族、膚色、血緣、民族、或族群」等字眼,同樣地未明指集體權的概念。

真正規範集體權的是《國際公民暨政治權規約》(*International Covenant on Civil and Political Rights,* 1966)。其中第一條、第一款開宗明義指出:「所有的民族享有自決權」,又在第二款賦予「所有民族可以自由處理其天然財富及資源」,並在第三款敦促簽約國「促成自決權的實現」;同年通過的《國際經濟、社會、暨文化權規約》在第一條有完全相同的款項。不過,到底民族的意義爲何,規約中並未詳述,而且其第二十六條又重回《世界人權宣言》的做法,強調的是「所有的人」。當時最有爭議性的是第二十七條,許多代表擔心少數族群會尋求分離,也有代表憂心新移民可能帶來衝擊,最後的妥協是提到「族群、宗教、或語言的少數團體」,卻把文化權、宗教權及語言權限定爲這些少數團體的個人權利,而非集體權,因此造成日後各家南轅北轍的詮釋。

另外,聯合國經濟暨社會理事會的周邊組織「國際勞工組織」,稍早在 1957 年通過《原住暨部落人口保護及整合公約》(*Convention Concerning the Protection and Integration of Indigenous and Other Tribal and Semi-Tribal Populations in Independent Countries*),首次有國際規約關心原住民的土地權。不過,由於該條約的著眼點在如何整合、融合原住民,因此飽受原住民權利運動者的評擊,國際勞工組織在 1986 年提出修正過的《原住暨部落民族公約》(*Convention Concerning Indigenous and Tribal Peoples in Independent Countries*),除了主張由原住民的自我認定做爲標準外,更以「民族」取代「人口」,象徵原住民的集體權取代個人的權利,並且增加對礦場及天然資

---

2 原住民族自決權(rights to self-determination)是指原住民族有權決定自己的政治、經濟、社會及文化安排,就政治層面的實踐及有意義的發展而言,自治是最起碼的要求。

源開採的關注。聯合國原住人口工作小組經過十年努力的，在1993年完成《原住民權利宣言草案》，經過漫長的審查工作，終於在2007年通過《原住民權利宣言》。

我們根據《原住民權利宣言》可以把原住民的權利概分為生存權（第六條）及平等權兩大類。生存權的範圍比較窄，關切的是如何保障原住民起碼的生存。平等權則從基本人權的角度出發，要積極推動原住民的權利，相對上是比較寬廣而正面，我們可以將其分為公民權（第二、五條）及集體權：前者關心的是如何確保原住民個人的權利不被歧視，重視的是形式上的、負面平等；後者則以原住民族集體為關照的單位，包括認同權（第八條）、自決權（第三條、第七部分）、文化權（第七條、第三、四部分）、財產權（第六部分）及補償權（第二十七條）（圖15-4）。

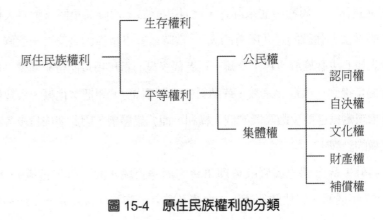

圖 15-4　原住民族權利的分類

Box 15-1

聯合國有關原住民族權利的機構

　　在聯合國架構下（圖 15-5），目前跟原住民族權利最有關係的是原住民議題常設論壇，隸屬於大會下面的經濟暨社會理事會；經社理事會所屬國際勞工組織，是最早關注原住民族權益的聯合國周邊組織。人權理事會（Human Rights Council）是在 2006 年成立，位於日內瓦，直屬大會，取代原先隸屬經社理事會的人權委員會（Commission on Human Rights）；它下面有幾個單位跟原住民族有相關，其中最有權力的是防止歧視暨保護少數族群小組委員會（Sub-committee on the Promotion and Protection of Human Rights），而原住民族人權特別報告人則提供專業意見及調查報告。

　　聯合國大會下面的第三委員會有消除種族歧視委員會（Committee on the Elimination of Racial Discrimination）及人權事務委員會（Human Rights Committee），分別負責監督《消除所有形式種族歧視國際公約》（*International Convention on the Elimination of All Forms of Racial Discrimination*, 1965）及《國際公民暨政治權公約》（*International Covenant on Civil and Political Rights*, 1966）簽署國的義務履行，也是原住民族權利保障的機制。所以，不要將人權理事會、人權委員會，或是人權事務委員會混為一談。

　　由於聯合國是一個國際組織，顧名思義，是國家與國家的競技場，因此，並不是非政府組織可以任意馳騁發揮的地方；不要說安全理事會為常任理事國所把持，聯合國大會也是限定國家所派出的代表才有發言權，而人權理事會也是各國進行政治角力的地方。不過，防止歧視暨保護少數族群小組委員會卻是自始歡迎非政府組織積極參與討論，後者的做法大致是在幕後進行遊說工作，譬如向小組委員會的專家散發決議的草案、投訴人權侵害的事件、建議人權保障的原則或標準，或是提供專業技術與實地經驗，最大的貢獻是促成原住人口工作小組的設置。

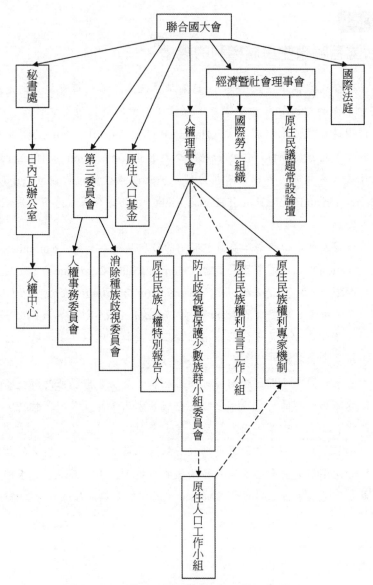

圖 15-5 聯合國有關原住民族權利的機構

4. 原住民族的文化權

「原住民族的文化權」（indigenous cultural rights）是指原住民族在文化層面所享有的權利。依據 Lyndel V. Prott（1988: 86-87），我們可以使用個人權／集體權，以及文化認同／文化資產兩個面向，以 2×2 的方式，將文化權分為四大類（表 15-1）。

表 15-1　文化權的分類

	文化認同	文化資產
個人權	表達自由 受教權 教育選擇權 參與社群文化	藝文作品保護
集體權	文化發展 尊重文化認同 尊重文化資產 不接受外族文化	擁有藝文財富 享用人類資產

Kymlicka（1995）從自由主義著手，認為對於少數族群文化權的保障，是有助於少數族群的成員做有意義的決策，因為，文化／文化結構／文化共同體能提供少數族群「選擇脈絡」，決定什麼是自己的基本利益、什麼是美好的生活，以及如何達成。也就是說，一個少數族群如果失去了文化，就宛如喪失了自我判斷的能力；因此，少數族群光有自由是不夠的，國家還必須賦予他們足夠的選擇能力，因此，文化權的享有是保障其自主性的必要條件。對於文化權的保障，最重要的《國際法》依據聯合國的規約或宣言。一些區域性的國際組織也有相關的條文，包括美洲國家組織、非洲團結組織、歐洲理事會、歐洲安全暨合作組織及歐洲聯盟。另外，聯合國教科文組織也有一些相關的宣言。

根據聯合國《原住民族權利宣言》，原住民族有權維持獨特政治、司法、經濟、社會、以及文化制度（第五條）；反同化的權利（第八條）；認同權（第九條）；有權綁有文化傳統，包括考古地點、史跡、藝品、設計、儀式、技術、藝術、以及文學（第十一條）；宗教權（第十二條）；文化復育權

（第十三條）；教育權（第十四條）；文化尊嚴權（第十五條）、以及媒體權（第十六條）。其中，在文化資產方面，「文化暨智慧財產權」是原住民族極需保護的文化權。另外，在 1993 年通過的《生物多樣性公約》（*Convention on Biological Diversity*），特別在第八條規範國家必須尊重原住民族的傳統知識。

《中華民國憲法》在總綱，有提到「各民族一律平等」（第五條）；此外，在有關人民權利義務的第二章，也有「不分男女、宗教、種族、階級、黨派，在法律上一律平等」的用詞（第七條）。不過，一直要到 1994 年的三次修憲，增修條文（第十條）才明確提及原住民的地位：

> 國家對於自由地區原住民之地位及政治參與，應予保障；對其教育
> 文化、社會福利及經濟事業，應予扶助並促其發展。……

要到 1997 年的第四次修憲，透過增修條文第十條的修訂，才終於出現眞正對於**多元文化主義**的宣示：

> 國家肯定多元文化，並積極維護發展原住民族語言及文化。

> 國家應依民族意願，保障原住民族之地位及政治參與，並對其教育
> 文化、交通水利、衛生醫療、經濟土地及社會福利事業予以保障扶
> 助並促其發展，其辦法另以法律訂之。……

多元文化主義
（multiculturalism）
是一種信念，認爲不管人數多寡、政經力量強弱，所有族群的存在都是至高無上、其文化都是獨一無二，社會不僅要消極加以承認，國家也必須積極保障。

相較其他權利，原住民族文化權的保障比較顯著，特別是原民臺的設置（2005），而首任主委尤哈尼對於母語認證的堅持，具有意想不到的示範效果，對於客家族群的母語教學有政策上的壓力。在 2000 年通過的《大衆運輸工具播音語言平等保障法》，算是直接有關族群語言權保障的特別例立法；由行政院文化建設委員會所主推的《國家語言發展法》，是目前唯一與族群文化發展比較有關的草案。由於原住民族權利運動的努力，政府漸次訂定相關文化權保障的《原住民族教育法》（1998）、《原住民身分法》

（2001）、《原住民族基本法》（2005）以及《原住民族傳統智慧創作保護條例》（2007），規範原住民族的教育權、身分權、傳統知識暨智慧創作保護權、語言權、以及媒體權；另外，經過修訂的《姓名條例》也規定原住民可以依據文化慣俗來命名。

戰後，國民政府的原住民教育，大體不脫同化的本質，一直到政治解嚴，受到多元文化主義影響，才展開原住民族語言文化的教學，不過，大致上還是採取附加式進行；立法院在 1998 年通過《原住民族教育法》，開始有比較具體的原住民族教育事項。根據《原住民族教育法》，原住民族所受的教育包含主流／普通教育以及原住民族教育；然而，經過十多年的努力，民族教育大致上是被定義爲原住民族的語言文化課程，被批評爲內容淺薄化、零碎化以及邊緣化，連基層的老師都普遍缺乏相關的認識，更不用說以原住民族的知識主體來教學。我們看到的事實是主事的教育部及原民會互踢皮球，前者認爲事不關己、應付了事，後者則認爲沒有專業人才和財源、唾面自乾。面對「仁慈的忽視」，原住民族菁英眼見中國有諸多民族大學，近年一再喊出「另外成立民族大學」的呼聲，值得深思；長期而言，政府或可考慮接管無力競爭的大專院校，在北、中、南部分別成立民族學院。

總之，到目前爲止，文化權可以被廣義解釋爲少數族群的集體權利，因此，幾乎是包括所有層面的權利；當然，如果是把定義縮小到容易操作的情況，又可能把文化權矮化爲文化資產，甚至於是有形的文化資產；折衷的方式，應該是至少要包括自我認同、生活方式及文化資產。在過去，對於原住民族文化權的侵犯，主要是來自國家的同化政策，以及其他族群對於文化差異的敵視。現在，在多元文化主義的理想下，不管是國家還是其他族群，大致於不敢公開排斥原住民族的文化特色；不過，畢竟還是停留在物化欣賞的層次。眞正要實踐原住民族的文化權，必須由國家主動出面推動，補償四百多年來墾殖社會的文化剝奪。

福利殖民主義
（welfare colonialism）
是指國家嘗試使用經濟
措施來整合原住民族，
特別是透過恩寵式福利
發放，造成族人的倚賴
心態，以便持續長久以
來的非原住民族國家的
殖民支配。

5. 同化政策下的福利殖民主義

自來，政府的原住民族政策，基本上是在同化的大目標下，以福利做為現代殖民主義的手段，想辦法把原住民族變成「人」。在充滿敵意的大漢沙文主義之下，臺灣的原住民族必須時時面對偏見和歧視，特別是在就學及就業。儘管憲法增修條文揭櫫多元文化主義，主流社會大體還是把原住民族的文化當作消費的對象，因此對於原住民族的權利保障嗤之以鼻。儘管國會在2005年通過《原住民族基本法》，然而，相關侵犯原住民族權利的法力並未依規定廢除或修訂，同樣地，應該配套的法案也是付諸闕如，譬如《原住民族自治法》。更糟糕的是，政府試圖以法條架空《原住民族基本法》。我們歸納出下列嚴重的侵犯原權作為：

一、自決權：

（一）在草擬的《原住民族自治法》下，自治政府沒有土地及實權；

（二）強迫八八水災的原住民族災民遷村；

（三）將五個原住民族鄉納入五都，剝奪參政權。

二、財產權：

（一）原住民族的傳統領域被強行納入政府保留地；

（二）原住民族不能自由運用自己土地上的自然資源；

（三）未依法取得原住民族的同意，恣意開發、破壞環境。

三、文化權：

（一）原住民族語流失，政府未能盡力復育或發展，將責任推給父母；

（二）政府遲遲未能推動原住民族教育，相關部會相互推諉；

（三）未能積極強化原住民族的高等教育人才培育，措施淪於應付了事。

四、經濟權：

（一）原住民族部落凋零，年輕人被迫遷往都會區尋求就業；

（二）原住民族平均所得低於全國平均、失業率高於全國平均；

（三）原住民族的就業不易，法律的保障流於形式。

五、社會權：

（一）以東方主義看待原住民族，認為只適合唱歌跳舞、打球或當兵；

（二）將國家的挹注與政治上的恩寵掛鉤，原住民族被迫在選舉效忠。

六、認同權：

（一）刻意劃分山地及平地原住民族，以族群切割達到分而治之；

（二）剝奪平埔各族群的原住民族身分，故意加深彼此的歷史齟齬。

6. 原住民族發展的思考

　　大體而言，國民黨政府服膺福利殖民主義及分潤原則，基本態度是把原住民族權利運動多年來的努力扭曲為抽象、醜化為空洞的訴求；相對之下，民進黨以社會運動起家，認為對原住民族權利保障的關心為道德上責無旁貸的義務。早在陳水扁擔任臺北市長任內，除了成立「臺北市原住民事務委員會」，催化了中央級的「行政院原住民委員會」（1996），也促成高雄市及臺北縣等地方級原民會。在 2000 年的第二屆總統大選中，民進黨的候選人陳水扁除了提出《原住民族政策白皮書》，更與各族代表簽訂了《原住民族與臺灣政府新的夥伴關係》（1999/9/10），在當選後，又簽訂《原住民族與臺灣政府新的夥伴關係再肯認協定》（2002/10/19），在連任總統之後，他更進一步宣示，將在臺灣的新憲法當中設立「原住民族專章」。由於朝野立委攜手合作、加上行政部門的配合，《原住民族基本法》（2005）出人意料之外突圍，讓大家雀躍不已；不過，囿於朝小野大、其他部會的掣肘，依規定必須在三年內日出及落日的相關配套法案未能如願。

Box 15-2

《原住民族與臺灣政府新的夥伴關係》

臺灣原住民族長久生長於斯，四百年來歷經殖民統治政權的欺凌與壓迫，原住民族的生存空間、生命身體、語言文化遭受到空前的浩劫，歷屆殖民統治者卻始終未對加諸於原住民族的過錯做任何道歉或補救性措施。此刻我們身處在蘭嶼島上，臺灣原住民族各族群代表與臺灣總統候選人簽訂和平對等條約，並基於族群尊重與互惠，建立原住民族與臺灣政府「新的夥伴關係」。

一、承認臺灣原住民族之自然主權

二、推動原住民族自治

三、與臺灣原住民族締結土地條約

四、恢復原住民族部落及山川傳統名稱

五、恢復部落及民族傳統領域土地

六、恢復傳統自然資源之使用，促進民族自主發展

七、原住民族國會議員回歸民族代表

臺灣原住民族各族代表：達悟族、鄒族、德魯固族、賽德克族、賽夏族、魯凱族、排灣族、普悠瑪族、布農族、泰雅爾族、阿美族

臺灣總統候選人：陳水扁

如前所言，原住民權利運動多年來追求的有三大目標，包括正名、自治及還我土地，而民進黨執政下的原民會，也大致以三叉的方式在分頭進行陳水扁總統政見的履行。就正名運動來看，行政院先後核定邵族（2001）、噶瑪蘭族（2002）、太魯閣族（2004）、撒奇萊雅族（2007）、賽德克族（2008）、拉阿魯哇族（2014），以及卡那卡那富族（2014）的正名。有關**平埔族**恢復原住民身分問題，因為一些既得利益者與事務官沆瀣一氣，未能完成任務。

就自治區的設置而言，原民會先是敦聘學者擬定《原住民族自治法草案》，由於研究小組的原住民學者參與有限，導致該草案被原民菁英嚴厲抨擊為原住民版的《地方制度法》。對面各部會對於草案的抗拒，政務委員陳其南於 2003 年初另起爐灶，主導行政院通過《原住民族自治區法草案》，希望能以「因族制宜」的精神，提供各族草擬自治條例的綱要，以便進一步促成各族早日與國家分別再簽訂條約。然而，由於原住民族自治涉及山林土地

平埔族（Plains Indigenous Peoples）
指原鄉是在平原地區的原住民族，語言文化屬於南島民族（Austonesians），在清治被稱為熟番。戰後，中華民國政府以過度漢化而剝奪原住民族身分。

的歸還，因此，其他政府部門迄今裹足不前，甚至於有些部會視爲毒蛇猛

獸；終究，《原住民族自治區法草案》並未被納入優先審查的考慮。

Box 15-3

「反課綱」的努力不要誤傷原住民族

　　高中生「反課綱」運動如火如荼，坊間流傳多項主要爭議，並且經過媒體整理比較。然而，由「原住民」調整爲「原住民族」被類爲首條，反對的理由竟然是「有消滅平埔族嫌疑」，完全忽略多年來原住民族正名運動的歷史軌跡。回顧歷史，由山地同胞、原住民到原住民族，是經過原運先進的長期奮鬥，並透過兩次憲法增修條文才獲得確認，迄今超過三十年。去汙名化的過程，象徵臺灣由少數族群統治到實踐多元族群民主的心路歷程，應該是大家共有的集體經驗。事實上，陳水扁在 1999 年在蘭嶼簽訂《新的夥伴關係條約》，早已使用「原住民族」，跟課綱微調風馬牛不相及。

　　對於原住民族來說，目前教科書的問題在於有關族人的篇幅太少、或是偏重漢人觀點；其實，不管有沒有課綱微調，這些呈現不是蜻蜓點水、就是充滿薩伊德所謂的東方主義，跟統獨完全沒有關係。換句話說，不管是原住民、還是原住民族，課本頂多允許月曆般的異國情調，更不用說平埔族。如果硬要詮釋爲排除平埔族的陰謀論，恐怕必須提供更具體的證據，不能捕風捉影，否則是損人不利己的做法。

　　有關於平埔族的原住民族身分，根由在於國民黨政權在戰後以過於漢化爲由剝奪身分，就人權的角度來看，不值一晒。坦誠而言，平埔族群歷年來參與原住民族權利運動，同是南島民族的兄弟多半張臂歡迎歸隊。當然，由於涉及政治權力及經濟利益的可能排擠，加上政客的刻意分化，推動上還有相當大的對話空間，政治立場可以不同、意識型態應堅持，卻不該指鹿爲馬、顛倒是非；同樣地，可以痛恨中國意淫臺灣，卻沒有必要傷原住民族的心。去脈絡化的論斷是不負責任的，不管是何種學術。

問題與討論 15-2

中國認爲漢人就是原住民族，把臺灣的原住民族當作五十五個少數民族之一，也就是所謂的「高山族」，而臺灣民間一向有「有唐山公、無唐山母」的說法，因此，臺灣承認國內的南島民族爲這裡的原住民族，是否是在跟對方互別苗頭？

問題與討論 15-3

戰後，平埔族被政府以漢化為由剝奪原住民族身分，近年積極要求政府
恢復身分，是不是會排擠到現在具有身分者的權益？

就還我土地而言，原民會的做法大致是追隨原運歷年的訴求，也就是希
望開放原住民使用被收歸國有的保留地；當時的行政院長蘇貞昌也在「行政
院原住民族基本法推動會」第一次會議裁示，將原住民族土地回歸原民會主
管。另外，我們也可以看到原民會對於恢復傳統領域的努力，特別是推動各
族部落地圖的重劃。不過，面對各部會的強勢作為，相關《原住民族土地及
海域法》難以推動。

另外，《原住民族基本法》規定，在原住民族土地進行開發、資源利用，
或是在原住民地區設置各種資源治理機構，都必須取得原住民族的同意：

> 政府或私人於原住民族土地內從事土地開發、資源利用、生態保育
> 及學術研究，應諮詢並取得原住民族同意或參與，原住民得分享相
> 關利益。政府或法令限制原住民族利用原住民族之土地及自然資源
> 時，應與原住民族或原住民諮商，並取得其同意。（第二十一條）

> 政府於原住民族地區劃設國家公園、國家級風景特定區、林業區、
> 生態保育區、遊樂區及其他資源治理機關時，應徵得當地原住民族
> 同意，並與原住民族建立共同管理機制；……（第二十二條）

然而，針對國家公園等機關的設置，相關部會擁兵自重，試圖就地合
法化原有的機制，儼然是新形的國家級利益團體。另外，從美麗灣到邵族
BOT 等事件，地方行政首長挾著民意，在原住民的傳統領域為所欲為。原
民會一再透過《原住民族自治區法》草案，公然夾帶掩護，以子法否定母
法，是最大的幫凶。

最為人詬病的是《東部發展條例》（2011），公然違背《原住民族基本
法》第二十一條的規定。其實，這已經不是第一次了，因為從蘇花高、蘇花

替到蘇花改，也沒有問過太魯閣族人的意見。也就是說，在開發與原住民族
權利保障之間，政治人物往往切割處理，假設政治市場可以分割，因此在不
一樣的選舉造勢場合，可能會有不同的政見承諾，然而，一旦把這些並列在
一起，就有可能出現扞格不入的情況。

Box 15-4

對抗學術專斷是原住民族菁英的天責

　　臺灣原住民族做為「主體」（subject）的自己，在沒有文字記載下，只好仰賴他者（others）進行歷史書寫；因此，我們所看到的歷史呈現，往往不是高度選擇、就是錯誤詮釋，頂多是充滿善意的「東方主義」，其實，那就是另一種形式的歷史靜音。在過去二、三十年來，族人的知識分子展開自我認同的追尋、關鍵就是重新建構自己的歷史，也就是透過集體記憶的確認，正視現在的共同處境，並誓願攜手走向未來。原住民族唯有掌握歷史詮釋，才有可能掙脫天羅地網般的歷史共業、讓漢人社會至少願意接受形而上的道德責任；缺了這番刻骨銘心的靈魂交織，臺灣做為一個想像的共同體，是不可能實現的。

　　這樣的努力並不是一件簡單的任務，原住民的菁英必須不斷面對漢人學者的反撲，甚至打壓。對於支配者來說，原住民如果不是被歷史凍結的「客體」（object），宛如掛在牆壁上充滿異國情調卻孤寂的月曆，再不就是進入部落的傳譯者或資料提供者（informant），不太能允許擁有自主的思想，更何況忽然開口說話。因此，當有原住民大膽違抗主流觀點，冷嘲熱諷是可以預期的。

　　歷史事件的發生或許是客觀的事實，然而，所有的歷史詮釋都是主觀的，端賴立場不同而一定會有差異，甚至於南轅北轍。那是可以預期的，畢竟，統治者必須透過歷史來合理化本身的作為，包括征服、殖民以及壓迫。因此，面對官方、殖民者以及學者的觀點，原住民族有權利，甚至於有義務表達本身的看法。然而，也因為原住民族在過去沒有文字書寫，必須仰賴祖先口傳下來的故事，沒有其他選擇。

　　學者會「好意地」提醒，如果沒有新的史料出土，這些是沒有用的。同樣地，也有人會很「學術地」挑戰，原住民族的「講古」（storytelling）是不登大雅之堂的。前者是把歷史當作考古，根本就不需要有歷史這門學問，相當傲慢；至於後者，基本上是質疑原住民進行口述史的能力，是十足的偏見。面對漢人學術界的傲慢及偏見，我們當然不能逆來順受，因為這是赤裸裸的文化暴力，殺人不見血，比起直接暴力（流血），或是結構暴力（歧視）更為暴戾。

　　學術圈的族人菁英面對就業、升等、計畫以及獎助等等的壓力，或許暫且不方便公開挑戰這些霸權。不過，部落還是有很多文史工作者在默默記錄，不要讓族人的記憶隨著時間被淹沒流失。或許，一些白浪／母幹會以所謂的「不符學術規格」加以勸阻，甚至於訕笑，必須經過他們的認證、許可、加持或是背書，否則難登大雅之堂，就是要先否定、再收編，這是學術幫派的老伎倆。在這惡劣的環境下，族人從事口述史的工作，則必須有相當大的勇氣跟毅力。

問題與討論 15-4

臺灣地狹人稠，光是三十個山地鄉的面積就占了臺灣土地將近一半，如果原住民族依據傳統領域實施自治，是不是會限縮國家的整體發展、影響非原住民的權利？

7. 原住民族部落法人化

我們以「部落法人化」來看政府對於原住民族發展的態度。立法院在2015年底修訂《原住民族基本法》，賦予原住民族部落公法人地位，增設部落會議，表明是為了「促進原住民族部落健全自主發展」。由於《原基法》原本就有部落的定義，而在民進黨執政時期積極推動部落會議，通過《原住民族委員會推動原住民族部落會議實施要點》（2006），此番能進一步規範，表面上看起來方向正確，實質上卻未必如此，甚至暗藏玄機，是用來破壞《原基法》的其他條文。

根據坊間的論述，略謂一旦原住民族部落取得公法人地位，未來屬於部落的祭祀廣場及聚會所等土地，部落都可以登記為土地所有人；另外，部落可以做為傳統智慧創作的申請人，進而取得專用權並收費，成為部落傳統文化祭儀的保存者。聽起來利多長紅，難怪一些團體及部落工作者相當興奮，認為未來就可以取回部落自己的土地了，企盼族人趕緊推動。

其實，原民會早先已將《部落會議實施要點》修訂，由十條擴增為三十二條，儘管修正說明宣示是為了「自主營運及凝聚原住民族集體意識」，實際上是要透過部落會議的召開，行使《原基法》第二十一、二十二條有關於限制原住民族土地及資源利用，以及設置國家公園等資源治理機關的同意權。也就是說，在《原基法》於2005年通過後，相關部會視之為毒蛇猛獸，卻又不敢公然修法，原民會又不敢提出原住民族同意權機制，只好藏在《部落會議實施要點》。

我們知道，原住民族大致上有三個層級，從部落（八百多個）、族群

（目前政府承認十六族），到所有原住民族整體的集合，對於不同事務的參與或是權利的行使，有不同的主體，未必只有部落而已。根據原民會的說法，原住民族之同意建立在組成分子之同意，而部落形成意思有賴成員以會議體表徵，試圖將民族議會矮化為部落會議，就是要將族人的集體意志零碎化，以達到各個擊破的目的。

細讀《部落會議實施要點》，部落成員限定必須是設籍於部落者，排除被迫離開原鄉前往都會區工作的族人，擺明就是要剝奪他們參與部落事務的權利。試想，難道只有留在偏鄉者，才可以享有原住民族身分的既有權利？如果按照此邏輯，豈不只有住在部落者才有資格接受一般教育以外的民族教育？只有留在部落的老幼婦孺才可以參與民族自治？這樣的做法，承續統治者自來使用人口分化的手段，讓可以享有原住民族權利的人數越來越少。

所謂的公法人，不外是由中央到地方的各級政府，加上形形色色的行政法人，我們唯一可以想像的，不外就是馬英九政府這幾年推動的所謂「空間合一」式的原住民族自治政府，沒有任何土地可以管轄，地位跟農田水利會差不多。因此，這些以家戶為單位的部落會議，只不過是國民黨想要控制原住民族的另一種工具；特別是部落的定位在市鎮區之下，擺明就只有村里的位階，上面公公婆婆一大串，與實踐自決的民族自治簡直是天壤之別。

事實上，目前的二十四個山地原住民鄉鎮就有公法人身分，如果可以因此取回土地，豈不早就可以進行了，何必如此迂迴，還要透過部落做拼圖式的努力？我們必須指出，原住民族要取回土地，並不一定要透過部落或是公法人，而是要求轉型正義，把政府暫時託管的土地交回，也就是原住民族土地權的釐清，跟枝枝節節的法律程序無關。一言蔽之，部落公法人既不是自治或是取回土地的必要，也不是充分條件（不會水到渠成）；違章建築可以接水電，未必表示可以取得產權。原住民族要取回土地，必須從「先占」著手；一旦成立自治區，自然取得公法人身分；至於現在，又不需要有具有公法人的部落會議才能行使同意權或自治權。

Box 15-5

臺灣原住民族自治的路徑

　　多年來，原住民族權利運動所追求的目標，包括正名、還我土地以及自治。《原住民族基本法》（2005）規定「政府應依原住民族意願，保障原住民族之平等地位及自主發展，實行原住民族自治」。民進黨執政八年，先後推出實質版及程序版的自治區法草案，由於朝小野大，終究無疾而終。馬英九政府先後也有混合版及屬於文化自治性質的空間合一版，最後提出來的《暫行條例》，把現有三十個原住民族鄉鎮合併為原住民族委員會所管轄，不能算是自治區。

　　就本質上而言，民族自治是原住民族既有的權利（inherent rights），是依據主權而來的，不可加以剝奪；相對之下，地方自治則是為了治理方便而授予的權利（delegated rights），趙孟能貴之、趙孟能賤之。再者，民族自治的權限（powers）包含立法、行政及司法權，而一般的地方政府即使有民意基礎，大體還是以執行中央的政策為主，自主性（autonomy）相當低。另外，我們期待的原住民族自治區與縣市具有同等地位，具體而言，就是能依據公式分配統籌款，而非看人的臉色、仰政黨的鼻息。

　　就原住民自治的範圍（scope）而言，原住民族權利運動多年來所追求的「民族自治」，大體是以族（people, nation）為單位，也就是以「一族一區」為原則，如果民族的傳統領域比較大，未嘗不可採取「一族多區」，萬一犬牙交錯的情況，也可以考慮進行跨族聯合自治，也就是「一區多族」的安排。當然，最後的目標是結合所有自治體的民族議會，也就是「泛原住民族自治」的境界。當然，或可階段性考慮在現有的直轄市下實施「部落自治」，譬如臺東阿美族馬蘭部落、魯凱族達魯瑪克部落，以及利稻地區的布農族人要求政府歸還族人自然主權來實施自治，不過，可能面對各族內部水平整合的課題，可參考下圖。

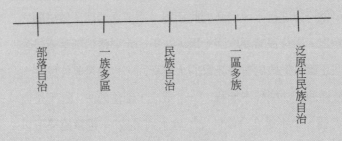

| 部落自治 | 一族多區 | 民族自治 | 一區多族 | 泛原住民族自治 |

原住民族自治的單位

　　最後，我們以為政府不管是用任何再冠冕堂皇的理由，都不能剝奪平埔族的原住民族身分以及相關權利。因此，對於過去的行政疏失，政府不僅要自動恢復平埔族的身分，總統更要對於六十年來的剝奪，進行正式的道歉，而國家必須提供相當的補償。當然，成功的關鍵還是要端賴多元的平埔族人的自我定位、整合，以及訴求的確定。坦承而言，原住民族（高山族）與國家關係的重建，有相當多的成分要借助平埔族的定位，尤其是如果能了解平埔族當年是如何在被征服的過程中喪失主權，將有助於原住民族（高山族）取回流失的土地。

　　總之，對於正在追求民主鞏固的我們來說，少數族群權利的起碼保障，是展現整個社會是否願意面對多元族群現象的關鍵指標。社會的對話是必要的，畢竟，政治人物反應的是選民的聲音。我們必須坦白認識現實：多元文化主義即使經過二十多年的推動，還是停留在口頭的尊重，多數族群仍然還是停留在人多就是民主的真諦；同樣地，儘管大家認為族群平等是可欲的目標，然而，到底平等的內涵是什麼，恐怕還是有南轅北轍的看法，包括在學界。實事求是，如果我們真的心儀多元文化的境界，而非只是把少數族群的文化當作異國情調般消費，有待大家願意承認彼此的差異。

參考書目

沈俊祥（2008）。《間與認同：太魯閣人認同建構的歷程》。壽豐：東華大學民族學院。

施正鋒（2005）。《臺灣原住民族政治與政策》。臺北：翰蘆圖書。

施正鋒編（2010）。《加拿大 Métis 原住民族》。壽豐：東華大學原住民民族學院。

施正鋒編（2010）。《加拿大原住民權利保障》。壽豐：東華大學原住民民族學院。

施正鋒編（2012）。《加拿大原住民族自治協定》。臺北：臺灣國際研究學會。

施正鋒編（2012）。《原住民族主權與國家主權》。壽豐：臺灣原住民族研究學會。

施正鋒編（2014）。《臺灣原住民族文化、藝術與傳播理論暨實務》。壽豐：臺灣原住民族研究學會。

施正鋒編（2014）。《臺灣原住民族自然資源運用與永續發展》。壽豐：臺灣原住民族研究學會。

施正鋒編（2015）。《原住民族事務發展之回顧前瞻》。壽豐：臺灣原住民族研究學會。

施正鋒編（2015）。《西拉雅平埔原住民族身分》。臺南：臺南市政府。

施正鋒、吳珮瑛（2014）。《原住民族的主權、自治權與漁獲權》。壽豐：臺灣原住民族研究學會。

施正鋒、李安妮、朱方盈（2005）。《各國原住民人權指數之比較研究》。臺北：行政院原住民族委員會。

施正鋒、謝若蘭編（2008）。《Affirmative Action 與大學教師聘任》。壽豐：東華大學原住民民族學院。

施正鋒、謝若蘭編（2008）。《加拿大原住民族的土地權實踐》。壽豐：東華大學原住民民族學院。

施正鋒（2008）。《原住民族人權》。壽豐：東華大學民族學院。

高德義（2008）。《解構與重構：原住民族人權與自治》。壽豐：東華大學民族學院。

郭明正編（2008）。《賽德克正名運動》。壽豐：東華大學民族學院。

雅博甦詠・博伊哲努（2008）。《原住民族權之詮索》。壽豐：東華大學民族學院。

傻瓜讀書會編（2011）。《傻瓜跑天下——再思原住民族運動攻略》。臺北：翰蘆圖書。

潘朝成、施正鋒編（2010）。《加禮宛戰役》。壽豐：東華大學原住民民族學院。

謝國斌（2009）。《平埔認同的消失與再現》。壽豐：東華大學民族學院。

Anders, Gary C. (1981). The Reduction of as Self-Sufficient People to Poverty and Welfare Dependence: An Analysis of the Causes of Cherokee Indian Underdevelopment, *American Journal of Economics and Sociology*, 40(3): 225-37.

Cornell, Stephen, and Joseph P. Kalt (1990). Pathway from Poverty: Economic Development and

Institution-Building on American Indian Reservations, *American Indian Culture and Research Journal*, 14(1): 89-125.

Gover, Maggie (1981). *You Don't Have to Be Poor to Be Indian: Reading in Resource Development*. Albuquerque: Americans for Indian Opportunity.

Hettne, Bjorn (1990). *Development Theory and the Three Worlds*. Burnt Mill, Harlow, Essex: Longman Science & Technical.

Julnes, Theresa (1994). Economic Development as the Foundation for Self-Determination, Lyman H. Legters, and Fremont J. Lyden, eds. *American Indian Policy*, pp. 150-74. Westport, Conn.: Greenwood Press.

Kymlicka, Will (1995). *Multicultural Citizenship*. Oxford: Oxford University Press.

Kymlick, Will, and Wayne Norman (2000). Citizenship in Culturally Divided Societies: Issues, Contexts, Concept, Will Kymlicka, and Wayne Norman, eds. *Citizenship in Divided Societies*, pp. 1-41. Oxford: Oxford University.

Lerner, Natan (1991). *Group Rights and Discrimination*. Dordrecht: MartinusNijhoff.

Loomis, Terrence, and John Mahima (2003). Mäori Community-based Sustainable Development: A Research Progress Report, *Development in Practice*, 13(4): 399-409.

O'Neill, Colleen (2004). Rethinking Modernity and the Discourse of Development in American Indian History: An Introduction, Brian Hosmer, and Coleen O'Neill, eds. *Native Pathways: American Indian Culture and Economic Development in the Twentieth Century*, pp. 1-24. Boulder: University Press of Colorado.

Ortiz, Roxanne, ed. (1979). *Economic Development in American Indian Reservations*. Albuquerque: Native American Studies. University of New Mexico.

Prott, Lyndel V. (1988). Cultural Rights as Peoples' Rights in International Law, in James Crawford, ed. *The Rights of Peoples*, pp. 93-106. Oxford: Clarendon Press.

Snipp, C. Matthew (1986). The Changing Political and Economic Status of the American Indians: From Captive Nations to Internal Colonies, *American Journal of Economics and Sociology*, 45(2): 145-58.

第十六章
資本主義全球化與跨國移民／工現象

夏曉鵑
世新大學社會發展研究所教授

1. 前言

　　據內政部統計，2014年臺灣的新婚夫妻之中，有12.3%為國人與外籍人士結婚，其中妻子為外籍人士者占77.5%，多數來自東南亞與中國大陸，即主流媒體所稱的「外籍新娘」和「大陸新娘」。[1]除以婚姻形式入境臺灣，另有將近六十萬「外籍勞工」[2]投入臺灣的生產行列。隨著越來越多的境外人口進入臺灣，移民／工議題漸漸浮上檯面，引起臺灣社會的關注。

　　臺灣的現象並不獨特。根據聯合國統計（United Nations, 2013），2013年全球跨國遷移人口（international migrants）達2.32億，相較2000年成長33%，其中59%居住於已開發國家，而以區域分布而言，歐洲接收最大量的國際遷移者（7,200萬），亞洲次之（7,100萬），北美洲第三（5,300萬）。

遷移女性化
（feminization of migration）
國際遷移中女性比例日漸升高的趨勢，尤其指女性跨國遷移到工業化國家擔任外籍家務工的現象。

　　此外，近年來全球**遷移女性化**趨勢越來越明顯，雖然女性占國際遷移總人口數的比例在過去五十年並無顯著增加（1960年為46.7%，2010年為48.4%），但顯著的改變是，越來越多的女性是獨立跨國遷移尋找工作，而非以家屬的身分跟隨先生遷移（United Nations, 2007）。更重要的是，越來越多的跨國遷移女性從事在家戶或私人領域的「親密勞動」（intimate labor）（Constable, 2009），包括提供家務和看護服務的女性移工，以及做為持家和生育下一代的婚姻移民女性。

2. 全球政治經濟發展：生產、再生產的結構重組

　　當今遠距人口流動的規模確實引人注目，但絕非新鮮事，而是資本主義發展的必然結果。勞動力為剩餘價值的來源，因此不斷開發新的廉價勞動力是資本主義得以不斷擴張的必要條件，「世界性的勞動力市場」也因應而

---

1 「外籍新娘」和「大陸新娘」之稱充滿對第三世界女性的歧視，在此提醒名稱背後的意識型態。
2 臺灣官方及媒體常使用「外籍勞工」一詞，或簡稱「外勞」，具排外意識型態。有些團體和學者改稱為「移住勞工」，或簡稱「移工」。

生；無論是早年愛爾蘭移民到英國，或是黑奴販賣所推動的洲際三角貿易，到今日所謂「流移的年代」（age of migration）（Castles and Miller, 1993），皆是在資本主義發展結構重組（restructuring）的過程中產生。

　　Bonacich 和 Cheng（1984）打破傳統移民／工研究專注於輸出國和接受國各自的「推」「拉」因素的研究取徑，指出跨國遷移並非輸出國與接受國之間互不相關的因素所造成，而是二者之間歷史關聯的產物：資本主義發展導致帝國主義發展，從而扭曲了殖民地的發展，使得許多人無法再以傳統的經濟活動維生，必須向外遷移尋找生機；同時，資本主義發達國家對廉價勞動力的需求不斷增加，因此需要引進移工；上述兩條件導致人民被迫以勞工身分遷移至更發達的資本主義國家。

　　隨著資本主義的發展，資本家的勞動力成本隨之增加，導致其利潤率下降，為尋求解決方案，資本家在較低度發展地區尋求更廉價的勞動力來源（Bonacich, Cheng, 1984）。第一種方式是將生產基地轉移至擁有充沛廉價勞動力的低度發展國家，形成「生產的結構重組」（restructuring of production），例如美、日、歐等資本主義發達的國家，於 1960 年末開始轉向亞洲，在此新國際分工情勢下，形成於 1970 年代起經濟迅速發展的「亞洲四小龍」（韓國、臺灣、香港、新加坡）。第二種方式則從較低度發展國家進口勞動力，使其成為「外籍勞工」。

　　然而，勞動力做為商品有其特殊性，因為其承載者是活生生的人。因此資本家在購買勞動力時，除了利用其「生產」勞動外，亦必須面對其「再生產」的方方面面。勞工的「生產勞動」（productive labor）必須建立在「再生產勞動」（reproductive labor）的基礎之上。所謂再生產勞動指涉的是，在家戶或私領域從事的勞動，以使生產勞動得以順利進行，包含勞動力的「恢復」（maintenance，如煮食與清理）和勞工家庭的「世代延續」（renewal，如子女的生育與養育）（Burawoy, 1976）。

　　在資本主義社會裡，再生產勞動多由女性家庭成員無酬提供，家務勞動在父權意識型態的形塑下，成為女性的「天職」。由於勞動力的再生產勞動成本由個別家庭承擔，使得資本家得以更低的價格（薪資）購買勞動力，降低其生產成本，有利資本積累（Mies, 1986），因此如同 Dalla Costa（1997）

所言，家庭主婦在家庭付出的再生產勞動是男性投入生產勞動的先決條件（precondition），而在資本與父權結合的結構下，女性的再生產勞動被視爲「愛」與「天性」，看似與資本積累和生產無關，使得女性再生產勞動被資本剝削的事實不被看見。

然而，隨著資本主義不斷擴張，越來越多女性投入有酬的勞動市場，加以由國家提供的社會福利隨著全球資本主義競爭激化而不斷縮減，再生產勞動力越來越無法依靠無酬的女性家庭成員承擔，使得有酬的照顧工作需求越來越大。而隨著工資上漲，越來越多家庭無力負擔僱用家庭幫傭或看護的費用，許多國家因而引進更廉價的外籍照顧工作者。此外，有些勞動階級的家庭甚至無法負擔僱用外籍照顧工作者的費用，轉而娶「外籍新娘」，由她們提供無酬的再生產勞動，照顧家庭並生育子女。上述較低度發展國家的女性前往較高度發展國家提供再生產勞動的現象，形成了「全球照顧鍊」（global care chains）（Hochschild, 2000），以全球資本主義的發展歷程觀之，其本質爲「再生產的結構重組」（restructuring of reproduction）（Hsia, 2010, 2015），涉及了輸出國與接受國女性之間的「照顧的國際轉移」（international transfer of care taking）（Parreñas, 2001）。

簡言之，資本主義發展導致了不平等的發展模式，以世界體系理論觀之，此不平等發展模式造成了核心、半邊陲和邊陲的國際分工關係（Wallerstein, 1974）。處在不同國際分工位置的國家，爲了資本積累而採取了不同的發展策略，因而促成了移民／工現象，以下分別詳述輸出國和接受國的政策。

2.1 接受國的「外勞政策」與擴大資本積累

核心、半邊陲國家資本主義發展的重要特徵是資本積累的擴大化，其重要手段之一就是從較低度發展國家引進外籍勞工，以大幅降低勞動力成本。除美、日、歐等核心國家外，臺灣、南韓等新興工業化國家，亦在成功由邊陲國家轉化爲半邊陲國家後，爲了擴大資本積累，於 1980 年代開始逐步從邊陲國家引進勞動力。

臺灣的「外籍勞工」現象便在上述的全球資本主義發展脈絡下形成。自1989年政府通過「十四項重要工程人力需求因應措施方案」引進三千名外籍勞工、1992年訂立《就業服務法》正式開放外勞引進之後，外籍勞工人數在臺灣明顯成長，十多年來外勞政策雖略有變化，但下列的基本特質仍未更動（Tseng, 2004）：

1. 限制性引進：僅某些產業或職業允許引進外勞；
2. 時間限制：初期規定兩年，得延展一年，後改為三年，得延展三年（多次修法延長年限，自2012年2月1日起，延長為十二年）；
3. 限制參與國內勞動市場的自由：外勞不得任意轉換僱主；
4. 限制居住地點：除非獲政府許可，不得改變居住地點；
5. 限制引進來源國：由政府選定少數來源國；除漁工外，嚴禁引進大陸勞工，亦即，嚴禁大陸勞工「登陸」臺灣。

劉梅君（2000）從資本主義發展最核心的問題之一——勞動力著手，分析臺灣外勞政策形成的原因。如陳宗韓（1997）所言，企業家所謂「勞工短缺」的真正意義是欠缺「廉價」的勞工。然而，工資並非如自由主義經濟學者所言是由市場供需決定，而是有「歷史決定」的性質。本國勞工不再「廉價」的原因有二。首先，要提高馬克思所謂的「剩餘價值率」，[3] 途徑有二：一是擴大剩餘價值量，二是壓低必要勞動價值或節省固定資本。前者一般透過延長勞動時間或增加勞動強度，但受限於相關勞動法令規定（如《勞基法》關於工時及加班時間和費用的規定），而勞動強度則受限於人力生理極限的自然抵抗，使壓低必要勞動價值成為重要途徑。此外，資本主義的「生產」要能持續，必須建立在「再生產」的基礎上，而所謂「合理」工資報償的期望，是相對於其維持「再生產」之所需。劉梅君發現，若要本地勞工接受基本工資的水準，必須將時光倒轉二十年才有可能，勞動力的賣方自然傾向於終止買賣交換。而國際勞動力市場的存在，使得僱主得以引進「外

---

3 剩餘價值率＝剩餘價值÷可變資本前必要勞動價值）或資方所說的「利潤率」剩餘價值÷（固定資本＋流動資本）。

勞」，以解決本國勞工因工資問題而不願工作，導致無法滿足再生產所需的困境。

相對於本勞的不夠「廉價」，外勞政策將外勞的生產與再生產分離，確保外勞的「廉價」。臺灣給付外勞的工資，之所以不會發生如同本勞不夠支付再生產成本的問題，並非因爲臺灣付給外勞的工資已包含這部分成本，而是因外勞政策早已排除外勞再生產在臺灣發生的可能性。首先，外勞在臺工作期滿必須離境，屬於過客性質，其被認可的只有經濟功能，但無法主張其社會權的享有。再者，透過種種篩選機制，包括專長及技能的認可、入境前後不斷的健康檢查及「單身條款」，[4] 政府確保外勞除具一定技能水準外，還得年輕力壯，以降低居留期間病老殘疾的發生機率；而當外勞眞的不幸罹患傷病、生育或死亡時，依法納入勞工保險的外勞，其眷屬卻不得請領該事故之保險給付。簡言之，透過種種法規，移工勞動力的世代延續成本由臺灣以外地區承擔，而其勞動力恢復的成本也壓至最低。這是外勞之所以能夠「廉價」，但卻何以也能夠接受我們認爲極具「剝削」性工資價格的原因（ibid.）。

2.2 再生產危機與女性移民／工

隨著資本主義全球化擴張了跨國遷移的規模，再生產勞動也在全球尺度上重組，日漸增加的女性移民／工從較低度發展國家到較發達國家提供再生產勞動力，幫助較發達國家生產勞動力的「恢復」和「世代延續」。

婚姻流移
（marriage migration）
透過婚姻形式而達到移民目的跨國境遷移，通常爲較低度發展國家的女性遷移至較發達國家，但不侷限於此。

除從事家務與看護的女性移工提供的「有酬」再生產勞動外，還有女性移民在接受國做爲妻子、母親、媳婦（Piper and Roces, 2003），提供「無酬」再生產勞動。此種**婚姻流移**現象與**勞工流移**現象平行，皆爲較低度發展國家的女性前往較發達國家提供再生產勞動力（Hsia, 2015）。

勞工流移
（labor migration）
人們爲了就業而遷移，包括本國境內和跨國境的遷移。多數國家會制定相關法規以規範跨國的勞工流移，有些國家會積極制定勞工向外流移的法規，並爲國民在海外尋找工作。

上述現象實爲資本主義「再生產危機」（crisis of reproduction）（Hsia, 2010, 2015）的結果。隨著資本主義全球化的激化，福利國家面臨危機，許

---

4 不得攜眷居留、在本地結婚、生育。依據過去的法規，女性移工一旦在臺懷孕就必須立刻遣返，經團體不斷抗議後，2003 年 11 月 9 日起，懷孕的移工不必遣返。

多社會服務（例如社區托育和老人照顧中心）遭到刪減，越來越多的基本需求必須依靠個人和家庭到市場購買服務，才能滿足（Kofman et al., 2000）。持續上升的生活開銷，再加上缺乏完善的社會福利體系，使較發達國家的女性尋求更便宜的代理人以維持家務。因此，許多國家制定引進外籍幫傭政策（Kofman et al., 2000）來解決再生產的危機，而導致了夏曉鵑所稱之「再生產的結構重組」現象（Hsia, 2010），亦即來自較低發展國家的女性遷徙到較發達國家從事再生產勞動，其流動方向與「生產的結構重組」相反。然而，引進外籍幫傭僅能治標，隨著育兒費用不斷攀高，較發達國家的生育率仍持續下降。此外，雖然中產階級家庭可以僱用外籍幫傭，工農階級家庭卻難以負擔僱用這樣的勞工。較發達國家的工農階級男子因而隨著資本外移的潮流，到鄰近較低度發展國家尋找另一半（夏曉鵑，2002；Hsia, 2010）。

以臺灣而言，父權家庭傳統至今仍在，通常為女性家庭成員負擔的老人照顧被視為私領域的家庭責任，使政府得以在長期照顧的提供上扮演極輕的角色。隨著女性就業率和老年人口的增加，臺灣女性越來越難以待在家中擔負這些必要的家庭照顧工作，當她們無法或不願意執行這些工作時，許多臺灣已婚婦女採取僱用代理人的策略。而自 1990 年代初期開始，在缺乏公共政策介入的情況下，持續增加的家務工作轉變成有利可圖的市場（Wang, 2010）。

本國籍的私人護理人員的費用高，只有富裕家庭才能負擔，而由政府補助的家庭照顧服務和安養、看護中心，僅能滿足一小部分老人看護的需求（ibid.）。為回應越來越多家庭照顧的需求，臺灣政府在各種贊成與反對聲浪下，於 1992 年陸續引進外籍看護和外籍幫傭（林津如，2000），他們提供了最便宜的老人照顧，並已成為居家照顧的主要提供者。政府將引進外籍照顧工作者的政策美化成社會福利的一種類型（外籍勞工分為產業和「社福」類，後者包括外籍看護工為外籍家庭幫傭）；但諷刺的是，這項社會福利的提供者是市場，並非政府，而政府所做的僅僅是讓家庭有權利進入市場（Wang, 2010）。

自臺灣政府正式引進外籍勞工以來，社福類外勞所占的比例持續增加。1996 年，產業類（包括農林漁牧業、製造業、營造業）的外勞人數為外勞

總人數的 87%，而社福類的比例只有 12.8%。社福外勞的比例快速增長，至
2010 年高達 49%（行政院勞委會職業訓練局，2011）。從事再生產勞動的
移工比例增加，亦呼應女性移工比例的增加；1998 年，女性移工為外籍勞
工總數的 26.4%，2001 年女性移工人數首次超過男性，至 2010 年，已高達
63.1%。另外，雖然女性移工在合約上被僱用為「看護」或「家庭幫傭」，
但現實情況是這兩種工作類別的界線非常模糊，因為僱用外籍幫傭的限制較
多，許多僱主是以外籍看護的名義僱用女性移工，但卻讓她們從事幫傭的工
作，或者要求她們兼顧看護和幫傭的工作（夏曉鵑、王增勇，2010）。

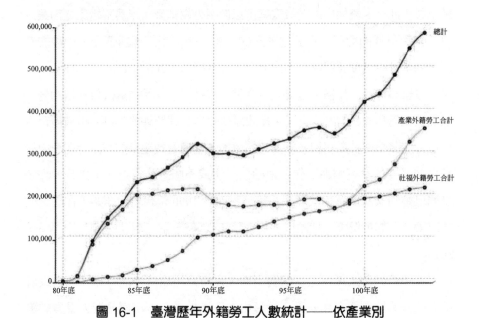

圖 16-1　臺灣歷年外籍勞工人數統計——依產業別

資料來源：修改自勞動部勞動力發展署統計資料庫。

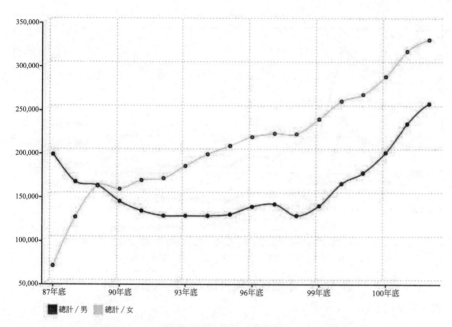

圖 16-2　臺灣外籍勞工人數統計——依性別

資料來源：勞動部勞動力發展署統計資料庫。

　　雖然移工滿足了相當比例的照顧需求，但仍有許多工農階級的家庭無法支付僱用外籍看護／幫傭的費用，且除老人照顧外，他們也需找到妻子以延續家族香火。然而，臺灣政府的發展政策長期以來以都市、工業為核心，加上近年來的國際化壓力，造成農村空洞化、低技術勞動力難以生存的處境。被邊緣化的臺灣低技術男性，除在經濟上難以生存外，在本國婚姻市場上的價值更為滑落。另一方面，在東南亞地區，由於資本國際化所造成的農村破產、失業等問題，產生大批希望藉由轉往較發達國家以解決生存危機的勞動者。在熟稔兩地需求的婚姻掮客的推波助瀾下，臺灣與東南亞之間的「婚姻移民」於焉形成（夏曉鵑，2002）。

　　如同移工到臺灣的趨勢，從東南亞和中國大陸到臺灣的婚姻移民女性，也在 1980 年代晚期有顯著的增加。根據 2002 年主計處公布的統計顯示，每四對新婚者就有一對是臺灣與外籍人士聯姻，雖然這項數據在 2003 年後下降，但比例仍相當高，每年在 15% 和 20% 間浮動，而其中主要的外籍配偶仍是東南亞和中國大陸籍女子。自 1987 年 1 月 1 日起，到 2014 年的 1 月底，已經有 487,802 名外籍配偶在臺灣（28.23% 來自東南亞，64.9% 來自中國大陸），其中 92.67% 為女性（內政部，2011）。

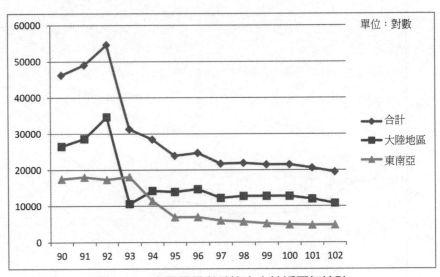

圖 16-3　本國國民與外籍人士結婚歷年統計

資料來源：戶政司。

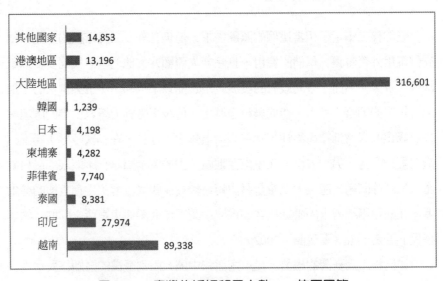

圖 16-4　臺灣的婚姻移民人數──依原國籍

註：1987-2014 年 1 月統計。
資料來源：入出國及移民署、戶政司。

2.3 輸出國的「勞力輸出」與資本原始積累

對處於資本主義發展初期的邊陲國家而言，爲了資本原始積累所需的巨額財富，一方面以嚴厲規訓勞工、各種優惠投資的條件，吸引來自核心與半邊陲國家的資本，另一方面採取「勞力輸出政策」（Labor Export Policy），出口農村經濟破產後流離失所的大規模勞動力，一則暫時疏解剩餘勞動力的社會和政治壓力，二則賺取大量外匯，以期加速原始資本積累（Tujan, 2008）。

菲律賓爲亞洲，甚至是全球，最系統性進行勞力輸出計畫的國家，目前全國人口有 10% 在海外，分布在全世界近兩百個國家中。2003 年，總統艾若育（Gloria Arroyo）拜訪美國時，除國家元首外，甚至自稱「擁有海外八百萬菲律賓人的全球菲律賓企業的總裁」，Rodriguez（2010）因而將菲律賓政府稱爲「勞力仲介國家」（labor brokerage state），積極地儲備、動員與管理其公民到他國成爲移工。

菲律賓自馬可仕（Ferdinand Marcos）統治期間開始進行勞工輸出，之後的歷任總統皆繼續發展並強化勞工輸出計畫，艾若育總統甚至公開承認，菲律賓經濟無法吸收正在回流的移工，她鼓勵他們留在海外並把錢匯回國以挽救菲國衰頹的經濟（Bultron, 2008）。事實上，自 1980 年代初期開始，「勞力出口」已成爲一種「工業」，爲菲律賓政府的最大財源（亞太移駐勞工工作團，2002）。

爲確保勞工輸出，馬可仕時期成立「海外就業署」（Philippine Overseas Employment Administration, POEA），是「勞工與就業部」（Department of Labor and Employment, DOLE）的下屬機構，成爲菲律賓最大的勞工招募仲介單位，主要任務爲尋找潛在的海外勞工市場，並發證件給離境的「海外菲勞」（Overseas Filipino Worker, OFW），未獲該署核發「海外就業證」（Overseas Employment Certificate）者不准出國工作（Bultron, 2008）。

菲律賓政府甚至成立訓練中心，由勞工部技術教育與技能發展局（Technical Education and Skills Development Authority, TESDA）進行訓練課程以「提升」儲備移工的技術，但其實是增加對菲律賓勞工收取費用的途徑。另外，聲稱提供菲籍移工福利的「海外工人福利署」（Overseas Workers

Welfare Administration, OWWA），實際上並非致力於服務菲籍移工，而是以服務之名向移工收取費用。此外，菲律賓政府藉由「41號備忘錄」（Memorandum Circular No.41）強迫所有菲律賓勞工必須透過招募仲介機構才能到海外工作，造成仲介機構林立，向出國工人大量斂財，菲律賓政府至今未能擺脫這些目無法紀的招募仲介機構，顯示政府和私人部門合夥剝削及榨取菲籍移工的收入（ibid.）。

菲律賓政府的勞力輸出政策成為其他國家仿傚的對象。1980年代，印尼的蘇哈托（Suharto）政府開啟勞動力輸出政策，為減少財政赤字，將印尼勞動力輸出海外列為五年發展計畫之一，鼓勵印尼人民至海外工作（Hugo, 1995）。1997年後，亞洲金融危機重創印尼經濟，失業問題嚴重，加以國內政局動盪，要求蘇哈托下臺的民主運動日漸強大，印尼政府更積極推動勞力輸出，企圖緩減國內政治與經濟的危機，並為國家賺取可觀的外匯（Williams, 2008）。

當邊陲國家紛紛以勞力輸出做為原始資本積累的重大策略時，為了在全球勞動力市場上更具競爭力，輸出國通常須展現他們的「競爭優勢」（comparative advantages），彰顯他們國家的勞工是如何比其他國家的更「好」。以菲律賓而言，其勞力輸出政策已有很長的歷史，有較完整的輸出體系，競爭利基在於「技術」，包括說英語的能力。對於勞力輸出政策形成較晚的政府來說，例如印尼，市場利基在於保證勞工比較「便宜」且「乖巧」。此外，為確保勞力輸出機制暢通，輸出國政府通常不願意保護移工的福利和權利，甚至還主動參與訂定不利移工的契約條件。例如，Sim（2003）指出，在出國行前說明會中，印尼勞動部門官員對即將出外打工的勞工說，印尼移工拿比其他國家移工更低的工資是「正常的」；而當印尼移工遭遇問題時，香港的印尼領事館還勸阻印尼移工對僱主採取法律行動。對這些政府來說的國家「競爭優勢」，其實是移工的「競爭劣勢」（comparative disadvantage）（Constable, 2010）。

運用勞動部「勞動情勢及業務統計資料庫」，分析不同產業別、開放項目的外籍勞工人數變化的趨勢與臺灣社會發展的關連。

3. 國家的角色

3.1 積極 vs. 消極的介入

移民／工現象雖與資本主義全球化的進程密切相關，但國家的角色並未如諸多全球化理論所預言的消失，而是或積極或消極地介入。以臺灣的移工而言，國家便積極介入制度與政策，如前所述，早在 1989 年就以專案引進移工，並於 1992 年訂定《就業服務法》將之正式化。

相對於在移工議題所展現在政策制度上「主動制定」（proactive）的積極性，國家在移民政策制定上，採取的卻是「被動回應」（reactive）（Hsia, 2015）；過去大都只有消極地以各種行政手段，如拖延等待面談的時間（夏曉鵑，2002）和配額限制（陳小紅，2000），企圖減緩婚姻移民來臺人數。然而這些行政手段僅將臺灣男子結婚對象的來源地由印尼轉往越南、柬埔寨等地，跨國婚姻人數不僅未減少反而急速上升。由於政府採取階級化的邊界管制策略，企圖透過獎勵措施吸引所謂「高階」移民，而主要來自東南亞與中國大陸的婚姻移民，就不是**階級主義**的政策所欲吸引移入的人口類型（曾嬿芬，2006），因此在政策上採取消極態度，法令規範亦不完善，使婚姻移民進入臺灣後面臨相關法規不全、執行機關權責混淆而導致的種種問題（謝立功、邱丞爝，2005）。直到 2002 年底，政府公布統計數字顯示來自東南亞及中國大陸的婚姻移民及其子女人數激增，國家才轉為積極介入（Hsia, 2012），迅速制定相關政策和推動移民署成立。

與政策制定相反的，就介入處理問題而言，臺灣政府對移工採取「被動」態度，而對婚姻移民則採取「主動」方式。政府非常不願對家庭幫傭的工作場所──家戶，進行勞動檢察，其說詞是：家戶為「私」領域。然而，

階級主義（classism）
對特定階級身分的偏見，並對不同階級的人給予差別待遇。可分為個人的階級主義和制度性的階級主義，前者指個人的態度和行為，後者指法令、政策、社會規範等制度。

外籍家庭幫傭正因爲在家戶內工作，而相較於其他類型的移工，更易受到剝削和侵害。勞政單位接獲通報後，勞動檢查員會先通知僱主要前往家戶進行勞動檢查的時間，使僱主得以改善工作環境以免受罰（Hsia, 2015）。雖然勞動主管機關皆知外籍看護工的勞動狀況違反相關法規，卻不主動查核，理由是「公權力不應進入家庭」（陳正芬，2011: 117）。

　　然而，同樣是被視爲私領域的「家戶」，政府單位在面對婚姻移民時，卻毫不保留地經常進行檢查，因爲他們總是懷疑來自較低度發展國家的婚姻移民女性是假借婚姻之名，以獲得居留和**公民身分**，因此須經常到她們的住家查察婚姻的「眞實性」（Hsia, 2015）。如果她們被通報「失蹤」，包括被施暴的先生或家人通報，她們的居留權，甚至是公民身分，都可能被取消（Friedman, 2015）。

　　此外，由於臺灣政府規定藍領移工不得申請永久居留權或公民身分，他們唯一取得上述身分的方式是和臺灣公民結婚，政府官員因此經常懷疑移工利用此途徑取得身分，因而制定法規以阻止移工直接轉換身分爲外籍配偶。移工如要與臺灣公民結婚，必須先出境，到母國的臺灣辦事處申請配偶簽證後再入境臺灣，而之前在臺灣以移工身分居留的時間，不得轉換成滿足申請永久居留或公民身分所需的在臺居留時間。如果曾在擔任移工期間違反任何法律，包括自行離開虐待他們的僱主而成爲官方所謂的「逃逸外勞」，即便他們已經和臺灣人結婚，也將被禁止入境一段時間（夏曉鵑、王增勇，2010）。

　　由此可見，臺灣政府在面對是否介入公民的私人家戶時，採取兩種截然不同的態度：面對外籍幫傭的工作場所採取「被動介入」（reactive intervention），而面對婚姻移民的住所則採取「主動介入」（proactive intervention）。這兩種態度看似矛盾，但其背後邏輯一致：來自較低度發展國家的女性移民／工被視爲「不可信任的他者」，她們很可能會傷害「無辜」的公民，也就是「我們臺灣人」。爲了保護「我們臺灣人」的利益，包括臺灣僱主和臺灣配偶，國家機器的執行者長期忽略外籍幫傭在所謂私領域的家戶中被剝削和侵害的情形，卻積極侵入被懷疑可能欺騙臺灣人的婚姻移民家中（Hsia, 2015）。

公民身分（citizenship）
一種認同或身分的形式，使個人在政治社群中取得相關的權利與義務，與國籍的概念不同，擁有國籍而未成年的國民可能沒有行使公民權的權利與義務。

Box 16-1

臺灣階級化的居留制度

為因應全球化所帶來的大量移民／工，臺灣的公民身分制度漸漸改變原本的血統論，讓外國人也可取得居留或公民身分。然而，如同曾嬿芬（2006）指出的，臺灣的移民政策具有階級主義色彩，各種居留狀態的外國移居者，因不同的階級背景而面對不同的移民政策與差別待遇，可分為以下七種類型：

短期居留：在臺灣的居留有嚴格期限，期滿不得或只能在特殊情況下展延一次，主要為藍領外勞的居留狀況。

長期居留：未取得永久居留地位，但仍可透過合法管道，持續地在臺居留，只有白領外國工作者可以運用，透過僱主每三年申請延長工作簽證，可達到實際的長期居留。

永久居民：1990年後才有，與公民權的最大差異在於永久居留者沒有政治參與的權利。

公民：在1990年之前，除本國男子的外國配偶及其下一代，以及具有中國血統的海外華僑之外，並無針對其他國外移民人口歸化取得公民權的制度設計。1990年代後期修訂《國籍法》及《移民法》，在原有的血統主義中去除性別差異，使得本國人之配偶及下一代都可歸化，另更開放非血統的管道容許有資產以及一定收入、並已經在臺灣長期居留的國外移入人口可以歸化入籍成為公民。

3.2 國家製造的非法性

隨著移民／工人數不斷成長，許多接受國以更嚴苛的國境管制因應，但不僅未能稍減人數成長的速度，反而必須面對無證移民／工（undocumented migrants，俗稱非法移民／工）日益增加的現象（Joppke, 1998）。以美國為例，1980至2000年間，與墨西哥間的經貿關係隨著「北美自由貿易協定」（North American Free Trade Agreement, NAFTA）而越益緊密，墨西哥人移住美國的人數成長了450%，但同時邊境巡防的軍警人力亦成長了四倍，而美國境內無合法證件的墨西哥人卻快速增加，至2000年全美境內的外國人口中有高達四分之一為無證移民，比十年前成長了10%（Massey et al., 2002）。許多文獻已指出，更嚴苛的國境管制不僅無法解決移民／工人數激增的問題，更忽略了移民／工成為無證件者的原因。

夏曉鵑、王增勇（2010）分析臺灣的無證移民／工的六大成因：法令政

策不盡周延、未完成與本國人婚姻之法規程序、行政瑕疵、非法入境（如偷渡和人口販運受害者）、庇護尋求者（如難民）；此外，許多無證移民／工是合法入境臺灣，之後卻因為維持和轉換身分的政策要求嚴苛的申請條件和繁瑣的程序，加上政策不斷變化，使他們不慎成為逾期居留者；而政策的快速演變，許多政策執行者並不清楚最新規定，使某些移民／工因他們的疏忽和不當成為「非法」。

以婚姻移民女性而言，由於她們多來自較低度發展國家，被視為「低劣他者」，政府訂定充滿階級主義的政策欲排除她們（曾嬿芬，2006），而為了防堵婚姻移民成為公民，政策執行者時時懷疑她們的婚姻真實性，制定了極盡繁複的**歸化**公民程序（Hsia and Huang, 2010），使得婚姻移民稍有不慎，就掉入「非法」的困境（Hsia, 2015）。

在移工方面，在臺灣絕大多數的「非法」者是所謂的「逃跑外勞」，同樣是政策造成的「非法性」（illegality）（Hsia, 2015）。藍佩嘉（2006）指出移工「逃跑」的根本原因，是臺灣幾近奴役制的客工制度中的控制機制和壓迫效果。臺灣的移工勞動體制屬於「不自由外來臨時工」，雙重否定「外勞」在臺灣的政治公民權取得資格與就業、轉業流動的權利（吳挺鋒，2002）。此外，仲介剝削移工的嚴重問題肇因於政府主動制定的外勞政策中，給予仲介公司關鍵角色（僱主不能直接聘僱），使仲介業快速膨脹（蔡明璋、陳嘉慧，1997），在此高度控制與壓迫的客工制度下，移工在臺的工作所得多數為他人拿走；以越南移工而言，高達 60% 的所得為臺灣的政府、仲介、僱主所取，使他們平均必須在臺工作一年三個月以後，才能開始為自己賺錢，然而，越南移工在臺平均工作時間僅有 1.5 年（王宏仁、白朗潔，2007）。在仲介與僱主的高度控制與剝削下，不少移工被迫以「逃跑」換取法外的自由。

以臺灣的移民／工政策而言，不論是國家的「消極介入」或「主動介入」都製造臺灣移民／工的非法性（Hsia, 2015），如同 De Genova 和 Peutz（2010）所言，移民／工的「非法性」是被負責管理移民／工的系統所製造出來的。此外，即使臺灣的移民／工團體不斷倡議，揭露許多顯然是因不當政策而造成的非法移民／工案例，政府卻僅以個案進行特殊處理而不願修改

歸化（naturalization）
非該國家公民的人以主動申請方式而成為該國公民或獲得該國國籍的行為。各國法規不同，外國人歸化為中華民國國民的要件詳見《國籍法》。

政策本身，反映國家不僅製造非法性，還刻意維繫它。

　　夏曉鵑指出，藉由維持移民／工的非法身分，國家可從兩方面受益。第一，國家從降低生產和再生產成本中獲益，企圖在日益競爭激烈的全球經濟中生存。一方面，無證移民／工僅能從事沒有福利和保險的工作，而僱主常以他們的非法身分為由，而給他們更低的薪資。另一方面，雖然移工在合法工作時須繳所得稅、全民健保和勞工保險，但當他們變成「非法」時，所有的權利立刻失效，而應有的利益皆被政府沒收，使得他們損失健保給付，並且不能從勞保領取職業傷害和喪假補貼的福利。第二，藉由維持移民／工（尤其是女性）的非法性，國家規避了透過財富與資源的重新分配以提供完整的社會福利體系的責任。如同前述，女性移民／工移入臺灣的重要結構原因是國家無法滿足再生產勞動的需求，而藉由維持一定數量的「非法」女性移工，以滿足許多無法合法僱用外籍家務／看護工的家庭其再生產勞動力的需求（Hsia, 2015）。

Box 16-2

「沒有人是非法的」

　　對於未持有效證件居留在其他國家的人，一般常以「非法」移民／工指稱，但許多移民／工人權組織批評這樣的名稱，並倡議「沒有人是非法的」（No one is illegal）的觀念。

　　由於大多所謂的「非法」移民／工僅是因為他們無法取得有效居留證件，因此有人倡議「無證移民／工」（undocumented migrants）一詞。無證移民／工中有許多是以合法證件入境，但因簽證逾期、未能成功獲得難民庇護身分等原因，而成為逾期居留，他們並無刑事犯罪。Guerrero（2000: 6）研究指出，無證移民／工共有七種類型：

1. 以有效證件入境，但逾期居留。
2. 無法延簽或其他原因而失去居留權或工作簽證。
3. 原取得短期居留權的難民在居留期限過後仍留在該國。
4. 因無法成功遣返而被收容中心釋放。
5. 以不正常程序入境者（如偷渡、人口販運被害者）。
6. 尋求庇護未成功卻未被逮捕或遣返者。
7. 無法取得有效證件的無國籍者。

即使是聯合國相關機構都盡量避免使用「非法」（illegal）移民／工一詞，因為「非法」一詞帶有罪行的意涵，被批評為否定了移民／工的人性（humanity）。聯合國文件常用的名稱為「非常規」（irregular）移民／工，根據國際移民組織（International Organization for Migration, IOM）的定義，非常規移民／工指的是「由於未經授權的入境、違反入境的要件，或簽證逾期，而在過境或目的國成為缺乏合法身分的人。此定義包含了合法進入過境或目的國，但居留期間超出許可時間，或入境後從事未經許可的工作」（參見 https://www.iom.int/key-migration-terms）。

問題與討論 16-2

不同國籍的移民在臺灣的處境不盡相同，請指出來自東南亞與日本的婚姻移民之間，因政策或社會環境造成的三項不同處境。

4. 意識型態的作用與建構

4.1 跨國遷移的催化劑

　　除資本主義不平等發展所造成的輸出國和輸入國之經濟推力和拉力外，[5] 如 Sassen（1988）所言，因資本而形成的意識型態連結（ideological linkage）是促成勞工流移和移民的另一關鍵。以亞洲地區最早輸出勞動力的菲律賓而言，對於較發達國家的生活型態和消費文化的想像，間接造成了菲籍女傭到海外工作的誘因，而返鄉時對海外消費生活的美化，亦成了更多人想望出國打工的動力（藍佩嘉，2008）。

　　有些學者認為資本主義造成的不平等發展並非移民的主要原因，主體的認同和想像才是跨界流動的主要動力（邱琡雯，2003）。然而，這樣的論述忽略了不同階段移民的主要動力並不全然相同：隨著外資對本地生產的影響逐漸深化，意識型態也產生了變化，逐漸形成對資本輸出國的想望，而此種意識型態連結的前提是先前存在的資本流動（Sassen, 1988）。

---

5 推拉理論（push-pull theory）解釋人口遷移原因的模型，人的遷移被理解為原居地（國）推力和移入地（國）拉力間交互作用的結果，推拉因素非常廣泛，包括經濟、社會、政治的各個面向。

例如，趙彥寧比較不同階段「大陸配偶」跨境結婚的動機，發現相對最早以婚姻移民來臺灣的「大陸新娘」——她們自稱爲「大陸老娘」，而較晚期的「大陸小娘」的跨境婚姻並非純然的經濟目的。她們主要是透過臺灣大衆文學與連續劇、旅遊團、臺商，形塑了中國女性對所謂現代性的想像力，成爲驅動她們移至異地的原動力；而建構此想像的基礎是中臺二地間已然存在的文化、資本與人口流動的模式。原已存在的跨國遷移模式（如臺商的闊綽之姿），在建立資本與人力流動途徑時，也對旁觀者塑造了跨界行動的想像和慾望（趙彥寧，2004）。

> **問題與討論 16-3**
> 近年來臺灣青年前往澳、紐等國「打工渡假」人數日漸增加，請比較此現象與臺灣的「外籍勞工」現象間的異同。

4.2 政策背後的意識型態：種族／國族／階級／性別

面對日益增加的移民／工，政府所採取的政策反映了種族／國族／階級／性別等交錯複雜的意識型態。首先，移民政策規範了誰有權利成爲公民。世界各國都允許外來移住者經由「歸化」（naturalization）成爲該國的公民，但採取的條件各有不同（成露茜，2002），可依歸化條件分爲三大類型：血統（*jus sanguinis*）、出生地或籍貫（*jus soli*）、居留地（*jus domicili*），一個國家採取哪些條件反映了此國家背後的建國意識（state-building ideology），成露茜（2002：23-24）將之分爲五類：排他論、同化論、多文化論、多民族主義，以及跨國主義。「排他論」視血統爲近乎唯一國民條件，德國和日本，尤其是二次大戰前，是這類型的典型代表。「同化論」強調不同民族或背景的個人融入共同的文化，視新移民所帶來的文化並陳現象爲短暫的，以 1960 年代前所謂「移民國家」的美國、加拿大和澳洲爲代表。「多文化論」不似同化論視多元文化現象僅是過渡階段，而是視爲可以且應該穩定並存的，北美和澳洲少數民族的抬頭，使過去強調同化論的國家逐漸轉向以多元文化主義爲建國意識。「多民族主義」則不僅承認並尊

重差異，更把差異以民族自治方式納入政治結構，如中華人民共和國和前蘇聯。「跨國主義」至目前仍不是任何國家實際推動的建國意識，但由於全球化的加速而逐漸成爲一種重要論述（成露茜，2002：23-24）。至少有兩種跨國主義被提出，皆以跨國市民社會的形成爲重點，二者分歧點在於對地域國家（territorial state）的看法：一種認爲國界正在消失，建議以勞動權益和人權取代公民權（Soysal, 1994）；另一種則堅持有疆域的國家仍爲公民的載體，應當持續保有它的合法性和力量（Faulks, 2000），建議多重公民身分（multiple citizenship）（Faist, 2001）。

東亞國家如中華民國、中華人民共和國、日本和韓國，都以血緣爲公民認定的最主要原則，容納所有能主張共同祖先的人，而排除不同血統的他者（成露茜，2002）。然而，這些以血統論爲傳統的國家，隨著資本主義全球化的激化，皆已逐漸改變血統論傳統。例如，1990 年代日本由於經濟蕭條需要外國勞動力，但又要維持一定的血統論，於是特地製造一類**次公民**以吸引在拉丁美洲生長的日裔人民去日本工作（Mori, 1997）。隨著婚姻移民女性的快速增長，南韓政府於 2006 年宣稱將改變過去的血統主義而成爲多元文化、多族裔的社會，並制定相關法令稱婚姻移民女性與韓國男性組成的家庭爲「多元文化家庭」，提供各項課程（Kim, 2007）。

同樣地，臺灣以血統主義爲傳統的政策，在面對全球化下對移民／工的需求時，也必須採取因應措施。首先，以「客工」計畫做爲外勞政策的基調，在政策制定過程中獲得不同黨派的支持，大多討論皆預設臺灣社會是種族同質性的、不宜積極引進長期移民，而對外勞會對臺灣社會產生的「社會問題」討論，主要集中於「他們」對臺灣種族同質性會有的衝擊（曾嬿芬，2004）。

然而，隨著冷戰結束以及加速進行的全球化步伐，原本與臺灣具有種族同質性基礎的中國移民／工使得以血統爲原則的建國意識變得模糊而弔詭（成露茜，2002）。外勞政策確定前夕，各種對引進外勞的議題所做的企業調查，都顯示企業主最希望引進的是語言文化相近的大陸勞工。然而，在當時統獨尖銳對立的政治脈絡中，外勞政策成爲統獨勢力、臺灣／中國國族主義的攻防戰場。相對於某些國家，爲減少移工融入的困難而刻意引進同族裔移工（如韓國給予來自中國大陸的朝鮮族移工較多優惠），臺灣國族認

次公民（denizen）
在一國的權利介於公民與外國居留者之間，例如美國在廢除奴隸制度之前非奴隸的「自由黑人」（free negro）。

同的顧慮恰好使其走反方向：正因為中國人與臺灣人的同文同種，追求臺灣人認同的政治行動者擔心大陸勞工一旦引進，他們會太快、太容易成為「我們」，因而嚴禁大陸勞工「登陸」臺灣。而為解決臺灣資本出走的危機，臺灣政府引進非同文同種的東南亞移工，同時也希望藉此強化臺灣在國際關係中的地位，因臺灣政府認為在引進外勞的過程中，擁有較大權力，得以強烈要求這些沒有邦交的國家尊重臺灣擁有平等的國家地位，而外勞政策也因而成為「外勞外交」（曾嬿芬，2004）。

臺灣國族認同政治除了排除「陸勞」，也展現在對中國婚姻移民女性（「大陸新娘」）的管控，甚至排除的行動上。同樣是婚姻移民，臺灣政府給予來自東南亞和中國大陸的婚姻移民不同的規範，一般而言，來自中國大陸的婚姻移民受到更嚴苛的規定，包括申請身分所需之年限、工作權、財產權等（許義寶，2009）。

雖與臺灣漢人具有血統上的關連，臺灣面對中國大陸移民／工的政策卻具有種族主義的色彩。趙彥寧（2004、2005）認為，臺灣之所以近乎偏執地維持與合法化對大陸移民的種族歧視論述，乃因臺灣過去數十年在國際社群中僅具經濟體，而幾乎不具政治體的地位，因此特別在晚近爭取國家主權與全球化脈絡下的「臺商出走大陸」（故而經濟體地位逐漸岌岌可危）之狀況下，對於國家主權的焦慮，日益轉移至對境內中國大陸婚姻移民的管控，甚至排除的行動上。

臺灣的種族同質性原在面對不同階級的外國人時，卻是實行「一國兩制」。白領外勞雖不是以長期的移民簽證來臺，但居留與工作的期間可以彈性延長，構成實質的長期居留，形成有系統的歧視制度（曾嬿芬，2004）。相對於他國以人道原則的移民傳統，臺灣屬於以經濟理性為考量的移民傳統，在臺灣的外國移居者因不同的階級背景，而面對不同的移民政策與差別待遇（曾嬿芬，2006）。

臺灣的移民政策以階級主義來設計移入管道（ibid），而此階級主義不僅是個人的階級位置，更與世界體系中的國家階級有關連，而外籍藍領工作者的低階處境，是由勞動力市場的低階與來源國在世界體系的弱勢所共同造成（藍佩嘉，2008）。

然而，國家行動者不是以階級，而是以族群與文化為說詞來否定東南亞人與本地社會融合的可能性。低階外勞被認為在「本質」上缺乏一種使他們可以成為臺灣社會人口組成的「素質」，他們缺乏成為「我們」的基本條件。於是原來的階級主義進一步被種族化，形成了「種族化的階級主義」。外勞並不是移民政策制訂者心目中的典型外國人。「外國人」所指的是合法進入、有技術性的白領外國工作者，不包括外勞，外勞被視一種單獨的類別，而不是「外國人」類別下的一項分類（曾嬿芬，2004）。2002 年修訂移民規範讓「對我國有特殊貢獻」、「為我國所需之高技人才」之外國人得以申請永久居留，而所謂「特殊貢獻」的外國人，不外乎是在慈善機構或企業創辦人，至於以血汗完成臺灣重大工程、留住傳統產業出走的腳步、提供家庭和醫療照顧的藍領外籍勞工並不被政府認定為「特殊貢獻」（鞏尤倩，2002）。在「他者中的他者」（others within others）的命名政治之下，低階外勞獨立成為臺灣社會中最外圍的他者（曾嬿芬，2004），被製造為新的底層階級。

此外，臺灣政府也不斷建構外籍配偶及其子女形塑為「他者中的他者」。近來蓬勃的婚姻移民使臺灣政府必須思考自「非移民國家」轉變為「移民國家」的可能性。因而，除了各種「移民輔導」方案外，更具體藉由移民署的設置以及《移民法》的修訂，企圖管制婚姻移民的人數及來源國，以達到「優質移民」的想像目的。廖元豪（2006）分析規範婚姻移民的各種法令規章，指出臺灣的《移民法》實是「移民管制法」，而非「移民權利保障法」，使來自東南亞和中國大陸的婚姻移民在取得公民身分前，處於主管機構、臺灣夫家得以完全監控的狀況，而即使取得身分證成為公民後，亦是次等國民。

雖就法理而言，來自第一世界與本國男性結婚的女性亦是婚姻移民，但政府的各種「移民輔導方案」明確地以東南亞和中國大陸配偶為標的，而政府和媒體相互加強的各種關於外籍配偶和其子女「素質」問題的論述（Hsia, 2007），從未將第一世界的女性及其子女納入；此點與韓國的「多元文化家庭」政策一致，僅鎖定來自較低度發展國家的婚姻移民女性（Kim, 2007）。再者，2001 年「國籍法施行細則」規定具一定財力證明者始能申請歸化，明顯以階級區分了「可欲」（desired）和「不可欲」（undesired）的婚

姻移民，並突顯政府的移民政策建立在以歐美先進國家、專業技術男性或經濟移民為主體的想像（潘淑滿，2008）。

　　階級主義不會單獨存在，它會與其他的偏見並存、彼此加強，如前述的「種族化的階級主義」。此外，性別主義與階級主義常如影隨形。長期以來，外國人除了女性以婚姻為媒介外，並無法歸化為臺灣的公民，而外國女性之所以被視為「可歸化」的外國人，是因為她們的生殖功能——延續臺灣人的血源，反映了臺灣既有的父權式的種族主義（將外國女性物化為生殖工具）。然而，正因為被視為「低劣他者」的婚姻移民女性的生殖能力，而引發舉國焦慮，恐懼她們生育出「人口素質」低劣的下一代，降低臺灣在全球化競爭下的競爭力（Hsia, 2007），而以財力證明等方式予以階級化區隔，使得多數勞動階級的婚姻移民女性同時受到性別主義，以及階級主義和種族主義的對待。

　　女性因其生育的潛能而被國境管理者視為威脅和「問題」。臺灣外勞政策特別針對女性外勞的身體進行「醫療的凝視」（medical gaze），一旦在健檢中發現懷孕，會遭立即遭返（女性移工在申請聘僱時需做妊娠檢查，入境之後的懷孕檢查則在民間團體多次抗議後終於 2002 年 11 月取消）。此外，臺灣政府為降低非法外勞的人數，而要求僱主對外勞的動向負責，使僱主更加不信任女性外勞，而以更加嚴厲的手段監控她們的行蹤，甚至其道德行為——特別是針對女性外勞和其他男性外勞間的互動（藍佩嘉，2008）。而政府透過引進外籍女傭更進一步將幼兒照顧的責任私化與女性化（亦即強化家庭照顧是個別家庭中女性的天職），規避社會再生產的集體責任，以及國家在再生產公共化中應扮演的角色（林津如，2000）。

4.3 不平等的合理化

　　隨著日益增加移工而來的是各種負面的公共論述，例如「搶本國勞工的工作」、「製造社會問題」、「增加社會負擔」，進而使得歐洲許多國家原本以「權利」為基調的官方公民身分論述，逐漸轉向為以「義務」為基調。這種論述在經濟蕭條時最為顯著，例如歐洲的政治人物和媒體紛紛將移工建構為

「利益騙子」（benefit scroungers）、「福利觀光客」（welfare tourists）（Kofman et al., 2000）。

將移民／工建構爲「社會問題」使他們所遭受的不平等待遇被忽視，並進而合理化造成不平等處境的法令政策。例如，愛爾蘭在 2004 年修改憲法，使父母爲移民的新生兒不再立即擁有愛爾蘭國民身分，而造成此次改變愛爾蘭傳統以出生地爲公民身分主要原則的重要原因之一，是政治人物和媒體成功將移民女性建構爲「不道德的公民觀光客」（immoral citizen tourists）：濫用「愛爾蘭人對來客的慇懃」（Irish hospitality），只生孩子取得公民身分卻不對愛爾蘭忠誠和盡公民應有的義務（Tormey, 2007）。

移民／工雖對接受國的生產和再生產做出重大貢獻，甚至是紓解了接受國的經濟發展與再生產危機，但接受國並未給予平等的待遇，與宣稱的「人權」、「民主」、「尊重多元」等立國價值相互矛盾，造成國家合法性的危機，而將移民／工形塑爲危險的、製造問題的，國家得以迴避合法性問題。例如，臺灣的移工「逃跑」問題被建構爲某種國族的特性，而掩蓋造成移工逃跑的不合理政策（藍佩嘉，2006）。此外，在臺灣的婚姻移民女性亦深受汙名化，在官方與媒體的共謀下，將婚姻移民女性與「假結婚、眞賣淫」畫上等號，並將其婚姻視爲臺灣「社會問題的製造者」，與「人口素質問題」以及「占用社福資源」關連（夏曉鵑，2002），而這些歧視的意識型態更是危害新移民女性人權的各種法律政策背後的重要支柱。

如前所述，所謂「非法」移民／工中有許多是不當的政策造成的，但國家卻只以個案方式處理，而不根本改革法令政策，其合理化的說詞爲：防犯有心人鑽法律漏洞以取得居留權和公民身分，並濫用社會福利資源，造成社會負擔。此外，政府不斷將無證移民／工與犯罪和社會問題畫上等號，進一步合理化對婚姻移民和移工的管制。再者，透過激發公民對於移民女性非法性的焦慮，國家把公民的注意力從要求國家負責轉移到「我們臺灣人」被「他們非法移民」威脅的關注與憂慮，使得國家成功規避應提供完善福利體系的責任（Hsia, 2015）。

不要再叫他們外籍新娘、外勞了！

　　我們日常日生活對移民／工的稱呼常充滿歧視。首先，「外籍新娘」和「大陸新娘」名稱來自於媒體，充滿對第三世界女性的貶抑，她們不僅被當成永遠的「外人」，也被視爲臺灣男性的附屬品。2003 年 3 月，婦女新知基金會舉辦正名活動，經東南亞和大陸配偶徵文及票選活動後，改名爲「新移民女性」。2003 年 8 月内政部行文要求各政府機關改稱爲「外籍配偶」和「大陸配偶」，數年後，地方政府和中央政府陸續發文要求各單位改稱爲「新住民」。除這些名稱外，另有學者以「婚姻移民女性」指稱，英文爲 marriage migrants，首次於 2007 年在臺北舉行的國際會議（International Conference on Border Control and Immigrant Brides）中提出，此會議決議成立國際網絡（Action Network for Marriage Migrants' Rights and Empowerment, AMMORE），並由此網絡在各種國際場合倡議婚姻移民（marriage migrants）的相關權益。

　　至於「外籍勞工」一詞，至今仍爲臺灣官方使用。英文相關名稱有 migrant workers、foreign workers 和 guest workers，由於後兩者隱含排外性質，因此通常用 migrant workers 一詞。臺灣官方及媒體所使用的「外籍勞工」一詞，或簡稱「外勞」，具排外意識型態，因此有些團體和學者將之改稱爲「移住勞工」，簡稱「移工」，以符合 migrant workers 之意。

5. 移民／工主體發聲與抵抗

　　移民／工的生活雖受到許多限制（詳見夏曉鵑，2010），但其主體的發聲以及反抗仍不容忽視。

5.1 文化性的社會運動

　　面對種種剝削的處境，許多移工組織以實際集體行動加入去商品化的鬥爭，把移工做爲「人」應有的社會、文化意涵，爭奪回來。然而，移工的運動受到許多結構性的限制。首先，現行國境管理對移工的控制，例如對移工居留年限及簽證核發的管制，使得移工團體在臺灣的組織發展較香港、南韓等地更爲困難（亞太移工工作團，2002）。而由於現階段在臺灣的移工難以從生產面的剝削做爲集結的動力，部分臺灣移工權益倡議團體因而改採文化

策略，透過詩歌、音樂等多樣的文化形式，改變臺灣人對移工的認識論，體認到他們不只是商品，更是活生生的人（龔尤倩，2002）。

由於社會上充滿對移民／工的歧視，鬆動既有對移民／工的意識型態，成為推進法令政策改革的必要工作。夏曉鵑（2006）指出臺灣移民運動的重要框構策略（framing strategy）之一，是深化臺灣社會宣稱的核心價值，包括人權、民主、多元文化主義，將之連結至移民／工在臺灣應有的人權、民主參與，以及接受移民／工帶來的多元文化。此外，儘管多元文化主義公民身分已在各國飽受批評，例如將文化本質化、忽視少數族群內部的壓迫關係、流於異國情調文化展演而無力挑戰結構性壓迫等（Alund and Schierup, 1993），但在以血統論為公民身分認定主要原則的東亞國家，包括臺灣，推動批判的「多元文化公民身分」有助於逐漸改變主流社會對移民／工的價值，是推動移民運動重要的敘事策略（narrative strategy）（Hsia, 2009）。

5.2 被壓迫階級的「培力」與發聲

移民／工身處結構性的多重壓迫之中，儘管他們具個人能動性，並採取種種個人式的抵抗，例如，菲傭以其英文能力建構對僱主的優越性（Lan, 2003）、利用週末消費重拾被壓抑的尊嚴（藍佩嘉，2008）、婚姻移民女性面對歧視時或微笑帶過或回嘴、找里長評理（邱琡雯，2003），他們不能直接將個人的能動性轉化成政治上的抵抗行動；因為經濟上的弱者往往也是政治與行動上的弱者，使得不滿往往受到壓抑甚至成為宿命，或者以「例外化」（夏曉鵑，2002）方式消解社會歧視所產生的內在衝突。要能看清剝削的社會關係，從而認識自身處境的歷史與根源，其第一步必須打破 Freire（1970）所說的受壓迫者的「沉默文化」（culture of silence）。對來自東南亞的婚姻移民女性而言，掌握當地的語言成為打破沉默的必要條件，也是建立以婚姻移民女性為主體的改革運動的基礎。夏曉鵑及其團隊自 1995 年開始，結合「受壓迫者教育法」與「受壓迫者劇場」方法的「識字班」，以認識中文為媒介，協助東南亞裔的婚姻移民女性走出孤立無援的處境，進而促使她們逐漸能形成自主發聲的組織，為自身爭取權益（夏曉鵑，2002、

2006），亦即促進其「實質公民權」的行使（Hsia, 2009）。

　　從學習中文到能自主與集體發聲，並非一條簡便而快速的道路。林津如等（2008）記錄了南洋臺灣姊妹會在美濃實施課程的操作過程，指出婚姻移民女性培力的四個範疇及目標：個人範疇—自我探索及認同建構；關係範疇—深化姐妹情誼；組織籌疇—與組織者互為主體性之建構；公共參與範疇—形塑集體意識。夏曉鵑（2006）則分析了婚姻移民女性如何從個人能動性，逐步發展成為集體爭取權益和對應結構性問題的過程，指出婚姻移民女性的主體性與集體抵抗，必須結合「蹲點」與「結盟」，並以「蹲點」為基礎，建立婚姻移民女性的主體性之後，再與其他民間團體結盟，以避免造成臺灣人為婚姻移民女性代言的現象。

5.3 由下而上的跨國主義

　　移民／工運動的推展需集合不同國籍、性別移民／工的力量，然而不同國籍移民／工的社會條件有相當大的差異。菲律賓移工因為天主教系統行之有年的外勞服務傳統以及英文的使用，使菲勞較其他國籍的移工擁有更紮實的抵抗力量（吳挺鋒，2002），而英文在全球化下的優勢，使得菲籍家庭幫傭擁有更高的語言資本與英語不佳的臺灣雇主協商，並抵抗僱傭關係中的宰制關係（藍佩嘉，2008）。移工群體間以國籍為軸線而產生的隔離狀況，因仲介所刻意形塑的「族群特質」更加嚴重，不同國籍移工被放置在彼此競爭的位置，使得跨國移工之間的結盟相當困難，更不利於移工運動的推進（藍佩嘉，2008）。

　　以香港為例，絕大多數移工是「外籍家庭傭工」，來自印尼、菲律賓、泰國、尼泊爾、斯里蘭卡和印度等國。雖然移工面對香港政府規定之相同的勞動條件，但來自不同國家的移工並不因而自然形成共同體或「社群」的連結感。相反地，許多移工對於其他國籍的移工都存在刻板印象或偏見（夏曉鵑，2014）。

　　為突破資本與國家對移工「分而治之」的宰制狀態，菲律賓籍的移工組織者在成功培力菲律賓移工草根組織後，以文化交流的方式開始，連結

其他國籍的移工，並堅持以移工爲主體的培力原則和方法，協助其他國籍移工自主成立草根組織，終於組織了「亞洲移工協調會」（Asian Migrants' Coordinating Body, AMCB），成員包括來自各國的草根移工組織，成爲香港移工權益運動的主要行動者，也積極投入國際移民／工運動，連結其他各種勞工、性別、原住民等組織，推動由下而上的反資本主義全球化運動。簡言之，AMCB 的發展始於文化分享網絡，而後轉化爲專攻移工議題的單一社會部門的運動（sectoral movement），進而成爲反資本主義全球化運動中的積極成員，具體展現了由下而上的跨國主義，以及以移民／工爲主體的草根移民／工運動。AMCB 的草根跨國主義的經驗，激勵了世界各國的移民／工組織，在日本、韓國、臺灣等地亦已開展類似的行動計畫，希望能在更多國家推動以移民／工爲主體的運動。

參考書目

張星戈譯，Bultron, Ramon 著（2008）。〈移工運動的奮鬥與發展：菲律賓經驗〉，收錄於夏曉鵑等編，《跨界流離：全球化下的移民與移工（下）》，頁 161-176。臺北：臺灣社會研究雜誌社。

黃國治譯，Tujan, Antonio, Jr. 著（2008）。〈勞工遷移、彈性化與全球化〉，收錄於夏曉鵑等編，《跨界流離：全球化下的移民與移工（上）》，頁 3-14。臺北：臺灣社會研究雜誌社。

王宏仁、白朗潔（2007）。〈移工、跨國仲介與制度設計：誰從臺越國際勞動力流動獲利？〉，《臺灣社會研究季刊》，第 65 期，頁 35-66。

成露茜（2002）。〈跨國移工、臺灣建國意識與公民運動〉，《臺灣社會研究季刊》，第 48 期，頁 15-43。

林津如（2000）。〈「外傭政策」與女人之戰：女性主義策略再思考〉，《臺灣社會研究季刊》，第 39 期，頁 93-151。

亞太移工工作團（2002）。〈菲律賓移駐勞工在臺灣的處境〉，《臺灣社會研究季刊》，第 48 期，頁 219-234。

吳挺鋒（2002）。〈臺灣外籍勞工的抵抗與適應：周休作為一個鬥爭場域〉，《香港社會科學學報》，第 23 期，頁 103-150。

邱琡雯（2003）。《性別與移動日本與臺灣的亞洲新娘》。臺北：時英。

夏曉鵑（2002）。《流離尋岸：資本國際化下的「外籍新娘」現象》。臺北：臺灣社會研究社。

夏曉鵑（2006）。〈新移民運動的形成——差異政治、主體化與社會性運動〉，《臺灣社會研究季刊》，第 61 期，頁 1-71。

夏曉鵑（2010）。〈全球化下臺灣的移民／移工問題〉，收錄於瞿海源、張苙雲主編，《臺灣的社會問題（第二版）》，頁 348-398。臺北：巨流圖書。

夏曉鵑（2014）。〈跨國草根移工運動的形成：香港「亞洲移工協調會」案例研究〉，《臺灣社會研究季刊》，第 96 期，頁 1-47。

夏曉鵑、王增勇（2010）。〈逾期居留移民之實證研究〉，《全國律師》，九月號，頁 5-49。

陳小紅（2000）。〈婚配移民：臺灣海峽兩岸聯婚之研究〉，《亞洲研究》，第 34 期，頁 35-68。

陳正芬（2011）。〈管理或剝削？家庭外籍看護工僱主的生存之道〉，《臺灣社會研究季刊》，第 85 期，頁 89-155。

陳宗韓（1997）。〈臺灣外籍勞工政策之政治經濟分析〉，《中央大學社會文化學報》，第 5 期，頁 105-121。

曾嬿芬（2004）。〈引進外籍勞工的國族政治〉，《臺灣社會學刊》，第 32 期，頁 1-58。

曾嬿芬（2006）。〈誰可以打開國界的門？移民政策的階級主義〉，《臺灣社會研究季刊》，第 61 期，頁 73-107。

廖元豪（2006）。〈全球化趨勢中婚姻移民之人權保障：全球化、臺灣新國族主義、人權論述的關係〉，《思與言》，第 44 卷 3 期，頁 81-129。

趙彥寧（2004）。〈現代性想像與國境管理的衝突：以中國婚姻移民女性為研究案例〉，《臺灣社會學刊》，第 32 期，頁 59-102。

趙彥寧（2005）。〈社福資源分配的戶籍邏輯與國境管理的限制：由大陸配偶的入出境管控機制談起〉，《臺灣社會研究季刊》，第 59 期，頁 43-90。

劉梅君（2000）。〈「廉價外勞」論述的政治經濟學批判〉，《臺灣社會研究季刊》，第 38 期，頁 59-89。

蔡明璋、陳嘉慧（1997）。〈國家、外勞政策與市場實踐：經濟社會學的分析」〉，《臺灣社會研究季刊》，第 27 期，頁 69-95。

潘淑滿（2008）。〈婚姻移民、公民身分與社會福利權〉，《社區發展季刊》，第 122 期，頁 136-158。

藍佩嘉（2008）。《跨國灰姑娘：當東南亞幫傭遇上臺灣新富家庭》。臺北：行人。

藍佩嘉（2006）。〈合法的奴工，法外的自由：外籍勞工的控制與出走〉，《臺灣社會研究季刊》，第 64 期，頁 107-151。

謝立功、邱丞爆（2005）。〈我國移民政策之檢討〉，《國境警察學報》，第 4 期，頁 57-94。

龔尤倩（2002）。〈外勞政策的利益結構與翻轉的行政實驗初探：以臺北市的外勞行政、文化實踐為例〉，《臺灣社會研究季刊》，第 48 期，頁 235-287。

Alund, Aleksandra and Schierup, Carl-Ulirk (1993). The Thorny Road to Europe: Swedish Immigrant Policy in Transition. *Racism and Migration in Western Europe*, edited by J. Wrench and J. Solomos. Oxford: Berg.

Bonacich, Edna and Lucie Cheng (1984). Introduction: A Theoretical Orientation to International Labor Migration, in Lucie Cheng and Edna Bonacich (eds.), *Labor Immigration under Capitalism: Asian Workers in the United States before World War II*, pp1-56. Berkeley and Los Angeles, California: University of California Press.（中譯：夏曉鵑編（2012）。《理論與實踐的開拓：成露茜論文集》，頁 117-174。）

Burawoy, Michael (1976). The Function of Reproduction of Migrant Labor: Comparative Material from Southern Africa and the United States, *American Journal of Sociology*, 81(5): 1050-87.

Castles, Stephen and Mark Miller (1993), *The Age of Migration: International Population Movements in the Modern World*. New York: Guilford Press.

Constable, Nicole (2009). The Commodification of Intimacy: Marriage, Sex and Reproductive Labor, *Annual Review of Anthropology*, 38: 49-64.

Constable, Nicole (2010). Migrant workers at the many states of protest in Hong Kong. Nicole Constable (Ed.), *Migrant workers in Asia: Distant divides, intimate connections*, 127-144. London and New York: Routledge.

Dalla Costa, M. R. and Selma James (1997). *The Power of Women and the Subversion of the Community.* Rosemary Hennessy and Chrys Ingraham (eds.), *Materialist Feminism: A Reader in Class, Differences and Women's Lives.* pp. 40-53. New York: Routledge.

De Genova, Nicolas and Nathalie Peutz, eds. (2010). *The Deportation Regime: Sovereignty, Space, and the Freedom of Movement.* Durham. NC and London: Duke University Press.

Faist, Thomas (2001). Dual Citizenship as Overlapping Membership, *Willy Brandt Series of Working Papers in international Migration and Ethnic Relatinos*, 3(1): 1-41.

Faulks, Keith (2000). *Citizenship.* London and NewYork: Routledge.

Freire, Paulo (1970). *Pedagogy of the Oppressed.* New York: Continuum.

Guerrero, T. (2000). Easy Scapegoats: Sans Papiers Immigrants in Europe. *State Strategies and Intervention Strategies for Civil Society.* Freudenberg Stiftung, Weinheim, Germany.

Hochschild, Arlie R (2000). Global Care Chains and Emotional Surplus Value. *On the Edge: Living with Global Capitalism* edited by Will Hutton and Anthony Giddens, 130-146. London: Jonathan Cape.

Hsia, Hsiao-Chuan (2007). Imaged and Imagined Threat to the Nation: The Media Construction of 'Foreign Brides' Phenomenon as Social Problems in Taiwan, *Inter-Asia Cultural Studies*, 8(1): 55-85.

Hsia, Hsiao-Chuan (2009). Foreign Brides, Multiple Citizenship and Immigrant Movement in Taiwan, *Asia and the Pacific Migration Journal*, 18(1): 17-46.

Hsia, Hsiao-Chuan ed. (2010). *For Better or for Worse: Comparative Research on Equity and Access for Marriage Migrants.* Hong Kong: Asia Pacific Mission for Migrants.

Hsia, Hsiao-Chuan (2012). The Tug of War over Multiculturalism: Contestation Between Governing and Empowering Immigrants in Taiwan. *Migration and Diversity in Asian Contexts*, edited by Lai Ah Eng, Francis L. Collins, and Brenda S.A. Yeoh, 130-49. Singapore: Institute of Southeast Asian Studies.

Hsia, Hsiao-Chuan (2015). Reproduction Crisis, Illegality, and Migrant Women under Capitalist Globalization: the Case of Taiwan, in Sara Friedman and PardisMahdavi (eds.). *Encountering the State: Intimate Labor Migration Across Asia*, University of Pennsylvania Press (in print）

Hsia, Hsiao-Chuan and Lola Chih-Hsien Huang (2010). Taiwan. *For Better or for Worse: Comparative Research on Equity and Access for Marriage Migrants*, edited by Hsiao-Chuan Hsia, 27-73. Hong Kong: Asia Pacific Mission for Migrants.

Hugo, G (1995). Labour export from Indonesia, *ASEAN Economic Bulletin*, 12(2): 275-298.

Joppke, Christine, ed. (1998). *Challenges to the Nation-State: Immigration in Western Europe and the United States.* Oxford: OxfordUniversity Press.

Kim, Hyun Mee (2007). The state and migrant women: Diverging hopes in the making of multicultural families in contemporary Korea, *Korea Journal*, 47(4): 100-122.

Kofman, Eleonore, A. Phzacklea, P. Raghuram and R. Sales (2000). *Gender and International Migration in Europe: Employment, Welfare and Politics*. London and New York: Routlege.

Massey, Douglas S. Jo. Durand and N. J. Malone (2002). *Beyond Smoke and Mirrors: Mexican Immigration in An Era of Economic Integration*. New York: Russell Sage Foundation.

Mies, Maria (1986). *Patriarchy and Accumulation on a World Scale: Women in the International Division of Labor*. London: Zed Books.

Mori, Hiromi (1997). *Immigration Policy and Foreign Workers in Japan*. Bsingstoke: Macmillan.

Piper, Nicola and Mina Roces, eds (2003). *Wife or Workers: Asian Women and Migration*. Lanham, MD: Rowman and Littlefield Publishers, Inc.

Rodriguez, Robyn Magalit (2010). *Migrants for Export: How the Philippine State Brokers Labor to the World*. University of Minnesota Press.

Sassen, Saskia (1988). *The Mobility of Labor and Capital: A Study of International Investment and Labor Flow*. Cambridge: CambridgeUniversity Press.

Sim, Amy (2003). The cultural logic of transnational activism: Indonesian domestic workers in Hong Kong, presented at the Third International Convention of Asian Scholars, 19-22 August 2003, Singapore.

Soysal, YaseminNuhoglu (1994). *Limits of Citizenship-Migrants and Post-national Membership in Europe*. London: University of Chicago Press.

Tormey,Anwen (2007). "Everyone with eyes can see the problem": Moral citizens and the space of Irish Nationhood, *International Migration*, 45(3): 69-100.

Tseng, Yen-feng (2004). Politics of Importing Foreigners: Foreign Labor Policy in Taiwan. *Migration Between States and Markets*, edited by Han Entzinger, Marco Martiniello and Catherine Wihtol de Wenden, pp. 101-120. Sydney: Ashgate Publishers.

United Nations, *Gender, Remittances and Development. Feminization of Migration 2007*. http://www.renate-europe.net/wp-content/uploads/2014/01/Feminization_of_Migration-INSTRAW2007.pdf

United Nations (2013). International Migration Wallchart 2013, http://www.un.org/en/development/desa/population/migration/publications/wallchart/docs/wallchart2013.pdf

Wallerstein, Immanuel (1974). *The Modern World-System*. New York, Academic Press.

Wang, Frank TY. (2010). From Undutiful Daughter-in-Law to Cold-blooded Migrant Household Worker. pp. 309-328 in Transnational Carework-Legal Frameworks, Practice in Society, Socio-political Challenges, edited by Kirsten Scheiwe and Johanna Krawietz. VS VerlagfürSozialwissenschaften.

Williams, Catharina P. (2008). Female transnational migration, religion and subjectivity: The case of Indonesian domestic workers, *Asia Pacific Viewpoints*, 9(3): 344-353.